Die Bedeutung von Nachfragemacht für die Beurteilung von Einkaufskooperationen im EG-Kartellrecht

AF886903

Osnabrücker Schriften zum

UNTERNEHMENS- UND WIRTSCHAFTSRECHT

Herausgegeben von Andreas Fuchs,
Markus Stoffels und Dirk A. Verse

Band 4

PETER LANG
Frankfurt am Main · Berlin · Bern · Bruxelles · New York · Oxford · Wien

Tobias Mischitz

Die Bedeutung von Nachfragemacht für die Beurteilung von Einkaufskooperationen im EG-Kartellrecht

PETER LANG
Internationaler Verlag der Wissenschaften

Bibliografische Information der Deutschen Nationalbibliothek
Die Deutsche Nationalbibliothek verzeichnet diese Publikation in der Deutschen Nationalbibliografie; detaillierte bibliografische Daten sind im Internet über <http://www.d-nb.de> abrufbar.

Zugl.: Osnabrück, Univ., Diss., 2007

D 700
ISSN 1865-696X
ISBN 978-3-631-57669-4

© Peter Lang GmbH
Internationaler Verlag der Wissenschaften
Frankfurt am Main 2008
Alle Rechte vorbehalten.

Das Werk einschließlich aller seiner Teile ist urheberrechtlich geschützt. Jede Verwertung außerhalb der engen Grenzen des Urheberrechtsgesetzes ist ohne Zustimmung des Verlages unzulässig und strafbar. Das gilt insbesondere für Vervielfältigungen, Übersetzungen, Mikroverfilmungen und die Einspeicherung und Verarbeitung in elektronischen Systemen.

www.peterlang.de

Meinen Eltern,
Christine und Hans-Ludwig

Vorwort

Für kleine und mittlere Unternehmen ist der gemeinsame Einkauf vielfach unverzichtbar, weil ein dadurch erzielbarer, niedrigerer Einkaufspreis entscheidend für deren Wettbewerbsfähigkeit auf den Absatzmärkten ist. Diese Art der Kooperation kann jedoch auch zur Bildung von (übermäßiger) Nachfragemacht führen. Die Europäische Kommission geht in ihrem stärker auf ökonomische Auswirkungen eines koordinierten Marktverhaltens ausgerichteten Ansatz („more economic approach") davon aus, dass schädliche Wirkungen auf den Wettbewerb im Wesentlichen nur bei Vorhandensein von gewisser Marktmacht – bei gemeinsamen Einkauf dementsprechend Nachfragemacht – zu befürchten sind. Weder das Phänomen der Nachfragemacht an sich, noch deren rechtliche Handhabung ist jedoch bis heute hinreichend geklärt, weil die ökonomischen Auswirkungen vielfältig und sogar unvorhersehbar sein können. Vor diesem Hintergrund befasst sich die vorliegende Arbeit eingehend mit den Leitlinien der Kommission über horizontale Zusammenarbeit. Zugleich soll die Arbeit einen Beitrag zu der grundsätzlichen Frage leisten, ob der „more economic approach" im Hinblick auf die Zielvorgaben des EG-Vertrages und die Rechtsprechung seine Berechtigung hat.

Die Arbeit wurde im Wintersemester 2007/2008 vom Fachbereich Rechtswissenschaften der Universität Osnabrück als Dissertation angenommen. Literatur und Rechtsprechung sind bis einschließlich Oktober 2007 berücksichtigt. Die Idee zu dieser Arbeit entstand während meiner Tätigkeit als wissenschaftlicher Mitarbeiter am Institut für Handels- und Wirtschaftsrecht der Universität Osnabrück.

Meinem Doktorvater Herrn Prof. Dr. Andreas Fuchs, LL.M. danke ich für die Betreuung während der Ausarbeitung und für seine stets weiterführenden Ratschläge. Die Zeit als Mitarbeiter am Institut war sehr lehrreich. Herrn Prof. Dr. Willi Erdmann, Vorsitzender Richter am Bundesgerichtshof a. D., danke ich für die schnelle Erstellung des Zweitgutachtens. Mein Dank gilt auch den Herausgebern der Osnabrücker Schriften zum Unternehmens- und Wirtschaftsrecht für die Aufnahme in Ihre Schriftenreihe. Besonders herzlicher Dank gebührt schließlich meinen Eltern, die mich während meiner Ausbildung stets unterstützt haben und immer für mich da waren.

Osnabrück/Düsseldorf, im November 2007 Tobias Mischitz

Inhaltsübersicht

Inhaltsverzeichnis

Abkürzungsverzeichnis

a. A.	anderer Ansicht
a. F.	alte Fassung
ABl.	Amtsblatt der Kommission der Europäischen Gemeinschaften
Abs.	Absatz
AG	Die Aktiengesellschaft (Zeitschrift)
Anm.	Anmerkung
Antitrust L.J.	Antitrust Law Journal (Zeitschrift)
Art.	Artikel
Aufl.	Auflage
B2B	Business to Business
BB	Betriebsberater (Zeitschrift)
Bd.	Band
BDI	Bundesverband der Deutschen Industrie
BGH	Bundesgerichtshof
BGHZ	Sammlung der Entscheidungen des Bundesgerichtshof in Zivilsachen
BKartA	Bundeskartellamt
BMWi	Bundesministerium für Wirtschaft
bzw.	beziehungsweise
C.M.L.Rev.	Common Market Law Review (Zeitschrift)
Corp. L. Inst.	Corporate Law Institute
CPN	Competition Policy Newsletter (Zeitschrift)
d. h.	das heißt
Dept.	Departement
DG	Direction General
DOJ	Departement of Justice
E.C.L.R.	European Competition Law Review (Zeitschrift)
E.L.Rev.	European Law Review (Zeitschrift)
EC	European Community
EFTA	European Free Trade Association
EG	Europäische Gemeinschaft(en)
EGKS	Europäische Gemeinschaft für Kohle und Stahl
EGV	Vertrag zur Gründung der Europäischen Gemeinschaft
EU	Europäische Union
EuG	Europäisches Gericht Erster Instanz
EuGH	Gerichtshof der Europäischen Gemeinschaften

EUV	Vertrag über die Europäische Union
EuZW	Europäische Zeitschrift für Wirtschaftsrecht (Zeitschrift)
EWG	Europäische Wirtschaftsgemeinschaft
EWS	Europäisches Wirtschafts- und Steuerrecht (Zeitschrift)
FAZ	Frankfurter Allgemeine Zeitung
f.	folgend(e)
ff.	folgende Seiten
FIW	Forschungsinstitut der Wirtschaft
FKVO	Fusionskontrollverordnung
Fn.	Fußnote
FS	Festschrift
FTC	Federal Trade Commission
gem.	gemäß
GewArch	Gewerbearchiv (Zeitschrift)
GRuR	Gewerblicher Rechtsschutz und Urheberrecht (Zeitschrift)
GVO	Gruppenfreistellungsverordnung
GWB	Gesetz gegen Wettbewerbsbeschränkungen
h. A.	herrschende Ansicht
h. M.	herrschende Meinung
HHI	Herfindahl-Hirschman-Index
Hrsg.	Herausgeber
i. d. F.	in der Fassung
i. d. R.	in der Regel
i. d. S.	in diesem Sinne
i. F.	im Folgenden
i. S. d.	im Sinne des/der
i. Ü.	im Übrigen
ICC	International Chamber of Commerce
I.C.C.L.R.	International Company and Commercial Law Review (Zeitschrift)
IJOIO	International Journal of Industrial Organization (Zeitschrift)
insb.	insbesondere
IVE	Internationale Vereinigung von Einkaufs- und Marketingver bänden
Jg.	Jahrgang
JICT	Journal of Industry, Competition and Trade (Zeitschrift)
JZ	Juristenzeitung (Zeitschrift)
K&R	Kommunikation und Recht (Zeitschrift)
Kap.	Kapitel
KMU	Klein- und Mittelbetriebe / kleine und mittlere Unternehmen

KOM	Dokumente der Kommission der Europäischen Gemeinschaften
Lfg.	Lieferung
lit.	litera
m. N. d.	mit Nachweisen der
m. N. d. Rspr.	mit Nachweisen der Rechtsprechung
m. w. N.	mit weiteren Nachweisen
n. F.	neue Fassung
NJW	Neue Juristische Wochenschrift (Zeitschrift)
Nr.	Nummer
OECD	Organization for Economic Co-operation and Development
OFT	Office of Fair Traiding
RIW	Recht der Internationalen Wirtschaft (Zeitschrift)
Rn.	Randnummer
Rs.	Rechtssache
Rspr.	Rechtsprechung
Rz.	Randziffer
S.	Seite
s. o.	siehe oben
s. u.	siehe unten
Slg.	Sammlung der Rechtsprechung des Gerichtshofes und des Gerichtes Erster Instanz der Europäischen Gemeinschaften
sog.	so genannt
st.	ständig
u. a.	unter anderem
u. U.	unter Umständen
U.S.	United States
UGAL	Union des groupements de commercants de´taillants ind´pendants de l´Europe
UK	United Kingdom
Va.L.R	Virginia Law Review
Verf.	Verfasser
Vgl.	vergleiche
VO	Verordnung
WC	World Competition (Zeitschrift)
WRP	Wettbewerb in Recht und Praxis
WuW	Wirtschaft und Wettbewerb
z. B.	zum Beispiel
ZfgG	Zeitschrift für das gesamte Genossenschaftswesen (Zeitschrift)

ZHR	Zeitschrift für das gesamte Handels- und Wirtschaftsrecht (Zeitschrift)
ZWeR	Zeitschrift für Wettbewerbsrecht (Zeitschrift)

§ 1 Einführung

A. Einleitung und Problemstellung

Durch das Zusammenwachsen der Märkte – besser bekannt unter dem Begriff der Globalisierung – als Folge einer immer weiter fortschreitenden Liberalisierung des Welthandels und des Abbaus staatlicher Handelsbeschränkungen im Rahmen der GATT- bzw. WTO-Verhandlungen einerseits und der deutlich verbesserten Kommunikationsmöglichkeiten (z.B. Internet) andererseits haben sich die Rahmenbedingungen für Unternehmenskooperationen merklich verbessert. Dadurch stehen nicht nur mehr potentielle Kooperationspartner zur Verfügung, sondern auch das Bedürfnis an einer Kooperation ist gewachsen, weil das Zusammenwachsen der Märkte zu einer Vergrößerung der räumlich relevanten Märkte[1] und damit zu einer Erhöhung der Anzahl und der Größe (potentieller) Wettbewerber führt, gegen die es sich durchzusetzen gilt. Auswirkung hat der entstehende Binnenmarkt für alle Unternehmen demnach vor allem aufgrund der Faktoren „steigende Konkurrenz" und dadurch erzwungene „fallende Kosten"[2].

I. Bedeutung von Einkaufskooperationen, insbesondere für kleine und mittlere Unternehmen

In Zusammenhang mit der Marktliberalisierung wurde die Bedeutung von Handelskooperationen, einschließlich der Zusammenarbeit im gemeinsamen Einkauf von kleinen und mittelgroßen Unternehmen (KMU), für den Bereich „stärkere Wettbewerbsfähigkeit" vom Rat der Europäischen Union[3] und der Europäischen Kommission[4] (nachfolgend: Kommission) in den letzten Jah-

---

1 Zum Begriff des relevanten Marktes s.u. § 7 C. III. 1.

2 So die *Kommission* der Europäischen Gemeinschaft (nachfolgend: Kommission), Praktische Anleitung für grenzüberschreitende Kooperationen, S. 13.

3 Entschließung des Rates vom 10.10.1994 über die freie Entfaltung der Dynamik und der Innovationskraft kleiner und mittlerer Unternehmen, einschließlich Handwerk und Kleinstunternehmen, in einer Wettbewerbswirtschaft, ABl. 1994 C 294/7.

4 Vgl. *Kommission,* Maßnahmen für die KMU und das Handwerk, 1995, S. 3; zuletzt: Mitteilung der *Kommission*, Umsetzung des Lissabon-Programms der Gemeinschaft – Eine zeitgemäße KMU-Politik für Wachstum und Beschäftigung, KOM(2005)551; weitere Nachweise finden sich bei *Schröter* in: Schröter/Jakob/Mederer, Kommentar zum Europäischen Wettbewerbsrecht, Vorb. zu Artikel 81 bis 89, Rz. 33; siehe auch schon *Kommission,* Bekanntmachung vom 29.07.1968 über Vereinbarungen, Beschlüsse und

ren immer stärker hervorgehoben. Kooperationen von KMU sind nicht nur auf nationaler Ebene sozial und wirtschaftlich wichtig[5], sondern prägen auch die EU-weite Wirtschaftsstruktur und das Erscheinungsbild der Märkte. Dies zeigt die Tatsache, dass 99% aller Unternehmen in der EU KMU[6] sind, die derzeit etwa 75 Millionen Arbeitsplätze stellen und eine wichtige Quelle für unternehmerische Initiative und Innovation darstellen[7]. Durch grenzüberschreitende Kooperation können Unternehmen ihr Aktionsfeld erweitern und ihre Unternehmensleistung verbessern. Einkaufskooperationen gehören dabei zu den am Häufigsten vorkommenden Kooperationen, da sie relativ leicht ohne nennenswerte Berührung der wirtschaftlichen Selbstständigkeit der beteiligten Unternehmen zu verwirklichen sind und deshalb oftmals den Ausgangspunkt für eine umfassendere Zusammenarbeit bilden[8]. Die Bedeutung von Einkaufskooperationen für KMU wächst außerdem vor dem beschriebenen Hintergrund der Globalisierung, weil sich neue Produktmärkte auftun und beispielsweise mit Hilfe des Internets bereits der Informationsaustausch über Preise schneller und effizienter erfolgen kann. So ist es insbesondere im Lebensmitteleinzelhandel ein schwieriges Unterfangen, den Lieferanten mit den besten Konditionen ausfindig zu machen[9]. Hier haben Großunternehmen im Gegensatz zu KMU tendenziell den Vorteil, sich einen besseren Überblick über die Anbieterpreise verschaffen zu können. Ein effizienterer Informationsaustausch bildet deshalb für die kooperierende KMU die Basis zur Verwirklichung ihres Hauptmotivs, nämlich günstigere Einkaufspreise zu erzielen, mit denen größenbedingte Konditionenspreizungen ausgeglichen werden sollen, die sich tendenziell zum Vorteil von Großnachfragern und zu Las-

---

aufeinander abgestimmte Verhaltensweisen, die eine zwischenbetriebliche Zusammenarbeit betreffen, ABl. 1968 C 75/3, berichtigt in ABl. 1968 C 93/3.

5 Erwähnt sei hier nur die Bedeutung der Mittelstandsförderung für die Wirtschaft in Deutschland.

6 Zum Begriff der KMU siehe *Kommission,* Empfehlung vom 06.05.2003 betreffend die Definition der Kleinstunternehmen sowie der kleinen und mittleren Unternehmen, ABl. 2003 L 124/36.

7 Quelle: „Euro Info Zentrum" (EIC) der Europäischen *Kommission,* abrufbar unter: http://europa.eu.int/comm/enterprise/entrepreneurship/index_de.htm, Stand: November 2007.

8 Vgl. *Benisch,* Kooperationsfibel, S. 171 Rz. 1; *Brinker* in: Schwarze, EU-Kommentar, Art 81 EG Rz. 98; möglicherweise sind Einkaufskooperationen notwendig für Unternehmen, die auch in anderen Bereichen kooperieren wollen, *Jacobson/Dorman,* Joint purchasing, monopsony and antitrust, Antitrust Bulletin 1991, 1 ff.

9 *Krebs,* Gestaltung von Synergien durch Kooperations- und Konzentrationsstrategien, S. 83.

ten von KMU auswirken[10]. Der Einkaufspreis wiederum ist für die Existenz der KMU von entscheidender Bedeutung, weil er auf den als unmittelbare Schnittstelle zu den Konsumenten fungierenden Absatzmärkten maßgeblichen Einfluss auf den zentralen Wettbewerbsparameter „(Weiter-)Verkaufspreis" hat[11]. Hierbei sind schon prozentual gering erscheinende Konditionenvorteile beim Einkauf äußerst wichtig für den Absatzerfolg[12].

II. Problemaufriss

Es ist auf der einen Seite unumstritten, dass Kooperationen im Bereich der Beschaffung von Waren bzw. Gütern einem wirksamen Wettbewerb förderlich sein können, etwa wenn die teilnehmenden Unternehmen nur auf diese Weise zur Bildung eines Gegengewichts zu der Vertragsgestaltungsmacht auf der Anbieterseite in der Lage sind[13] oder weil gerade KMU durch die Form der Zusammenarbeit Chancen haben, sich schnell ändernden Marktbedingungen anzupassen, um so auf dem Markt bestehen können[14]. Auf der anderen Seite kommt es durch die Verabredung mehrerer nachfragender Unternehmen – wie bei anderen Kooperationstypen auch – zu einer Beeinträchtigung des freien, von Handlungsautonomie geprägten Marktgeschehens. Daneben tritt die in der Praxis bislang kaum berücksichtigte Gefahr einer Zusammenfassung oder Bildung von (übermäßiger) Nachfragemacht[15]. Soweit sie bloß mit Marktanteilen gleichgesetzt wurde, ist Nachfragemacht – ebenso wie diejenige Marktmacht, welche durch kollektives Anbieten von Waren (Stichwort: Verkaufssyndikate) entsteht – lange Zeit allenfalls über das ungeschriebene Tatbestandsmerkmal der Spürbarkeit vom Verbot des Art. 81 Abs. 1 EG erfasst worden[16].

---

10 Siehe *Ostler*, Einkaufskooperationen des Handels im Deutschen Kartellrecht, S. 40.

11 Siehe m.w.N. *Christiansen*, Gemeinsame Beschaffung und Wettbewerb, S. 17.

12 Vgl. *Krebs*, Gestaltung von Synergien durch Kooperations- und Konzentrationsstrategien, S. 83.

13 *Schroeder* in: Grabitz/Hilf, EGV-Kommentar, Bd. II, Art. 81 EGV, Rz. 505 m.w.N.; *Vogel*, Wettbewerbsrecht und Einkaufsmacht, WuW 1998, 1162, 1166.

14 Siehe dazu *Kommission*, Maßnahmen für die KMU und das Handwerk.

15 Siehe dazu ausführlich § 3 A. IV. 3.

16 Vgl. beispielsweise *Kommission*, 17.07.1968, *SOCEMAS*, ABl. 1968, L 201/4; 05.12.1983, *VW/MAN*, ABl. 1983, L 376/11; 29.11.1995, *SCK/FNK*, ABl. 1995, L 312/79. Der Europäische Gerichtshof (nachfolgend: EuGH) hat in einem anderen Zusammenhang (Entscheidung vom 13.07.1966, *GRUNDIG/CONSTEN*, Rs. 56/64, Slg. 1966, 321, 323) ausgeführt, dass es nicht angehe, dort Unterschiede zu machen, wo es der EWR-Vertrag nicht vorsehe.

Dass der Aspekt der Nachfragemacht in all seinen Ausprägungen als Maßstab für die kartellrechtliche Zulässigkeit lange Zeit unberücksichtigt bleiben konnte und die Kommission gegenwärtig mit – am häufigsten im Einzelhandel vorzufindenden – nachfragemächtigen Einkaufskooperationen nur sehr wenig Erfahrung hat, lässt sich anhand zweier Gründe plausibel erklären: Zum einen schien sich die Zusammenarbeit bisher größtenteils auf nationalen Beschaffungsmärkten abzuspielen, wodurch eine wettbewerbsrechtliche Beurteilung nahezu ausschließlich in den Zuständigkeitsbereich nationaler Wettbewerbsbehörden fiel[17]. Zum anderen hat sich zwischen Industrie und Handel das Kräfteverhältnis aufgrund einer stetig voranschreitenden Handelskonzentration[18] zugunsten des Handels allmählich verändert[19]. Das hat zur Folge, dass die auf die Industrie und die zur Reglementierung von „Anbietermacht" zugeschnittene Wettbewerbspolitik nicht in befriedigendem Maße passt[20]. Angesichts dieser Entwicklung liegt es auf der Hand, dass dem Aspekt der Nachfragemacht gerade im Zusammenhang mit grenzüberschreitenden Einkaufskooperationen eine herausragende Rolle zufällt, weil die Dimension der Zusammenarbeit und damit die Wahrscheinlichkeit einer Machtkonzentration tendenziell größer ist als bei einer auf nationale Märkte begrenzte Kooperation.

Obschon man sich mittlerweile der Bedeutung von Nachfragemacht im Klaren ist, so ist doch der Umgang mit diesem Phänomen angesichts der Vielschichtigkeit ökonomischer Auswirkungen mit großer Unsicherheit behaftet. Es existieren zwar zahlreiche Ansätze und Theorien aufgrund ökonomischer Analysen über die Auswirkungen eines Monopsons (Nachfragemonopol). Es jedoch vergleichsweise wenig über die Auswirkungen des gemeinsamen Einkaufs im Rahmen anderer Marktszenarien bekannt[21]. Vor diesem Hintergrund stellt sich somit die Frage nach der wettbewerbsrechtlich korrekten Bewertung der wirtschaftlichen Auswirkungen von Einkaufskooperationen.

---

17 Vgl. *van Miert*, Der Einzelhandel aus europäischer Sicht.

18 *Vogel*, Wettbewerbsrecht und Einkaufsmacht, WuW 1998, 1162, 1164 ff.

19 Vgl. dazu den Bericht der *OECD*, Buying Power of Multiproduct Retailers, S. 7; des Weiteren siehe *Dell*, The Changing Retailer-Supplier Relationship in: Davis, The Outlook for West European Retail, S. 60 ff.; sowie *Vogel*, Wettbewerbsrecht und Einkaufsmacht, WuW 1998, 1162, 1164 ff.; *Prießnitz*, Handelskonzentration, Markenartikel 1996, 95 ff.

20 Siehe dazu § 3 A. II. 3.

21 Ähnlich ist wohl die Situation in des USA: *Jacobson/Dorman*, Joint purchasing, monopsony and antitrust, Antitrust Bulletin 1991, 1, 3; vgl. auch *Overd*, Buyer Power, E.C.L.R. 2001, 249 f.

Die Kommission hat trotz der seit Jahrzehnten andauernden Diskussion über das Phänomen der Nachfragemacht erst relativ spät, nämlich im Zuge ihrer wettbewerbspolitischen Neuausrichtung in Form einer verstärkten Berücksichtigung ökonomischer Zusammenhänge im Rahmen der Beurteilung von Vereinbarungen, den Versuch unternommen, auf die wirtschaftsrealen Veränderungen zu reagieren. Die seit 01.01.2001 geltenden Leitlinien über horizontale Zusammenarbeit[22], in denen die Grundsätze für die Bewertung von (nachfragemächtigen) Einkaufsvereinbarungen[23] niedergelegt sind, sowie die dahinter stehenden volkswirtschaftlichen Zusammenhänge sollen den im System der Legalausnahme zur Selbstveranlagung gezwungenen Unternehmen hierzu eine Orientierungshilfe bieten[24]. Die Notwendigkeit einer Orientierungshilfe sei dabei insoweit auch durch die Tatsache belegt, dass es bis zum Jahr 2000 in etwa 23% aller von der Kommission behandelten Fälle um Vereinbarungen über horizontale Zusammenarbeit ging, die nicht von einer Gruppenfreistellungsverordnung erfasst wurden[25]. Die Kommission ermittelte im Rahmen einer Umfrage, dass von 65% der antwortenden Unternehmen eine Zusammenarbeit als wichtig bzw. sehr wichtig beurteilt wird[26]. Es wird jedoch zu untersuchen sein, ob damit in hinreichendem Maße dem Verlangen nach einer soliden und transparenten Grundlage[27] für eine rechtliche Bewertung entsprochen werden kann, um einerseits der Vielzahl von Ausgestaltungsmöglichkeiten[28] unternehmerischer Einkaufszusammenarbeit und dem Bestreben der Unternehmen gerecht zu werden, zur erfolgreichen grenzüberschreitenden Aktivität bestmöglichen Nutzen aus den Kooperationen zu ziehen, und sich andererseits an das von den Gemeinschaftsorganen verfolgte

---

22 Bekanntmachung der *Kommission*, Leitlinien zur Anwendbarkeit von Art. 81 EG-Vertrag auf Vereinbarungen über horizontale Zusammenarbeit vom 06.01.2001, ABl. 2001 C 3/2 (nachfolgend: *Kommission*, Horizontalleitlinien).

23 *Kommission*, Horizontalleitlinien, ABl. 2001 C 3/2, 17 Rz. 115 ff.

24 So ausdrücklich *Kommission*, Pressemitteilung v. 29.11.2000, IP/00/1376. Siehe ausführlich dazu unten § 5 A. II.

25 *Lücking*, Horizontal Co-Operation Agreements: Ensuring a modern policy, CPN 2000, 41, 42.

26 Vgl. hierzu *Bundeskartellamt*, Kooperation zwischen Wettbewerbern, S. 2 m.w.N.

27 Es stellt sich die Frage, ob und inwieweit die Leitlinien eine verbindliche Regelung unter der Prämisse des nun geltenden System der Legalausnahme ersetzten. Vgl. dazu unten § 4 A.

28 Einkaufskooperationen beschränken sich in der Praxis selten auf die bloße Einkaufsfunktion, sondern gehen darüber hinaus. Deshalb ist eine einheitliche Beurteilung nicht möglich: vgl. dazu die ausführliche Darstellung bei *Dauner*, Einkaufsgemeinschaften im Kartellrecht, 1988, S. 70 f.; sowie *Fritzsche*, Die Auslegung des § 1 GWB und die Behandlung von Einkaufsgemeinschaften im Kartellrecht, S. 93 ff.

Ziel der Art. 81 ff. EG, einen unverfälschten[29] Wettbewerb auf höchstmöglichen Maß zu gewährleisten, anzunähern.

B. Thematische Abgrenzung

Gegenstand der vorliegenden Untersuchung ist ausschließlich die kartellrechtliche Zulässigkeit einer Einkaufskooperation[30] als Form einer gemeinsamen Beschaffungstätigkeit von Unternehmen, deren Basis eine Vereinbarung im weitesten Sinne ist. Die Kooperation beim Einkauf erfolgt durch Unternehmen, die zumindest bei der Beschaffung von Waren bzw. Erzeugnissen oder Dienstleistungen Wettbewerber sind, d. h. auf derselben Marktstufe tätig sind[31]. In Anbetracht der Tatsache, dass die Kooperation in institutionalisierter Form vonstatten geht, bezeichnet man sowohl die organisatorische Zusammenfassung der Mitglieder, als auch die gemeinschaftlich geschaffene und als Wirtschaftssubjekt handelnde Einrichtung selbst als Einkaufsgemeinschaft[32]. Als Einkaufsgemeinschaft lässt sich damit der Zusammenschluss von zwei oder mehreren selbstständigen, bei der Warenbeschaffung konkurrierenden Unternehmen zu einer Organisation mit oder ohne Gemeinschaftsunternehmen bezeichnen. Am Charakter dieser horizontalen Zusammenarbeit ändert sich demnach auch dann nichts, wenn zur Realisierung wirtschaftlicher Funktionen vertikal gerichtete Organe geschaffen werden. So übernimmt zwar beispielsweise eine Einkaufsgenossenschaft von Einzelhändlern Aufgaben der vorgeschalteten Marktstufe Großhandel, sie ist aber nichtsdestotrotz Organ der (auf gleicher Marktstufe stehenden) Einzelhändler[33]. Davon zu un-

---

29 St. Rspr., z. B. *EuGH*, 21.02.1973, *CONTINENTAL CAN*, Rs. 6/72, Slg. 1973, 215, 244; 22.01.1974, *COMMERCIAL SOLVENTS*, Rs. 7/73, Slg. 1974, 223, 252; 13.02.1979, *HOFFMANN-LA ROCHE*, Rs. 85/76, Slg. 1979, 461, 552; 21.09.1989, *HOECHST*, Rs. 46/87, Slg. 1989, 2919, 2926.

30 Oft finden sich auch die synonym verwendeten Bezeichnungen einer Einkaufsgemeinschaft, -genossenschaft, -gesellschaft, -vereinigung, -ring, -zusammenschluss, -kartell, -pool, -verband oder Beschaffungskooperation bzw. Beschaffungspool.

31 Vgl. *Kommission*, Horizontalleitlinien, ABl. 2001 C 3/2 (17, 18) Rz. 1 (Rz. 115, 123).

32 Vgl. auch *Köhler*, Wettbewerbsbeschränkungen durch Nachfrager, S. 103.

33 Wenn im Folgenden von Einkaufskooperation die Rede ist, ist damit entweder ein vertikal integriertes Organ als Vermittler der einzelnen Mitglieder gemeint, oder aber alle Mitglieder in ihrer Gesamtheit als Gruppe. Für die Kommission macht es keinen Unterschied, ob der gemeinsame Einkauf über eine gemeinsam kontrollierte Gesellschaft oder über ein Unternehmen erfolgt, an dem mehrere Unternehmen einen kleinen Anteil halten, oder über eine vertragliche Regelung oder eine noch lockerere Form der Zusammenarbeit, vgl. *Kommission*, Horizontalleitlinien, ABl. 2001 C 3/2 17 Rz. 115.

terscheiden sind Einkaufsvereinigungen im Sinne so genannter konzentrativer Vollfunktionsgemeinschaftsunternehmen. Sie sind nicht Gegenstand dieser Arbeit, weil die Schaffung oder die Nutzung einer gemeinschaftlichen Einrichtung, die ihrerseits als unabhängig handelndes Wirtschaftssubjekt auftritt (Gemeinschaftsunternehmen), grundsätzlich[34] der rechtlichen Prüfung auf Grundlage der Fusionskontrollverordnung[35] vorbehalten ist.

Die bereits anfangs erwähnten Auswirkungen des Zusammenwachsens der Märkte betreffen alle Unternehmen in allen Wirtschaftsstufen gleichermaßen. Die Auswirkungen werden jedoch umso geringer sein, je begrenzter und lokaler ausgerichtet die Nachfrage in den verschiedenen Sektoren ist. Folglich ist die Betrachtung von Einkaufskooperationen, die sich auf weitgehend homogenen, markenlosen und damit weit gefassten Produktmärkten mit überschüssigem Angebot (Käufermarktsituationen[36]) abspielen, in stärkerem Maße relevant, da für diese die erwähnten Faktoren „fallende Kosten" und „steigende Konkurrenz" von großer oder sogar existenzieller Bedeutung sind. Besonderes Augenmerk wird deshalb auf Einkaufskooperationen des Handels gelegt, wo diese Voraussetzungen in hohem Maße gegeben sind. Weitgehend unberücksichtigt bleiben jedoch Einkaufskooperationen in Verkäufermarktsituationen, bei denen die Motivation der gemeinsamen Beschaffungstätigkeit in der Hauptsache von Angebotsengpässen herrührt und eine künstliche Nachfragedrosselung verbunden mit einer mengenmäßigen Aufteilung des Warenbezugs nach Quoten eine gleich bleibende Versorgung[37] sicherstellen soll. Derartige

34 Ein Zusammenschluss i. S. d. FKVO liegt vor bei Gemeinschaftsunternehmen, die auf Dauer angelegt sind, alle Funktionen einer selbstständigen wirtschaftlichen Einheit erfüllen und keine Koordinierung des Wettbewerbsverhaltens der Gründerunternehmen (Mütter) im Verhältnis zueinander begründen (konzentratives Vollfunktionsgemeinschaftsunternehmen). Sobald allerdings eine Koordinierung der „Mütter" bewirkt wird (kooperatives Vollfunktionsgemeinschaftsunternehmen), ist materieller Prüfungsmaßstab Art. 81 EG. Dabei ist freilich festzuhalten, dass die Zusammenarbeit nur in einzelnen Funktionen (hier: Einkauf) nicht als Zusammenschluss verstanden werden kann (unabhängig davon, ob dies durch Koordinierung erfolgt oder durch Übertragung der Funktion auf eine gemeinschaftliche Einrichtung). Mit dieser Abgrenzungsfrage beschäftigt sich eingehend *Pohlmann*, Doppelkontrolle von Gemeinschaftsunternehmen im europäischen Kartellrecht, WuW 2003, 473 ff.

35 Verordnung (EG) Nr. 4064/89 der Kommission vom 21.12.1989 über die Kontrolle von Unternehmenszusammenschlüssen, ABl. 1990, Nr. L 257/14, geändert durch die Verordnung (EG) Nr. 1310/97 des Rates vom 30.06.1997, ABl. 1997, Nr. L 180/1.

36 Vgl. dazu z. B. *Dauner*, Einkaufsgemeinschaften im Kartellrecht, S. 41.

37 Unter diesen Bedingungen wird eine Einkaufskooperation auch als Versorgungsgemeinschaft bezeichnet.

Versorgungsgemeinschaften sind insbesondere in Krisenzeiten auf Rohstoffmärkten (Kohle, Stahl, etc.) vorzufinden und deshalb heute praktisch nicht mehr relevant. Ein Hindernis, welches das Auftreten von Versorgungsgemeinschaften zusätzlich unwahrscheinlich macht, ist das Erfordernis der Partizipierung an der Kooperation durch einen sehr großen Teil der auf dem Markt präsenten, konkurrierenden Nachfrager, was jedoch nur in Märkten mit vergleichsweise wenigen Teilnehmern realistisch sein kann[38].

Ebenfalls soll nicht auf Kooperationen eingegangen werden, die von der öffentlichen Hand getätigt werden, weil diese in grenzüberschreitender Form eher eine Ausnahme bilden werden und weil der Aspekt der Nachfragemacht in diesem Zusammenhang eine andere bzw. nur eine eingeschränkte Rolle spielt. Zu denken ist hierbei insbesondere an die fehlende Aktivität auf nachgelagerten Märkten. Im Gegensatz zur deutschen Kartellrechtspraxis hat aus diesem Grunde das Europäische Gericht Erster Instanz (EuG) in der Sache *FENIN* der öffentlichen Hand sogar die Eigenschaft eines Unternehmens abgesprochen, weshalb Art. 81 Abs. 1 EG nach dieser Rechtsprechung schon keine Anwendung findet[39].

Schließlich wird eine ausführliche Auseinandersetzung mit der Frage nach der kartellrechtlichen Bewertung einer gemeinsamen Warenbeschaffung unter Zuhilfenahme von Internet-Plattformen (B2B-Marktplätze) in dieser Arbeit unterbleiben. Hierzu sei auf die mittlerweile zahlreichen existierenden Veröffentlichungen verwiesen[40], die allesamt im Grundsatz zu dem Schluss gelangen, dass im Zusammenhang mit derartigen Aktivitäten keine neuen kartellrechtlichen Probleme auftauchen.

---

38 Vgl. dazu *Christiansen*, Gemeinsame Beschaffung und Wettbewerb, S. 25 f. m.w.N.

39 Vgl. EuG, 04.03.2003, *FENIN*, Rs. T-319/99, Slg 2003, II-357 Rz. 36; bestätigt durch den EuGH, 11.07.2006, *FENIN*, C 205/03 P, Slg. 2006, I-1 ff.

40 Vgl. *Dethof*, Anforderungen des deutschen und europäischen Kartellrechts an Business-to-Business Internet-Marktplätze; *Welling*, Neue Formen der Einkaufsbündelungen nach deutschem und europäischem Kartellrecht, S. 123 ff; *Köhler*, Gründung und Nutzung von Internet Marketplaces, K&R 2000, 569, 572 ff.; *Schaub*, Kartellrechtliche Probleme des elektronischen Marktplatzes aus Sicht der EU-Kommission; *Tröller*, Anwendbarkeit des deutschen, britischen und europäischen Kartellrechts bei elektronischen B2B-Marktplätzen, RIW 2005, 8 ff.; *Gounalakis/Lochen*, Elektronische Marktplätze und Kartellrecht, ZHR 2003, 632 ff. m.w.N. (Fn. 2).

Erstes Kapitel: Grundlagen

§ 2 Erscheinungsformen der Einkaufskooperation

A. Überblick über die unternehmerische Beschaffungspolitik

I. Bedeutung des Einkaufspreises

Der Einkaufspreis hat maßgeblichen Anteil an der Wettbewerbsfähigkeit derjenigen Unternehmen, die für eine Einkaufskooperation in Frage kommen. Eine zu geringe Betriebsgröße und ein zu geringer Umfang der beschafften Leistungssubstanz sind erwiesenermaßen ursächlich für im Verhältnis zu marktstärkeren Wettbewerbern höhere Weiterverkaufspreise[41] und ermöglichen nur eingeschränkt einen effizienzsteigernden Einsatz der die reine Warenbeschaffung begleitenden Teilinstrumente wie beispielsweise Fuhrpark oder Lagerkapazitäten sowie Dienstleistungen (z. B. Werbung), die den Lieferanten gegenüber erbracht werden. Größennachteile führen demnach zu Kostensteigerungen bzw. höheren Preisen und damit zu Wettbewerbsnachteilen[42].

II. Motive für die gemeinsame Warenbeschaffung

Hieraus erwächst das Interesse an einem Gemeinschaftseinkauf, der diese Größennachteile und damit verbundene Wettbewerbsnachteile kompensieren kann. Sofern die Voraussetzungen eines funktionsfähigen Gemeinschaftseinkaufs gegeben sind (insbesondere Käufermarktsituationen mit homogenen Produktmärkten), lässt sich damit als Hauptmotiv für die Gründung einer Einkaufsvereinigung oder für die Teilnahme an einer Einkaufskooperation in erster Linie anführen, dass sich auf diese Weise bessere Einkaufskonditionen als über den Einzeleinkauf erzielen lassen und zusätzlich Kosteneinsparungen durch parallel auftretende Rationalisierungseffekte möglich werden. Zusätzlich bietet eine Bündelung der Nachfrage in Bezug auf Waren[43] den Vorteil, dass Einkaufsmärkte erreichbar werden, die für einzelne Unternehmen allein

41 Das gilt im Grundsatz unabhängig davon, ob eine etwaige Wertschöpfung im Anschluss an den Einkauf stattfindet oder nicht, d. h. es gilt für Industrieunternehmen gleichermaßen wie für Handelsunternehmen.

42 Siehe unter § 8 A. II. 1. a).

43 Inwieweit eine Bündelung der Nachfrage tatsächlich stattfindet, sei hierbei zunächst dahingestellt.

nicht zu wirtschaftlichen Bedingen erreichbar sind. Schließlich besteht für Unternehmen, die aufgrund von Mindestabnahmemengen bestimmter Hersteller oder Lieferanten bislang auf eine begrenzte Anzahl von Lieferanten und damit Waren beschränkt waren, die Möglichkeit, andere Bezugsquellen zu erschließen[44].

Zusammenfassend lassen sich insbesondere folgende Vorteile und zugleich Motive einer gemeinsamen Warenbeschaffung herausstellen: Größere Marktübersicht und damit das Erkennen günstigerer Einkaufsmöglichkeiten, Erschließung des Zugangs neuer (ausländischer) Versorgungsmärkte, Erzielung günstigerer Einkaufspreise- und Bedingungen, Rationalisierung des Einkaufs mit entsprechender Kostenersparnis. Darüber hinaus bietet eine Einkaufsgemeinschaft die Möglichkeit einer zentralisierten Prüfung der Lieferungen nach Qualität, Tauglichkeit, etc., auf die Leistungs- bzw. Produktgestaltung des Lieferanten Einfluss zu nehmen, die Verhandlungsbasis gegenüber marktstarken Lieferanten zu stärken und Nachteile gegenüber integrierten Vertriebsformen oder Großbetrieben auszugleichen[45].

B. Art und Weise der Zusammenarbeit

I. Intensität der Zusammenarbeit

Die tatsächliche Umsetzung der beschriebenen Motive für den gemeinsamen Einkauf steht im unmittelbaren Zusammenhang mit der Art und Weise der Zusammenarbeit. Die Intensität der Zusammenarbeit ist je nachdem, welches Motiv hinter ihr steht, unterschiedlich. Es kann dabei zwischen verschiedenen Kooperationsstufen differenziert werden. Bereits die Kooperation im Bereich der Beschaffungsmarktforschung (Marktbeobachtung und Marktinformation) als loseste denkbare Form der Zusammenarbeit wird unter den Begriff der Einkaufskooperation subsumiert. Aufgabe einer Marktinformationsgemeinschaft ist Vorbereitung und Unterstützung der eigentlichen Einkaufstätigkeit, indem sich die Mitglieder gegenseitig informieren oder indem ein gemeinsames Organ oder Gremium den Mitgliedern auf deren Weisung oder in regelmäßigen Zeitabständen eigeninitiativ einen Marktüberblick (Preise, Rabatte, Konditionen) verschafft[46]. Diese Form der Zusammenarbeit findet sich heutzutage insbesondere im Zusammenhang mit B2B-Marktplätzen im Internet

---

44 Vgl. statt Vieler ausführlich *Benisch*, Kooperationsfibel, S. 181 f. Rz. 16 f.

45 Umfassend dazu *Köhler*, Wettbewerbsbeschränkungen durch Nachfrager, S. 104 f.

46 Siehe nur *Christiansen*, Gemeinsame Beschaffung und Wettbewerb, S. 28 m.w.N.

wieder. Verhandlungsgemeinschaften gehen im Vergleich zu Marktinformationsgemeinschaften über die bloße Informationsakkumulierung hinaus und übernehmen für die Mitglieder einer Einkaufsgemeinschaft nach Feststellung des jeweiligen Bedarfs an den jeweiligen Waren die Verhandlungsführung mit den Herstellern oder Lieferanten, sie sind jedoch nicht mit in den Bestellvorgang involviert[47]. Im Gegensatz zur Verhandlungsgemeinschaft übernimmt schließlich eine Bestellgemeinschaft auch den Bestellvorgang und damit die eigentliche, formelle Beschaffungstätigkeit. Daneben werden jedoch oftmals auch andere Aufgaben übernommen, die bis zum Vollservice für die Kooperationsmitglieder reichen. Bei einer solchen hoch entwickelten Einkaufskooperation, die man verstärkt im Handel vorfindet, übernimmt die gemeinsam geschaffene Einkaufszentrale regelmäßig Aufgaben im Bereich Inkasso und Delkredere bzw. der Zentralregulierung[48] sowie die Lagerhaltung und die Belieferung[49]. Hinzu kommen Tätigkeiten zur Mitgliederförderung im Berech des Marketings oder der Fortbildung, zur Vereinheitlichung des Sortiments der Mitglieder, zur Effizienzsteigerung des gemeinsamen Einkaufs sowie der Gemeinschaftswerbung[50]. Die Einkaufszentrale ist damit nicht bloße Hilfsorganisation der Mitgliedsunternehmen, sondern auch ein Dienstleistungsunternehmen.

II. Handlungsformen hoch entwickelter Einkaufsgemeinschaften

Vollzieht sich die Beschaffungstätigkeit in institutionalisierter Form – sei es, weil ein Mitglied die Tätigkeit für alle anderen mit übernimmt oder weil die kooperierenden Unternehmen ein eigens dazu geschaffenes Gemeinschaftsunternehmen einsetzen –, so stellen sich die geschäftlichen Bindungen je nach Handlungsform in unterschiedlicher Weise dar. Die Wahl der Handlungsform entscheidet dabei darüber, ob die Bindungen eher horizontal oder eher vertikal geprägt sind, was wiederum für die kartellrechtliche Bewertung von Bedeutung ist[51].

---

47 Ausführlich *Dauner*, Einkaufsgemeinschaften im Kartellrecht, S. 71.

48 Vgl. *Fritsche*, Die Auslegung des § 1 GWB und die Behandlung von Einkaufsgemeinschaften im Kartellrecht, S. 98.

49 Ausführlich *Benisch*, Kooperationsfibel, S. 172 Rz. 1.

50 Siehe *Fritsche*, Die Auslegung des § 1 GWB und die Behandlung von Einkaufsgemeinschaften im Kartellrecht, S. 98 f.; sowie die Auflistung in *Christiansen*, Gemeinsame Beschaffung und Wettbewerb, S. 41 f.

51 Zu den damit verbundenen kartellrechtlichen Fragen s.u. § 7 C. IV., sowie § 8 B. II.

1. Eigengeschäft

Beim Eigengeschäft treten nicht die einzelnen Mitglieder als Käufer auf, sondern die Einkaufsgemeinschaft im eigenen Namen. Unabhängig davon, ob die Einkaufsgemeinschaft die georderten Waren an die Mitglieder schicken lässt (Streckengeschäft) oder neben der Auftragserteilung und der Regulierung der Lieferantenforderungen selbst auch noch das Lagergeschäft betreibt, kann zwischen Einkaufsgemeinschaften unterschieden werden, die in eigenem Namen auf eigene Rechnung handeln oder als Kommissionär in eigenem Namen auf fremde Rechnung tätig werden[52].

2. Fremdgeschäft

Beim Fremdgeschäft tritt die Einkaufsgemeinschaft grundsätzlich bloß als Vermittler zwischen den Mitgliedsunternehmen und den Lieferanten auf, übernimmt bei Bedarf jedoch auch Funktionen wie die des Delkredere - bzw. Inkassogeschäfts sowie der Zentralregulierung.

III. Kooperationsgrundlage

1. Form

Grundsätzlich erfolgt eine Kooperation in Form einer traditionellen bilateralen Geschäftsabwicklung. Darüber hinaus besteht auch die Möglichkeit der Zusammenarbeit im Einkauf durch Nutzung elektronischer Marktplätze, sog. B2B-Marktplätze (business-to-business)[53], die nicht nur bei Großunternehmen[54], sondern gerade auch bei KMU von wachsender Bedeutung sind[55].

---

52 Siehe nur *Köhler*, Wettbewerbsbeschränkungen durch Nachfrager, S. 112 f.

53 Vorteil dieser elektronischen Marktplätze ist neben der Steigerung der Geschwindigkeit von Geschäftsprozessen und einer drastischen Senkung von Transaktionskosten vor allem auch die einfachere Kontaktaufnahme zwischen Unternehmen und damit die Möglichkeit, Kooperationen schneller zu verwirklichen und neue Märkte zu erschließen: FAZ vom 23.06.2003, S. 18; vgl. dazu auch *Bundeskartellamt*, Kooperation zwischen Wettbewerbern. Bei klassischen Kooperationen wird das Synergiepotential bei weitem nicht auf Dauer ausgeschöpft. Während bei steigender Mitgliederzahl die klassische Kooperation Gefahr läuft, intransparent und unflexibel zu werden, bleibt bei B2B-Zusamenkünften die Transparenz bei gleichzeitiger Individualität, die Flexibilität und die Einfachheit der Abwicklungsprozesse gewahrt.

54 So bündeln beispielsweise General Motors, Ford, Daimler-Chrysler, Nissan u. a. weltweit die Beschaffung von Auto(ersatz)teilen über Internetplattformen, abrufbar unter: http://www.covisint.com.

55 *Kommission*, 30. Bericht über die Wettbewerbspolitik (2000), Rz. 209 ff.; Die Kommission hat bereits einige Internetmärkte überprüft und genehmigt, abrufbar unter: http://www.chemplorer.com; http://www.emaro.com; http://www.volbroker.com.

Diese Art von Kooperation kann man als „offene“ Kooperation beschreiben, weil die Mitgliederzahl regelmäßig nicht festgelegt ist und die Kooperation zweckmäßigerweise unter den Mitgliedern weniger stark reglementiert als bei den klassischen Kooperationen. Auch wenn der B2B-Marktplatz zunächst keine zwingende Bündelung der Beschaffungsvorgänge beinhaltet, ist es beispielsweise jederzeit möglich, dass sich ein Nachfrager an einen Beschaffungswunsch eines Wettbewerbers auf der Plattform spontan anhängt und es so zu einer Adhoc-Einkaufskooperation kommt[56]. Neben der Bildung von zeitlich eng begrenzten, punktuellen Kooperationen mit wechselnden Partnern erleichtern Internet-Plattformen aber auch traditionelle Absprachen bis hin zu Hardcore-Vereinbarungen und schaffen dafür zusätzliche Anreize. Während sich einerseits also die Möglichkeiten für eine Preisabstimmung sowie deren Überwachung durch die Beteiligten erheblich verbessern, besteht jedoch andererseits die Gefahr, dass sich die Chancen der Kontrolle und Nachweisbarkeit von außen aufgrund der technischen Komplexität und Spurenlosigkeit der Abläufe im Internet deutlich reduzieren[57].

2. Organisation der Zusammenarbeit

Die Organisation einer Einkaufskooperation besteht in aller Regel aus einem Netzwerk von unterschiedlich dimensionierten Verträgen[58]. Dazu zählen die Kooperationsverträge, die beispielsweise in Satzungen oder Gesellschaftsverträgen zur Regelung der „Innengesellschaft“ enthalten sind und die bereits dargestellten Einkaufsmodalitäten[59] betreffen, die Lieferantenverträge, die von der Einkaufsgemeinschaft mit den Unternehmen der Marktgegenseite abgeschlossen werden sowie die Anschlussverträge bzw. Nebenabreden, die zwischen der Einkaufsvereinigung mit deren Mitglieder zur Regelung der Mitgliedschaftsmodalitäten vereinbart werden. Neben der Frage der kartellrechtlichen Behandlung von Nebenabreden ist somit insbesondere wiederum das Maß der horizontalen und vertikalen Prägung von Geschäftsbindungen und demzufolge die Frage angesprochen, ob und in welchem Umfang im Rahmen der kartellrechtliche Beurteilung diesen Unterschieden Rechnung zu tragen hat – sei es durch eine kombinierte, sei es durch ausschließliche An-

---

56 Solche Adhoc-Kooperationen werden nicht nur dann vorkommen, je undifferenzierter das nachgefragte Produkt ist (standardisierte, homogene Massengüter), sondern die B2B-Plattform bietet aufgrund seiner Transparenz auch die Möglichkeit von Kooperationen bei der Beschaffung spezifischer Waren.

57 *Beck*, Die wettbewerbspolitische Relevanz des Internet, WuW 1999, 460, 462; *Scheidgen/König*, Kooperationen zwischen Wettbewerbern, WuW 2000, 1205, 1207.

58 Im Anschluss an *von Einem*, Kartellcharakter von Einkaufskooperationen, S. 14.

59 S.o. § 2 A. II. [B. I.].

wendbarkeit der Grundsätze, die die Kommission insbesondere in den Leitlinien über horizontale und vertikale Zusammenarbeit aufgestellt hat sowie durch eine Anwendbarkeit der Gruppenfreistellungsverordnung (EG) Nr. 2790/1999[60].

C. Beziehungen zwischen der Einkaufsgemeinschaft und den Kooperationsmitgliedern

I. Notwendigkeit der Bindung der Mitgliedsunternehmen

Neben den möglichen Formen der Aktivität einer Einkaufsgemeinschaft ist für die kartellrechtliche Beurteilung insbesondere die Ausgestaltung der Beziehungen zwischen den Mitgliedern und der Gemeinschaft als Institution relevant[61]. Die Ausgestaltung der (vertikalen) Beziehung zwischen der Einkaufsgemeinschaft und seinen Mitliedern ist ausschlaggebend für die Bindung zwischen beiden Marktteilnehmern. Die Bindung der Mitglieder an die Einkaufsgemeinschaft ist wiederum notwendig, weil nur auf diese Weise deren Effektivität sowie deren Nachfragemacht sichergestellt ist.

II. Möglichkeiten und Ausgestaltung mitgliedschaftlicher Bindung

1. Einkaufsgemeinschaft in der Funktion eines weisungsgebunden Vollzugsorgans

Ist die Einkaufsgemeinschaft bloßes Vollzugsorgan seiner Mitglieder, die nur die Auftragsbündelung koordiniert, indem sie die Aufträge der autonom entscheidenden Mitglieder sammelt und ausführt, so reicht dies bereits aus, um neue bzw. zusätzliche Beschaffungsquellen zu erschließen oder von Fall zu Fall Nachfragemacht zu begründen[62]. Es gewährleistet jedoch nicht die Stabilität der Einkaufsgemeinschaft und setzt damit auch die Wahrscheinlichkeit der Ausübung von Nachfragemacht auf Lange Sicht herab. Herabgesetzt ist dementsprechend auch die Wettbewerbsfähigkeit gegenüber marktstärkeren Nachfragern, gleichzeitig jedoch auch das schädigende Potential[63]. Die Funktion der Einkaufsgemeinschaft ist deshalb für die wettbewerbsrechtliche Beurteilung von entscheidender Bedeutung ist.

---

60 S.u. § 7 C. IV. sowie § 8 B. II.

61 S.o. Fn. 60; siehe auch *OFT*, Competitive effects of buying groups, S. 3 ff.

62 Vgl. *Köhler*, Wettbewerbsbeschränkungen durch Nachfrager, S. 119.

63 Zu den Langzeitwirkungen von Nachfragemacht s.u. § 3 A. IV. 3. a) aa) (1), insbesondere Fn. 215.

2. *Einkaufsgemeinschaft in der Funktion als selbständiges Entscheidungsorgan*

Ist die Einkaufsgemeinschaft hingegen als selbstständiges Entscheidungsorgan konzipiert, dann steigt mit dem Umfang der Selbstständigkeit tendenziell die Bindungskraft der Mitglieder an die Gemeinschaft[64], weil sämtliche wichtige Funktionen nicht von den Mitgliedsunternehmen übernommen werden, sondern in Erwartung einer erhöhten Leistungsfähigkeit[65] von diesen bewusst auf die Einkaufsgemeinschaft abgewälzt werden.

a) Faktische Bindungswirkung („Gruppeneffekt")

Die hinter diesem Verhalten der Mitglieder stehende Absicht, sich grundsätzlich der Dienste einer Zentralstelle zu bedienen, bedingt eine gewisse Abhängigkeit, die ohne die Notwendigkeit von Verhaltsabstimmungen als „Gruppeneffekt" oder „Sogwirkung" bezeichnet wird[66]. Das gilt naturgemäß dann, wenn die Motivation der Einkaufskooperation in der Erschließung neuer Bezugsquellen liegt, sowie generell in Käufermarktsituationen[67]. Es ist jedoch davon auszugehen, dass diese Sorgwirkung ohne gleichzeitige Verhaltensabstimmung nur bis zu einem gewissen Grade besteht, auch wenn sie durch geeignete, d. h. für die Mitglieder attraktive (Service-)Maßnahmen[68] gefördert wird. In den Fällen, in denen die Einkaufsgemeinschaft als Verhandlungsgemeinschaft günstigere Einkaufspreise und -konditionen realisieren soll, wird sie regelmäßig nicht ausreichen, um Nachfragemacht aufrechtzuerhalten. Grund dafür ist der Anreiz der Marktgegenseite, dem durch die Nachfragebündelung hervorgerufenen Nachfragedruck durch geeignete, attraktive Offerten gegenüber einzelnen Mitgliedern der Einkaufsgemeinschaft auszuweichen[69].

---

64 Eine Ausnahme bilden Verkäufermarktsituationen (Nachfrageüberhang bzw. Angebotsknappheit), weil unter diesen Marktbedingungen die Mitglieder das gegenläufige Motiv haben können, bei dringendem Bedarf zusätzliche Käufe außerhalb der Gemeinschaft vorzunehmen. Angesichts der erwähnten Unüblichkeit von Verkäufermarktsituationen können diese Motive jedoch vernachlässigt werden.

65 So auch *von Einem*, Kartellcharakter von Einkaufskooperationen, S. 115.

66 Vgl. *Köhler*, Wettbewerbsbeschränkungen durch Nachfrager, S. 120.

67 *Benisch*, Kooperationsfibel, S. 182 Rz. 16.

68 Siehe die Auflistung der in Frage kommenden Maßnahmen (z. B. Zur-Verfügung-Stellen eigener Handelsmarken, Investitionsplanung, Geschäftsraumbeschaffung oder Betriebsgeratung und Personalschulung) bei *Benisch*, Kooperationsfibel, S. 182 f. Rz. 16; vgl. auch *Bunte* in: Frankfurter Kommentar zu Kartellrecht, Bd. VI, Art. 81 abs. 1, 3 EG-Vertrag – Fallgruppen II.5., Rz. 11.

69 Siehe wiederum eingehend *Köhler*, Wettbewerbsbeschränkungen durch Nachfrager, S. 120 f.

b) Bindung durch vertragliche Maßnahmen

Die Notwendigkeit verhaltensabstimmender bzw. vertraglicher Maßnahmen[70] belegt ein Blick auf die Praxis, in der hauptsächlich Bezugsvereinbarungen[71] im Sinne von mehr oder minder umfangreichen Bezugs-/Abnahmepflichten für die Mitglieder die Regel sind[72]. Darüber hinaus werden oftmals Vereinbarungen geschlossen, die bei zu geringen Umsätzen der Mitglieder zum Austritt aus der Einkaufskooperation verpflichten oder die bei Nichtbenutzung der Einkaufsgemeinschaft Vertragsstrafen vorsehen[73]. Hinzu treten Vereinbarungen zur Kostendeckung der Einkaufsgemeinschaft, die eine Beitragspflicht statuieren sowie Vereinbarungen, die eine Doppelmitgliedschaft[74] verbieten oder Aufnahmebeschränkungen[75] enthalten.

D. Gegenstand von Einkaufskooperationen

Einkaufs- oder Bezugskooperationen finden sich nicht nur beim gemeinsamen Bezug von Waren bzw. Gütern, d. h. beim Bezug von dinglichen Gütern, sondern auch bei Rechtsgütern. Klassisches Beispiel für den gemeinschaftlichen Bezug von Rechten ist der Erwerb von Fernseh-Übertragungsrechten für Sportveranstaltungen bzw. für Spielfilme durch mehrere Fernsehanstalten[76]. Weiterhin ist auch ein verstärktes, mit der Marktliberalisierung

---

70 Zur Vertiefung siehe beispielsweise *Christiansen*, Gemeinsame Beschaffung und Wettbewerb, S. 49 ff.

71 Zu den unterschiedlichen Ausgestaltungsmöglichkeiten von Bezugspflichten siehe *Köhler*, Wettbewerbsbeschränkungen durch Nachfrager, S. 122 f.

72 Vgl. *Kommission*, 17.07.1968, *SOCEMAS*, ABl. 1968, L 201/4, 5 Rz. 6.; 05.12.1979, *COÖPERATIVE STREMSELEN – EN KLEURSELFABRIEK (LAB)*, ABl. 1980 L 51/19, 24 Rz. 29.; bestätigt durch den *EuGH*, 25.05.1981, *COÖPERATIVE STREMSELEN – EN KLEURSELFABRIEK (LAB)*, Rs. 61/81, Slg. 1981, 851, 868 Rz. 18; *Kommission*, 09.07.1980, *NATIONAL SULPHURIC ACID ASSOCIATION I*, ABl. 1980 L 260/24, 29 Rz. 37.

73 Vgl. *EuGH*, 25.03.1981, *COOEPERATIEVE STREMSEL – EN KLEURSELFABRIEK*, Rs. 61/81, Slg. 1981, 851, 867 Rz. 13.

74 Siehe *EuGH*, 15.12.1994, *GOETTRUP-KLIM*, Rs. C-250/92, Slg. 1994, I-5641, 5687 Rz. 30 ff.

75 Vgl. *Kommission*, 11.06.1993, *EUROVISION*, ABl. 1993 L 179/23, 32 Rz. 50.

76 Vgl. *Kommission*, 11.06.1993, *EUROVISION*, ABl. 1993 L 179/23, aufgehoben durch *EuG*, 11.07.1996, *EUROVISION*, Rs. T-528/93, T-542/93, T-546/93, Slg. 1996, II-649 sowie *Kommission*, 10.05.2000, *EUROVISION*, ABl. 2000 L 151/18, aufgehoben durch *EuG*, 08.10.2002, *EUROVISION*, Rs. T-185/00, T-216/00, T-299/00, T-300/00, Slg. 2002, II-3805. Siehe weiterhin *Kommission*, 15.09.1989, *FILMEINKAUF DEUTSCHER FERNSEHANSTALTEN*, ABl. 1989 L 284/36.

einhergehendes Kooperationsverhalten von Unternehmen auf dem Energiemarkt festzustellen; dies wird beispielsweise in der Zusammenarbeit bei der Beschaffung von Strom deutlich[77]. Ein Sonderfall des gemeinsamen Einkaufs ist schließlich die Übernahme eines Unternehmens (Unternehmenskauf), für den aber wiederum die Fusionskontrollverordnung von Bedeutung ist[78]. Was den gemeinsamen Bezug von Waren angeht, eignen sich – wie schon erwähnt – besonders homogene markenlose Massengüter bzw. -waren[79]. Die Ursache hierfür liegt auf der Hand: die Präferenzen der Abnehmer von Markenprodukten und die von regionalen Bedingungen abhängigen Produktdifferenzierungen sind sehr unterschiedlich. Das bedeutet, dass die voneinander zu trennenden relevanten Märkte sehr zersplittert sind. Bei homogenen markenlosen Massengütern hingegen ist der geographisch relevante Markt in der Regel sehr groß[80]. Die Erschließung dieses großen Marktes ist dementsprechend für Unternehmen reizvoll, die dort bisher nicht präsent sein konnten.

E. Grenzüberschreitende Einkaufskooperationstypen

I. Vorkommen und Attraktivität grenzüberschreitender Beschaffungstätigkeit

Besonderes Augenmerk soll angesichts des Themas der vorliegenden Arbeit auf die Charakteristika grenzüberschreitender Einkaufskooperationen gelegt werden[81]. Die Möglichkeit, Einkaufskooperationen zu bilden, ist grundsätzlich nicht auf einen bestimmten Wirtschaftssektor beschränkt, sondern kommt insbesondere sowohl im industriellen Bereich, als auch im Handelssektor vor[82]. Je nachdem, in welchem Industrie- oder Handelsbereich sie auf-

---

77 Vgl. *Böge*, Perspektiven des deutschen und europäischen Kartellrechts, GewArch 2000, 217, 220; siehe zum gemeinsamen Einkauf von für die Stromgewinnung bestimmten Energieträgern auch schon *Kommission*, 16.01.1991, *IJSSELCENTRALE*, ABl. 1991 L 28/32.

78 *Schroeder* in: Wiedemann, Handbuch des Kartellrechts, § 8 Rd. 66; *Schroeder* in: Grabitz/Hilf, EGV-Kommentar, Bd. II, Art. 81 EGV Rz. 512.

79 Vgl. *Benisch*, Kooperationsfibel, S. 180 Rz. 14.

80 S.u. § 7 C. III. 1. a).

81 Auch soweit Einkaufskooperationen nur auf nationaler Ebene stattfinden, kommt dennoch die Anwendung von EG-Kartellrecht in Betracht, wenn der Beschaffungsmarkt für die Kooperationsmitglieder sich nicht auf den nationalen Markt beschränkt. Vgl. z. B. den gemeinsamen Einkauf im Baustoffhandel, *FAZ* vom 06.07.2004, Nr. 154, S. 15 – „Großkooperation im Baustoffhandel".

82 *Olesch*, Einkaufsverbände des Einzelhandels, S. 13. Darüber hinaus sind Einkaufskooperationen in der Landwirtschaft und im Handwerk zu finden.

treten, können sie aber sehr unterschiedlich charakterisiert sein[83]. In der Praxis sind Einkaufskooperationen in grenzüberschreitender Form in Europa neben der weiterverarbeitenden Industrie (z. B. Automobilindustrie) und dem Dienstleistungssektor (Gesundheitswesen, Mobilfunk[84]) vor allem auf den (Einzel-)Handel[85], insbesondere im Lebensmittelsektor[86], beschränkt[87]. So haben sich in den letzten Jahren verstärkt europäische Verbundgruppen gebildet, die sich vor allem aus größeren nationalen Einkaufskooperationen zusammensetzen[88]. Es wurde bereits darauf hingewiesen, dass Konsumgüter, insbesondere Lebensmittel, wegen ihrer Homogenität für den gemeinsamen Einkauf besonders geeignet sind. Die Spitzengruppe der zehn größten Nachfrager im Lebensmittelbereich erreichte 1996 mit einem Umsatz von 200 Mrd. Euro einen EU-weiten Marktanteil von knapp einem Drittel[89]. Aufgrund der zunehmenden Konzentration in diesem Bereich hat sich die Verhandlungspo-

---

83 Umfassend dazu *von Einem*, Kartellcharakter von Einkaufskooperationen, S. 20.

84 Zum gemeinsamen Einkauf von Mobilfunktelefonen durch europäische Mobilfunkanbieter vgl. FAZ vom 30.03.2004, Nr. 76, S. 20 – „Mobilfunker kaufen gemeinsam ein".

85 *Europäische Vereinigung für Wirtschaft und Soziale Entwicklung* (CEPES/RKW), Grenzüberschreitende Unternehmenskooperation in der EWG, S. 50.

86 Vgl. *Inderst/Wey*, Buyer Power and Supplier Incentives, S. 2; *Ridyard* in: Dobson Consulting, Buyer Power and its Impact on Competition in the Food Retail Distribution Sector of the European Union, S. 172; *OECD*, Buying Power of Multiproduct Retailers, S. 7; *Gonzales Diaz* in: Faull/Nikpay, The EC Law of Competiton, S. 718 Rz. 7.301; siehe auch *Krebs*, Gestaltung von Synergien durch Kooperations- und Konzentrationsstrategien, S. 83; **a.A.** wohl *Gloy*, Stellungnahme der Deutschen Vereinigung für gewerblichen Rechtsschutz und Urheberrecht zu den Entwürfen von Leitlinien zur Anwendbarkeit von Artikel 81 EG auf Vereinbarungen über die horizontale Zusammenarbeit, A. 6.

87 Nach der in den 70iger Jahren erfolgten Untersuchung der *Europäischen Vereinigung für Wirtschaft und Soziale Entwicklung* (CEPES/RKW), Grenzüberschreitende Unternehmenskooperation in der EWG, S. 49 f., ist der Anreiz zur Einkaufskooperation für Industrieunternehmen im Gegensatz zu Handelsunternehmen nur gering. Als Gründe wurden vor allem die schon existierende Markttransparenz des Rohstoffmarktes und die mangelnden Möglichkeiten zur Realisierung der Kostendegression beim grenzüberschreitenden Verkehr aufgrund von Zollschranken oder großen Transportentfernungen genannt. Die Zusammenarbeit im Einkauf sei demnach oftmals nur eine Randerscheinung, ein ergänzendes Element z. B. einer im Vordergrund stehenden Produktions- oder Forschungskooperation oder eines joint ventures. Jedenfalls dürfte sich die zuletzt genannte Ursache jedoch aufgrund der stetigen Marktöffnung und des damit einhergehenden Wegfalls der Zollschranken erledigt haben.

88 *Wieser/Aiginger/Wüger*, Marktmacht im Einzelhandel, S. 39.

89 *Prießnitz*, Handelskonzentration, Markenartikel 1996, 95, 96.

sition des Einzelhandels gegenüber den Zulieferern erheblich verstärkt. Deshalb soll im Folgenden eine genauere Untersuchung derartiger Handelskooperationen und der von ihnen ausgehenden Stärke erfolgen.

II. Charakteristika

In Anbetracht der verschiedenen Motivationen, aus denen heraus Einkaufsgemeinschaften entstehen, und der dadurch bedingten sowie darüber hinaus möglichen Unterschiede im Aufbau (Konzeption) sowie der unterschiedlichen Produkte, die gemeinsam beschafft werden können, ist es generell ein schwieriges Unterfangen, eine typische, die nationalen Grenzen überschreitende Einkaufskooperation zu charakterisieren. Dennoch lassen sich trotz der angedeuteten Unterschiede einige grundlegende Eigenschaften in den Bereichen Struktur, Art der Mitgliedschaft, Unternehmensart, Unternehmensgröße, Funktionsumfang bzw. Aktivitäten verallgemeinern[90]: Grenzüberschreitende Einkaufsvereinigungen im Großhandel haben die Eigenschaft, entgegen ihrer eigentlichen Bezeichnung nicht größere Mengen eines Produktes zu besseren Konditionen zu erlangen, sondern vielmehr Nachfragedruck[91] auszuüben, um Wettbewerbsvorteile zu erlangen[92]. Es ist demnach zu unterscheiden zwischen Einkaufsgemeinschaften, die eine Erlangung von Mengenrabatten durch tatsächliche Bündelung der Einkaufsvolumina anstrebenden, und Einkaufsvereinbarungen, die bloß den Zweck haben, mittels gemeinsamen Auftretens, d. h. durch Bündelung des Nachfragepotentials, ihre Verhandlungsposition zu verbessern, ohne tatsächlich ihren Einkauf zu bündeln und das

90 Eine vertiefende Darstellung typischer Strukturen und Charakteristika multinationaler Einkaufskooperationen, die nicht auf das Gemeinschaftsgebiet begrenzt sind, findet sich bei *Hendrick*, Purchasing Consortiums: Horizontal Alliances among Firms buying common Goods ans Services, S. 9. Was die Struktur und Inhalte einer multinationalen Einkaufsvereinigung angeht, so ist vor allem die Tatsache beachtlich, dass 65% von den 131 befragten Unternehmen keine schriftlichen Vereinbarungen getroffen haben. Hervorzuheben ist auch, dass 73% der befragten Unternehmen Mitglied einer Einkaufsvereinigung sind, bei der die Warenbeschaffung nicht von einer Zentrale koordiniert wird, sondern von den Beteiligten selbst. Die Mitgliederzahl ist in den meisten Fällen gleich bleibend. Weiterhin werden von den Einkaufsvereinigungen so gut wie keine Strafmaßnahmen im Falle der Nichtnutzung der Einkaufsvereinigung durch ein Mitglied ergriffen. Auch Bezugsverpflichtungen sind in den seltensten Fällen vereinbart. Hinsichtlich der Mitgliedschaft wurde festgestellt, dass mehr als die Hälfte (60%) der Mitglieder keine direkten Konkurrenten auf nachgelagerten Märkten sind.

91 Siehe ausführlich dazu unten § 3 A. IV. 3. b) aa) (1).

92 Vgl. die Darstellung von *Ehlermann/Laudati*, Proceedings of the European Competition Forum (1995), S. 211 f; *OFT*, Competitive effects of buyer groups, S. 111 ff.

Abnahmevolumen zu erhöhen. Dass Lieferanten sich darauf einlassen, trotz gleich bleibender Auftragsvolumina bessere Konditionen zu gewähren, kann nur funktionieren, wenn sie im Falle ihrer Weigerung befürchten müssten, die Kooperationsmitglieder als Kunden an andere Lieferanten zu verlieren. Kooperationsvereinbarungen werden darüber hinaus oftmals nicht zwischen Wettbewerbern auf dem nachgelagerten Verkaufsmärkten geschlossen und beinhalten zumeist keine Klauseln, die die Mitglieder in ihrer Bezugsfreiheit beschränken. Weiterhin ist der Austausch von Informationen gebräuchlich. Schließlich betreffen die Vereinbarungen oftmals eine Vielzahl verschiedener Produktgruppen.

Hinsichtlich Einzelhandelsunternehmen[93] hat die von der Kommission in Auftrag gegebene Untersuchung der *Dobson Consulting* über „Buyer Power and its Impact on Competition in the Food Retail Distribution Sector of the European Union“ ein ähnliches Bild ergeben. Für gewöhnlich nimmt aus dem jeweiligen EU-Mitgliedsland nicht mehr als ein Unternehmen bzw. eine Einkaufsgemeinschaft an einer grenzüberschreitenden Einkaufskooperation teil oder ist in einer Kooperationsgemeinschaft vertreten, wobei zumeist auch der national größte Vertreter des entsprechenden Einzelhandelssektors mit von der Partie ist[94]. Die Kooperationsmitglieder sind in der Regel Unternehmen mit einer bestimmten Unternehmensform[95]. Darüber hinaus kommt es zum Austausch von Informationen über den Einkaufspreis, den jedes Mitglied für sich alleine ohne Inanspruchnahme der Einkaufskooperation erbringen muss. Charakteristisch ist außerdem, dass keine Verpflichtung für die Mitglieder der Kooperation besteht, über die zentrale Einkaufsstelle (soweit existent) Waren zu beziehen[96]. Außerdem sollen auch Vereinbarungen über Wettbewerbsverbote, die sich auf den Verkaufsmarkt der Kooperationspartner beziehen,

93 Es ist üblich, dass die Mitglieder einer Einkaufskooperation nach außen hin neben ihrer individuellen Unternehmensbezeichnung unter einem gemeinsamen Namen oder Zeichen firmieren. Beispielsweise gibt es im Bereich der zwischenstattlichen Kooperation von Unternehmen im Lebensmitteleinzelhandel (1998) sechs große Unternehmensgruppen: AMS, BIGS, EMD, EUROGROUP, EUROPARTNERS, NAF INTERNATIONAL, SEDD.

94 Das lässt darauf schließen, dass der relevante – dem Einkaufsmarkt nachgelagerte – Absatzmarkt, auf dem die Mitglieder ihre zuvor (gemeinsam) beschafften Waren vertreiben, dem gesamten Gebiet des jeweiligen Mitgliedstaates entspricht.

95 Daraus ist zu folgern, dass die nachträgliche Wahl einer bestimmten Rechtsform jedenfalls bisher keine große Bedeutung hatte.

96 Vgl. die Studie von *Ridyard* in: Dobson Consulting, Buyer Power and its Impact on Competition in the Food Retail Distribution Sector of the European Union, S. 172 ff.

nicht vorkommen[97]. Nach *Wortmann*[98] waren jedoch jedenfalls bis zum Jahre 1995 speziell im Lebensmittelsektor die Einkaufsvolumina relativ klein, die tatsächlich über die Beschaffungsorganisationen abgewickelt werden. Zudem sei die Zusammenarbeit auch in sich sehr fragil. So übernehme die Einkaufszentrale meistens eher eine zurückhaltende Koordinationsfunktion, die lediglich in einen wechselseitigen Informationsaustausch zwischen der Zentrale und seinen Mitgliedern zu Tage trete. Die Lieferantenauswahl werde zwar koordiniert, die Bestellungsabwicklung erfolge allerdings größtenteils bei den einzelnen Mitgliedern selbst[99].

Der Überblick über die Charakteristika grenzüberschreitender Einkaufskooperationen überrascht hinsichtlich der gefundenen Ergebnisse insofern, als nach den bisher formulierten Annahmen davon auszugehen war, dass die Stärke der Einkaufskooperation von typischerweise vereinbarten Bezugsverpflichtungen zu Lasten der Mitglieder herrührt und eine faktische Bindung der Mitglieder keine entsprechendes Verhandlungsstärke bewirken kann[100].

III. Rechtsbeziehungen

Im Rahmen von grenzüberschreitenden Kooperationen stellt sich besonders im Zusammenhang mit der Gründung eines Gemeinschaftsunternehmens die Frage, wie die in verschiedenen EU-Mitgliedstaaten ansässigen Unternehmen bei der Durchführung ihrer Kooperationsabsprachen als Einheit rechtlich auftreten (sollen)[101]. Das Gemeinschaftsrecht gibt den Unternehmen (zukünftig) die Möglichkeit, im Binnenmarkt mit einer einheitlichen Rechtspersönlichkeit aufzutreten und ihre grenzüberschreitenden Tätigkeiten neu zu organisieren. Im Gegensatz zu den unterschiedlichen Rechtsformen, die in den Mitgliedstaaten existieren, stellt das europäische Recht seit 1989 als kooperative Rechtsform bisher zwar nur die Europäische Wirtschaftliche Interessen-

97 *Lücking*, Retailer Power in EC Competition Law, in: Hawk, Int. Antitrust Law and Policy 2000, S. 467, 484.

98 *Wortmann*, Strukturwandel und Globalisierung des deutschen Einzelhandels, S. 21.

99 Das sind Kooperationen im Großen und Ganzen aber ohnehin.

100 S.o. C. 2. a) [b)].

101 Diese Frage stellt sich vor allem bei der Gründung eines Gemeinschaftsunternehmens, kann aber auch dann eine Rolle spielen, wenn die Einkaufsfunktion von einem der an der Kooperation beteiligten Unternehmen dauerhaft übernommen wird. Für nur vorübergehende Kooperationen kann die Frage der Rechtsform hingegen wegen des Aufwandes, der mit einer Änderung der Rechtsform einhergeht, keine Rolle spielen.

vereinigung (EWIV)[102] sowie seit Oktober 2004 die Europäische Gesellschaft (Europa AG)[103] zur Verfügung. Darüber hinaus hat der Rat am 22. Juli 2003 nach einem mehr als zehnjährigen Beratungsprozess[104], angelehnt an das Statut der Europäischen Gesellschaft, ein Statut (Verordnung) für die Europäische Genossenschaft (SCE) und eine Richtlinie über die Beteiligung der Arbeitnehmer verabschiedet[105]. Die Europäische Genossenschaft soll dazu beitragen, dass die jeweiligen nationalen Genossenschaften die Vorteile des Binnenmarktes nutzen können und damit gleichzeitig zu einer Verbesserung der Wettbewerbsfähigkeit genossenschaftlichen Wirtschaftens in Europa führen. Der neue Rechtsrahmen[106] soll den Genossenschaften die Möglichkeit geben, Geschäftsmöglichkeiten im Ausland zu nutzen, ohne dafür zeit- und kostenaufwendig ein Netz von nationalen Tochterorganisationen aufbauen zu müssen. Genossenschaften finden sich europaweit vor allem im Lebensmitteleinzelhandel und sind damit besonders bedeutsam für Kooperation im Einkauf[107] – vor allem deshalb, weil sie aufgrund ihrer Struktur zur Stärkung der Marktposition von KMU beitragen. Zwei oder mehrere nationale, jeweils in den verschiedenen Mitgliedstaaten ansässige Genossenschaften können sich somit zusammenschließen und eine SCE zum Zweck der gemeinsamen Warenbeschaffung gründen. Ob diese Rechtsform tatsächlich eine Option für Unternehmen darstellt, die eine gemeinsame Warenbeschaffung anstreben, bleibt abzuwarten. Die Attraktivität der Europäischen Gesellschaft jedenfalls ist gegenwärtig – sei es aus steuerlich-rechtlichen oder anderen Gründen – alles andere als groß. An dieser Stelle kann allerdings schon vorweggenom-

102 Verordnung (EG) Nr. 2137/85 des Rates vom 25.07.1985 über die Schaffung einer Europaeischen wirtschaftlichen Interessenvereinigung (EWIV), ABl. 1985 L 199/1.

103 Verordnung (EG) Nr. 2157/2001 des Rates vom 08.10.2001 über das Statut der Europäschen Gesellschaft (SE), ABl. 2001 L 294/1. Diese Verordnung ist verabschiedet und ist seit dem 08.10.2004 in Kraft.

104 Zu den mehrfach geänderten Vorschlägen für eine Verordnung über das Statut einer Europaeischen Genossenschaft bzw. einer Europäischen Gegenseitigkeitsgesellschaft siehe ABl. 1992, C 99/17 sowie ABl. 1992, C 99/40.

105 Verordnung (EG) Nr. 1435/2003 des Rates vom 22.07.2003 über das Statut der Europäischen Genossenschaft, ABl. 2003 L 207/1.

106 Die SCE unterscheidet sich in ihrer Organisationsstruktur von der nationalen (deutschen) Genossenschaft. Allerdings findet das Recht der Mitgliedstaaten Anwendung, soweit die Verordnung selbst keine Regelungen trifft. Die Kommission denkt dennoch nicht über eine Harmonisierung der Regeln des unterschiedlichen Genossenschaftsrechts in den EU-Ländern nach. Die Verordnung setzt in einigen Fällen auch Mindestvoraussetzungen fest, über die von den Mitgliedstaaten hinausgegangen werden darf, oder überlässt eine Regelung der Satzung der Genossenschaft.

107 Vgl. *FAZ* vom 02.03.2004, Nr. 52, S. 23.

men werden, dass der kartellrechtlich verwertbare Aussagewert der gewählten Rechtsform gering ist und im wesentlichen nur von pragmatischen Gesichtspunkten bestimmt wird wie beispielsweise der Mitgliederzahl, dem Umfang des Geschäftsbetriebes oder der haftungs- und steuerrechtlichen Situation[108]. Die lange Zeit in der deutschen Literatur kontrovers vertretene Annahme einer umfassenden kartellrechtlichen Privilegierung von eingetragenen Genossenschaften hat sich schon seit geraumer Zeit zugunsten einer Gleichbehandlung mit anderen Organisationsformen erledigt[109]. Ob eine Übertragung dieses hinfällig gewordenen Denkansatzes auf europäische Ebene denkbar wäre, kann deshalb dahinstehen[110]. Ganz abgesehen davon folgt die Gemein-

---

108 Siehe nur *Köhler*, Wettbewerbsbeschränkungen durch Nachfrager, S. 108.

109 Statt Vieler *Dauner*, Einkaufsgemeinschaften im Kartellrecht, S. 156 f. m.w.N.; Grundlage dieser Diskussion war die in Deutschland anfangs zu § 1 GWB herrschende sog. „Gegenstandstheorie", die mit der „ZVN-Entscheidung" des BGH (BGHZ 65, 30) zugunsten der vormals von einer Minderheit vertretenen „Zwecktheorie" ihr Ende gefunden hat. Die Frage, ob und in wie weit eine genossenschaftliche Wettbewerbsbeschränkung von § 1 GWB ausgenommen werden kann, weil sie (i. S. d. sog. „Immanenztheorie) quasi „genossenschaftsimmanent" ist, ist freilich eine andere und bezogen auf Art. 81 EG eine Frage der „Notwendigkeit" einer Wettbewerbsbeschränkung. Hierbei geht es nämlich um die Frage, ob eine wettbewerbsbeschränkende Abrede in einer Satzung oder eines Gesellschaftsvertrages ausnahmsweise deshalb vom Kartellverbot auszunehmen ist, weil die ordnungsgemäße Funktionsfähigkeit der Vereinigung/Gesellschaft sonst nicht gewährleistet ist. Der EuGH lässt Vereinbarungen mit derartigen Beschränkungen (z. B. ein Verbot der Doppelmitgliedschaft bei Einkaufsgenossenschaften) zu, sofern sie nicht über das hinausgehen, was zwingend notwendig ist, um die ordnungsgemäße Funktionsfähigkeit zu gewährleisten (*EuGH*, 15.12.1994, *GOETTRUP-KLIM*, Rs. C-250/92, Slg. 1994, I-5641, 5686 Rz. 28 ff.). Mit der Frage der „Notwendigkeit" wettbewerbsbeschränkender Abreden eng verbunden ist der Arbeitsgemeinschaftsgedanke, wonach von einer Wettbewerbsbeschränkung nicht ausgegangen werden soll, sofern die beteiligten Unternehmen Bindungen eingehen, die ihnen überhaupt erst die Teilnahme am Wettbewerb ermöglichen oder Wettbewerb gar erst schaffen. Denn hinsichtlich der ersten Alternative (Teilnahme am Wettbewerb) ist der Arbeitsgemeinschaftsgedanke der Frage nach der „Notwendigkeit" von wettbewerbsbeschränkenden Abreden im Grunde immer vorgelagert (vgl. diesbezüglich die ausführlichen Erläuterungen in den *Schlussanträgen des Generalanwalt Tesauro* vom 16.06.1994 zu *EuGH*, 15.12.1994, *GOETTRUP-KLIM*, Rs. C-250/92, Slg. 1994, I-5641). Zur Immanenztheorie siehe grundlegend *Steindorff*, Gesetzeszweck und gemeinsamer Zweck des § 1 GWB, BB 1977, 569, 570; sowie *Schmidt*, Kartellverbot und „sonstige Wettbewerbsbeschränkungen", S. 79 ff.

110 Dies gilt freilich nur unter der Voraussetzung, dass das Statut einer Europaeischen Genossenschaft einen ähnlichen Förderauftrag beinhaltet wie die eingetragene Genossenschaft nach deutschem Vorbild. Doch kennt Kommission bisher kein derar-

schaftspraxis einem tätigkeitsbezogenen[111] Unternehmensbegriff, der die Rechtsform unbeachtet lässt[112]. Der Zielsetzung eines jeden Wettbewerbsrechts würde es zuwiderlaufen, wenn die Geltung dieser Regelungen von der Wahl einer bestimmten Vereinigungsform abhängig wäre und damit das Kartellverbot durch die Wahl einer bestimmten Rechtsform umgangen werden könnte. Hinsichtlich der Erfüllung der Grundfunktionen der Einkaufsgemeinschaft sind die rechtlichen Organisationsformen (mit Ausnahme der AG und der Gegenseitigkeitsgesellschaft[113]) jedenfalls weitgehend austauschbar.

---

tiges Privileg. Allerdings sei gesagt, dass schon die EWIV einen ähnlichen Förderauftrag wie die deutsche eingetragene Genossenschaft hat, nämlich nach Art. 3 Abs. 1 der Verordnung (EG) Nr. 2137/85 die Erleichterung oder Entwicklung der wirtschaftlichen Tätigkeit sowie die Verbesserung oder Steigerung der Ergebnisse dieser Tätigkeit ihrer Mitglieder durch Hilfstätigkeit und nun auch im Statut der SCE ein in Art. 3 Abs. 2 dieser Zweck verankert ist. Eine Bereichsausnahme für Genossenschaften ist dem europäischen Kartellrecht jedenfalls fremd: *EuGH,* 12.12.1995, *COOEPERATIEVE MELKINDUSTRIE,* RS. C-399/93, Slg. 1995, I-4515, 4525 Rz. 11 ff.

111 Ansonsten wäre das Tatbestandsmerkmal „Bewirken einer Wettbewerbsbeschränkung" in Art. 81 Abs. 1 EG auch überflüssig. „Bewirken" bedeutet in diesem Zusammenhang nichts anderes als das, was Inhalt den „Zwecktheorie" im Rahmen des § 1 GWB ausmacht.

112 St. Rspr. seit *EuGH,* 23.04.1991, *HÖFER & ELSER,* Rs. C-41/90, Slg. 1991, I-1979, 2016 Rz. 21; *EuG,* 02.07.1992, *DANSK PELSDYRAVLERFORENING,* Rs. T-61/89, Slg. 1992, II-1931, 1952; *Kommission,* 11.06.1993, *EUROVISION,* ABl. 1993 L 179/23, 31 Rz. 45; *Stockenhuber* in: Grabitz/Hilf, EGV-Kommentar, Bd. II, Art. 81 EGV Rz. 51.

113 Die Europäische Gegenseitigkeitsgesellschaft wird definiert als eine Personenvereinigung, die ihren Mitgliedern gegen Entrichtung eines Beitrags die vollständige Begleichung der im Rahmen der satzungsmäßigen Tätigkeiten eingegangenen vertraglichen Verbindlichkeiten garantiert. Zu diesen Tätigkeiten gehören insbesondere soziale Fürsorge, Versicherung, Hilfe im Gesundheitsbereich und Kredit. Da Einkaufskooperationen keine dieser Tätigkeiten von allgemeinem Interesse ausüben, wird ihnen diese Rechtsform nicht offen stehen.

§ 3 Wettbewerbspolitische Grundsatzfragen

A. Ökonomische Auswirkungen von Nachfragemacht

I. Einführung

Die Kommission hat lange Zeit – in ähnlicher Weise wie in der frühen deutschen Diskussion[114] – die (formale) Beschränkung der Handlungsfreiheit der Einkaufskooperationsmitglieder durch Ausschließlichkeits- und Bezugsbindungen als Verstoß gegen das vom EuGH entwickelte Selbstständigkeitspostulat und damit als Wettbewerbsbeschränkung verstanden[115]. Die Behörde geht nunmehr jedoch in ihrem stärker auf ökonomische Auswirkungen eines koordinierten Marktverhaltens ausgerichteten Ansatz („more economic approach")[116] davon aus, dass schädliche Wirkungen im Wesentlichen nur bei Vorhandensein einer gewissen Marktmacht, beim gemeinsamen Einkauf dementsprechend Nachfragemacht, zu befürchten sind. Wie bereits angedeutet, ist die Ausübung von Nachfragemacht eine wesentliche Funktion von Einkaufskooperationen[117]. Er ist somit ein Aspekt, den es bei der kartellrechtlichen Beurteilung von Einkaufskooperationen zu berücksichtigen gilt. Für die Kommission steht dieser Aspekt heute gar im Mittelpunkt ihrer Analyse von Einkaufsvereinbarungen[118]. Geklärt ist jedoch weder das Phänomen der Nachfragemacht an sich, noch deren rechtliche Handhabung. Deshalb ist eine nähere Auseinandersetzung mit den in der Volks- und Rechtswissenschaft bislang sehr kontrovers geführten und immer noch andauernden Diskussionen sowie der behördlichen Praxis unumgänglich. Auf den Punkt bringen die beiden Ökonomen *Roman Inderst* und *Greg Shaffer* das Problem in ihrer jüngsten Veröffentlichung: „It is fair to say that currently there exists no consensus on the origin and welfare consequences of buyer power [...]"[119]. Dementsprechend ist es auch nicht verwunderlich, dass sich eine begriffliche Annäherung an dieses Phänomen als außerordentlich schwierig erweist, denn nicht alle diskutierten Aspekte der Nachfragemacht sind durch eine Definition zu

---

114 Siehe nur *Zimmer* in: Immenga/Mestmäcker, GWB-Kommentar, Bd. 2, § 1 GWB Rz. 256 m.w.N.

115 Siehe ausführlich unten § 6.

116 Zum „more economic approach" s.u. eingehend § 3 B. I. 1. b), sowie § 5 B. I.

117 Vgl. auch *van Miert*, Der Einzelhandel aus europäischer Sicht.

118 *Kommission*, Horizontalleitlinien, ABl. 2001 C 3/2, 18 Rz. 126.

119 *Inderst/Shaffer*, Retail Mergers, Buyer Power and Product Variety (2004); siehe auch *Dobson*, Buyer Power and its Impact on Competition in the Food Retail Distribution Sector of the European Union, JICT 2001, 247, 250.

erfassen[120]. Die große Aktualität dieses Themas und der damit verbundene Diskussionsbedarf bestätigte sich beispielsweise bei der – international besetzten – „Buyer Power Conference" des American Antitrust Institute (AAI) vom 22. Juni 2004, bei der sich gezeigt hat, dass immer noch große Unklarheiten im Umgang mit Nachfragemacht bestehen und dass selbst die in den Anfangszeiten der Diskussionen zu diesem Thema angestellten Überlegungen wieder aktuell zu sein scheinen, obwohl sie den lange Zeit als sicher geglaubten Erkenntnissen entgegenstehen und deshalb bisher auch von Wettbewerbsbehörden unterschätzt wurden[121].

Die Einbeziehung von Nachfragemacht als Analysekriterium im Rahmen der wettbewerbsrechtlichen Beurteilung von Einkaufsvereinbarungen ist folglich zwar im Hinblick auf den nunmehr von der Kommission verfolgten „more economic approach" und der damit verbundenen überragenden Bedeutung der Marktstellung der beteiligten Unternehmen nicht überraschend, aber keineswegs selbstverständlich. Die zumindest auf den ersten Blick relativ ausführliche und sogar differenzierte Darstellung in den Leitlinien über horizontale Zusammenarbeit[122] erweckt den Anschein, als sei dies nie anders gewesen. Das ist jedoch gerade im Hinblick auf die Zusammenhänge, in denen Nachfragemacht ursprünglich eine Rolle spielte und auch gegenwärtig[123] wieder spielt, weit gefehlt.

II. Entwicklungen und Stand der Diskussion

Die Wettbewerbsbehörden beschäftigten sich ursprünglich im Allgemeinen eher mit den Auswirkungen von Macht, die von starken Verkäufern ausging, sowie mit klassischen horizontalen und vertikalen Absprachen. Man ging dementsprechend davon aus, dass Wettbewerbsbeschränkungen im Wesentlichen durch Maßnahmen verursacht wurden, auf Grund derer Unternehmen der nachgelagerten Verkaufsmärkte („downstream-market") in Abhängigkeit

---

120 Siehe sogleich zu den Definitionsversuchen unten § 3 A. III.

121 Vgl. *Lande*, Beware Buyer Power, Legal Times 2004, NO. 28: "It should be stressed, that there is a fundamental reason why buyer power may have more potential to harm competition than seller power."; siehe aber auch schon *Dobson Consulting*, Buyer Power and its Impact on Competition in the Food Retail Distribution Sector of the European Union, S. 7.

122 *Kommission*, Horizontalleitlinien, ABl. 3/2, 18 Rz. 126 ff.

123 Gemeint sind hier vor allem die vom Handel gegenüber der Industrie im Vertikalverhältnis stattfindenden Behinderungspraktiken (als sog. Nichtleistungswettbewerb bezeichnet).

geraten oder zumindest in ihren Handlungsparametern eingeschränkt sind[124]. Dies erklärt sich vor allem daraus, dass die traditionellen Regeln der Wettbewerbsgesetzgebung eingeführt wurden, um der Marktmacht von Herstellern zu begegnen[125]. Davon beeinflusst herrschte verbreitet die Annahme, dass insbesondere die Entwicklungen auf dem Handelssektor dem ökonomischen Nutzen sowie dem Wohl der Verbraucher förderlich seien. Man attestierte einer konzentrierten Nachfrage besonders positive Wirkungen, weil moderne, große und leistungsfähige Einzelhändler nicht nur ein Gegengewicht[126] zu mächtigen Lieferanten bilden könnten, sondern darüber hinaus aufgrund ihrer Verhandlungsstärke auch dem Endverbraucher eine größere Produktauswahl und niedrigere Preise bescheren werde[127]. Erst gegen Ende des letzten Jahrhunderts sahen sich die Wettbewerbshüter der Mitgliedstaaten nicht zuletzt aufgrund der stetig wachsenden Handelskonzentration (im gesamten Wirtschaftssektor)[128] dazu gezwungen, Nachfragemacht auf den Einkaufsmärkten („upstream-markets") in all seinen Facetten genauer zu beleuchten[129].

In Deutschland beispielsweise spielt – allerdings auch schon seit den 70iger Jahren – Nachfragemacht eine verstärkte Rolle bei der Analyse von Zusammenschlüssen von Einzelhandelsunternehmen[130]. Andere Wettbewerbsbehörden wie die britische Office of Fair Trading (OFT)[131] und die Wettbe-

---

124 Vgl. *Foer*, Introduction to Sympiosium on Buyer Power and Antitrust, Antitrust L.J. 2005, 505. Typisches Beispiel ist der Zusammenschluss oder die Zusammenarbeit von Produzenten einer Ware, die einer großen Nachfrage ausgesetzt ist und die Produzenten deshalb in der Lage versetzt, die Abhängigkeit der nachgelagerten Unternehmen (Groß- bzw. Zwischenhändler, Einzelhändler) durch Forderung überhöhter Preise (Preise, die über den Produktions- und Fixkosten liegen) auszunutzen.

125 So auch *Vogel*, Wettbewerbsrecht und Einkaufsmacht, WuW 1998, 1162, 1167.

126 Siehe hierzu eingehend unten § 7 C. II. 1.

127 Dementsprechend herrscht(e) ein akuter Mangel an Datenmaterial und Informationen, anhand derer man die auf den Beschaffungsmärkten existierenden Mechanismen zu bestimmen und einzuordnen in der Lage wäre.

128 *Prießnitz*, Handelskonzentration, Markenartikel 1996, 95, 96.

129 Jüngstes Beispiel ist die Untersuchung der *Dobson Consulting* im Auftrag der Europäischen Kommission im Supermarktsektor, Buyer Power and its Impact on Competition in the Food Retail Distribution Sector of the European Union.

130 Siehe die Darstellung in *OECD*, Buying Power of Multiproduct Retailers, S. 174; zum Problem des Anzapfens als Ausbeutungspraxis siehe ausführlich *Köhler*, Zur Kontrolle von Nachfragemacht nach dem neuen GWB/UWG, WRP 2006, 139 ff.

131 *Dobson/Waterson/Chu*, The Welfare Consequences of the Exercise of Buyer Power.

werbsabteilung der Europäischen Kommission[132] gaben Forschungsarbeiten über das Thema Nachfragemacht in Auftrag. In Großbritannien, wo man sich mit diesem Phänomen besonders intensiv auseinandergesetzt hat und wo man deshalb nun eine Art Vorreiterrolle in Europa einnimmt, wurde zudem von der Competition Commission erstmals eine umfangreiche und detaillierte Untersuchung[133] des Supermarktsektors durchgeführt. Obwohl die Nachfragemacht der Einzelhändler gegenüber den Lieferanten nicht im Mittelpunkt dieser europaweit damals einzigartigen Marktuntersuchung stand, ließ sie gerade in diesem Zusammenhang eine beunruhigende Vielzahl an von großen Lebensmittel-Einzelhändlern vorgenommen Praktiken zu Tage treten, die als wettbewerbsschädlich und als die Gemeininteressen beeinträchtigend eingestuft wurden. Damit bot im Rahmen dieser Marktforschung ausschließlich das Thema der Nachfragemacht Anlass für Überlegungen zur rechtlichen Handhabung dieses Phänomens. In einigen EG-Mitgliedsländern existieren zwar bereits – wenn auch teilweise erst seit einigen Jahren – gesetzliche Regelungen[134], mit denen man ex-post unternehmerischen Verhaltensweisen von Einzelhändlern begegnen will[135]. Es ist allerdings fraglich, ob sie sich in der Praxis überhaupt bewehren (können)[136]. Auf Empfehlung der Competition Commission hat man in Großbritannien einen anderen Weg in der Erwartung

---

132 *Dobson Consulting*, Buyer Power and its Impact on Competition in the Food Retail Distribution Sector of the European Union.

133 *Competition Commission,* Report on the Supply of Groceries from Multiple Stores in the UK (2000); siehe zuletzt *OFT*, Compettitive effects of buyer groups (2007).

134 Bei diesen Regelungen geht es um die Behandlung oder Kontrolle von Nachfragemacht i.R.v. Unternehmenszusammenschlüssen (vgl. z. B. *Ehlermann/Laudati*, Proceedings of the European Competition Forum (1995), S. 211 f.; *Collins*, Retailer Buying Power: Abusive Behaviour and Mergers/Acquisitions, in: Hawk, Int. Antitrust Law and Policy 2000, S. 423, 424; *Dobson Consulting*, Buyer Power and its Impact on Competition in the Food Retail Distribution Sector of the European Union; *Ratliff*, Coming Themes in EC Vertical Restraints, Rz. 61), die bei der wettbewerblichen Beurteilung dem Marktbeherrschungstest unterzogen werden. Genauer gesagt geht es um die Frage der Handhabung einer beherrschenden Marktposition im Sinne wirtschaftlicher Abhängigkeit („economic dependence"), deren Ursache man in bestimmten, im Zusammenhang mit Nachfragemacht stehenden Praktiken erblickt.

135 Insbesondere sind das Deutschland, Frankreich, Spanien, Portugal und Griechenland.

136 Nach Auffassung der Kommission zeigt die Erfahrung verschiedener Mitglieder der OECD (Deutschland und Frankreich), dass die Wirksamkeit solcher Gesetzgebungen begrenzt ist: *OECD,* Buying Power of Multiproduct Retailers, S. 244; Vgl. auch schon *Ehlermann/Laudati*, Proceedings of the European Competition Forum (1995), S. 215; *Ratliff*, Coming Themes in EC Vertical Restraints, Rz. 65 ff.

beschritten, durch präventive Maßnahmen dem Nachfragemachtproblem effektiver zu begegnen. Mit Hilfe eines auf die jeweilige Branche abgestimmten Verhaltenscodex („code of practice") möchte man nachfragemächtige Unternehmen dazu anzuhalten, bestimmte, den Lieferantenwettbewerb potentiell beschränkende Vereinbarungen zu vermeiden[137].

Das Nachfragemacht-Problem ist freilich kein nationales Problem[138]. In Europa ist man nun aufgrund einer steigenden Anzahl von Unternehmenszusammenschlüssen von Einzelhändlern zusammen mit einem zu beobachtenden Zuwachs an Einkaufskooperationen dazu übergegangen, das Phänomen der Nachfragemacht auch im Kontext der Wettbewerbspolitik der europäischen Gemeinschaft zu betrachten und zu bewerten. Die Kommission hat in einer Reihe wichtiger Entscheidungen – auf die noch näher einzugehen sein wird – über Zusammenschlüsse von Einzelhandelsunternehmen detaillierte Überlegungen zum Thema Nachfragemacht angestellt. Wie noch zu sehen sein wird, reflektieren dabei die Leitlinien über die Behandlung vertikaler Beschränkungen, insbesondere aber die für die nachfolgenden Darlegungen besonders bedeutsamen Leitlinien zur Anwendbarkeit von Art. 81 EG auf Vereinbarungen über horizontale Zusammenarbeit über weite Strecken die Feststellungen in diesen Entscheidungen.

1. Ursprünge der Nachfragemacht-Diskussion

Bisher ist Nachfragemacht überwiegend im Rahmen von Unternehmenszusammenschlüssen des (Lebensmittel-)Einzelhandels von Ökonomen und Wettbewerbsinstitutionen eingehend untersucht und schließlich von den Wettbewerbsbehörden auch als Schlüsselfaktor berücksichtigt worden. Auch die Kommission hat Nachfragemacht hierbei bislang als Gegenmacht der Käufer gegenüber den zusammenschlusswilligen Unternehmen der Anbieter/Lieferanten von Waren verstanden[139]. Dementsprechend ist allen Studien und Auseinandersetzungen zu und mit diesem Thema eine Fokussierung auf diejenigen Praktiken gemeinsam, die nachfragende Unternehmen im Rahmen einer vertikalen Vertragsgestaltung mit der Marktgegenseite durchzusetzen

137 Vgl. *Competition Commission*, Report on the Supply of Groceries from Multiple Stores in the UK (2000), S. 7 Rz. 1.12 (zuletzt: The Supply of Groceries in the UK market investigation, Oktober 2007); siehe beispielsweise den "code of practice" des *Secretary of State for Trade and Industry*, Code of Practice on Supermarkets, abrufbar unter: http://www.dti.gov.uk/ccp/topics2/pdf2/odeofpractice.pdf, Stand: November 2007.

138 *OECD*, Buying Power of Multiproduct Retailers.

139 Siehe ausführlich unten § 7 C. II. 1. b), insbesondere die Nachweise in Fn. 851.

versuchen, in dessen Zusammenhang der Missbrauch einer beherrschenden Stellung von entsprechend hoher Bedeutung ist. Weniger Aufmerksamkeit – von den Leitlinien der Kommission über horizontale Zusammenarbeit nun einmal abgesehen – wird hingegen einer nachfrageseitigen Machtverstärkung geschenkt, die allein durch horizontale Absprachen zwischen Nachfragern (Einkaufskooperationen) hervorgerufen wird und bei denen es weniger um den einseitigen Missbrauch, als vielmehr von Vereinbarungen herrührenden Wettbewerbsbeschränkungen geht[140]. Entsprechend findet die Überlegung, Nachfragemacht schon einen Schritt vorher zu erfassen, nämlich in einem Stadium, in dem sie noch nicht mit Marktdominanz gleichzusetzen ist, weder in Entscheidungen, noch in gesetzlichen Regelungen ihre Entsprechung.

2. Unzulässigkeit allgemeingültiger Schlussfolgerungen?

Der Nachfragemacht, die durch Unternehmenszusammenschlüsse des Einzelhandels entsteht, liegen Umstände zu Grunde, die in zweifacher Hinsicht womöglich nicht ohne weiteres Allgemeingültigkeit beanspruchen können. Zu berücksichtigen sind dabei wesentliche, weil grundsätzliche Unterschiede hinsichtlich der Wirtschaftsbereiche und der Art der Nachfragebündelung: Das Verhältnis zwischen Herstellern und dem (Lebensmittel-)Einzelhandel ist im Gegensatz zu anderen Wirtschaftsbereichen gewissermaßen von Haus aus zu Lasten der Lieferanten ungleich gewichtet[141]. An dieser Stelle sei nur soviel gesagt, dass der Einzelhandel eine Vertriebsleistung übernimmt, die der Hersteller (Lieferant) für gewöhnlich nicht zu erbringen in der Lage ist[142]. Der zweite Unterschied betrifft die Art der Nachfragebündelung. Eine Nachfragekonzentration infolge eines Zusammenschlusses bewirkt naturgemäß eine Reduktion der Anzahl der Marktteilnehmer und damit letztendlich ein Ausschalten des Wettbewerbs auf dem nachgelagerten (Handels)Markt, während dass bei koordinierter Nachfrage durch Einkaufskooperationen nicht unbedingt der Fall sein muss, weil die Mitglieder – sonst hätten sie sich für einen Zusammenschluss entschieden – im Grundsatz ihre Eigenständigkeit erhalten wollen[143]. Schließlich ist keineswegs klar, ob Nachfragemacht überhaupt eine

---

140 Eine Ausnahme bildet diesbezüglich insbesondere *Chae/Heidhues*, Buyers' Alliances for Bargaining Power; sowie *Blair/Harrison*, Monopsony – Antitrust Law and Economics.

141 Vgl. beispielsweise *Dobson*, Exploiting Buyer Power, Antitrust L.J. 2005, 529, 536.

142 Die Kommission scheint angesichts vieler Andeutungen in den Leitlinien über horizontale Zusammenarbeit ebenfalls davon auszugehen, dass die meisten Einkaufskooperationen solche des (Lebensmittel-)Einzelhandels sind.

143 Dazu *Möschel* in: FS Tilmann, Juristisches versus ökonomisches Verständnis eines Rechts der Wettbewerbsbeschränkungen, S. 705, 709.

über die Form des Missbrauchs einer marktbeherrschenden Stellung hinausgehende Bedeutung hat[144]. Ein Durchblick der zahlreichen Veröffentlichungen zu diesem Thema lässt jedenfalls arge Zweifel aufkommen, ob bezüglich der Verwendung und Bedeutung des Begriffs ausreichende Sicherheit besteht. Zu Recht wurde deshalb danach gefragt, wie man Einkaufsmacht gegenüberstehen soll, wenn sie von Einkaufskooperationen herrührt[145].

Selbst ein Blick auf die Regelungen und die Kartellrechtspraxis in den Vereinigten Staaten, die den Ruf genießt, im Hinblick auf neue Entwicklungen und Fragestellungen oftmals schnell und fortschrittlich zu reagieren, führt zu keiner überzeugenderen Einsicht. Hier bilden die Regelungen zur Unterbindung von Preisdiskriminierungen (Robinson-Patman Act, 1936) und Preisabsprachen (§ 1 Sherman Act, 1982) die rechtliche Grundlage[146], auf denen die Maßnahmen zur Handhabung von Nachfragemacht fußen[147]. Trotz der langen Tradition dieser Regelungen ist allerdings sowohl ihre Anwendbarkeit[148] auf viele unternehmerische Verhaltensweisen, die im Zusammenhang mit Nachfragemacht gesehen werden, als auch die Regelung an sich[149], umstritten. Einigkeit besteht nur darin, dass der kooperative Einkauf nicht per se wettbewerbsschädlich ist. Rechtsprechung, die klare Unterscheidungskriterien für die Beurteilung entwickelt hat, suchte man zwar lange vergebens[150]. Immerhin scheinen aber die Entscheidungen – insbesondere diejenigen, die im Zusam-

---

144 Kritisch *Handler* in: Ehlermann/Laudati, Proceedings of the European Competition Forum (1995), S. 216; Nachfragemacht anscheinend als marktbeherrschend begreifend: *Christiansen*, Gemeinsame Beschaffung und Wettbewerb, S. 19 (Fn. 25).

145 Vgl. *Elliott/Howe* in: Ehlermann/Laudati, Proceedings of the European Competition Forum (1995), S. 172, 210.

146 Nachfragemacht i.R.v. Zusammenschlüssen wird von § 7 Clayton Act erfasst.

147 Zur kartellrechtlichen Beurteilung von Einkaufskooperationen im U.S.-amerikanischen Recht siehe auch *von Einem*, Kartellcharakter von Einkaufskooperationen, S. 62 ff.

148 *Collins*, Retailer Buying Power: Abusive Behaviour and Mergers/Acquisitions, in: Hawk, Int. Antitrust Law and Policy 2000, S. 423, 424; *Maitland-Walker*, Buyer Power, E.C.L.R. 2000, 170, 173; *Ehlermann/Laudati*, Proceedings of the European Competition Forum (1995), S. 210; Weitere Nachweise finden sich bei *Dobson*, Buyer Power and its Impact on Competition in the Food Retail Distribution Sector of the European Union, JICT 2001, 247, 249.

149 In diese Richtung tendiert auch *Vogel*, Wettbewerbsrecht und Einkaufsmacht, WuW 1998, 1162, 1163 (Fn. 6); bzgl. des Robinson-Patman Act vgl. auch *v. Einem*, Kartellcharakter von Einkaufskooperationen, S. 40 (Fn. 10).

150 Siehe *Jacobson/Dorman*, Joint purchasing, monopsony and antitrust, Antitrust Bulletin 1991, 1, 2 (25) m.N.d. Rspr.

menhang mit der Diskussion über die gemeinsame Beschaffung im Gesundheitswesen ergingen – überwiegend dem zu entsprechen, was auch Ergebnis vieler ökonomischer Analysen ist[151]. Die ökonomischen Wirkungen von Nachfragemacht werden deshalb im weitern Verlauf dieser Arbeit noch zu untersuchen sein[152].

3. Mögliche Gründe für die Zurückhaltung im Umgang mit Nachfragemacht

Diese Entwicklungen im Umgang mit Nachfragemacht bei Unternehmenszusammenschlüssen sollen aber nicht darüber hinwegtäuschen, dass nichtsdestotrotz auch und gerade im (Lebensmittel-)Einzelhandel eine auffallende Zurückhaltung im Umgang mit diesem Phänomen zu verzeichnen ist, deren Ursache insbesondere in zwei möglichen Gründen verborgen liegen könnte:

a) Traditionelles Marktmachtverständnis

Der erste Grund ist der des traditionellen Verständnisses von Marktmacht und damit wettbewerbspolitischer Natur. Wie schon erwähnt, konzentrierte man sich auf die Handhabung von Macht, die von der Verkäuferseite ausging. Sowohl die Wissenschaft, als auch die Entscheidungspraxis lässt den Willen erkennen, den Schwierigkeiten bei der Übertragung traditioneller wettbewerbsrechtlicher Methoden im Hinblick auf Nachfragemacht ins Auge zu sehen[153]. In eine ähnliche Richtung geht auch die Argumentation von *Vogel*, der die Zurückhaltung damit erklärt, dass der Einzelhandel seine durch den zentralen Einkauf erlangte Machtposition nicht zum Schaden der Verbraucher ausspiele, sondern vielmehr zum Nachteil des Herstellers. Die Gefahr liege deshalb nicht in der Gewinnerzielung als solcher, die durch Erlangung günstiger Einkaufspreise hervorgerufen würde, sondern in der Aufteilung des Gewinns. Die Frage, wo der Gewinn entsteht, werde aber von den traditionellen Wettbewerbsregeln nicht thematisiert[154].

---

151 *Jacobson/Dorman*, Joint purchasing, monopsony and antitrust, Antitrust Bulletin 1991, 1, 2 (26); Einzig die Antitrust Devision des US Department of Justice (DOJ) hat eine genauere Analysemethode entwickelt, um Einkaufskooperationen rechtlich zu bewerten: vgl. die Rede von *Rule*, The Antitrust Division´s Approach to Shippers´Associations; bestätigt durch die Stellungsnahme des *DOJ/FTC*, Enforcement Policy on Joint Purchasing Agreements among Health Care Providers.

152 S.u. § 3 A. IV. 3.

153 *OFT*, Competition in Retailing, S. 5: „In the process of analysing competition policy in retailing, we have discovered certain difficulties in applying some of the existing general methodologies. This does not mean that retailing requires separate methodologies, but rather that the current general methodologies need to be amended."

154 *Vogel*, Wettbewerbsrecht und Einkaufsmacht, WuW 1998, 1162, 1167 m.w.N.

b) Mangel an Marktinformationen

Als einen weiteren Grund dafür, warum Nachfragemacht erst sehr spät an Bedeutung gewann und warum bestehende nationale Regelungen kaum von Bedeutung waren und sind, wird die Tatsache angeführt, dass betroffene Anbieter/Lieferanten nicht bereit gewesen seien, trotz unterlegener Stellung gegenüber den Nachfragern sich gegen diese zur Wehr zu setzten, weil sie Vergeltungsmaßnahmen der Nachfrager fürchteten[155]. Das wurde insbesondere bei der Untersuchung des Supermarktsektors in Großbritannien durch die Competition Commission deutlich[156].

III. Definitionsansätze

Trotz der ökonomischen Analysen[157], einiger empirischen Studien[158] und der zahlreichen wissenschaftlichen Publikationen[159] sowie der Erfahrungen aus der Entscheidungspraxis der Wettbewerbsbehörden[160] existiert aufgrund der genannten Gründe kein Konsens darüber, wie Nachfragemacht zu definieren ist[161], was die korrekte Analysemethode ist, um abstrakt festzustellen, ob und

---

155 *Dobson Consulting*, Buyer Power and its Impact on Competition in the Food Retail Distribution Sector of the European Union, S. 35.

156 *Competition Commission*, Report on the Supply of Groceries from Multiple Stores in the UK (2000), S. 94 Rz. 2.437: "We received many allegations about the behaviour of the main parties from suppliers. But almost all the complainants were extremely reluctant to be named, or indeed to name the multiple or multiples that were the subject of their complaints. The unanimous reasons given for this reluctance were fear of a main party delisting the supplier, or its products, or worsening the terms or values of orders".

157 Vgl. beispielsweise *Chae/Heidhues*, Buyers' Alliances for Bargaining Power; *Dobson/Waterson/Chu*, The Welfare Consequences of the Exercise of Buyer Power; *Blair/Harrison*, Monopsony – Antitrust Law and Economics.

158 Vgl. die Auflistung in *Wieser/Aiginger/Wüger*, Marktmacht im Einzelhandel, S. 138 ff.

159 Siehe nur *Jacobson/Dorman*, Joint purchasing, monopsony and antitrust, Antitrust Bulletin 1991, 1 ff; *Gonzales Diaz* in: Faull/Nikpay, The EC Law of Competiton, S. 718 ff. Rz. 7.301 ff.; sowie *Kokkoris*, Buyer Power Assession in Competition Law, WC 2006, 139 ff.

160 Vgl. insbesondere *Ehlermann/Laudati*, Proceedings of the European Competition Forum (1995); sowie *OECD*, Buying Power of Multiproduct Retailers.

161 Teilweise werden auch Begrifflichkeiten, die im Allgemeinen dem Begriff der Nachfragemacht zugeordnet werden bzw. Nachfragemacht näher beschreiben, diesem gegenübergestellt. So werden beispielsweise in einem Arbeitspapier der FTC "monopsony power", "buyer power" und "gatekeeper power" unterschieden: *FTC*, Report on the Federal Trade Commission Workshop on Slotting Allowances and Other Marketing Practices in the Grocery Industry, S. 55.

welche wettbewerbsschädliche Wirkungen von ihr ausgehen und wie sie kontrolliert werden kann. Ob in diesem Zusammenhang nur eine jeweilige Einzelfallbetrachtung geeignet ist, um zu einem annehmbaren Ergebnis zu gelangen, oder gänzlich neue Methoden bzw. Vorgehensweisen anzuwenden sind, bleibt abzuwarten[162]. Die zahlreichen Definitionsversuche wurden jedenfalls größtenteils als nicht unbedingt hilfreich bezeichnet und deshalb entsprechend kritisiert.

1. OECD

In dem 1980 veröffentlichten und damals wie heute auf internationalem Level beachteten, weil grundlegenden Bericht des Wettbewerbsausschusses der OECD[163] wurde Nachfragemacht als eine Situation bezeichnet, „in der ein Unternehmen oder eine Unternehmensgruppe in der Lage ist, bei einem Lieferanten günstigere Geschäftsbedingungen durchzusetzen als andere Nachfrager, entweder weil das Unternehmen als Abnehmer eines Produktes oder einer Dienstleistung eine marktbeherrschende Stellung innehat oder weil es wegen seiner Größe oder anderer Merkmale strategische oder machtbedingte Vorteile besitzt." Obwohl dieser Definitionsansatz wiederzugeben scheint, was man sich vom Wortlaut her darunter vorstellt[164], wurde er in der Folgezeit bemängelt. Er treffe keine Unterscheidung zwischen – durch Kosteneinsparungen möglichen – Mengenrabatten („cost-related discounts") und sonstigen Vergünstigungen/Zugeständnissen („non-cost-related discounts")[165]; er berücksichtige nicht die in Frage kommenden unterschiedlichen Marktstrukturen (ein, wenige, viele Unternehmen auf Nachfrage- bzw. Anbieterseite) und er beziehe sich nur auf die Unternehmensgröße an sich, nicht aber auf

162 Vgl. *Vogel*, Wettbewerbsrecht und Einkaufsmacht, WuW 1998, 1162, 1164, der es für notwendig hält, gänzlich neue Methoden bzw. Vorgehensweisen anzuwenden: „Die wachsende Konzentration auf dem Distributions-, vor allem auf dem Einzelhandelssektor, hat eine so grundlegende Umkehr in den gegenseitigen Positionen von Händlern und Herstellern ausgelöst, dass eine Neuausrichtung der Kontrollmechanismen dringend geboten ist [...]". Worin sich diese neuen Methoden von der bisherigen Betrachtung unterscheiden sollen, bleibt jedoch ungenannt.

163 *OECD*, Nachfragemacht – Die Ausübung von Marktmacht durch marktstarke Nachfrager, 1981.

164 So auch *Ehlermann/Laudati*, Proceedings of the European Competition Forum (1995), S. 205.

165 Eine übersichtliche Darstellung von "non-cost related discounts" findet sich bei *Dobson/Waterson/Chu*, The Welfare Consequences of the Exercise of Buyer Power, S. 22 Rz. 6.

andere Umstände, von denen Marktmacht ausgehen könne[166]. Darüber hinaus ist fraglich, welche anderen strategischen Merkmale bzw. machtbedingten Vorteile, von denen die Rede ist, gemeint sind, die Berücksichtigung finden könnten. Später wurde nochmals in einem anderen Diskussionsbericht der OECD Nachfragemacht umrissen. Diesmal sah man in einem Abhängigkeitsverhältnis der Lieferantenseite von den Nachfragern das maßgebliche Problem und stellte die darauf beruhende Möglichkeit des Nachfragers, sich in Verhandlungen mit dem Lieferanten durchzusetzen, in den Vordergrund: „Buyer Power is [...] globally defined the ability of a buyer to influence the terms and conditions on which it purchases goods. [167] [...] A retailer is defined to have buyer power if, in relation to at least one supplier, in can credibly threaten to impose a long term opportunity cost [...]"[168].

Tendenziell scheint man hier Nachfragemacht also eher mit der Möglichkeit in Verbindung zu bringen, sich als nachfragendes Unternehmen gegenüber der Marktgegenseite im Sinne marktbeherrschenden Verhaltens unabhängig zu gerieren, denn diese Definition zielt auf die unterschiedliche Machtverteilung in Verhandlungssituationen ab. Diese Sichtweise wird zum Teil auch von der volkwirtschaftlichen Theorie bestätigt[169]. Hier spiegelt sich die Unsicherheit hinsichtlich dessen wieder, was Nachfragemacht überhaupt ausmachen soll. Ist auf die Größenverhältnisse, d. h. absolute Marktanteile abzustellen, oder spielen (nur) – wie die OECD-Definition suggeriert – die Faktoren eine Rolle, die das relative, vertikale Verhältnis eines Nachfragers zu einem Anbieter betrifft? Diese Unsicherheit lässt sich, wie noch gezeigt werden wird, auch aus den Kommissionsentscheidungen herauslesen[170]. In diesem Zusammenhang ist auch nicht klar, unter welchen Umständen die Ausnutzung eines bestehenden Abhängigkeitsverhältnisses zwischen Lieferant und Nachfrager zugunsten letzteren als Ausdruck von Nachfragemacht angesehen werden kann. Insbesondere ist fraglich, ob es sich um einen Fall unfairen Wettbewerbs handelt oder um einen Fall, in dem es zu Wohlfahrtsverlusten kommt und deshalb die Existenz des Wettbewerbs betroffen ist[171].

---

166 *Bloom*, Retailer Buyer Power, in: Hawk, Int. Antitrust Law and Policy 2000, S. 395, 397; *Ehlermann/Laudati*, Proceedings of the European Competition Forum (1995), S. 207; *Gonzales Diaz* in: Faull/Nikpay, The EC Law of Competiton, S. 720 Rz. 7.311.

167 *OECD*, Buying Power of Multiproduct Retailers, S. 18.

168 *OECD*, Buying Power of Multiproduct Retailers, S. 281.

169 Vgl. *Ellision/Snyder*, Countervailing Power in Wholesale Pharmaceuticals.

170 S.u. § 3 A. III. 3., sowie § 7 C. I. 2.

171 Vgl. dazu *Gonzales Diaz* in: Faull/Nikpay, The EC Law of Competiton, S. 721 Rz. 7.316.

2. Office of Fair Trading (OFT)

Die OFT verwendete eine noch weiter gefasste Definition für Nachfragemacht: „A firm or group of firms obtain from suppliers more favourable terms than those available to other buyers or would otherwise be expected under normal competitive conditions". Sie war deshalb ebenfalls berechtigter Kritik ausgesetzt. Es wurde argumentiert, dass die Definition in dem Umfang, in dem sie auf Ungleichbehandlungen zwischen den Bezugsbedingungen verschiedener Einkäufer abstellt, wenig hilfreich seien, wenn man davon ausgehe, dass die Einkaufskonditionen auf viele unterschiedliche Faktoren zurückgeführt werden können. So müsste beispielsweise die Rolle der Handelsmarken[172] berücksichtigt werden, die mit den Marken der Anbieter/Lieferanten der Marktgegenseite konkurrieren. Auch soweit auf „normale Wettbewerbsbedingungen" abgestellt wird, kann der Definitionsansatz in einer Situation, in der der Markt hoch konzentriert ist, nicht weiterhelfen. Dennoch ist der Definitionsansatz insofern interessant, als dass unterschieden wird zwischen besseren Geschäftsbedingungen im Verhältnis zu anderen Nachfragern und besseren Geschäftsbedingungen im Verhältnis zu denen, die unter „normalen Wettbewerbsbedingungen" zu erwarten wären. Diese Unterscheidung hebt hervor, dass die Ausübung von Nachfragemacht Resultat eines nicht ausreichenden Wettbewerbs auf den betroffenen Märkten sein könnte[173]. Schließlich werden bei diesem Definitionsversuch die beiden verwendeten Modelle deutlich, denen man sich in der Theorie zur Beurteilung von Nachfragemacht bedient (Monopson-Modell und Preisdiskriminierungsmodell) und auf die noch näher einzugehen sein wird[174].

3. Kommission

Bis heute sind keine Fälle (Entscheidungen) bekannt, in denen die Europäische Kommission genauere Untersuchungen über Nachfragemacht anzustellen hatte, die von kooperierenden Einkäufern ausging. Zwar ist nicht auszuschließen, dass die Wettbewerbsbehörde schon in den beiden ersten Entscheidungen zu Einkaufskooperationen *SOCEMAS* und *INTERGROUP* im Zusammenhang mit der Frage nach der Spürbarkeit die Bezugsgröße für Nachfragemacht, so wie sie in den heutigen Leitlinien erklärt ist, definiert hat[175], indem – neben der Bestimmung des Anteils der von den Kooperati-

172 Auch als Eigenmarken bezeichnet.

173 Vgl. *Gonzales Diaz* in: Faull/Nikpay, The EC Law of Competiton, S. 721 Rz. 7.314.

174 S.u. § 3 A. IV. 3. a) [b)].

175 Dieser Ansicht ist wohl *Köhler*, Wettbewerbsbeschränkungen durch Nachfrager, S. 139.

onsmitgliedern getätigten Einkäufe im Verhältnis zu ihrem Gesamtumsatz – auch auf den für die Bestimmung von Nachfragemacht relevanten Anteil der von den Kooperationsmitgliedern getätigten Einkäufe im Verhältnis zu dem Gesamtumsatz auf den relevanten Märkten[176] abgestellt wurde. Selbst wenn man das unterstellt, so wurden weder dadurch ermöglichte potentiell wettbewerbsbeschränkende Wirkungen erörtert, noch wurde der Begriff der Nachfragemacht verwendet. Es kann deshalb davon ausgegangen werden, dass eine Problematisierung dieses Phänomens (noch) in weiter Ferne lag[177]. Die Ausführungen der Kommission über die Voraussetzungen zur Ausübung von Nachfragemacht in den Entscheidungen zu Zusammenschlussvorhaben sind zudem unübersichtlich und uneinheitlich. Einerseits wurde vergleichbar des OECD-Definitionsansatzes auf das Einkaufsvolumen abgestellt[178], andererseits spielte der Faktor der gegenseitigen Abhängigkeit mangels Ausweichmöglichkeiten die entscheidende Rolle[179]. Schließlich waren auch alle Faktoren gemeinsam relevant für die Bestimmung von Nachfragemacht[180]. Interes-

---

176 In der *INTERGROUP*-Entscheidung war vom Anteil der durchgeführten Einkäufe am Gesamtumsatz des Nahrungsmittel-Einzelhandels der einzelnen EWG-Mitgliedstaaten die Rede. Wahrscheinlich meinte die Kommission also nur die Verkaufsmärkte, wenn sie von Nahrungsmittel-Einzelhandel sprach, nicht jedoch den relevanten Einkaufsmarkt. Der Anteil eines gemeinsam eingekauften Produkts im Verhältnis zu den auf den Verkaufsmärkten abgesetzten Produkten muss nicht identisch sein mit dem Anteil, den diese Produkte im Verhältnis zu den auf den relevanten Einkaufsmärkten insgesamt abgesetzten relevanten Produkten ausmachen.

177 Vgl. aber die EGKS-Entscheidung der *Kommission*, 20.05.1976, *WALKER/CHAMPION/LOMMAERT*, ABl. 1976 L 198/6, 7 f., in der möglicherweise im Ansatz von Nachfragemacht die Rede war.

178 Vgl. *Kommission*, 03.02.1999, *REWE/MEINL*, ABl. 1999 L 274/1, 12 Rz. 72: „Je größer das Einkaufsvolumen eines Unternehmens (...) ist, desto günstiger sind in der Regel seine Einkaufskonditionen und damit die Möglichkeiten, weitere Marktanteile auf dem Handelsmarkt zu gewinnen. Dies führt wiederum zu einer weiteren Verstärkung der Nachfragemacht".

179 *Kommission*, 09.03.1999, *DANISH CROWN/VESTJYSKE SLAGTERIER*, ABL. 1999 L 20/1, 27 Rz. 194: „Eine Nachfragemacht ist auf diesem Markt nicht vorhanden, weil erstens die Nachfrager angesichts der Verbraucherneigungen bei bestimmten Lieferanten Schweinefleisch einkaufen müssen und zweitens keine gegenseitige Abhängigkeit vorhanden ist, da die Nachfrager sehr viel stärker von den Lieferanten abhängen als umgekehrt, da letztere auf die Ausfuhrmärkte als alternative Absatzmärkte ausweichen können"; vgl. auch *Kommission*, 20.11.1996, *KESKO/TUKO*, ABl. 1997 L 110/53, 73 Rz. 150.

180 *Kommission*, 25.11.1998, *ENSO/STORA*, ABl. 1999 L 254/9, 19 Rz. 91 (92): „Tetra Pak nimmt seinerseits derartige Mengen von Verpackungskarton für flüssiges Füllgut ab, dass es die Möglichkeit hätte, auf die Kapazitäten anderer bestehender oder

santerweise findet sich nur in dem von der Europäischen Kommission, Abteilung Wettbewerb, verwendeten Internet-Online-Glossar über Begriffe, die im Europäischen Wettbewerbsrecht verwendet werden, eine allgemeine Definition für Nachfragemacht, die allerdings keine rechtliche Bedeutung hat[181]. Danach ist Nachfragemacht die „Fähigkeit eines oder mehrerer Nachfrager, entsprechend ihres wirtschaftlichen Einflusses auf dem jeweiligen Markt, günstige Einkaufskonditionen von den Lieferanten zu erhalten.“ Doch auch dieser Definitionsansatz ist in Anbetracht der Verwendung des unbestimmten Terminus des „wirtschaftlichen Einflusses“ ausgesprochen nutzlos, zumal nicht klar ist, ob er die Erlangung günstiger Konditionen sowohl durch tatsächliche Einkaufsmengenbündelung als auch durch strategische Maßnahmen abdeckt. Sehr viel deutlicher konfrontiert die Kommission den Rechtsanwender über die Ursächlichkeit und den Inhalt von Nachfragemacht in ihren jüngeren Bekanntmachungen, deren Allgemeingültigkeit jedoch angesichts des mit dieser Ansicht in Zusammenhang stehenden Kontexts nicht vorschnell angenommen werden sollte. So wird in den Leitlinien zur Bewertung horizontaler Zusammenschlüsse Nachfragemacht als die Verhandlungsmacht aufgefasst, die ein Käufer angesichts seiner Größe, seiner wirtschaftlichen Bedeutung für den Verkäufer und seiner Fähigkeit ausspielen kann, zu anderen Lieferanten überzuwechseln[182]. In den Leitlinien für vertikale Beschränkungen erklärt die

---

neuer Anbieter zurückzugreifen, falls die Beteiligten versuchen sollten, Marktmacht auszuüben. Außerdem hat Tetra Pak durch die enge Zusammenarbeit mit den Herstellern genaue Kenntnis der Kostenstruktur der Beteiligten. Schließlich entfallen auf den genannten Karton [> 50%] der Kosten des von Tetra Pak seinen Kunden gelieferten Rohkartons. Außerdem ist zu bedenken, dass Plastik langfristig Flüssigkeitenkarton in gewissen Grenzen im nachgeordneten Markt der Verpackung von Flüssigkeiten ersetzen könnte. Dadurch hat Tetra Pak einen starken Anreiz, seine Nachfragemacht als Abnehmer auszuüben. Aus den vorerwähnten Gründen ist davon auszugehen, dass Tetra Pak Nachfragemacht in einem Maße ausüben kann, dass dadurch die potentielle Zunahme der Marktmacht aufgrund des Zusammenschlusses zwischen Stora und Enso ausgeglichen wird“.

181 Einzusehen unter: *European Commission*, „Glossary of terms used in competition related matters“: abrufbar unter: http://www.europa.eu.int/comm/competition/general_info/glossary_en.html, Stand: November 2007. Es ist allerdings darauf hinzuweisen, dass die Begriffserklärungen und Definitionen des Glossars keinerlei rechtliche Bindungswirkung entfalten.

182 Vgl. die gewählte Formulierung im ABl. 2004 C 31/5, 12 Rz. 64: „Nachfragemacht ist hier als die Verhandlungsmacht anzusehen, [...]“. Nachfragemacht wird dort explizit in ihrer Funktion als Gegenmacht zu marktstarken Lieferanten begriffen. Ob die Kommission damit meint, Nachfragemacht ansonsten anders definieren zu wol-

Kommission erstmals im Zusammenhang mit der Beurteilung der Marktstellung von Wettbewerbern, was aus ihrer Sicht die Ursachen von Nachfragemacht sind. Nachfragemacht ergebe sich danach aus der Marktstellung des Käufers, wobei die erste Messgröße der Marktanteil des Käufers auf dem Beschaffungsmarkt sei[183]. Dieser Anteil gebe an, welche Bedeutung Nachfragemacht für die in Frage kommenden Lieferanten habe. Die zweite Messgröße sei die Marktstellung auf den relevanten Wiederverkaufsmärkten, wobei die Kommission insbesondere die räumliche Verbreitung der Verkaufsstätten, die Existenz von Eigenmarken sowie das Image des Unternehmens in den Vordergrund rückt[184]. Hier kommt bereits die Wechselwirkung zwischen Einkaufs- und Verkaufsmärkten zum Ausdruck, die die Kommission in den Leitlinien über horizontale Zusammenarbeit näher beschreibt[185]. Die Aspekte aus den Leitlinien für vertikale Beschränkungen greift sie in den Leitlinien zur Anwendung von Art. 81 Abs. 1 EG auf Technologietransfervereinbarungen wieder auf, indem sie im Wesentlichen zwei Indikatoren für das Bestehen von Nachfragemacht nennt, nämlich erstens wiederum den für mögliche Anbieter von Waren bedeutsamen Marktanteil des Abnehmers auf dem Beschaffungsmarkt, und zweitens die Stellung dieses Abnehmers auf dem nachgelagerten Markt[186]. In den Leitlinien über horizontale Zusammenarbeit beschreibt die Kommission schließlich Nachfragemacht als die Fähigkeit, aufgrund eines hinreichend großen Marktanteils Preise unter das Wettbewerbsniveau zu drücken und den Marktzugang konkurrierenden Abnehmern zu versperren.

4. *Zusammenfassung und Bewertung*

Es kann nach alledem festgestellt werden, dass Nachfragemacht unzweifelhaft eine Gradfrage ist. Allen Definitionsversuchen ist zudem der Entschluss gleich, mit Nachfragemacht die Fähigkeit der Einkäufer auszudrücken, die Umstände und die Bedingungen des Einkaufs zu beeinflussen. Unklar ist allerdings, ob dieser Einfluss der Einkäufer schon allein von deren absoluten Größe (Marktstellung im relevanten Einkaufsmarkt) herrühren kann oder ob

---

len oder ob es sich lediglich um eine unbedeutende Feinheit in der Formulierung handelt, muss dahinstehen.

183 Die Kommission vermittelt dabei den Eindruck, als verwende sie den Begriff der Nachfragemacht als bloßes Synonym für die Marktstellung der Einkäufer (quasi als Gegenstück zur Angebotsmacht, d. h. zur Marktstellung von Herstellern), ohne diesem Begriff eine darüber hinausgehende Bedeutung beizumessen.

184 Mitteilung der *Kommission,* Leitlinien für vertikale Beschränkungen (im Folgenden: Vertikalleitlinien), ABl. 2000 C 291/1, 27 Rz. 125.

185 Siehe *Kommission,* Horizontalleitlinien, ABl. 2001 C 3/2, 18 Rz. 127.

186 ABl. 2004 C 101/2, 25 Rz. 137.

(zusätzlich) eine starke Position des Einkäufers im relativen, vertikalen Verhältnis zu (einem) einzelnen Lieferanten erforderlich ist, wobei sich die starke Position aus einem hohen Anteil am Umfang der abgenommenen Waren von einem bestimmten Lieferenten ergibt [187]. Unklar ist überdies auch, ob Konditionenvergünstigungen, die dem Nachfrager aufgrund seiner tatsächlichen geschehenden Nachfragemengenbündelung, d. h. seiner wirtschaftlichen Tätigkeit, gewährt werden, als dass Ergebnis von Nachfragemacht bezeichnet werden können. Die Kommission jedenfalls macht in ihrer kartellrechtlichen Bewertung von Einkaufskooperationen richtigerweise[188] – darauf wird noch näher eingegangen werden – einen Unterschied zwischen der tatsächlichen Einkaufsmengenbündelung und purer Verhandlungsmacht gegenüber Liefernaten, durch die ein pauschaler Einkaufspreis ausgehandelt wird, unabhängig davon, ob später eine tatsächliche Einkaufsmengenbündelung stattfindet oder nicht[189]. Sie setzt die tatsächliche Nachfragemengenbündelung zudem nicht mit Nachfragemacht gleich, auch wenn dies ihre Definitionsansätze nicht unmittelbar zu erkennen geben.

IV. Auswirkungen von Nachfragemacht in der volkswirtschaftlichen Theorie

1. Problemstellung

Auch wenn sich die Frage nach einer zufrieden stellenden Definition von Nachfragemacht als schwierig erweist, so stehen doch letztendlich deren Auswirkungen im Vordergrund der Betrachtung[190]. Das Hauptproblem liegt hierbei in dem Umstand, dass die Auswirkungen von Nachfragemacht im Verhältnis zur Verkaufsmacht weniger eindeutig auszumachen sind. Dabei präsentiert sich Nachfragemacht je nachdem, auf welchen Marktfaktor man besonderes Gewicht legt, in einem anderen Licht. Vereinfacht betrachtet lassen sich zwei gegensätzliche Sichtweisen angesichts der möglichen Auswirkungen von Nachfragemacht herausfiltern. Die erste Sichtweise ist eine eher positive und identifiziert Nachfragemacht als Gegengewicht zu mächtigen

---

187 Diese Unentschlossenheit tritt besonders deutlich zu Tage bei den dargestellten Definitionsversuchen der OECD von 1980 und 1999 sowie der Kommission zur Beurteilung von Zusammenschlussfällen und Kooperationsvereinbarungen. Vgl. auch *Dobson/Inderst*, Differential Buyer Power and Waterbed Effect, E.C.L.R. 2007, 393, 395, die auf beide Aspekte kumulativ abstellen.

188 Siehe schon § 2 E. II.

189 Daraus folgt, dass der ausgehandelte Einkaufspreis schlimmstenfalls niemals durch Kosteneinsparungen gerechtfertigt ist, die von einem größeren Abnahmevolumen herrühren.

190 *Bloom*, Retailer Buyer Power, in: Hawk, Int. Antitrust Law and Policy 2000, S. 395.

Lieferanten, mit der Folge einer Verbesserung der Wohlfahrt. Die zweite Sichtweise ist eine eher negative und unterstellt der Nachfragemacht marktstarker Einkäufer das Potential, schädigend sowohl für Lieferanten als auch für andere, schwächere Nachfrager und damit für die Wohlfahrt zu sein[191].

Das Problem, welches sich den Wettbewerbsbehörden bei der Untersuchung verschiedener Sachverhalte mit potentiell wettbewerbsschädlichen Wirkungen zusätzlich stellt, liegt in der Schwierigkeit begründet, das Ausmaß aller in Frage kommenden wettbewerbsschädlichen Effekte gegenüber den etwaigen wettbewerbsfördernden Effekten sowie der ebenfalls möglichen Effizienzsteigerungen abzuschätzen. Man hat deshalb versucht, mit Hilfe der Identifizierung aller möglichen ökonomischen Auswirkungen von Nachfragemacht[192] ein Schema, bestehend aus Schlüsselkriterien, zu schaffen, welches in der wettbewerbsrechtlichen Praxis zur Fallanalyse herangezogen werden kann und welches von der Kommission scheinbar auch herangezogen wird[193]. Ein solches Schema ist von den Ökonomen *Dobson/Waterson/Chu* (1998) im Rahmen eines Gutachtens über marktstarke Lebensmitteleinzelhändler für die britische Wettbewerbsbehörde, der Office of Fair Traiding (OFT), entwickelt worden[194]. Anhand von insgesamt fünf Kriterien bzw. Fragestellungen soll eine Einschätzung möglich sein, ob bzw. wann eine Kooperation derart wettbewerbsrechtliche Relevanz besitzt, dass sie einer detaillierteren Untersuchung zu unterziehen ist. Maßgebliche Kriterien sind dabei:

(1) die Marktmacht der Nachfrager auf den (vorgelagerten) Einkaufsmärkten,
(2) die Marktmacht der Lieferanten (auf deren Verkaufsmärkten),
(3) die Marktmacht der Nachfrager als Verkäufer auf den nachgelagerten Verkaufsmärkten (Handelsmärkten),
(4) das Verhalten der Nachfrager gegenüber den Anbietern im Hinblick auf Beschränkungen durch vertikale Absprachen,
(5) und schließlich etwaige, mit Nachfragemacht einhergehende und diese rechtfertigende Effizienzgewinne.

191 Siehe beispielsweise *Gonzales Diaz* in: Faull/Nikpay, The EC Law of Competition, S. 719 Rz. 7.305; sowie *Collins*, Retailer Buying Power: Abusive Behaviour and Mergers/Acquisitions, in: Hawk, Int. Antitrust Law and Policy 2000, S. 423, 426.

192 Ausgangspunkt der Analyse war dabei immer die Marktstruktur des Monopsons und des bilateralen Monopols.

193 In diesem Sinne wohl auch *Ratliff*, Major Events and Policy Issues in E.C. Competition Law, I.C.C.L.R. 2001, 5, 8.

194 Vgl. *Dobson/Waterson/Chu*, The Welfare Consequences of the Exercise of Buyer Power, S. 30 Rz. 7.10.

2. Marktkomplexität

Um die Bedeutung der Schlüsselkriterien und deren Zusammenhänge verstehen zu können, ist ein Blick auf die volkwirtschaftliche Theorie unumgänglich. Dort bedient man sich zweier Modelle, dem Monopson-Modell[195] und dem Modell der Preisdiskriminierung[196]. Mit Hilfe dieser ökonomischen Analysemodelle lassen sich Vermutungen über die Wohlfahrtswirkungen[197] von nachfrageseitiger Macht anstellen. Es ist auf diese Weise möglich, die allokativen Effekte von nachfrageseitiger Macht unter Berücksichtigung verschiedener Marktformen zu analysieren, um auf diese Weise die Auswirkungen auf die (gesamtwirtschaftliche) Wohlfahrt[198] zu ermitteln. Diese ergeben sich aus der Analyse möglicher Marktszenarien. Notwendiger Ausgangspunkt ist somit die Kategorisierung des Marktes. Jeder Markt ist bilateral strukturiert, d. h. er besteht aus Angebot und Nachfrage. Dabei können sowohl auf Anbieter- als auch auf Nachfrageseite viele, wenige oder gar nur ein Marktteilnehmer präsent sein. In der Vergangenheit waren zumeist die Marktstrukturen, bei denen die Unternehmen der Angebotsseite vielen Nachfragern gegenüberstehen (Strukturen des vollkommenen Wettbewerbs, Oligopols und Monopols), Gegenstand umfangreicher ökonomischer Untersuchungen. Den anderen Marktstrukturen wurde eher weniger Aufmerksamkeit zu Teil[199]. Das dürfte insbesondere den lange Zeit vorherrschenden Marktgegebenheiten zuzuschreiben sein, nämlich einer konsolidierten Anbieterseite und einer weniger stark entwickelten Nachfrageseite im Handelssektor und anderen Wirtschaftszweigen[200]. Mittlerweile kann auch auf eine entsprechende Anzahl von Untersuchungen über Marktstrukturen eines Nachfragemonopols (Monopson) und Nachfrageoligopols (Oligopson) zurückgegriffen werden. Nach wie vor sind

---

195 Die Begriffe „Monopson" bzw. „Monopol" werden im Wettbewerbsrecht – entgegen der eigentlichen, ökonomisch korrekten Bedeutung – weniger rigoros verstanden und verwendet. Vielfach werden auch Marktkonstellationen als monopsonistische oder monopolistische Märkte beschrieben, bei denen wesentliche Teile eines Produktmarktes auf ein Unternehmen entfallen: vgl. *Bishop/Walker,* The Economics of EC Competition Law, S. 12 (Fn. 1).

196 Beide Ansätze beschäftigen sich mit der Frage nach den Auswirkungen von Nachfragemacht, basieren aber auf unterschiedlichen Aspekten, die sich jedoch in den dargestellten Definitionsversuchen wieder finden.

197 Zu den Zielen des Wettbewerbsschutzes s.u. § 3 B. I. Fn. 316.

198 Das Wohlfahrtsmaß kann als sozialer Überschuss verstanden werden, der sich aus der Summe der Produzentenrenten in Industrie und Handel sowie der Konsumentenrente ergibt.

199 *Dobson/Waterson/Chu,* The Welfare Consequences of the Exercise of Buyer Power, S. 8 Rz. 3.2.

200 Siehe bereits oben § 3 A. II. 2.

allerdings Analysen derjenigen Marktstrukturen, bei denen sich auf beiden Seiten nur wenig oder nur ein Marktteilnehmer gegenüberstehen[201] – mit Ausnahme des bilateralen Monopols – kaum entwickelt. Das sind gleichzeitig aber auch diejenigen Fälle, bei denen Nachfragemacht eine besondere Rolle spielt.

Abbildung 1:
Marktstrukturen

\Anbieter Nachfrager\	*viele*	*wenige*	*ein*
viele	perfekter Wettbewerb (Polypol)	Oligopol	Monopol
wenige	Oligopson	**bilaterales Oligopol**	**beschränktes Monopol**
ein	Monopson	**beschränktes Monopson**	bilaterales Monopol

3. Modelle zur Erfassung von Nachfragemacht

a) Das Monopson-Modell

aa) *Unilaterale Marktmacht*

Zunächst sollen diejenigen Marktstrukturen auf ihre wohlfahrtsökonomischen Auswirkungen hin näher untersucht werden, bei der Marktmacht einseitig gegenüber eine wettbewerbsbetonten Marktgegenseite ausgeübt wird.

(1) Monopson

Das Monopson-Modell[202] war bisher das Standardmodell für eine Analyse von Nachfragemacht[203]. Als alleiniger Nachfrager ist der Monopsonist in der

201 Siehe die Hervorhebungen in Abb.1.

202 Das Monopson bezieht sich auf eine Marktstruktur, bei der ein einziger Nachfrager vielen, konkurrierenden Anbietern/Lieferanten gegenübersteht.

Lage, den Einkaufspreis zu bestimmen, d. h. zu senken, und zwar unterhalb des Wettbewerbsniveaus, indem er seine Nachfrage bewusst drosselt und damit bei den betroffenen Unternehmen der Marktgegenseite mangels Ausweichmöglichkeit eine Verringerung der Produktsmenge erzwingt[204]. Diese Vorgehensweise hat im Wesentlichen zwei wohlfahrtsökonomische Auswirkungen: Erstens bleiben wegen der plötzlich bestehenden Überkapazitäten auf dem Lieferantenmarkt[205] im Verhältnis zur Nachfrage auf nachgelagerten Verkaufsmärkten realisierbare Gewinne nicht (weiter)verkaufter Produkteinheiten aus (Fehlallokation / ineffiziente Allokation der Betriebsmittel), wodurch ein gesamtwirtschaftlicher Schaden entsteht, der so genannte Nettowohlfahrtsverlust[206] („deadweight loss")[207]. Nichtsdestotrotz geht man davon aus, dass die Menge an verfügbaren Produkten im nachgelagerten Verkaufsmarkt im Endeffekt davon unberührt bleibt, da es als wahrscheinlich erachtet wird, dass der von dem Monopson durch die Nachfragedrosselung geschaffene Nachfrageüberhang auf den Verkaufsmärkten durch Substitutionsprodukte, beispielsweise durch Importprodukte aus Drittstaaten, ausgeglichen wird[208]. Diese Maßnahme hat außerdem auf nachgeordneten Verkaufsmärkten – sofern dort Wettbewerb herrscht – keinen Einfluss auf den an die dortigen Konsumenten gerichteten Weiterverkaufspreis[209] und damit auf die Verbraucherwohlfahrt, weil sich das Preisniveau im Vergleich mit dem Ein-

---

203 Einen groben Überblick zur ökonomischen Analyse bieten: *Ehlermann/Laudati*, Proceedings of the European Competition Forum (1995), S. 207 ff.

204 Einem Monopsonisten wird es nicht gelingen, niedrige Einkaufspreise zu erhalten, während er seine Nachfrage steigert: vgl. *Jacobson/Dorman*, Joint purchasing, monopsony and antitrust, Antitrust Bulletin 1991, 1, 9.

205 Zu wenige der bestehenden Ressourcen (Betriebsmittel) werden genutzt, d. h. liegen brach.

206 Der Nettowohlfahrtsverlust beschreibt unter Berücksichtigung des Produzentengewinnes des monopsonistischen Nachfragers die Summe des Verlustes von Lieferant und Nachfrager aufgrund der reduzierten Verkaufsmöglichkeiten (geringere Produktionseinheiten auf dem Markt im Verhältnis zu den Einheiten, die ohne monopsonistische Macht produziert würden): vgl. *Pindyck/Rubinfeld*, Mikroökonomie, 10.6.2., S. 503.

207 Statt Vieler siehe nur *Blair/Harrison*, Monopsony – Antitrust Law and Economics, S. 39; sowie *Pindyck/Rubinfeld*, Microökonomie, 10.6.2., S. 503.

208 Vgl. *OFT*, Assessing the impact of public sector procurement on competition, S. 194; *OECD*, Buying Power of Multiproduct Retailers, S. 58.

209 Eine Ausnahme schildert *Noll*, „Buyer Power" and Economic Policy, Antitrust L.J. 2005, 589, 596.

kauf unter Wettbewerbsbedingungen nicht verändern wird[210]. Die zweite Auswirkung ist die einer Vermögensumverteilung von der Lieferantenseite zur Nachfrageseite („wealth transfer"). Hierbei fällt der Verlust an Lieferantenrente in der Gesamtbilanz höher aus als derjenige der Nachfrageseite, ohne dass dadurch jedoch die Wohlfahrt als Ganzes beeinträchtigt wird[211].

Die beschriebenen Auswirkungen eines Monopsons sind dabei zwingend an zwei wesentliche Voraussetzungen geknüpft: eine stetig steigende Angebotskurve[212] (niedrige Angebotselastizität) und die Existenz von Marktzutrittsschranken[213]. Nur unter diesen Umständen wird es einem Monopsonisten gelingen, die potentiellen Lieferantengewinne abzuschöpfen und auf sich zu übertragen[214]. Folglich kann, wenn die Angebotskurve nicht ansteigt, sondern flach verläuft, eine Reduzierung der Nachfrage nicht zu einer Reduzierung des Einkaufspreises führen.

Die aufgezeigten Auswirkungen monopsonistischer Macht sind jedoch insofern unvollständig, als sie lediglich das Ergebnis einer statischen Betrachtungsweise sind und die zeitliche Komponente gänzlich ausspart. Deshalb sind zusätzlich auch die langzeitlichen Auswirkungen zu beachten[215].

---

210 Vgl. *Jacobson/Dorman*, Joint purchasing, monopsony and antitrust, Antitrust Bulletin 1991, 1, 17. Zwar werden die niedrigen Einkaufspreise an die nachgeordneten Konsumenten nicht weitergegeben, aber genauso wenig wird der Weiterverkaufspreis auf ein oberhalb des Wettbewerbspreises liegendes Niveau angehoben werden.

211 Eine Erklärung dafür liefert *Jacobson/Dorman*, Joint purchasing, monopsony and antitrust, Antitrust Bulletin 1991, 1, 17, der darauf hinweist, dass es lediglich zu einer Rentenverschiebung zwischen Lieferant und Nachfrager kommt, ohne dass Rente verloren geht, weil die betroffenen Unternehmen Teil der Gesellschaft sind.

212 Das bedeutet, dass eine Steigerung der Produktionsmenge nur möglich ist, wenn entsprechend mehr Kapazität an Ressourcen (Betriebsmittel) vorhanden ist, mit der Folge, dass der Preis für jede weitere Produktionseinheit steigt. Zu den möglichen Ursachen siehe: *Jacobson/Dorman*, Joint purchasing, monopsony and antitrust, Antitrust Bulletin 1991, 1, 12.

213 *Jacobson/Dorman*, Joint purchasing, monopsony and antitrust, Antitrust Bulletin 1991, 1, 18, schlagen für die Frage, ab wann mit einer Existenz von Marktzutrittsschranken ausgegangen werden kann, einen Zeitrahmen von zwei Jahren vor, in denen keine Wettbewerber auf den Markt hinzutreten.

214 Vgl. *Dobson Consulting*, Buyer Power and its Impact on Competition in the Food Retail Distribution Sector of the European Union, S. 13 (Fn. 13).

215 *Dobson/Waterson/Chu*, The Welfare Consequences of the Exercise of Buyer Power, S. 16 Rz. 4.15.

Einer künstlichen Reduzierung der Nachfrage werden auf lange Sicht betrachtet zwar zusätzliche schädliche Wirkungen auf Marktstruktur, Investitions- sowie Innovationsanreize seitens der Lieferanten nachgesagt. Diese Aussage scheint jedoch angesichts unterschiedlicher praktischer Erfahrungen und empirischer Untersuchungsergebnisse sowohl im Grundsatz als auch bezüglich betreffender Einzelfragen viele Unwägbarkeiten zur Voraussetzung zu haben und deshalb keine Allgemeingültigkeit beanspruchen zu können. Was die Marktstruktur betrifft, so wird zum Teil davon ausgegangen, dass sich der einem Monopson ausgelieferte Lieferantenmarkt auf Dauer konzentrieren wird[216]. Es würden nicht alle Lieferanten in der Lage sein, auf einen bestimmten Grad der Nachfragedrosselung mit entsprechenden, gleichermaßen niedrigen Preisen zu reagieren. Folglich würden leistungsschwächere Lieferanten schneller vom Markt verschwinden als andere, bzw. potentielle Neueintritte von Unternehmen würden von vorn herein verhindert[217]. Zusätzlich wird im Zusammenhang mit der langfristig angelegten, profitmaximierenden Einkaufsstrategie des Monopsonisten oft die Vermutung geäußert, dass Lieferanten keinen Anreiz oder sogar keine Möglichkeit haben werden, (notwendige) Investitionen in Forschung und Entwicklung vorzunehmen, weil ihnen (infolge eines überproportionalen Gewinnrückganges) die Mittel fehlten[218] und Investitionskosten in jedem Fall verlorene Kosten („sunk costs“) sein würden[219]. Dagegen wird von anderen vorgebracht, dass diese Auswirkungen und Reaktionen auf der Lieferantenseite von einem monopsonistischen Nachfrager angesichts eigener Interessen berücksichtigt würden[220]. Eine überproportionale Gewinnerzielung des Monopsonisten würde durch die Konzentrationswirkung auf den Lieferantenmärkten, d. h. durch die Entwicklung einer

---

216 *Gonzales Diaz* in: Faull/Nikpay, The EC Law of Competiton, S. 726 Rz. 7.340.

217 *OFT*, Assessing the impact of public sector procurement on competition, S. 195.

218 Vgl. *Dobson/Waterson/Chu*, The Welfare Consequences of the Exercise of Buyer Power, S. 16 Rz. 4.15; *FTC*, Report on the Federal Trade Commission Workshop on Slotting Allowances and Other Marketing Practices in the Grocery Industry, S. 57; siehe auch *Che/Heidhues*, The Effects of Downstream Distributor Chains on Upstream Producer Entry: A Bargaining Perspective.

219 Vgl. *Dobson Consulting*, Buyer Power and its Impact on Competition in the Food Retail Distribution Sector of the European Union, S. 4; *Dobson/Waterson/Chu*, The Welfare Consequences of the Exercise of Buyer Power, S. 27 Rz. 7.4; *Doyle/Inderst*, Some Economics on the Treatment of buyer power, E.C.L.R. 2007, 210, 216.

220 In diesem Sinne *Bloom*, Retailer Buyer Power, in: Hawk, Int. Antitrust Law and Policy 2000, S. 395, 406 f.; einschränkend *Rey*, Retailer Buying Power and Competition Policy, in: Hawk, Int. Antitrust Law and Policy 2000, S. 487, 493; siehe auch *Wieser/Aiginger/Wüger*, Marktmacht im Einzelhandel, S. 22.

Gegenmacht schwieriger bzw. langfristig unmöglich werden, weshalb davon auszugehen sei, dass er sich zur Vermeidung derartiger Marktstrukturen entsprechend verhalten werde[221]. Diese Vorausschau der Nachfrager wird jedoch vereinzelt mangels Erforderlichkeit wiederum in Frage gestellt. Vielmehr erwartet man von den Lieferanten, dass diese trotz abnehmender Gewinne erst recht den Anreiz haben, Produktinnovationen voranzutreiben und Verbesserungen im Produktions- bzw. Verfahrensablauf zu erzielen, um Kosten einzusparen, mit denen die „erzwungenen" niedrigen Verkaufspreise ausgeglichen werden können[222].

Angesichts der Ergebnisse der empirischen Untersuchung durch die *Competition Commission*[223] muss jedoch bezweifelt werden, ob Unternehmen der Lieferantenseite unter dem Einfluss monopsonistischer Macht tatsächlich mehr Investitions- und Innovationsanreize besitzen. Betrachtet man nämlich den „worst case" für ein Unternehmen, nämlich den erzwungenen Marktaustritt, dann wird man einem Lieferanten generell unterstellen können – sobald er sich darüber bewusst ist, dass er Opfer eines opportunistisch verhaltenden Nachfragers[224] ist – , alles erdenkliche zu unternehmen, damit sein Angebot elastisch bleibt bzw. wird, um jederzeit größtmögliche Reaktionsflexibilität zu besitzen und Verluste begrenzt zu halten. Es ist deshalb davon auszugehen, dass normalerweise vorzufindende und gleichzeitig auch (aus ökonomischer Sicht betrachtet) vorzugswürdige Investitionsanreize zur Senkung der Produktionskosten und damit zur Steigerung der Effizienz solchen Investitionsanreizen weichen werden, die der Erhaltung der eigenen unternehmerischen Flexibilität dienen[225]. Demzufolge ist zu erwarten, dass der Lieferant eher flexibilitätsfördernde Investitionen allen anderen Investitionen vorziehen wird,

---

221 In diesem Sinne *OFT*, Assessing the impact of public sector procurement on competition, S. 195; *OECD*, Buying Power of Multiproduct Retailers, S. 20 (Fn. 12).

222 Siehe insbesondere *Inderst/Wey*, Buyer Power and Supplier Incentives, S. 19 ff. (21); *Inderst/Wey*, Buyer Power and Supplier Incentives (2004), S. 1 ff. (17), wobei allerdings nicht deutlich wird, ob dies im Rahmen des Monopson-Modells oder für das Preisdiskriminierungsmodells gelten soll (zum Diskriminierungsmodell siehe sogleich unten § 3 A. IV 3. b).); vgl auch *Dobson*, Retailer Power in European Markets: Lessons from Grocery Supply, 6., S. 20.

223 Vgl. *Competition Commission*, Report on the Supply of Groceries from Multiple Stores in the UK (2000), S. 7 Rz. 1.11.

224 Dieser wird versuchen, sämtliche Gewinne, die ein Lieferant zu generieren in der Lage ist, zu seinen Gunsten zu extrahieren.

225 Vgl. *OFT*, Assessing the impact of public sector procurement on competition, S. 195; so auch *Battigalli/Fumagalli/Polo*: Buyer Power and Quality Improvement.

mit der Konsequenz, dass die Produktqualität in jedem Fall leidet. Dies bedeutet letztendlich wiederum ein nicht optimales Angebot und damit auch ein Wohlfahrtsverlust für Konsumenten, also auch (End)Verbraucher auf nachgeordneten Märkten.

Zusammenfassend ist demnach davon auszugehen, dass ein Monopson langfristig sehr wahrscheinlich Wohlfahrtsverluste aufgrund sinkender Qualität und Quantität der von marktstarken Einkäufern nachgefragten Produkte bewirkt, auch wenn die Verbraucherwohlfahrt im Hinblick auf Preisveränderungen nicht nachteilig betroffen sein wird.

(2) Monopson in Verbindung mit monopolisierten Verkaufsmärkten
Ein unter Wohlfahrtsgesichtspunkten schlechteres Ergebnis ist bei sog. monemporistischen Marktstrukturen zu erwarten. Hier ist der Monopsonist zusätzlich Monopolist auf nachgelagerten Absatzmärkten. Unter diesen Bedingungen besteht für den Nachfrager, der als monopolistischer Verkäufer auftritt, kein Grund mehr, die niedrigeren Einkaufspreise an die Konsumenten weiterzugeben. Neben den gesamtgesellschaftlichen Schäden in Form des Nettowohlfahrtsverlustes tritt nun der traditionelle, vom Monopol bekannte Wohlfahrtsverlust, der sich aus dem für die Konsumenten im nachgelagerten Verkaufsmarkt zu zahlenden höheren Endpreis sowie der geringeren Produktquantität im Verhältnis zu dem hypothetischen Preis und der Menge unter Wettbewerbsbedingungen ergibt[226] (Phänomen der „double marginalisation“[227]).

(3) Oligopson
Abgesehen davon, dass die Auswirkungen auf die Wohlfahrt weniger stark ausfallen, sobald sich das Machtpotential einer monopsonistichen Marktstruktur auf einige wenige Marktteilnehmer verteilt, lassen sich die soeben herausgearbeiteten Ergebnisse vollends auch auf Situationen übertragen, in denen nicht bloß ein, sondern einige (wenige) Nachfrager ihre Fähigkeit zur Beeinflussung der Einkaufspreise ausspielen können, sofern folgende Voraussetzungen gegeben sind[228]: Erstens muss auf die Nachfrager, da sie nicht (wie der Monopsonist) den ganzen Einkaufsmarkt beherrschen, zumindest ein we-

226 Vgl. *OECD*, Buying Power of Multiproduct Retailers, S. 19 (59).

227 Siehe zu diesem Phänomen: *Bishop/Walker*, The Economics of EC Competition Law, S. 159 Rz. 5.39.

228 Vgl. *Dobson/Waterson/Chu*, The Welfare Consequences of the Exercise of Buyer Power, S. 13 Rz. 4.5.

sentlicher Teil des Einkaufsmarktes entfallen. Zweitens müssen Zutrittschranken[229] für andere (potentielle) Nachfrager bestehen. Andernfalls schafft die Möglichkeit des Marktzutritts realistische Ausweichmöglichkeiten für die Lieferanten[230]. Schließlich müssen drittens die Produktion und damit das Angebot der Lieferanten gleichmäßig ansteigen, weil ansonsten Nachfragedrosselungen keine Preisveränderungen bewirken.

(4) Auswirkungen unilateraler Marktmacht im Überblick

Monopsonistische/Oligopsonistische Marktmacht bewirkt allokative Ineffizienzen und damit gesamtwirtschaftliche Wohlfahrtsverluste, die sich verstärken, wenn der Monopsonist/Oligopson ist zusätzlich über Angebotsmacht auf nachgelagerten Verkaufsmärkten gegenüber den Konsumenten verfügt. Während im ersten Fall bloß die Lieferanten/Hersteller auf deren Inputmärkten betroffen sind (herabgesetzte Produzentenwohlfahrt aufgrund des Nettowohlfahrtsverlustes), werden im zweiten Fall zusätzlich auch die Konsumenten schlechter gestellt (herabgesetzte Konsumentenwohlfahrt aufgrund überhöhter Preise). Dieser Effekt wird umso stärker, je mehr die Produktqualität und -quantität aufgrund der langfristig auf der Lieferantenseite stattfindenden Konzentration abnimmt. Bezieht man also die langzeitlichen Auswirkungen in die Bewertung mit ein, so schädigt eine monopsonistische Marktstruktur die gesamtwirtschaftliche Wohlfahrt. Insofern gilt folgende Regel: Je größer die Konzentration auf Nachfrageseite und je niedriger die Angebotselastizität bzw. je steiler die Angebotskurve ist, desto höher sind die Wohlfahrtsverluste durch verzerrte Preise und Produktionsmengen.

Doch wird diese Einschätzung der schädlichen Auswirkungen eines Monopsons „verfälscht", da mögliche Effizienzgewinne keine Berücksichtigung finden. So ist es möglich, dass den beschriebenen allokativen Wohlfahrtsverlusten Produktivitätsgewinne in Form von Kostenersparnissen (Transaktionskostenreduzierung oder steigende Skalenerträge z. B. in der Lagerhaltung) gegenüberstehen[231]. Insbesondere in Oligopolmärkten kann es zu einem Bie-

229 Hier spielen allein strategische Marktzutrittsschranken (im Gegensatz zu institutionellen Zutrittsschranken i. S. rechtlicher bzw. regulatorischer Vorschriften) eine Rolle, die durch Skalen- und Verbundvorteile in Verbindung mit verlorenen Kosten („sunk costs") entstehen.

230 Möglicherweise werden Lieferanten auch versucht sein, selbst im Falle nicht bestehender Marktzutrittsschranken den Absatz-/Vertrieb selbst zu organisieren: vgl. *OECD*, Buying Power of Multiproduct Retailers, S. 19.

231 Vgl. nur *Dobson/Waterson/Chu*, The Welfare Consequences of the Exercise of Buyer Power, S. 15 Rz. 4.14.

terwettbewerb zwischen den wenigen marktstarken Nachfragern kommen, der dazu führt, dass die wenigen Nachfrager den Lieferanten mehr und mehr in dem Sinne entgegenkommen, dass diesen zusätzliche (Kosten)Vorteile entstehen[232]. Theoretisch kann außerdem durch gezielte, erstgradige[233] Preisdiskriminierung (perfekte Preisdiskriminierung) des Lieferanten jeglicher Wohlfahrtsverlust vermieden bzw. ausgeglichen werden. Dabei ist jedoch zu berücksichtigen, dass eine Preisdiskriminierung nicht nur an verschiedene Voraussetzungen geknüpft ist[234], sondern vor allem praktisch angesichts eines zu erwartenden Informationsmangels ausgeschlossen sein dürfte[235]. Effizienzgewinne sind demzufolge bei der Beurteilung der Wohlfahrtswirkungen mit in die Waagschale zu legen.

bb) Bilaterale Marktmacht

(1) Bilaterales Monopol

In Situationen, in denen sowohl die Angebots-, als auch die Nachfrageseite monopolisiert ist, sind die Auswirkungen auf die Wohlfahrt schwieriger auszumachen[236], weil hier eine Vielzahl möglicher Ergebnisse zu erwarten sind, die mitunter davon abhängig sind, ob sich die Marktgegner kooperativ verhal-

---

232 In diesem Sinne *Dobson/Clarke/Davis/Waterson*, Buyer Power and its Impact on Competition in the Food Retail Sector of the European Union, JICT 2001, 247, 265.

233 Die Preisdiskriminierung ersten Grades ist nicht zu verwechseln mit primärer Preisdiskriminierung. Während die primäre Preisdiskriminierung sich auf die Gewährung unterschiedlicher Einkaufspreise für verschiedene Nachfrager bezieht, geht es bei der Preisdiskriminierung ersten Grades darum, dass ein Einkäufer für jede Produkteinheit entsprechend der jeweiligen Produktionskosten unterschiedliche Preise zahlt (keine Pauschalpreise). „Diskriminiert" werden demnach nicht verschiedene Nachfrager, sondern Produkteinheiten durch ein und denselben Nachfrager.

234 So erfordert die Möglichkeit zur Preisdiskriminierung zumindest ein Oligopson. Bezüglich weiterer Voraussetzungen siehe z. B. *Knieps*, Wettbewerbsökonomie, S. 205 ff. Eine Preisdiskriminierung ist dann nicht möglich, wenn allein die Nachfrage künstlich gedrosselt wird, weil dies einen einheitlichen, für alle anderen Nachfrager geltenden Marktpreis zur Folge hat, wodurch für eine Preisdifferenzierung kein Raum bleibt. Ausschlaggebend muss demnach die über die Möglichkeit der Nachfragedrosselung Verhandlungsmacht eines marktstarken Nachfragers sein. S.u. § 3 A. IV. 3. b).

235 Ausführlich dazu *Noll*, „Buyer Power" and Economic Policy, Antitrust L.J. 2005, 589, 603, der darauf hinweist, dass eine vollständige Information über die Kostenstrukturen ausgeschlossen ist, weil dies u. a. voraussetzen würde, dass der Monopsonist über die Kostenfunktion sämtlicher Lieferanten voll informiert ist.

236 *OECD*, Buying Power of Multiproduct Retailers, S. 20.

ten oder nicht. Die Verhaltensweise beider Seiten ist den unterschiedlichen Interessen entsprechend gegenläufig. Das Verhalten ist darauf gerichtet, sicherzustellen, dass weder der Monopolist die Preise ins Unermessliche steigert, noch der Monopsonist die Preise ins Bodenlose fallen lässt[237]. Theoretisch könnte man im Extremfall ein Ergebnis erwarten, dass annähernd entweder dem Monopsonergebnis[238] oder dem Monopol-Ergebnis entspricht. Im Idealfall würde der ausgehandelte Preis genau zwischen Monopol- und Monopsonpreis liegen, mit der Folge, dass der an sich konzentrierte Markt einem wettbewerbsbetonten Markt gleicht[239]. In der Realität wird hingegen mit einer großen Bandbreite verschiedener Preise zu rechnen sein, je nachdem, wie sich die Verhandlungsstärke[240] der Parteien und die Bereitschaft des Lieferanten zur Erhöhung des Abgabevolumens darstellt. Der wirtschaftlichen Vernunft entsprechend wird man in einer derartigen Konstellation davon ausgehen müssen, dass sich beide Parteien einvernehmlich (kooperativ) über ein Produktionsvolumen und schließlich über einen Preis einigen werden, der den gemeinsamen Gewinn maximiert. Ein nahe liegendes Verhandlungsergebnis wird es also sein, dass aus den Verhandlungen von Lieferant und Nachfrager eine Produktionsmenge resultiert, mit der ein Mehrerlös erzielt werden kann, d. h. den gemeinsamen Gewinn maximiert, der sich auf beide Parteien je nach ihrer relativen Verhandlungsstärke anteilig verteilt[241]. Dabei bleibt die Produktmenge entweder unverändert oder steigt an[242]. Die Verhandlungsstärke des nachfragemächtigen Einkäufers wird hier besonderes davon abhängen, in

---

237 Während bei einem Monopol der Lieferant in der Lage ist, einen hohen Preis zu bestimmen und der Nachfrager darauf zu reagieren versucht, indem er die Nachfrage drosselt, ist bei einem Monopson der Nachfrager in der Lage, den Preis zu drücken, worauf der Lieferant mit einem Produktionsrückgang reagiert.

238 Trotz der damit verbundenen Ineffizienzen wäre aus allokativer Sicht das Monopsonergebnis dem Monopolergebnis vorzuziehen, weil ein Teil der insgesamt gleich bleibenden Produktmenge zu niedrigeren Preisen vertrieben werden würde.

239 *Pindyck/Rubinfeld*, Mikroökonomie, 10.6.3., S. 504.

240 Das Verhandlungsergebnis zwischen Monopolist und Monopsonist wird ebenfalls mittels verschiedener Modelle darzustellen versucht. Vgl. z. B. *von Ungern-Sternberg*, Countervailing power revisited, IJIO 1996, 507, 508.

241 Vgl. *Hovenkamp*, Mergers and Buyers, Va.L.R. 1991, 1369, 1375; *Dobson/Waterson/Chu*, The Welfare Consequences of the Exercise of Buyer Power, S. 18 Rz. 5.4; *Gonzales Diaz* in: Faull/Nikpay, The EC Law of Competiton, S. 721 f. Rz. 7.316 /7.318.

242 Der Lieferant/Hersteller hat ein Interesse an der Steigerung der Produktionsmenge. Dadurch steigen zwar die Kosten pro Einheit, in der Folge jedoch auch die Gewinne, die pro Einheit zu erzielen sind. Der Lieferant erfährt zwar Gewinneinbußen; seine Gewinne sind aber dennoch höher als unter Wettbewerbsbedingungen. In diesem Sinne auch *OECD*, Buying Power of Multiproduct Retailers, S. 20.

welchem Umfang er sich strategisch zu verhalten vermag[243], was unter anderem davon abhängen dürfte, wie gut man über den Lieferanten informiert ist[244]. Marktuntersuchungen haben außerdem gezeigt, dass im Lebensmitteleinzelhandel die Verhandlungsmacht der Nachfrager im Verhältnis zu den Verlusten auf Seiten der Anbieter überproportional ansteigt und damit grundsätzlich ein Verhandlungsungleichgewicht zugunsten der Nachfrager besteht[245].

Das allokative Ergebnis fällt im Vergleich zum Monopson- bzw. Monopolergebnis, also für den Fall nicht kooperativen Verhaltens, besser aus. Die Produktionsmenge liegt über der des Monopsonergebnisses. Beide Parteien sind somit zusammen betrachtet wirtschaftlich besser gestellt (Produzentenwohlfahrt) im Gegensatz zu einer Situation unilateraler Marktmacht, in der die Monopson- bzw. die Monopolpreise akzeptiert werden müssten[246]. Die Verbraucher werden nicht nur deshalb von dieser Marktstruktur profitieren, weil die Menge, die der marktstarke Einkäufer nachfragt und respektive weiterverkauft, in jedem Fall höher sein wird, als wenn nur eine Marktseite monopolisiert ist[247], sondern auch deshalb, weil zusätzlich der ausgehandelte, niedrigere Preis an die Endverbraucher weitergegeben wird und es deshalb zu einer Nettoerhöhung der gesamtwirtschaftlichen Wohlfahrt kommt[248]. Es ist im Endeffekt also wahrscheinlich, dass die Produzentenrente und die Konsumentenrente im Vergleich zum Ergebnis unilateraler Macht hier höher ausfällt. Je stärker die Lieferantenseite gegenüber der Nachfrageseite ist, desto weniger groß ist Wahrscheinlichkeit einer Wohlfahrtssteigerung durch nachfrageseitige Macht. Umgekehrt kann eine stärkere nachfrageseitige Macht zu höheren Absatzmengen und Konsumentenrenten führen. Sicher ist das allerdings keinesfalls, wenn man wiederum die möglichen langzeitigen Auswir-

243 Siehe sogleich unten § 3 A. IV. 3. c).

244 So auch *OECD*, Buying Power of Multiproduct Retailers, S. 60.

245 Siehe *von Ungern-Sternberg*, Countervailing power revisited, IJIO 1996, 507, 515 (518).

246 Es ist allerdings unklar, warum sich auf einer Seite des Marktes eine größere Verhandlungsmacht entwickeln kann, als auf der anderen, vgl. *OECD*, Nachfragemacht – Die Ausübung von Marktmacht durch marktstarke Nachfrager, S. 24 Rz. 59.

247 *Dobson Consulting*, Buyer Power and its Impact on Competition in the Food Retail Distribution Sector of the European Union, S. 19; *Ehlermann/Laudati*, Proceedings of the European Competition Forum (1995), S. 208.

248 Unter Umständen hat bilaterale Marktmacht auch gar keine Auswirkungen auf die Verbraucher(wohlfahrt): vgl. *OECD*, Buying Power of Multiproduct Retailers, S. 20.

kungen mitberücksichtigt und bedenkt, dass marktstarke Nachfrager nachteiligen Einfluss auf die Lieferantenseitige Marktstruktur haben können[249].

(2) Bilaterales Monopol in Verbindung mit monopolisiertem Verkaufsmarkt
Die positiven Wohlfahrtswirkungen von Nachfragemacht im Rahmen bilateraler Marktmacht können im Falle eines zusätzlich monopolisierten, nachgelagerten Verkaufsmarktes nichts daran ändern, dass die Realisierung gewinnmaximierender Preiserhöhungen auf diesem Markt zu Wohlfahrtsverlusten bei den Verbrauchern führt. Allein von Wohlfahrtsgesichtspunkten her gesehen ist dieses Szenario deshalb äquivalent mit dem, in dem ausschließlich die Lieferantenseite monopolisiert ist[250]. Im Grunde ist es somit nicht die von der Nachfrageseite ausgehende Macht, die den „Schaden" verursacht, sondern vielmehr die Macht der Lieferantenseite, weil der Ausgleichseffekt von Nachfragemacht auf dem Einkaufsmarkt durch Macht auf Verkaufsmärkten zunichte gemacht wird.

(3) Bilaterales Oligopol
Wiederum schwieriger, aber in der Praxis ungleich wichtiger, weil die meisten Märkte derart strukturiert sein werden[251], ist die Beurteilung bilateraler Marktmacht, wenn sie in oligopolistischen Marktstrukturen auftritt. Ein kooperatives Vorgehen der sich gegenüberstehenden Parteien (Anbieter – Nachfrager) ist hier aufgrund der „Konkurrenzsituation" auf beiden Marktstufen nahezu zwingend. Die Verhandlungsstärke der nachfragemächtigen Einkäufer wird hier nicht bloß davon abhängen, in welchem Umfang man sich strategisch zu verhalten vermag, sondern auch davon bestimmt sein, welcher Anteil des relevanten Produktmarktes auf den jeweiligen Nachfrager (Oligopolmitglied) entfällt. Die Besonderheit einer Oligopol-Oligopson-Situation liegt in der Annahme, dass die Einkaufspreise für die oligopsonistischen Nachfrager nicht deshalb sinken werden, weil die Nachfrage gedrosselt wird, sondern weil die ebenfalls marktstarke Lieferantenseite Unterschiede in der Nachfrageelastizität ausnutzt. Nachfragemacht führt hierbei zu einer Erhöhung der Produktionsmenge[252]. Der Grund dafür liegt in der Fähigkeit der Lieferanten zur

249 Vgl. *OFT*, Assessing the impact of public sector procurement on competition, S. 197.

250 *Dobson/Waterson/Chu*, The Welfare Consequences of the Exercise of Buyer Power, S. 19 Rz. 5.8.

251 Siehe *OECD*, Nachfragemacht – Die Ausübung von Marktmacht durch marktstarke Nachfrager, S. 25 Rz. 63.

252 *OECD*, Buying Power of Multiproduct Retailers, S. 60; *Noll*, „Buyer Power" and Economic Policy, Antitrust L.J. 2005, 689, 607.

Preisdifferenzierung bzw. -diskriminierung[253], die jedoch neben dem erwähnten positiven Aspekt viele negative Auswirkungen auf die Wohlfahrt haben kann[254].

(4) Konsolidierung der Oligopolmitglieder

Sofern die Oligopolmitglieder ihre Nachfragemacht konsolidiert ausüben, sind die Auswirkungen auf die Wohlfahrt in diesem Zusammenhang nicht eindeutig, weil hier zwei entgegengesetzte Kräfte existieren[255]. Einerseits kann konsolidiert ausgeübte Nachfragemacht zur „Bekämpfung" hoher Einkaufspreise dienen, d. h. eine Stimulierung des Lieferantenwettbewerbs hervorrufen und damit letztlich zur Ermöglichung niedrigerer Weiterverkaufspreise eingesetzt werden. Zusammen mit einer Verbesserung der Verbraucherwohlfahrt hat das eine Erhöhung der sozialen Wohlfahrt zur Folge, sofern auf den nachgeordneten Verkaufsmärkten intensiver Wettbewerb herrscht. Unter Umständen kann aber die gebündelte Nachfragemacht auf den nachgelagerten Verkaufsmärkten Koordinierungsmaßnahmen der Oligopolmitglieder anregen und dort ebenfalls Marktmacht hervorrufen oder bereits existierende Macht verstärken (je nachdem, ob dort Wettbewerb herrscht oder ebenfalls oligopolistische Marktstrukturen vorzufinden sind), die es ermöglicht, die Weiterverkaufspreise zu erhöhen und deshalb dazu führt, dass es anstatt zu einer Reduzierung des Wohlfahrtsverlustes im Verhältnis zu unilateraler Marktmacht zu einem zusätzlichen Wohlfahrtsverlust kommt. Welche Kraft sich letztendlich durchsetzt, wird davon abhängen, wie intensiv der Wettbewerb für die nachfragemächtigen Einkäufer auf ihren nachgelagerten Verkaufsmärkten ist. Insofern sind die Auswirkungen von Nachfragemacht, die von konsolidierten Nachfragern ausgeht, schwieriger zu kategorisieren, als die Wirkungen, die von einem einzigen Nachfrager ausgehen, weil letzterer von Anfang an Marktmacht hat oder nicht, während erstere vielleicht erst auf lange Sicht Marktmacht erzielen werden.

(5) Auswirkungen bilateraler Marktmacht im Überblick

Im Vergleich dazu, dass entweder der marktstarke Anbieter oder der nachfragemächtige Einkäufer die Preise und damit die Produktquantität bestimmt,

---

253 *OECD,* Nachfragemacht – Die Ausübung von Marktmacht durch marktstarke Nachfrager, S. 25 Rz. 62.

254 Zu den Voraussetzungen und unterschiedlichen Auswirkungen der Preisdifferenzierung s.u. § 3 A. IV. 3. b).

255 *Dobson/Waterson/Chu,* The Welfare Consequences of the Exercise of Buyer Power, S. 19 Rz. 5.8.

kann Nachfragemacht im Rahmen bilateraler Machtverhältnisse in Zusammenhang mit wettbewerbsbetonten nachgelagerten Verkaufsmärkten als neutral oder sogar wohlfahrtsfördernd betrachtet werden – je nachdem, ob die Produktmenge unverändert bleibt oder nicht. Monopsonistische/Oligopsonistische Macht trägt in dem Maße zur sozialen Wohlfahrt bei, wie der/die nachfragemächtige/nachfragemächtigen Einkäufer in der Lage ist/sind, der Gewinn maximierenden Preisgestaltung des monopolisierten Lieferanten durch Nachfragedrosselung entgegenzuwirken und den Angebotspreis des Lieferanten in Richtung des Wettbewerbspreises zu drücken, um dann diese Preisdifferenz an nachgeordnete Kunden weiterzugeben.

Bei oligopolistischen Marktstrukturen bedingt die Preisdiskriminierung, dass die Konsumentenwohlfahrt im Vergleich zu unilateraler Marktmacht aufgrund der höheren Produktquantität und der niedrigeren Einkaufspreise erhöht ist. Die Lieferantenwohlfahrt wird nicht in Mitleidenschaft gezogen.

Was die langzeitlichen Wirkungen angeht, besteht im Zusammenhang mit vermachteten Lieferantenmärkten im Gegensatz zum Monopson ein wesentlicher Unterschied hinsichtlich der Auswirkungen auf Innovationsanreize. Während nämlich bei einem Monopson die Innovationsanreize der Lieferanten eher gering sein werden, sprechen empirische Daten dafür, dass die Innovationsanreize mit einer steigenden Konzentration auf den Lieferantenmärkten ebenfalls höher sein werden, weil marktmächtige Unternehmen in der Regel mit risikobehafteten Investitionen (in Forschung und Entwicklung) zurückhaltend sind[256].

b) Das Modell der Preisdifferenzierung/ -diskriminierung

Im Rahmen des klassischen Monopson-Modells unter Berücksichtigung unilateraler Marktmacht wird angenommen, dass Nachfrager und Lieferanten nicht miteinander verhandeln[257]. Wie bereits erwähnt, bestehen in der Realität Märkte jedoch aus einem Mix verschiedener Unternehmen mit und ohne Marktmacht auf vor- oder nachgelagerten Märkten. Man kann – oder vielmehr – man muss davon ausgehen, dass unter solchen Bedingungen gegenüber mehreren Einkäufern unabhängig von ihren Marktanteilen unterschiedliche Preisnachlässe gewährt werden. Das ist beispielsweise dann Fall, wenn die

---

256 Nachweise finden sich bei *OFT*, Assessing the impact of public sector procurement on competition, S. 204.

257 *Bloom*, Retailer Buyer Power, in: Hawk, Int. Antitrust Law and Policy 2000, S. 395, 398 (Fn. 7).

verschiedenen Einkäufer Unterschiede in der Nachfrageelastizität aufweisen[258]. Die aufgrund dessen gewährten unterschiedlichen Preise sind gerade nicht Ursache eines dem Monopson vergleichbaren Zustandes, der zur Senkung des Produktionsvolumens und zu Senkung des Marktpreises führt, sondern sind Folge einer von den nachfragemächtigen Einkäufern ausgehenden, die Produktionsmenge unberührt lassenden, Verhandlungsmacht[259], deren wohlfahrtsökonomische Konsequenzen ausschließlich von dem Verhalten der Lieferanten auf vorgelagerten Märkten abhängen. Neben den Auswirkungen der künstlichen Nachfragedrosselung werden deshalb auch die wohlfahrtsökonomischen Auswirkungen der Verhandlungsmacht im Zusammenhang mit in der Realität häufig zu erwartenden bilateralen, oligopolistischen Marktbeziehungen[260] zur Beschreibung und Bewertung von Nachfragemacht beleuchtet. Das Monopson-Modell ist demnach also nicht nur wegen des seltenen Vorkommens eines Monopsons für die Untersuchung der Auswirkungen von Nachfragemacht von begrenztem Nutzen[261].

aa) Sekundäre (nachfrageveranlasste) Preisdifferenzierung

Bevorzugtes Modell zur Erfassung von Verhandlungsmacht in Gegenwart bilateraler, oligopolistischer Marktstrukturen ist das Preisdifferenzierungsmodell[262] bzw. das Preisdiskriminierungsparadigma[263]. Im Gegensatz zur klassi-

---

258 *Noll*, „Buyer Power" and Economic Policy, Antitrust L.J. 2005, 589, 603.

259 Ein nachfragendes Unternehmen oder eine Unternehmensgruppe, die z. B. 80% der Nachfrage innerhalb eines relevanten Einkaufsmarktes auf sich vereint, kann dem Modell entsprechend einem Monopson gleichgestellt werden (Marktzutrittsschranken und Unmöglichkeit internen Wachstums von Konkurrenten vorausgesetzt) und ist deshalb auch in der Lage, seine Nachfrage zu drosseln, um den Einkaufspreis zu senken. Dabei muss nun – wie schon angedeutet – berücksichtigt werden, dass mit der Nachfragedrosselung die Produktmenge insgesamt reduziert wird und der Einkaufspreis als allgemeingültiger Marktpreis sodann auch für die Konkurrenten gilt. Um nun einen besseren Preis als die Konkurrenten erlangen zu können, erfordert es deshalb mehr als die bloße Nachfragedrosselung, vgl. *Kirkwood*, Buyer Power and Exclusionary Conduct, Antitrust L.J. 2005, 625, 638.

260 Siehe bereits oben § 3 A. IV. a) bb) (3).

261 So schon *OECD*, Nachfragemacht – Die Ausübung von Marktmacht durch marktstarke Nachfrager, S. 24 Rz. 60.

262 Die Begriffe „Differenzierung" und „Diskriminierung" werden zumeist synonym verwendet.

263 Verhandlungsmacht ist nicht nur mit der Möglichkeit gleichzusetzen, Anbieter zur Preisdifferenzierung zu veranlassen, sondern offenbart sich auch in der Möglichkeit marktstarker Nachfrager zu strategischen Verhaltensweisen. Siehe dazu unten § 3 A. IV. 3. c). Vgl. in diesem Zusammenhang *Muysert*, Price Discrimination: an unreliable

schen[264], primären Preisdifferenzierung geht bei der hier relevanten sekundären Preisdifferenzierung die eigentliche Initiative zur Preisdifferenzierung nicht vom Lieferanten selbst aus – obwohl natürlich er es ist, der die Differenzierung vornimmt –, sondern von einem marktstarken Nachfrager zu Lasten anderer Nachfrager. Man spricht hier von einer veranlassten Preisdifferenzierung bzw. -diskriminierung („buyer-induced price discrimination"). Es handelt sich hierbei um die Fähigkeit eines Nachfragers, bessere Einkaufskonditionen zu erlangen als seine Konkurrenten, indem der Lieferant dazu bewegt wird, verschiedenen Nachfragern unterschiedliche Einkaufskonditionen anzubieten. Mit günstigeren Einkaufsbedingungen sind damit nicht bloß die Einkaufspreise gemeint, sondern auch preisunabhängige andere Vorzugsbedingungen[265].

(1) Voraussetzungen

(aa) „Non-cost-related" discounts

Der Grund für die Gewährung vorteilhafterer Einkaufskonditionen durch einen Lieferanten zugunsten bestimmter Nachfrager ist zwar entweder in Kosteneinsparungen (Produktionskosteneinsparungen)[266] der Lieferanten zu erblicken, die mit den Größenvorteilen der Einkaufsbündelung zusammenhängen, oder bloß in dem Verhandlungsgeschick der Nachfrager[267]. Allein

---

Indicator of Market Power, E.C.L.R. 2004, 350 ff., nach dessen Auffassung Preisdiskriminierung kein Indikator für Macht sein muss.

264 Angesprochen ist dabei die Fähigkeit eines marktstarken Anbieters von Waren, unterschiedliche Nachfrageelastizitäten von Nachfragern auszunutzen, indem er diese zu unterschiedlichen Konditionen beliefert, um auf diese Weise seine Gewinne zu maximieren. Die Motivation zur Gewinnmaximierung kann dabei so weit gehen, dass durch gezielte Niedrigpreisstrategien potentiellen Wettbewerbern der Marktzutritt unmöglich gemacht wird bzw. aktuelle Konkurrenten vom Markt gedrängt werden („predatory pricing").

265 Vgl. *OECD*, Buying Power of Multiproduct Retailers, S. 30.

266 Siehe dazu beispielsweise *Competition Commission*, Report on the Supply of Groceries from Multiple Stores in the UK (2000), S. 6 Rz. 1.9.

267 Der Begriff „Diskriminierung" taucht in zweierlei Zusammenhängen auf. Von Preisdiskriminierung wird nämlich auch dann gesprochen, wenn ein Lieferant bei der Belieferung verschiedener Nachfrager unterschiedlich hohe Kosten hat, die sich im Einkaufspreis niederschlagen, und nicht bloß dann, wenn er kostenunabhängig, d. h. ohne durch Kostenunterschiede gerechtfertigt zu sein, zu unterschiedlichen Preisen anbietet. Der Verwendung des Begriffs der „Diskriminierung" ist deshalb genau genommen nicht ganz korrekt, soweit damit auch kostenbedingte, d. h. von Kosteneinsparungen herrührende Preisdifferenzierungen gemeint sind. Wirklich

letztere Alternative[268] kann hier jedoch als Merkmal von Nachfragemacht relevant sein. Denn im Gegensatz zur primären Preisdifferenzierung, bei der der Lieferant von sich aus versucht, seine Gewinne zu steigern, sowie zur effizienzbedingten Preisdifferenzierung, bei dem der Lieferant Kosteneinsparungen ebenfalls aus freien Stücken an den Nachfrager weitergibt, ist er unter dem Eindruck purer Verhandlungsmacht ohne die Aussicht einer die niedrigen Einkaufspreise rechtfertigenden Gegenleistung zur Preisdifferenzierung (und damit Diskriminierung anderer Nachfrager) gezwungen, wenn er keine Verluste erleiden möchte. Die Preisdiskriminierung ist folglich Ausdruck der Marktmacht von Nachfragern. Sie erfolgt demnach nicht aus der Motivation der Lieferanten heraus, Gewinne zu maximieren, sondern Verluste zu kompensieren[269]. Insoweit ist diese unter wirtschaftlichen Gesichtspunkten nachvollziehbare Reaktion dem dazu veranlassenden marktstarken Nachfrager zuzuschreiben, auch wenn sie tatsächlich vom Lieferanten durchgeführt wird.

(bb) Verhandlungsmacht

Wichtig ist dabei zu erkennen, dass die Macht des Nachfragers als Auslöser der sekundären Preisdifferenzierung keine einem Monopson ähnliche Marktstellung desselben benötigt, d. h. die Macht eines Monopsonisten ist nicht mit Verhandlungsmacht gleichzusetzen[270]. Eine bei monoposonistischen Marktstrukturen zu erwartende Nachfragedrosselung bewirkt einen Rückgang der Produktivität und damit eine Senkung der Produktionskosten auf Seiten der betroffenen Lieferanten, mit der weiteren Folge eines vereinheitlichten, niedrigeren Marktpreises, der für *alle* Nachfrager gilt. Bei Existenz eines vereinheitlichten Marktpreises bleibt Raum für eine Preisdiskriminierung nur inso-

---

diskriminierend sind an sich nur solche Differenzierungen, die wirtschaftlich nicht gerechtfertigt sind, weil sie nur das Mittel zum Ausgleich von Gewinnverlusten sind: vgl. dazu die ausführliche Darstellung von *Kirkwood,* Buyer Power and Exclusionary Conduct, Antitrust L.J. 2005, 625, 630 (637); *OECD,* Nachfragemacht – Die Ausübung von Marktmacht durch marktstarke Nachfrager, S. 32 Rz. 85; *Dobson/Inderst,* Differential Buyer Power and Waterbed Effect, E.C.L.R. 2007, 393 ff.

268 Nachfolgend der Einfachheit halber anstatt sekundärer Preisdifferenzierung bloß Preisdifferenzierung genannt.

269 Selbst wenn es dem nachfragemächtigen Einkäufer nicht darum geht, bessere Konditionen zu erlangen als andere, sondern darum, Konkurrenten gezielt auszuschalten, fungiert die Differenzierung letztlich als einziges Mittel zum Selbstschutz für die Lieferanten, denen andernfalls der Verlust des marktstarken, nachfragemächtigen Einkäufers droht.

270 Dadurch erlangt das Modell der Preisdiskriminierung seine Legitimation als eigenständiges Modell.

weit, als sie von Lieferanten aus freien Stücken ohne Fremdveranlassung ausgeht und auf Nachfrageseite zumindest ein Oligopson besteht[271]. Eine unter diesen Umständen vom Nachfrager veranlasste Preisdiskriminierung erfordert deshalb (zusätzlich) zwingend Verhandlungsmacht des Nachfragers[272]. Nur unter dieser Voraussetzung ist ein Nachfrager in der Lage, nicht nur niedrigere Einkaufspreise zu erlangen, sondern auch im Verhältnis zu Konkurrenten bessere Preise.

(cc) Marktmacht des Lieferanten

Die Fähigkeit eines marktstarken Nachfragers zur Initiierung einer Preisdiskriminierung beruht auf vielen Faktoren[273], wobei jedoch auch das Vorhandensein von gewisser, außerhalb des Einflussbereichs des Nachfragers liegender Marktstärke (Marktmacht) seitens des Lieferanten sowie der Marktanteil[274] des Nachfragers im Vordergrund stehen dürfte. Ohne die Marktstärke des Lieferanten wäre es für diesen unmöglich, eine Preisdiskriminierung erfolgreich zu betreiben, weil sie angesichts bestehender, hoher Nachfrageelastizitäten bzw. Ausweichmöglichkeiten der übrigen Nachfrager keine oder nur wenige Abnehmer für ihre Ware finden würden[275].

---

271 Das wird aber in der Realität kaum möglich sein.

272 Siehe dazu *Kirkwood,* Buyer Power and Exclusionary Conduct, Antitrust L.J. 2005, 625, 638.

273 Eine Auflistung verschiedener Faktoren findet sich bei *Salop,* The Buyer Power Defense in Antitrust; siehe außerdem *Kirkwood,* Buyer Power and Exclusionary Conduct, Antitrust L.J. 2005, 625, 642.
Vereinzelt wird auch – obgleich mit dem Hinweis darauf, dass eine solche Situation praktisch eher unwahrscheinlich sein wird –vertreten, dass zumindest theoretisch selbst in wettbewerbsbetonten Absatzmärkten agierende Lieferanten zu kostennabhängigen Preisdiskriminierungen veranlasst werden könnten, vorausgesetzt, der verhandlungsmächtige Nachfrager sei in einer marktbeherrschenden Position: so *Peterman,* The Morton and International Salt Cases, in: Kirkwood, Antitrust Law and Economics, S. 261, 265.

274 Die Auffassungen hinsichtlich der erforderlichen Marktanteile sind höchst unterschiedlich. Im Gespräch sind Marktanteile von weniger als 10% (so *Grimes,* Buyer Power and Retail Gatekeeper Power, Antitrust L.J. 2005, 563, 564) sowie Marktanteile in einer Größenordnung von 20% (vgl. *Carstensen,* Buyer Power and Merger Analysis, 2004, S. 12).

275 Siehe *Kirkwood,* Buyer Power and Exclusionary Conduct, Antitrust L.J. 2005, 625, 639.

(2) Inhalt der Verhandlungsmacht

Als Verhandlungsmacht kann man die Fähigkeit eines Unternehmens beschreiben, dem Lieferanten mit der Nichtgewährung von Vorteilen im weitesten Sinne, d. h. mit Kostensteigerungen, zu drohen, um von diesem Zugeständnisse eingeräumt zu bekommen. Um von einem Lieferanten im Gegensatz zu anderen Nachfragern einen differenzierten, also besseren Einkaufspreis gewährt zu bekommen, muss ein Nachfrager demzufolge in der Lage sein, z. B. durch schlichte Zurückweisung von Verkaufsangeboten im Rahmen der vertraglichen Verhandlung diesem glaubhaft seine Bereitschaft zu signalisieren, seine bisherige oder zukünftige Einkaufstätigkeit entweder auf andere Lieferanten zu verlagern oder auf einen Warenbezug gänzlich zu verzichten. Die Macht des Nachfragers beruht in diesem Fall auf einer „Alles oder Nichts-Strategie". Voraussetzung für die Ausübung dieser Strategie ist freilich, dass die angedrohten Verluste bzw. Kosten für den Lieferanten stärker ins Gewicht fallen, als die von den Nachfragern geforderten Zugeständnisse. Diese Voraussetzung ist angesichts des bereits erwähnten Verhandlungsungleichgewichts zu Lasten der Lieferanten auf dem Markt für Lebensmittel gegeben. Hier würde ein (potentieller) Lieferant für zusammengeschlossene Wareneinzelhändler bei Nichtzustandekommen der Lieferbeziehung relativ mehr Umsatzeinbußen hinnehmen müssen als die Einzelhändler, die durch die Nichtbelieferung bloß einen geringen Teil ihres Warensortiments und folglich ihres Umsatzes einbüßen müssten[276].

(3) Zusammenfassung

Zusammenfassend kann festgehalten werden, dass eine sekundäre Preisdifferenzierung neben Marktmacht des zur Diskriminierung veranlassten Lieferanten außerdem auf der Nachfrageseite eine zumindest oligopolistische Marktstruktur mit Unternehmen unterschiedlicher Nachfrageelastizität und Größe[277] erfordert sowie Verhandlungsmacht derselben erfordert, die über die bloße Möglichkeit einer künstlichen Senkung der Nachfrage hinausgeht. Die Verhandlungsmacht äußert sich darin, dass der Lieferant verhandlungsstarke Nachfrager zu besseren Bedingungen beliefert als andere, ohne dafür jedoch

---

276 Vgl. *Rey*, Retailer Buying Power and Competition Policy, in: Hawk, Int. Antitrust Law and Policy 2000, S. 487, 488; *Ratliff*, Buyer Power, IBC Competition Law Conference (09.05.2000) – Präsentation.

277 Auch wenn die Nachfrageelastizität der Einkäufer aufgrund des übereinstimmenden Kundenkreises identisch ist, so sei darauf hingewiesen, dass Größenunterschiede fehlende Nachfrageelastizität kompensieren können: Vgl. *OECD*, Buying Power of Multiproduct Retailers, S. 30.

einen kompensierenden Ausgleich (Gegenleistungen der Nachfrager bzw. Kosteneinsparungen) zu erhalten[278].

bb) Auswirkungen auf die Wohlfahrt

Die Auswirkungen der von einem marktstarken Nachfrager veranlassten Preisdiskriminierung sind insbesondere für Konsumenten auf nachgelagerten Märkten ambivalent. Nutzen aus der Diskriminierung ziehen diejenigen Konsumenten, die Kunden der marktstarken Nachfrager sind, welche Anlass zur Diskriminierung gegeben haben. Im Gegensatz dazu schlechter gestellt sind die übrigen Konsumenten als Kunden schwächerer Nachfrager, die zu schlechteren Konditionen einzukaufen gezwungen sind. Die Bewertung der wohlfahrtsökonomischen Auswirkungen einer Preisdifferenzierung als positiv oder negativ richtet sich im Wesentlichen danach, ob sich die Differenzierung mit Kosteneinsparungen rechtfertigen lässt oder nicht[279] und wie die nachgelagerten Verkaufsmärkte strukturiert sind.

(1) Positive Auswirkungen

Die Praxis bietet zunächst Grund zu der Annahme, dass eine Preisdifferenzierung – unabhängig davon, ob sie mit Kosteneinsparungen des Lieferanten einhergeht oder nicht – in den meisten Fällen die Konsumentenwohlfahrt als Ganzes begünstigen wird, sofern die nachgelagerten Verkaufsmärkte, auf denen die Einkäufer ihre gemeinsam beschafften Waren absetzen, wettbewerbsbetont sind[280]. Zwei Szenarien sind hierbei vorstellbar: So ist es in bilateralen, oligopolistischen Märkten nicht unwahrscheinlich, dass ein schwächerer Nachfrager, der von der Gewährung günstiger Konditionen für einen stärkeren Konkurrenten erfährt, ebenfalls versucht sein wird, bei anderen Lieferanten unter Androhung des Wechsels der Bezugsquelle diese Konditionen durchzusetzen, mit der Folge, dass die betroffenen, marktstärkeren Lieferanten in einen unter Wettbewerbsbedingungen vergleichbaren Preiskampf verwickelt werden, an dessen Ende niedrigere Endverbraucherpreisen stehen. In diesem Szenario profitieren demzufolge nicht bloß die stärkeren Konkurren-

278 Grundsätzlich ist davon auszugehen, dass die Belieferung eines Nachfragers angeschts der gebündelten Nachfrage kostengünstiger für einen Lieferanten erfolgen kann: *OFT*, Assessing the impact of public sector procurement on competition, S. 198.

279 Dazu z. B. *Kirkwood*, Buyer Power and Exclusionary Conduct, Antitrust L.J. 2005, 625, 644 ff.; siehe auch schon *OECD*, Nachfragemacht – Die Ausübung von Marktmacht durch marktstarke Nachfrager, S. 26 Rz. 65 (85).

280 Unter Berufung auf seine Erfahrungen bei der Federal Trade Commission (FTC): *Kirkwood*, Buyer Power and Exclusionary Conduct, Antitrust L.J. 2005, 625, 647.

ten, sondern auch die schwächeren Nachfrager. Aber auch in Fällen, in denen nicht mit einem derartigen Übergreifen vorteilhafterer Konditionen auf schwächere Nachfrager gerechnet werden kann, geht man davon aus, dass die Vorteile derjenigen Konsumenten, die Kunden der bevorzugt behandelten Nachfrager sind, überproportional besser gestellt sind, als andere Kunden, mit der Folge, dass die Nachteile der Preisdiskriminierung aufgewogen werden[281].

Darüber hinaus können Preisdifferenzierungen, die nicht mit Kosteneinsparungen einhergehen, für die Verbraucherwohlfahrt positiv sein, weil sie sich in bestimmten Situationen sogar gesamtwirtschaftlich positiv auswirken. Mit kurzfristigen, diskriminierenden Preisstrukturen kann nämlich erreicht werden, dass ein natürlicher Strukturwandel beschleunigt wird, bei dem ineffiziente Unternehmen der Lieferantenseite entweder dazu veranlasst werden, zu anderen Produktionsformen überzugehen, um ihre Nachfrageelastizität und damit ihre Reaktionsfähigkeit auf Preisschwankungen zu erhöhen, oder sogar gänzlich zum Marktaustritt gezwungen werden. Das betrifft demzufolge Unternehmen mit überschüssigen, nicht genutzten Kapazitäten. Wird derartigen Unternehmen damit gedroht, den Warenbezug einzustellen, wenn sie keine besseren Konditionen bieten, werden diese zwar auf Gewinne aus Verkäufen gegenüber den drohenden Nachfragern sowie gegenüber anderen Nachfragern verzichten müssen, was vordergründig einen Nettowohlfahrtsverlust bedeutet. Doch ist dieser Wohlfahrtsverlust insoweit gesamtwirtschaftlich vorteilhaft, als er dazu führt, dass überschüssige Kapazitäten abgebaut oder effizienter genutzt werden, selbst wenn dies letztendlich einen Marktaustritt des betroffenen Nachfragers zur Folge hätte[282].

Schließlich wirkt eine Preisdifferenzierung, die vordergründig dem Lieferanten dazu dient, Verluste auszugleichen, den soeben beschriebenen schädlichen Auswirkungen auf die Wohlfahrt entgegen, weil wahrscheinlich mit einer Erhöhung des Produktionsvolumens[283], sicher aber mit der Verhinderung des

---

281 In diesem Sinne *Monopolkommission*, Sondergutachten 14: Die Konzentration im Lebensmittelhandel, S. 92 Rz. 155; sowie *Blair/Harrison*, Monopsony – Antitrust Law and Economics, S. 89 ff.

282 Problematisch ist hierbei, dass sich eine temporäre Preisdiskriminierung mit einer dauerhaften systematischen Preisdiskriminierung in der Realität häufig überlagert, sodass die durch dauerhafte Preisdiskriminierung bewirkte unerwünschte Marktkonzentration nicht identifizierbar ist (vgl. *Monopolkommission*, Sondergutachten 14: Die Konzentration im Lebensmittelhandel, S. 93 Rz. 157).

283 S.o. § 3 A. IV. 3. a) bb) (3).

Problems der „double marginalization“[284] zu rechnen ist. Auf die Quantität des Angebots hat die Verhandlungsmacht der marktstarken Nachfrager nämlich keinen bzw. nur marginal negativen Einfluss. Dementsprechend ist auch keine Fehlallokation von Produktionsmitteln zu erwarten.

(2) Negative Auswirkungen („waterbed effect“)

Auf der anderen Seite sind die Gefahren, die von einer sekundären Preisdiskriminierung ausgehen können, mannigfaltig – insbesondere deshalb, weil es zu einem sogenannten „waterbed effect“ kommen kann, der zur Folge hat, dass die Kunden der diskriminierten Nachfrager zweifach schlechter gestellt sind: Einmal, weil sie einen höheren Preis zahlen müssen als die Kunden der nachfragemächtigen Einkäufer. Ein weiteres Mal, weil dieser Preis über dem Wettbewerbspreis liegt[285]. Langfristig ist damit zu rechnen, dass diskriminierte Nachfrager im Absatzwettbewerb gegenüber dem bevorteilten, nachfragemächtigen Einkäufer das Nachsehen haben werden, mit der weiteren Folge, dass sich die Macht der Einkäufer auch auf Verkaufsmärkten erhöht, die zum weiteren Anstieg der Nachfragemacht führt. Ein schlimmstenfalls zu erwartender Austritt der benachteiligten Unternehmen von den nachgelagerten Absatzmärkten bedeutet zugleich ein Verschwinden dieser Unternehmen als Nachfrager. Lieferanten werden bei dieser Entwicklung keine ausreichende Möglichkeit mehr haben, mit Hilfe der Preisdiskriminierung Verluste zu kompensieren, mit der Folge, dass letztendlich auch sie vom Marktausschluss bedroht sind. Im Endeffekt würde damit die Produktvielfalt und -qualität abnehmen und demzufolge die Verbraucherwohlfahrt geschädigt werden.

So sind Szenarien denkbar, in denen die Wirtschaftlichkeit oder Existenz anderer Nachfrager und (oder) die Wohlfahrt von (End)Verbrauchern gefährdet ist. Es kann zunächst die Situation eintreten, dass ein marktstarker Nachfrager mit Hilfe der Preisdifferenzierung des Lieferanten andere Nachfrager mittelfristig schwächen und auf Dauer sogar vom Markt verdrängen möchte, indem er Preisnachlässe in weitere Einkäufe investiert. Schwache Nachfrager sind so nicht mehr in der Lage, im ausreichenden Maße die Konsumentennachfrage zu befriedigen, mit der Folge, dass sie schließlich Konsumenten verlieren und in ihrer Größe und Anzahl schrumpfen oder gänzlich vom Markt verschwin-

284 Ausführlich dazu *Ehlermann/Laudati*, Proceedings of the European Competition Forum (1995), S. 208 ff.

285 Siehe nur *Dobson/Inderst*, Differential Buyer Power and Waterbed Effect, E.C.L.R. 2007, 393 ff.

den[286]. Die Preisdifferenzierung bewirkt somit also eine Nachfrage- und Vermögensverschiebung von marktschwächeren Nachfragern über diskriminierende Lieferanten zu marktstärkeren Nachfragern. Es ist demnach Potential zur Ausbeutung schwächerer Nachfrager vorhanden[287]. Sofern mächtige Nachfrager keinen Ausgleich bieten, werden dadurch zugleich (End)Verbraucher geschädigt, weil ihnen mit schwindender Nachfragerzahl Ausweich- und Auswahlmöglichkeiten genommen werden und nicht mehr die (mannigfaltigen) Dienstleistungen, mit denen sich gerade die kleineren Konkurrenzunternehmen gegen größere Nachfrager behaupten können, zur Verfügung stehen. Diese Auswirkungen können auf verschiedene Art und Weise eintreten:

Sofern kein Wettbewerb auf nachgelagerten Märkten besteht, werden marktstarke Nachfrager eher keinen Anreiz haben, die erhaltenen Konditionenvergünstigungen an die Verbraucher weiterzugeben. Sollte dies dennoch geschehen, ist damit zu rechnen, dass sie ihre dortige Marktposition mit Hilfe einer Dumpingpreis-Strategie auszubauen versuchen und deshalb zunächst auf hohe Verbraucherpreise verzichten[288]. Auf lange Sicht ist jedoch dann mit wesentlich höheren Preisen zu rechnen, sobald keine nennenswerte Konkurrenz mehr existiert.

Konsumenten sind auch dann gefährdet, wenn marktstarke Nachfrager Verhandlungsmacht in der Form auszuüben in der Lage sind, dass Lieferanten ihnen zwar keine besseren Konditionen gewähren, dafür aber schwächere Nachfrager nur zu höheren Preisen beliefern, wodurch die begünstigten Nachfrager ihrerseits in der Lage sind, ihre Verkaufspreise zu erhöhen. Die Wirkung auf die Verbraucher und die schwächeren Nachfrager ist demnach die Gleiche, als wenn einerseits bessere, andererseits schlechtere Konditionen durch Lieferanten gewährt werden würden.

Ein weiteres Szenario, bei dem die Verbraucherwohlfahrt in Mitleidenschaft gezogen wird, liegt in der Gefahr, dass der begünstigte Nachfrager ineffizient wird, weil er nicht zwangsläufig kosteneffizient wirtschaften muss, damit seine Unternehmung profitabel ist. Überhöhte Kosten könnten verhindern, dass

---

286 Beispielhaft für die Extrahierung von Gewinnüberschüssen: *OFT*, Assessing the impact of public sector procurement on competition, S. 198.

287 *Kirkwood*, Buyer Power and Exclusionary Conduct, Antitrust L.J. 2005, 625, 626.

288 Siehe *Kirkwood*, Buyer Power and Exclusionary Conduct, Antitrust L.J. 2005, 625, 626.

das begünstigte Unternehmen in Zukunft innovativ und damit konsumentenorientiert ist.

Schließlich kann eine von marktstarken Nachfragern veranlasste, von Kosteneinsparungen unabhängige Preisdiskriminierung dazu führen, dass die betroffenen Lieferanten weniger profitabel agieren und sie dadurch gehemmt werden, Investitionen vorzunehmen[289]. So ist nicht auszuschließen, dass Verluste aufgrund der gewährten Konditionenvergünstigungen nicht durch Preiserhöhungen bei verbleibenden Nachfragern ausgeglichen werden können – insbesondere auf lange Sicht betrachtet, wenn Konkurrenten des nachfragemächtigen, begünstigten Einkäufers ausscheiden, weil sie im Wettbewerb um Konsumenten nicht mithalten können.

cc) Auswirkungen sekundärer Preisdifferenzierung im Überblick

Eine durch die Nachfrage veranlasste Preisdiskriminierung birgt trotz einer möglichen Verbesserung der Verbraucherwohlfahrt aufgrund höherer Produktmengen und niedrigerer Preise im Falle wettbewerbsbetonter Absatzmärkte die Gefahr in sich, dass der begünstigte Nachfrager durch die verdrängende Wirkung der Diskriminierung auf seine Rivalen seine Marktanteile auf dem Absatzmarkt vergrößert. Eine sich auf diese Weise entwickelnde Marktmacht auf den Absatzmärkten führt folglich zu einer Senkung der Verbraucherwohlfahrt. Schließlich ist auch hier wiederum zu berücksichtigen, dass langfristig Investitionsanreize und Innovationsanreize der Lieferantenseite durch die veranlasste Preisdiskriminierung unterdrückt werden könnten. Das wird immer dann zu erwarten sein, wenn der Lieferant davon ausgehen kann, dass Investitionen und Innovationen seine Stellung gegenüber Wettbewerbern nicht verbessern kann, sondern im Gegenteil sogar verschlechtern wird, weil er von marktstarken Nachfragern ausgebeutet wird oder in Gefahr gerät, dass nachfragespezifische Investitionen[290] seine Abhängigkeit vom Nachfrager erhöht. Das ist aber nicht zwingend. Es ist nicht auszuschließen, dass ein Lieferant Investitionen vornimmt, um gerade andere Formen der Produktion zu erschließen, um kostengünstiger produzieren zu können und um damit Verluste gering zu halten bzw. nicht aufgrund einer bestimmten Produktionstechnologie in Abhängigkeit eines marktstarken Nachfragers zu gelangen. Die Empirie belegt, dass die Entscheidung, in Gegenwart marktstarker Nachfrager Investitions- und Innovationsanreize umzusetzen, davon

---

289 *OECD*, Buying Power of Multiproduct Retailers, S. 21.

290 Siehe dazu bereits die Ausführungen im Rahmen des Monopson-Modells, § 3 A. IV 3. a) aa) (1).

abhängt, ob der betroffene Lieferantenmarkt wettbewerbsbetont ist oder eher konzentriert. Nur bei einem konzentrierten Lieferantenmarkt wird mit steigenden Investitionen und Innovationen zu rechen sein[291].

c) „Strategisches Verhalten"

Die Entstehung von Nachfragemacht ist nicht nur strukturbedingt, sondern kann auch in einem strategischen Marktverhalten der Unternehmen begründet sein. Im Zusammenhang mit der Frage danach, wie Nachfragemacht definiert werden kann, finden sich deshalb auch Maßnahmen, die oftmals mit dem Begriff des „strategischen Verhaltens" von Einkäufern zusammengefasst werden[292]. Strategisches Verhalten kann an sich auch im Zusammenhang mit der Preisdifferenzierung gesehen werden. Dazu zählen Maßnahmen der marktstarken Nachfrager in Form von Verhandlungsstrategien, mit deren Hilfe Lieferanten zu Konditionenvergünstigungen angetrieben werden sollen.

Neben dem Preis gibt es jedoch eine Reihe anderer Wettbewerbsparameter, die Gegenstand von Verhandlungen zwischen Nachfragern und der Marktgegenseite sind. Angesprochen sind hier Beschränkungen in vertikalen Vereinbarungen, die ebenfalls unter dem Stichwort „strategisches Verhalten" gefasst werden, weshalb das strategische Verhalten gesondert von der Preisdifferenzierung behandelt wird. Es handelt sich dabei insbesondere um vertikale Vereinbarungen zur Erhaltung von Vorteilen, die neben die dargestellten Aspekte der Preis- und Konditionenverhandlung treten bzw. darüber hinausgehen und wettbewerbspolitisch nicht unproblematisch sind – insbesondere, wenn es sich bei diesen Beschränkungen um nachfrageseitig aufgedrängte Vereinbarungen handelt. Dazu zählen insbesondere exklusive Liefervereinbarungen und Meistbegünstigungsklauseln[293]. Diese Vereinbarungen dienen dazu, die

---

291 Ausführlich *OFT*, Assessing the impact of public sector procurement on competition, S. 205 m.w.N.

292 Siehe z. B. *Dobson/Waterson/Chu*, The Welfare Consequences of the Exercise of Buyer Power, S. 22 Rz. 6; *Dobson Consulting*, Buyer Power and its Impact on Competition in the Food Retail Distribution Sector of the European Union, S. 37; *Dobson*, Retailer Power in European Markets: Lessons from Grocery Supply, 6., S. 17; *Wieser/Aiginger/Wüger*, Marktmacht im Einzelhandel, S. 33 ff.; *Dobson*, Exploiting Buyer Power, Antitrust L.J. 2005, 529, 532; *OECD*, Buying Power of Multiproduct Retailers, 5.3 S. 36; *Bloom*, Retailer Buyer Power, in: Hawk, Int. Antitrust Law and Policy 2000, S. 395, 401.

293 Siehe die Auflistung in *Gonzales Diaz* in: Faull/Nikpay, The EC Law of Competition, S. 729 Rz. 7.349; *Dobson/Clarke/Davis/Waterson*, Buyer Power and its Impact on Competition in the Food Retail Sector of the European Union, JICT 2001, 247,

vom Lieferanten gewährten Konditionenvorteile dauerhaft zu sichern oder weitergehende Vergünstigungen zu erhalten.

Verhandlungsmacht kann somit auch Grundlage dafür sein, im vertikalen Verhältnis gegenüber den Lieferanten leichter Vertriebsbindungen durchzusetzen[294], die ihrerseits die Gefahr in sich bergen, Konkurrenten bei der Nachrage vom Markt auszuschließen und die damit zugleich als Markteintrittsbarrieren fungieren[295]. Die Folge ist wiederum, dass eventuelle Wohlfahrtsgewinne durch die so erlangte Macht der Einkäufer auf ihren Verkaufsmärkten durch Ausbeutung der Konsumenten wieder „vernichtet" werden[296] und dass Lieferanten in ein Abhängigkeitsverhältnis geraten.

d) Zusammenfassung und Bewertung der Analyseergebnisse

Ein wesentliches Ergebnis der Modellanalyse ist die Tatsache, dass die dargestellten, zu erwartenden (gesamt)wohlfahrtsökonomischen Auswirkungen nachfrageseitiger Macht nicht allein durch die isolierte Betrachtung der Einkaufsmärkte, sondern nur durch die Einbeziehung nachgeordneter Märkte darstellbar sind. Geht man davon aus, dass Nachfragemacht – in welcher Form auch immer – existiert, stellen sich die allokativen Effekte von Nachfragemacht je nach Marktform auf den vor- und unmittelbar nachgelagerten Märkten unterschiedlich dar. Steht Nachfragemacht einer relativ geringen Macht der Lieferantenseite gegenüber, sind mit zunehmendem Machtgefälle Bedenken bezüglich eines Machtmissbrauchs im Sinne einer Ausbeutung der Lieferanten angebracht, was langfristig eventuell schädliche Auswirkungen auf die Existenz der betroffenen Lieferanten hat. Mit wachsender Lieferantenmacht steigt jedoch auch die Wahrscheinlichkeit eines aus gesellschaftlicher Sicht wünschenswerten Ausgleichseffekts. Allerdings sind hierbei die langfristigen Wirkungen auf einer möglichen Preisdiskriminierung ausgesetzten konkurrierenden Nachfrager sowie die Lieferanten zu berücksichtigen. Die Konsumentenwohlfahrt erfährt, abgesehen von der möglichen, abnehmenden

249; *Dobson*, Retailer Power in European Markets: Lessons from Grocery Supply, 6., S. 17; *Competition Commission*, Report on the Supply of Groceries from Multiple Stores in the UK (2000), S. 98 Rz. 2.460; sowie *Collins*, Retailer Buying Power: Abusive Behaviour and Mergers/Acquisitions, in: Hawk, Int. Antitrust Law and Policy 2000, S. 423, 441; *Wieser/Aiginger/Wüger*, Marktmacht im Einzelhandel, S. 2.

294 Ähnlich wie bei der Preisdiskriminierung kann man auch hier von fremdveranlassten Beschränkungen („buyer-induced vertical restrains") sprechen.

295 Siehe *Kommission*, Vertikalleitlinien, ABl. 2000 C 291/1, 37 Rz. 191; vgl auch *Wieser/Aiginger/Wüger*, Marktmacht im Einzelhandel, S. 36 (45).

296 Vgl. *Wieser/Aiginger/Wüger*, Marktmacht im Einzelhandel, S. 34.

Produktqualität und -quantität, wahrscheinlich nur unter den Umständen Einbußen, in der marktstarke Einkäufer neben Nachfragemacht gleichzeitig Marktmacht auf ihren Absatzmärkten auszuüben in der Lage sind. Legt man der Analyse alle anderen möglichen Marktszenarien zugrunde, bleibt das Maß der Konsumentenwohlfahrt wahrscheinlich entweder unverändert oder es erhöht sich, während sich die Produzentenwohlfahrt (Rente) unabhängig der Marktlage verschlechtert.

Abbildung 2 (nach *Wieser/Aiginger/Wüger*):
Allokative Effekte von Nachfragemacht (statisch)

Markt-szena-rien	*Einkaufsmarkt*		*Verkaufs-markt*	*Allokative Effekte*		
	Angebots-macht	*Nachfra-gemacht*	*Marktmacht auf nachgelager-ten Verkaufs-märkten*	*Rentensumme der betroffe-nen Parteien*	*„consumer welfare"*	*„social welfare"*
Szenario 1	–	✔	–	↓	=	↓
Szenario 2	–	✔	✔	↓	↓	↓↓
Szenario 3	✔	✔	–	↓	↑	?
Szenario 4	✔	✔	✔	?	↑	?

[?] Das Ergebnis ist abhängig vom Verhandlungsergebnis und der Nachfrageelastizität der Konsumenten

Andernfalls wird Nachfragemacht trotz der erhöhten allokativen Effizienz schädliche Wirkungen in nachgeordneten Märkten in dem Maße hervorrufen, wie die marktmächtigen Unternehmen dort ihre Macht durch Forderung überhöhter Preise ausnutzen. Die Auswirkungen auf die Wohlfahrt insgesamt werden davon abhängen, welche der beiden Effekte der stärkere ist und wie elastisch letztendlich die Konsumentennachfrage ist. Die Konsumentennachfrage entscheidet darüber, ob die nachfragemächtigen Einkäufer, die auch auf nachgeordneten Verkaufsmärkten Marktmacht besitzen, selbige umsetzen können oder nicht. Schließlich gilt es (potentiell) wettbewerbsbeschränkende Praktiken zu berücksichtigen, die von dem Versuch marktstarker Nachfrager herrühren, den Lieferanten vertikale Beschränkungen aufzuerlegen („buyer-induced restraints") und sich dazu eignen, den Markt abzuschotten, die Wettbewerbsintensität zwischen den Konkurrenten zu senken oder Absprachen zu erleichtern.

Nachfragemacht – isoliert betrachtet –, hat deshalb mit hoher Wahrscheinlichkeit schädliche Auswirkungen auf sämtliche Marktteilnehmer: Auf die Lieferanten kurzfristig im Falle ausbeuterischer Maßnahmen, langfristig durch Bewirkung von Investitions- und Innovationsrückgängen zu Lasten der Produktqualität und –quantität; durch Abschottung oder veranlasste Preisdiskriminierung auf Konkurrenten bei der Nachfrage respektive beim Verkauf auf nachgelagerten Märkten; und schließlich auf die Verbraucher. Sie ist insoweit nicht wünschenswert.

V. Modifizierung der Ergebnisse im Hinblick auf Einkaufskooperationen

1. Notwendigkeit einer institutionalisierten Beschaffungstätigkeit

Die soeben aufgezeigten wohlfahrtsökonomischen Auswirkungen sind im Hinblick auf eine Übertragung auf Einkaufskooperationen zu modifizieren[297]. Einkaufskooperationen können nur dann Lieferanten glaubhaft mit der Drosselung der Nachfrage drohen oder zu Preisdifferenzierungen veranlassen, wenn sie über eine Zentralstelle verfügen, mit deren Hilfe die Einkäufe koordiniert werden können und sie als Einheit auftreten können. Nur diese Nachfragebündelung gewährleistet, dass – unabhängig von dem Umstand, ob die Kooperationsmitglieder gewillt sind, ihre Waren über die Zentrale zu beziehen –, erstere in der Lage sind, mit den Lieferanten in ähnlicher Weise zu verhandeln, wie dies einem monopsonistischen/oligopsonistischen Einkäufer möglich ist. Die Intensität der Nachfragemacht wird theoretisch allenfalls dadurch geschmälert, dass letztendlich eine Abnahme von Waren von der Zentrale nicht immer garantiert ist, auch wenn die Verhandlung erfolgreich verlaufen ist. Jedoch ist praktisch unter Berücksichtigung der wirtschaftlichen Vernunft davon auszugehen, dass die Mitgliedsunternehmen das im Vergleich zur jeweiligen individuellen Verhandlungsergebnis bessere Angebot von der Zentrale erhalten und folglich auch annehmen werden, sofern der Preis, der für die Kaufentscheidung ausschlaggebend ist, und nicht andere, qualitative Aspekte eine Rolle spielen. Insbesondere bei homogenen Verbrauchsgütern des täglichen Gebrauchs wird das der Fall sein. Insoweit ist die Marktabgrenzung des relevanten Produktmarktes für die Frage, welche Intensität die von Einkaufskooperationen ausgehende Nachfragemacht haben kann, von entscheidender Bedeutung. Zwar können für eine Gruppe von Einkäufern die

297 Vgl. *Blair/Harrison*, Monopsony – Antitrust Law and Economics, S. 121 ff.

Grundsätze über die Auswirkungen von Verkaufskooperationen übertragen werden, weil ein koordinierter Einkauf, mit dem Ziel der Preissenkung von Lieferanten durch Reduzierung der Einkäufe, zu Wohlfahrtsverlusten beiträgt und außerdem der Nettowohlfahrtsverlust dem entspricht, der von monopsonistischem bzw. monemporistischem Verhalten herrührt. Niedrigere Einkaufspreise aber dadurch zu erreichen, indem die Nachfrage künstlich gedrosselt wird, wird in der Praxis bei Einkaufskooperationen eher nicht zu beobachten sein, weil dies einen einheitlichen Marktpreis zur Folge hätte, von der auch die Konkurrenz begünstigt wäre und weil die Motivation zur Gründung oder zum Beitritt zu einer Einkaufskooperation vorrangig gerade die ist, bessere Preise zu erhalten, indem das Abnahmevolumen erhöht wird[298]. Besonders Augenmerk wird man deshalb Nachfragemacht in Form von Verhandlungsmacht beimessen müssen.

2. *Schmälerung des Gegengewichtspotentials aufgrund hoher Transaktionskosten*

Außerdem muss insbesondere die grundsätzlich positive Einschätzung von Nachfragemacht als Gegengewicht zur Anbietermacht im Zusammenhang mit Einkaufskooperationen einige Einschränkungen erfahren. Das Problem, dass sich hier stellt, sind hohe Transaktionskosten[299] und die Gefahr steigender Weiterverkaufspreise zu Lasten von Konsumenten. Damit Nachfragemacht durch eine Einkaufsgemeinschaft konsolidiert ausgeübt werden kann, ist ein hohes Maß an Übereinstimmung zwischen den Mitgliedern erforderlich. Das Erreichen eines Ergebnisses, mit dem alle Mitglieder zufrieden sein können, ist vor allem dann schwierig, wenn es um die Frage des Aushandelns der Konditionen geht, zu der die Gemeinschaft von einem marktstarken Lieferanten einkaufen kann. Je mehr Mitglieder die Kooperation hat, desto schwieriger wird es sein, zu einem Ergebnis zu gelangen, weil das Verhandlungsergebnis für einige Mitglieder eine wesentliche Verbesserung im Gegensatz zum Alleinbezug darstellen wird, für andere wird die Verbesserung weniger stark ausfallen. Deshalb ist nicht auszuschließen, dass hohe Transaktionskosten anfallen werden, mit der Folge, dass die vordergründig zu erwartenden positiven Auswirkungen für die Wohlfahrt kompensiert oder gar ins Gegen-

298 *Bloom*, Retailer Buyer Power, in: Hawk, Int. Antitrust Law and Policy 2000, S. 395, 397; *Bunte* in: Frankfurter Kommentar zu Kartellrecht, Bd. VI, Art. 81 abs. 1, 3 EG-Vertrag – Fallgruppen II.5., Rz. 1.

299 So auch *Mestmäcker/Schweitzer*, Europäisches Wettbewerbsrecht, § 7 Rz. 14. Hier liegt ein wesentlicher Vorteil von B2B-Marktplätzen, bei denen Transaktionskosten vergleichsweise wenig ins Gewicht fallen. Von Nachteil ist jedoch die fehlende feste Struktur angesichts der gewöhnlich hohen Fluktuation der Mitglieder (siehe bereits oben § 2 B. III. 1. Fn. 53.

teil umgekehrt werden. Das gleiche gilt für die Frage einer etwaigen Gewinnverteilung (je nach Intention der Kooperation). Die Transaktionskosten werden nochmals höher sein, wenn die Mitglieder Konkurrenten beim Weiterverkauf der gemeinsam bezogenen Produkte sind, weil diejenigen, die vom gemeinsamen Einkauf stärker profitieren, gegenüber anderen beim Verkauf einen Vorteil haben werden. Das wird um so deutlicher der Fall sein, je mehr der Wettbewerb der Mitglieder beim Verkauf von den Weiterverkaufspreisen abhängen, also je mehr der Preis der entscheidende Wettbewerbsfaktor ist. Folglich haben Mitglieder der Kooperation, die weniger gut „wegkommen", den Anreiz, dass andere Mitglieder nicht übermäßig vom gemeinsamen Warenbezug profitieren. Dieser Anreiz kann sich dadurch äußern, dass entweder schwächere Kooperationsmitglieder untereinander versuchen werden, beim Verkauf ebenfalls zu kooperieren, oder alle Mitglieder zu einer Kooperation beim Verkauf zu bewegen, um zu verhindern, dass sich kooperationsinterne Vorteile im Rahmen des gemeinsamen Einkaufs nicht auf nachgelagerten Absatzmärkten in Form von wettbewerblichen Vorteilen beim Weiterverkauf fortsetzten. So oder so besteht demnach die Gefahr, dass sich nachgelagerte Märkte ebenfalls konzentrieren.

3. Fehlende (motivationsbedingte) Praxisrelevanz des Monopson-Modells

Im Anschluss an *Blair/Harrison*[300] gibt es drei grundlegende Motivationen, die Unternehmen zu einer Kooperation bei der Warenbeschaffung antreiben. Erstens kann die Kooperation Ausdruck des Willens mehrer Unternehmen sein, Nachfragemacht gezielt zu schaffen und zu nutzen, um Gewinne zu erzielen bzw. sich gegen marktstärkere Konkurrenten zu behaupten. In diesem Fall steht je nach Marktlage der Aspekt der künstlichen Nachfragedrosselung oder der Aspekt der Verhandlungsmacht im Vordergrund. Zweitens kann die Kooperation aus dem Bestreben entstehen, mit Hilfe von Kosteneinsparungen aufgrund von Größenvorteilen zu günstigeren Einkaufspreisen bzw. größeren Bezugsmengen zu kommen[301]. Am Naheliegendsten dürfte drittens ein

300 Vgl. *Blair/Harrison*, Monopsony – Antitrust Law and Economics, S. 93 ff.

301 Kosteneinsparung treten dabei auf beiden Marktseiten auf: Für die Kooperationsmitglieder durch zentrale Verhandlung und zentralen Einkauf, mit der Folge, dass entweder die Ersparnisse dazu genutzt werden können, mehr einzukaufen oder günstiger zu verkaufen; für Lieferanten aufgrund geringerer Transaktionskosten, wodurch das Potential besteht, attraktivere Einkaufspreise für die Kooperationsmitglieder zu gewähren (Dies wird als produktive Leistungsfähigkeit bezeichnet, d. h. es können genauso viele Güter produziert werden mit dem Einsatz weniger Ressourcen. Die gesparten Ressourcen können anderweitig verwendet werden, z. B. um die Produktionsmenge zu erhöhen).

Mix aus beidem sein, wobei insbesondere die Erlangung von Verhandlungsmacht und weniger die Nachfragedrosselung Bestandteil der Nachfragemacht sein dürfte. So haben Einkaufskooperationen in der Regel den Zweck, ihre Einkaufsmengen zu erhöhen, nicht zu senken[302]. Abgesehen davon führt die Nachfragedrosselung zu einem einheitlichen Marktpreis, der ebenfalls den Konkurrenten der Einkaufsvereinigung zugute kommt. Hinzu kommt schließlich die praktische Irrelevanz einer dem Monopson oder einer vergleichbaren Machtstellung entspringenden Nachfragedrosselung insbesondere im Einzelhandelssektor[303].

B. Konsequenzen für eine wettbewerbsrechtliche Beurteilung

Die vorherige Darstellung hat gezeigt, dass im Rahmen der Modellanalyse die gesamtwirtschaftliche Wohlfahrt[304] als Kombination der Produzentenwohlfahrt (Summe der Renten von Lieferanten und Nachfragern) und der Konsumenten- bzw. Verbraucherwohlfahrt bei der ökonomischen Bewertung von Nachfragemacht eine Rolle spielt, sowie die Verteilung von Gewinnen erörtert wird. Somit steht die Frage im Raum, welche Relevanz diese Wohlfahrtsaspekte für eine wettbewerbsrechtliche Beurteilung besitzen. Letztendlich hängt die Relevanz der je nach Marktstruktur unterschiedlichen ökonomischen Auswirkungen von Nachfragemacht für die wettbewerbsrechtliche Beurteilung von der verfolgten Wettbewerbspolitik ab. Ausgangspunkt ist dabei das Ziel, welches mit Hilfe der Wettbewerbsregeln erreicht werden soll.

I. Wettbewerbspolitik der Kommission

1. Wettbewerbspolitische Ziele

a) Zusammenhang zwischen Zielbestimmung, Wettbewerbspolitik und Rechtsanwendung

Die Wettbewerbsregeln des Gemeinschaftsrechts haben gemäß der Zielbestimmung des Art. 3 I lit. g) EG den Zweck, auf dem gemeinsamen Markt einen unverfälschten und gleichzeitig wirksamen Wettbewerb zu gewährleisten, um auf diese Weise das übergeordnete Ziel eines gemeinsamen Marktes

302 *Bloom*, Retailer Buyer Power, in: Hawk, Int. Antitrust Law and Policy 2000, S. 395, 397.

303 Vgl. *Rey*, Retailer Buying Power and Competition Policy, in: Hawk, Int. Antitrust Law and Policy 2000, S. 487, 488; *FTC*, Report on the Federal Trade Commission Workshop on Slotting Allowances and Other Marketing Practices in the Grocery Industry, S. 56.

304 Vgl. insbesondere die Ausführungen zum Nettowohlfahrtsverlust.

zu verwirklichen. Weil die Verwirklichung des gemeinsamen Marktes ein Prozess ist, muss dem Zweck der Wettbewerbsregeln (unverfälschter Wettbewerb) durch entsprechende Anpassung und Ausgestaltung der Wettbewerbspolitik als Grundlage einer geeigneten Rechtsanwendung entsprochen werden. Dies kann in unterschiedlicher Weise geschehen.

Laut Kommission liegt das Ziel ihrer Wettbewerbspolitik gegenwärtig darin, die Unternehmen im gemeinsamen Markt zu einem dynamischen, effizienzsteigernden Verhalten zu veranlassen[305]. Das funktioniere nur in einem Umfeld des Wettbewerbs[306], weil unter diesen Bedingungen die Unternehmen gegeneinander antreten und der auf die Unternehmen wirkende Innovationsdruck eine effiziente Ressourcenallokation (allokative Effizienz)[307] nach sich ziehe, mit der Folge, dass Produktivitätsgewinne zu realisieren seinen und damit Produktivitätswachstum (produktive Effizienz) hervorrufen werden könne[308]. Wettbewerb führe demzufolge nicht bloß zu einem in einer jeden Marktwirtschaft anzustrebenden Produktivitätswachstum, sondern gleichzeitig auch zu Effizienzsteigerungen in unmittelbar betroffenen sowie damit verbundnen Industriezweigen[309] und schließlich zu einer Besserstellung der Verbraucher[310].

b) Bedeutung und Stellenwert ökonomischer Zusammenhänge für die Rechtsanwendung

Vor dem Hintergrund der Zielbestimmung des Art. 81 EG sind Kartelle nach Meinung der Kommission zu bekämpfen, weil sie die Ressourcenallokation auf dem gemeinsamen Markt verfälschen und ineffizientes Verhalten fördern – zu Lasten der Verbraucher und der betroffenen Wirtschaftszweige[311]. Zur

305 Siehe *Kommission*, Eine proaktive Wettbewerbspolitik, 2.2., S. 6.

306 Wettbewerb wird dem zu Folge nicht nur seiner selbst Willen geschützt, sondern (funktionierender) Wettbewerb ist das Mittel zur Verwirklichung der Ziele der Wettbewerbspolitik. Siehe auch unten Fn. 343.

307 Der Grund dafür liegt in der Restrukturierung der Wirtschaft, die sich dadurch erklärt, dass leistungsschwache Unternehmen vom Markt verdrängt werden und die Produktivitätskräfte auf leistungsstarke Unternehmen umgelenkt werden.

308 Das muss bedeuten, dass die Kommission die optimale Allokation von Ressourcen (Allokationseffizienz) und die optimale Ressourcenverwendung (produktive Effizienz) als zusammengehörig betrachtet.

309 Siehe *Kommission*, Eine proaktive Wettbewerbspolitik, 1., S. 2.

310 Siehe *Kommission*, Eine proaktive Wettbewerbspolitik, 2.2., S. 6.

311 Siehe *Bundeskartellamt*, Wettbewerbsschutz und Verbraucherinteressen im Lichte neuerer ökonomischer Methoden, S. 2. Die Kommission spricht in ihrer Mitteilung von „Wirtschaftszweigen, bei denen das Kartellprodukt in die Produktion eingeht".

wirksamen Bekämpfung von Kartellen bedarf es folglich einer Rechtsanwendung (in Verbindung mit einer geeigneten Durchsetzungspraxis), die es erlaubt, wettbewerbswidrige Verhaltensweisen und Zutrittsschranken, die dem Wettbewerb schaden, effektiv zu erkennen und zu unterbinden. Zur Bewältigung dieser Herausforderung unabdingbar ist die Anwendung geeigneter Konzepte und Hilfsmittel. Diesem Erfordernis versucht die Kommission Genüge zu tun, indem sie bei der Rechtsanwendung wirtschaftliche Analysen von Marktstrukturen und das Marktverhalten von Unternehmen mit Hilfe von Branchenstudien, Marktanalysen und Untersuchungen von Wirtschaftszweigen stärker betont[312]. Sie möchte auf diese Weise ihre Wettbewerbspolitik den neusten Erkenntnissen der Wirtschaftswissenschaft, der sich beständig wandelnden Marktdynamik und der wirtschaftlichen Entwicklung anpassen[313]. Die wirtschaftliche Analyse ist hierbei nach Auffassung der Kommission von zentraler Bedeutung, da die Wettbewerbspolitik die grundlegenden wirtschaftlichen Entscheidungen über Investitionen, Konsolidierung, Preisgestaltung und damit die wirtschaftliche Leistungsfähigkeit mitformt. Wirtschaftstheoretische Instrumente erlaubten es dabei, genauer zu ermitteln, ob bestimmte Praktiken (wie z. B. Rabatte) das Potential dazu hätten, die Verbraucher zu schädigen oder größere Effizienz herbeizuführen[314].

2. Wohlfahrtstheoretisches Leitbild

Für eine wettbewerbsrechtliche Berücksichtigung von Nachfragemacht stellt sich vor dem beschriebenen Hintergrund einer auf wirtschaftlichen Betrachtungsweisen basierenden Wettbewerbspolitik folglich die Frage, welche derjenigen Auswirkungen, die die ökonomische Analyse hervorgebracht hat, relevant sind, um optimale Wettbewerbsergebnisse i. S. wirksamen Wettbewerbs zu erzielen. Die Ökonomie beantwortet die Frage nach den besten Wettbewerbsergebnissen danach, ob die Wohlfahrt durch die Auswirkungen einer zwischen Unternehmen geschlossenen Vereinbarung maximiert wird[315]. Dementsprechend muss sich auch die Kommission fragen, welchen wohl-

---

Auf Einkaufskooperationen übertragen dürften damit die Unternehmen vorgelagerter Wirtschaftsstufe gemeint sein, von denen die Ware beschafft wurde.

312 Vgl. *Kommission*, Eine proaktive Wettbewerbspolitik, 4.1., S. 17; zur Anwendbarkeit und Aussagekraft ökonomischer Analysemodelle siehe *Hildebrand*, Der „more economic approach" in der Wettbewerbspolitik, WuW 2005, 523 ff.

313 Diese Notwendigkeit der Anpassung wird auch von Vertretern der ökonomischen Wissenschaft gesehen, vgl. *Schmidtchen*, Effizienz als Leitbild der Wettbewerbspolitik, in: Oberender, Effizienz und Wettbewerb, S. 9, 11.

314 Vgl. *Kommission*, Eine proaktive Wettbewerbspolitik, 3.1., S. 8.

315 Siehe *Bishop/Walker*, The Economics of EC Competition Law, S. 23 f. Rz. 2.22.

fahrtstheoretischen Ansatz[316] sie verfolgt, wenn sie eigenen Angaben zufolge verstärkt wirtschaftstheoretische Instrumente zur Ermittlung der Effektivität eines Wirtschaftsbereichs heranzuziehen beabsichtigt.

a) Wohlfahrtskonzepte

Der wohlfahrtstheoretische Ansatz geht davon aus, dass Wettbewerb das Mittel zur Wohlfahrtssteigerung bzw. -erhaltung ist[317]. In der Volkswirtschaftslehre ist das Konzept der gesamtwirtschaftlichen Wohlfahrt („economic welfare", „total welfare" oder „social welfare") das am meisten präferierte Konzept und deshalb gewissermaßen das Standard-Konzept, um zu ermitteln, wie

316 Der marktwirtschaftliche Wettbewerb erfüllt neben ökonomischen auch gesellschaftspolitische Funktionen (vgl. z. B. *Schwintowski*, Wettbewerbsrecht, S. 5 Rz. 16 f.). Alternativer Ansatz zum wohlfahrtstheoretischen Ansatz ist der ökonomisch unbeeinflusste, systemtheoretische Ansatz nach *Hoppmann*, der sich aus dem klassischen Ansatz der Wettbewerbsfreiheit nach *Adam Smith* entwickelt hat. Im Gegensatz zum wohlfahrtstheoretischen Ansatz fußt dieser Ansatz auf der Annahme, dass keine eindeutige kausale Kette zwischen Marktstruktur, dem darauf beruhenden Verhalten der Unternehmen und dem anschließenden Marktergebnis (sog. Struktur-Verhalten-Ergebnis-Paradigma) existiert. Denn Ausgangspunkt ist das freie Marktverhalten. Wettbewerb wird folglich als Prozess, d.h. als Such- und Entdeckungsverfahren verstanden, weshalb die inhaltlichen Ziele des Wettbewerbs offen blieben. Dadurch werde einerseits das Dilemma zwischen Wettbewerbsfreiheit und ökonomischer Vorteilhaftigkeit vermieden, während dem wohlfahrtstheoretischen Ansatz eben dieser Konflikt sowie der Konflikt zwischen einzelnen (statischen/dynamischen) ökonomischen Zielen zugrunde liegt (zu den Zielkonflikten siehe nur *Schmidt*, Wettbewerbspolitik und Kartellrecht, S. 83 ff). Andererseits sei im Gegensatz zum wohlfahrtstheoretischen Ansatz kein einzelfallbezogener Eingriff in die Wettbewerbsfreiheit der Unternhmen erforderlich. Die Gewährleistung der Handlungs- /Entscheidungsfreiheit der Unternehmen innerhalb einer eng begrenzten, festgelegten Wettbewerbsordnung ist folglich als Ziel (nicht als Mittel) definiert. „Gute ökonomische Ergebnisse" (ökonomisch vorteilhaft) ließen sich angesichts dieses Verständnisses immer erreichen. Dieser Ansatz ist jedoch der Kritik ausgesetzt, dass der Freiheitsbegriff unklar definiert und die Wettwerbsfreiheit quantitativ schwer fassbar sei. Die Fassbarkeit sei aber wichtig, um entscheiden zu können, in welchem Umfang man zwangsläufig entstehende Wettbewerbsbeschränkungen durch Kartellbildungen tolerieren könne. Schließlich wird die Wettbewerbsfreiheit an sich in der Realität in Frage gestellt und die Annahme, es gebe keine Konflikte, bestitten. Vgl. zum Ganzen nur *Herdzina*, Wettbewerbspolitik; sowie *Schmidt*, Wettbewerbspolitik und Kartellrecht.

317 Vgl. *Bundeskartellamt*, Wettbewerbsschutz und Verbraucherinteressen im Lichte neuerer ökonomischer Methoden, S. 2.

sich die Wirtschaft insgesamt entwickeln wird[318]. Dabei geht es um die Anhäufung von Gewinnüberschüssen (sog. sozialer Überschuss) schlechthin[319] und damit um die Frage, wie effizient ein Wirtschaftsbereich sein kann – unabhängig davon, ob die Einkommensverteilung zwischen Produzenten und Konsumenten (Lieferanten und Nachfragern) „gerecht" ist oder nicht. Ein anderes Konzept ist das der Konsumenten- bzw. Verbraucherwohlfahrt („consumer welfare"), das, obwohl es in der Volkswirtschaft vielfach kritisch betrachtet wird[320], durchweg von den Wettbewerbsbehörden vor allem im Zusammenhang mit der Beurteilung von Unternehmenszusammenschlüssen bevorzugt wird[321].

Obwohl oftmals die Senkung der gesamtwirtschaftlichen Wohlfahrt auch den Verbrauchernutzen senken wird und insofern zwischen beiden Konzepten kein Unterschied besteht, gibt es Situationen, in denen das Wohlfahrtsergebnis beider Konzepte differiert[322]. So kann beispielsweise die gesamtwirtschaftliche Wohlfahrt erhöht sein, während die Verbraucherwohlfahrt nachteilig betroffen ist[323]. Auch die Analyse der wohlfahrtsökonomischen Auswirkungen nachfrageseitiger Marktmacht hat gezeigt, dass derartige Diskrepanzen bestehen können[324]. Eine Unterscheidung der Wohlfahrtsstandards ist des-

318 Siehe *Bishop/Walker*, The Economics of EC Competition Law, S. 24 Rz. 2.22; *Motta*, Competition Policy – Theory and Practice, S. 18; sowie *Schmidtchen*, Effizienz als Leitbild der Wettbewerbspolitik, in: Oberender, Effizienz und Wettbewerb, S. 9, 26.

319 Die gesamtwirtschaftliche Wohlfahrt setzt sich zusammen aus den Gewinnüberschüssen aller Marktteilnehmer, d. h. der Konsumenten und der Produzenten, *Motta*, Competition Policy – Theory and Practice, S. 18.

320 Siehe *Motta*, Competition Policy – Theory and Practice, S. 21; auf Schwächen des Verbraucherwohlfahrtskonzepts hinweisend auch *OECD*, Competition Policy and Efficiency Claims in Horizontal Agreements, S. 6 m.w.N.

321 Vgl. *Motta*, Competition Policy – Theory and Practice, S. 20 f.

322 Ausführlich dazu *Bishop/Walker*, The Economics of EC Competition Law, S. 25 Rz. 2.24 ff.

323 Vgl. *Bishop/Walker*, The Economics of EC Competition Law, S. 25 Rz. 2.24. Hier werden Unternehmenszusammenschlüssen angesprochen, die einerseits mit erheblichen Kostensenkungen verbunden sein können, andererseits Preisanhebungen gegenüber Konsumenten bewirken. Das gilt für Einkaufskooperation in gleicher Weise, soweit der Wettbewerb auf nachgeordneten Verkaufsmärkten begrenzt ist.

324 Die Untersuchung der allokativen, statischen Effekte des Monopson-Modells hat gezeigt, dass trotz gleich bleibender Verbraucherwohlfahrt die soziale Wohlfahrt (soziale Überschuss, gesamtwirtschaftliche Wohlfahrt) sinkt. Im Zusammenhang mit dem Oligopol-Modell hat sich gezeigt, dass eine Maximierung der Verbraucherwohlfahrt und eine Maximierung der gesamtwirtschaftlichen Wohlfahrt aufgrund der

halb notwendig. Vorteil des „consumer welfare"-Standards ist es dabei, dass sich die Auswirkungen bestimmter Marktszenarien auf die Verbraucher auch unabhängig des jeweiligen Einzelfalls besser abstrahieren lassen[325].

Eine Aussage darüber zu machen, welcher Standard von Wettbewerbsbehörden und Gerichten generell favorisiert wird oder werden sollte, erscheint schwierig[326]. Auch wenn dem angelsächsischen Rechtsraum trotz der bestehenden Unklarheiten hinsichtlich der inhaltlichen Bedeutung[327] klar der „consumer welfare"-Ansatz bei der Entscheidungsfindung zugrunde liegt[328], so bleibt doch zu berücksichtigen, dass die Entwicklung einer Wettbewerbspolitik immer dem Einfluss einer Vielzahl von sozialen und historischen Faktoren unterliegt[329]. Unabhängig vom Streit über die richtige Wettbewerbstheorie kann man aber sagen, dass Wettbewerb bestimmte Funktionen erfüllen soll – seien es ökonomische oder gesellschaftspolitische Funktionen[330]. Unter dieser Prämisse scheint sich trotz bemerkenswerter Kontroversen jedoch eine Tendenz hin zum Verbrauchernutzen (Verbraucherwohlfahrt) als das fundamentale Ziel einer jeden funktionierenden Wettbewerbsordnung abzuzeichnen[331].

Preisdiskriminierung nicht stattfinden kann. Vgl. auch *Bishop/Walker*, The Economics of EC Competition Law, S. 25 Rz. 2.24. (Fn. 34).

325 S.o. § 3 A. IV. 3. d) (Abb. 2: Allokative Effekte von Nachfragemacht (statisch)).

326 Vgl. *Bundeskartellamt*, Wettbewerbsschutz und Verbraucherinteressen im Lichte neuerer ökonomischer Methoden, S. 2, so auch *Schmidtchen*, Effizienz als Leitbild der Wettbewerbspolitik, in: Oberender, Effizienz und Wettbewerb, S. 9, 26.

327 Zu den unterschiedlichen Auffassungen in der Rechtslehre und den Unsicherheiten der Gerichte bei der Formulierung der Wohlfahrtsstandards siehe *Kirkwood*, Buyer Power and Exclusionary Conduct, Antitrust L.J. 2005, 625, 630 (Fn. 11).

328 Vgl. *Jacobson/Dorman*, Joint purchasing, monopsony and antitrust, Antitrust Bulletin 1991, 1, 21; *Motta*, Competition Policy, S. 20; *Bundeskartellamt*, Wettbewerbsschutz und Verbraucherinteressen im Lichte neuerer ökonomischer Methoden, S. 1.

329 *Motta*, Competition Policy – Theory and Practice, S. 17.

330 Gemeint sind damit die unterschiedlichen Positionen zur Beschreibung der Kosten der Kartellfreiheit, welche entweder unter Berechnung der wirtschaftlichen Schäden ökonomisch kalkuliert sind, oder freiheitsrechtlich (unter Berücksichtigung des Verlusts der Existenz bzw. der wirtschaftlichen Freiheitsrechte) begründet werden. Einen Überblick der Funktionen bietet beispielsweise *Schwintowski*, Wettbewerbsrecht, S. 5 Rz. 16 f.

331 Vgl. *Blair/Harrison*, Monopsony – Antitrust Law and Economics, S. 121; *Jacobson/Dorman*, Joint purchasing, monopsony and antitrust, Antitrust Bulletin 1991, 1, 21; In dem Bericht der *OECD*, Buying Power of Multiproduct Retailers, S. 59, wird davon ausgegangen, dass wettbewerbsrechtlich grundsätzlich auch der Nettowohlfahrtsverlust von Bedeutung ist, auch wenn ihm im Falle des Monopsons wenig bis gar keine Bedeutung (wegen des zu geringen Ausmaßes) zugemessen wird; **A.A.** *Mö-*

b) „Consumer welfare" und „total welfare" in der Wettbewerbspolitik der Kommission

aa) Hinweise für eine Fokussierung auf Verbraucherinteressen im engeren Sinne

Bezogen auf die Wettbewerbspolitik der Europäischen Kommission könnte man ohne weiteres dazu geneigt sein, die Einschätzung über eine tendenziell überragende Bedeutung der Verbraucherwohlfahrt zu teilen. So erklärte die Kommission – in bemerkenswerter Übereinstimmung mit der von der Chicago School entwickelten „efficiency doctrine"[332] – in den nun schon bereits ein halbes Jahrzehnt geltenden Leitlinien für vertikale Beschränkungen, dass der Schutz des Wettbewerbs zum Wohle der Verbraucher und zur effizienten Verteilung der Ressourcen (Allokationseffizienz) das Hauptziel der EG-Wettbewerbspolitik ist[333]. Diese Aussage wiederholt sich seitdem mit teilweise unterschiedlicher, aber zuletzt besonderer Betonung immer wieder in den jährlichen Wettbewerbsberichten[334] und in Stellungnahmen von Vertretern

schel in: FS Tilmann, Juristisches versus ökonomisches Verständnis eines Rechts der Wettbewerbsbeschränkungen, 705, 716, der von Effizienz als Summe von Konsumenten- und Produzentenrente versteht und damit die Frage zu beantworten beabsichtigt, ob eine Wettbewerbsbeschränkung oder die Voraussetzungen der Freistellung vorliegt.

332 Dazu *Mestmäcker/Schweitzer*, Europäisches Wettbewerbsrecht, § 2 Rz. 88 ff.; *Schmidtchen*, Effizienz als Leitbild der Wettbewerbspolitik, in: Oberender, Effizienz und Wettbewerb, S. 9, 31, spricht deshalb auch von der sog. „Post Chicago"-Wettbewerbspolitik.

333 Siehe *Kommission*, Vertikalleitlinien ABl. 2000 C 291/1, 3 Rz. 7.

334 Siehe *Kommission*, 30. Bericht über die Wettbewerbspolitik (2000), S. 21 Rz. 2: „Die Wettbewerbspolitik trägt der grundlegenden Rolle des Marktes und des Wettbewerbs Rechnung, indem sie den Verbraucherschutz gewährleistet, eine optimale Ressourcenallokation fördert und den Wirtschaftsakteuren die erforderlichen Anreize bietet, Produktivität, Qualität und Innovation anzustreben";
siehe außerdem *Kommission*, 31. Bericht über die Wettbewerbspolitik (2001), S. 19 Rz. 2: „Die getroffenen Entscheidungen zeigen, dass die Wettbewerbspolitik den Verbraucherschutz direkt beeinflusst [...]";
sowie *Kommission*, 32. Bericht über die Wettbewerbspolitik (2002), S. 17 Rz. 2: „Die Wettbewerbspolitik der EU basiert auf drei Säulen, zwischen denen enge Wechselbeziehungen bestehen und die allesamt dazu gedacht sind, die Vorzüge eines effektiven Wettbewerbs an den Verbraucher weiterzugeben und gleichzeitig die Wettbewerbsfähigkeit der europäischen Wirtschaft zu verbessern.";
als auch *Kommission*, 33. Bericht über die Wettbewerbspolitik (2003), S. 5: „Ausschlaggebend für die Dringlichkeit einer Sache werden die Auswirkungen des vorliegenden Wettbewerbsproblems auf den Verbraucher, die Aussicht darauf, dass durch ein Eingreifen der Kommission innerhalb eines angemessenen Zeitrahmens tatsäch-

der Wettbewerbsbehörde[335]: „This mandate has also consolidated consumer interest as the central goal of competition policy. For instance, appropriate efficiencies may countervail anticompetitive mergers and agreements only if they ultimately benefit consumers. Consumer interest has a bearing in priority setting“[336]. Die Ausführungen in den jüngst veröffentlichten Leitlinien zur Anwendung des Art. 81 Abs. 3 EG[337] machen schließlich deutlich, dass sich die Kommission der überwiegenden Ansicht anschließt, nach der die Verbraucherwohlfahrt und eine effiziente Ressourcenverteilung nicht bloß als zwei nebeneinander anzustrebende Ziele verstanden werden, sondern einen zusammengehörigen Komplex bilden, bei dem das Maß der Verbraucherwohlfahrt gerade von einer effizienten Ressourcenverteilung abhängt[338]. Darüber hinaus stellt sie ausdrücklich fest, dass Art. 81 EG den Wettbewerb zum Vorteil der Verbraucher schützen soll, weshalb es nicht genüge, dass eine

---

lich Veränderungen bewirkt werden können, sowie die zur Erzielung von Ergebnissen erforderlichen Ressourcen sein“.

335 Zuletzt *Monti*, A reformed competition Policy, CPN 2004, No. 3, 1, 2; vgl. auch *Monti*, Proactive Competition Policy and the role of the Consumer: „The ultimate objective of productivity growth and global competitiveness is, and should be in the long term, prosperity and increased living standards. This happens when the winds of competition are in full swing: producers make greater efforts to attract customers by offering them lower prices, higher quality and better service than when the market is controlled by a cartel, a monopolist or a small number of companies“.

336 Vgl. wiederum *Monti*, A reformed competition Policy, CPN 2004, No. 3, 1, 2.

337 *Kommission*, Leitlinien zur Anwendung von Art. 81 Abs. 3 EG, ABl. 2004 C 101/97, 98 Rz. 13: „Artikel 81 soll den Wettbewerb im Markt schützen, um den Wohlstand der Verbraucher zu fördern und eine effiziente Ressourcenallokation zu gewährleisten. Wettbewerb und Marktintegration dienen diesen Zielen, da die Schaffung und Erhaltung eines offenen Binnenmarktes zu einer effizienten Ressourcenallokation in der gesamten Gemeinschaft zum Wohle der Verbraucher fördert“.

338 Siehe *OECD*, Competition Policy and Efficiency Claims in Horizontal Agreements, S. 5: "There is general consensus that the basic objective of competition policy is to protect and preserve competition as the most appropriate means of ensuring the efficient allocation of resources – and thus efficient market outcomes – in free market economies. While countries differ somewhat in defining efficient market outcomes, there is general agreement that the *concept is manifested* by lower consumer prices, higher quality products and better product choice"; in diesem Sinne auch: *Bishop/Walker*, The Economics of EC Competition Law, S. 26 Rz. 2.26: "Allocative efficiency more directly benefits consumers [...]"; sowie *Bundeskartellamt*, Wettbewerbsschutz und Verbraucherinteressen im Lichte neuerer ökonomischer Methoden, S. 14; siehe außerdem *Lugard/Hancher*, Honey, I Shrunk the Article! – A Critical Assessment of the Commission's Notice on Article 81(3) of the EC Treaty, E.C.L.R. 2004, 410, 412.

Vereinbarung den Wettbewerb zwischen den Beteiligten beschränke[339]. Die Aussagen der Kommission sowie deren Deutung in der Wissenschaft[340] berechtigen durchaus zu der Annahme, dass die europäische Wettbewerbsbehörde den Gegenstand ihrer verfolgten Wettbewerbspolitik im Grunde auf den Aspekt der Verbraucherwohlfahrt reduziert, womit sie der tendenziell bei den nationalen Wettbewerbsbehörden anzutreffenden Präferenz entspricht[341]. Untermauert wird diese Annahme dadurch, dass anscheinend nur nebenbei eine Steigerung der gesamtwirtschaftlichen Wohlfahrt von der europäischen Wettbewerbsbehörde gutgeheißen wird[342], es jedoch nicht unbedingt gefordert wird[343].

Die Betonung des Verbrauchernutzens ist nichts Neues, wenn man argumentiert, dass der Schwerpunkt einer ökonomischen Betrachtung mit seiner Hin-

---

339 *Kommission*, Leitlinien zur Anwendung von Art. 81 Abs. 3 EG, ABl. 2004 C 101/97, 100 Rz. 24 (Fn. 31).

340 Siehe dazu *Schmidtchen*, Effizienz als Leitbild der Wettbewerbspolitik, in: Oberender, Effizienz und Wettbewerb, S. 9, 10 (26).

341 Das Bundeskartellamt scheint dies schon immer so gesehen zu haben, wenn es sagt, mittel- bis langfristig wirke sich eine reduzierte Wettbewerbsintensität negativ auf Innovations- und Investitionsanreize der betroffenen Unternehmen aus, was letztendlich der Verbraucherwohlfahrt zuwider laufe. Es bedürfe insoweit keiner weitergehenden ökonomischen Betrachtungsweise zur Stärkung der Verbraucherinteressen: *Bundeskartellamt*, Wettbewerbsschutz und Verbraucherinteressen im Lichte neuerer ökonomischer Methoden, S. 14; ähnlich *Aicher/Schumacher* in: Grabitz/Hilf, EGV-Kommentar, Bd. II, Art. 81 EGV Rz. 16, die von einer reflexartigen Beziehung zwischen Wettbewerb und Wahlmöglichkeiten der Verbraucher sprechen.

342 Vgl. *Kommission*, Leitlinien zur Anwendung von Art. 81 Abs. 3 EG, ABl. 2004 C 101/97, 110 Rz. 85: „Gemäß dem allgemeinen Ziel von Artikel 81, wettbewerbswidrige Vereinbarungen zu verhindern, muss die Nettowirkung einer Vereinbarung aus Sicht der von den Vereinbarungen unmittelbar oder wahrscheinlich betroffenen Verbraucher mindestens neutral sein. [...] Darüber hinaus gewinnt die Gesellschaft insgesamt, wenn die Effizienzgewinne bewirken, dass entweder weniger Ressourcen für die Produktion erforderlich sind oder höherwertige Produkte hergestellt werden und damit eine effizientere Ressourcenallokation erfolgt".

343 In der Literatur wird deshalb die Frage aufgeworfen, ob die Kommission den Wettbewerb um seiner selbst Willen schützt oder vielmehr den Wettbewerb als Mittel zum Zweck zur Steigerung der Konsumentenwohlfahrt schützt, wobei unklar ist, ob diese Unterscheidung überhaupt unterschiedliche Ergebnisse mit sich bringt: vgl. *Basedow*, Konsumentenwohlfahrt und Effizienz, WRP 2007, 712 ff. **A.A.** *Rittner*, Der – unverfälschte – Wettbewerb: Grundlage und Ziel der EG, WuW 2007, 967, der diese Frage als überflüssig erachtet, da sich an der Praxis der Gerichte nichts ändern werde.

wendung zum Verbraucher im Bereich der Freistellungsmöglichkeiten nach Art. 81 Abs. 3 EG liegt, weil nur dort der Verbrauchernutzen ausdrücklich als ein zu berücksichtigendes Kriterium erwähnt wird, wobei zu beachten ist, dass der Verbraucherbegriff von der Kommission weit ausgelegt wird und abgesehen von Endverbrauchern jeden Kunden der Vertragsparteien erfasst[344]. Anders sieht es dem gegenüber aus, wenn man die Betonung des Verbrauchernutzens in den Zusammenhang mit dem Verbotstatbestand bringt und ihn bereits bei der Frage nach dem Vorliegen einer Wettbewerbsbeschränkung mit einbezieht. Zum Teil findet man in der Literatur[345] Stimmen, die in Aussagen der Kommission einen solchen Zusammenhang ohne weiteres erkennen wollen, obwohl eine klare und vor allem wiederkehrende Aussage tatsächlich fehlt[346]. In der Tat kann man die Vermutung äußern, dass die Kommission bei der Beschreibung dessen, was sie mit bezweckten Wettbewerbsbeschränkungen verbindet, nämlich „ein großes Potenzial für negative Auswirkungen auf den Wettbewerb“, an den Rückgang des Verbraucherwohlstandes denkt[347]. Vor allem aber mit ihrer Vorgehensweise zur Beurteilung von Einkaufskooperationen drängt die Kommission den Aspekt der Verbraucherwohlfahrt in den Bereich der Verbotsnorm. Hier möchte sie die Beantwortung der Frage nach einer durch die Kooperation bewirkten Wettbewerbsbeschränkung, d. h. nach der Anwendbarkeit von Art. 81 Abs. 1 EG, insbesondere davon abhängig machen, ob niedrige Einkaufspreise an die Verbraucher weitergegeben werden oder nicht[348]. Diese Sichtweise scheint zudem ein wesentlicher Grundpfeiler der Beurteilung von Einkaufsvereinba-

---

344 Vgl. z. B. *Kommission*, Leitlinien zur Anwendung von Art. 81 Abs. 3 EG, ABl. 2004 C 101/97, 109 Rz. 84; siehe auch sogleich unten Fn. 357.

345 Vgl. *Lugard/Hancher*, Honey, I Shrunk the Article! – A Critical Assessment of the Commission's Notice on Article 81(3) of the EC Treaty, E.C.L.R. 2004, 410, 412; siehe auch *Kjolbye*, The Commission Guidelines on the Application of Article 81(3), E.C.L.R. 2004, 566, 767: „The unterlying consumer welfare standard has important implications for the application of both Art. 81(1) and Art. 81(3)"; *Leupold/Weidenbach*, neues Verhältnis von Art. 81 Abs. 1 und Art. 81 Abs. 3 EG-Vertrag?, WuW 2006, 1003, 1007.

346 Die Aussagen der Kommission beziehen sich auf Art. 81 EG als aus den Absätzen eins bis drei bestehende Einheit, nicht jedoch auf Art. 81 Abs. 1 EG isoliert: vgl. *Kommission*, Leitlinien zur Anwendung von Art. 81 Abs. 3 EG, ABl. 2004 C 101/97, 98 (102) Rz. 13 (33).

347 So *Kommission*, Leitlinien zur Anwendung von Art. 81 Abs. 3 EG, ABl. 2004 C 101/97, 100 Rz. 21.

348 *Kommission*, Horizontalleitlinien, ABl. 2001 C 3/2, 18 (19) Rz. 126 (128).

rungen zu sein[349]. Dies widerspricht nicht der Systematik von Art. 81 EG, bei der der Verbrauchernutzen nur in Art. 81 Abs. 3 EG ausdrücklich erwähnt ist. Denn dort ist niedergelegt, dass die Verbraucher lediglich, wenn auch in jedem Fall, an Effizienzgewinnen teilhaben müssen – ganz egal, ob den Unternehmen daneben andere, machtgedingte Vergünstigungen zugute gekommen sind oder nicht. Übrigens scheint auch die Rechtsprechung nicht erst neuerdings hier und da die Verbraucherbelange bereits bei der Frage, ob Wettbewerbsbeschränkungen vorliegen, mit der Begründung berücksichtigen zu wollen, dass die Aufrechterhaltung des Wettbewerbsdrucks zur Weitergabe wirtschaftlicher Vorteile an den Verbraucher zwingt[350]. An einem ausschließlich im Rahmen der Freistellung zu berücksichtigenden Kriterium des Verbrauchernutzens kann folglich gezweifelt werden.

Im Ergebnis müssen diese Annahmen dazu führen, dass eine ausschließlich auf Maximierung der Verbraucherwohlfahrt ausgerichtete Wettbewerbspolitik der Europäischen Kommission eine Erhöhung der Produzentenwohlfahrt allein keinesfalls für ausreichend halten kann, um Märkte mit effektivem Wettbewerb zu gewährleisten. Das muss im Umkehrschluss jedoch auch bedeuten, dass nicht kompensierte Verluste auf der Produzentenseite und damit gesamtwirtschaftlich relevante Nettowohlfahrtsverluste („deadweight loss“), wie sie durch Ausübung monopsonistischer Macht verursacht werden, irrelevant sind[351]. Eingriffe der Kartellbehörde wären demzufolge nur geboten, wenn sie aufgrund einer Prognose der im Einzelfall konkreten Marktergebnisse zu dem Schluss kommt, dass die Zusammenarbeit von Unternehmen den Verbrauchernutzen im Vergleich zu bisherigen Situation nicht erhöht oder gar senkt.

bb) Hinweise für die Verfolgung gesamtwirtschaftlicher Wohlfahrtsziele

Auch wenn die Kommission ausdrücklich nur den Verbrauchernutzen in Art. 81 Abs. 3 EG nennt, so ist mit Blick auf die anderen Freistellungskriterien nicht zwingend der Schluss zu ziehen, dass sie dem Konzept der Verbraucherwohlfahrt folgt. Der EG-Vertrag normiert bekanntlich in Art. 2 EG ge-

---

349 Vgl. *Ratliff*, Major Events and Policy Issues in E.C. Competition Law, I.C.C.L.R. 2001, 5, 9: "The core idea is that buyer power may have negative effects if lower prices are not passed on to customers [...]".

350 Vgl. EuGH, 25.10.1977, *METRO I*, Rs. 26/76, Slg. 1977, 1875, 1906 Rz. 21: „Die Frage, ob diese Bedingungen erfüllt sind, ist objektiv unter Berücksichtigung des Verbraucherinteresses zu prüfen“; So auch *EuGH*, 27.02.1992, *VICHY*, Rs. T-19/91, Slg. 1992, II-415, 443 Rz. 69 ff.

351 So auch *Bishop/Walker*, The Economics of EC Competition Law, S. 24 Rz. 2.23.

samtwirtschaftliche Ziele, die durch die Errichtung des Gemeinsamen Marktes gefördert werden sollen. Der Wettbewerbsschutz als Teil dieses Integrationsprogramms trägt dazu bei. Deshalb wird angenommen, dass Art. 81 EG nur zum Inhalt haben kann, Wettbewerbsbeschränkungen wegen deren gesamtwirtschaftlich negativen Folgen zu verbieten[352]. Diese Schlussfolgerung ergibt sich im Übrigen auch aus der zuvor erwähnten Einheit von Ressourcenallokation und Verbraucherwohlfahrt[353]. Eine effiziente Ressourcenverteilung verlangt nach einer optimalen gesamtwirtschaftlichen Verteilung der Ressourcen. Sie führt demzufolge dazu, dass leistungsschwache, ineffiziente Unternehmen vom Markt gedrängt werden. Nichtsdestotrotz ist aber die gesamtwirtschaftliche Wohlfahrt aufgrund der effizienteren Nutzung der existierenden Ressourcen erhöht, und damit aufgrund des soeben beschriebenen Zusammenhangs beider Aspekte auch die Verbraucherwohlfahrt. Effiziente Unternehmen sind demzufolge der Schlüssel für die Steigerung der gesamtwirtschaftlichen Wohlfahrt bzw. der Verbraucherwohlfahrt[354]. Es kann deshalb nicht abwegig sein, davon auszugehen, dass die Kommission die gesamtwirtschaftliche Wohlfahrt als identisch mit der Verbraucherwohlfahrt ansieht[355]. Zum gleichen Ergebnis gelangt man unter Berücksichtigung des traditionellen Verständnisses von der Verbraucherwohlfahrt[356] sowie des be-

352 Siehe *Roth/Ackermann* in: Frankfurter Kommentar zum Kartellrecht, Bd. VI, Art. 81 Abs. 1 EGV – Grundfragen, Rz. 156.

353 S.o. § 3 B. I. 2. b) aa).

354 Der Begriff der Allokationseffizienz meint das gesamtwirtschaftliche Pareto-Optimum.

355 Allgemein von einer Maximierung der gesellschaftlichen Wohlfahrt ausgehend *Gippini-Fournier* in: Loewenheim/Meessen/Riesenkampf, Europäisches Kartellrecht – Kommentar, Bd. 1, Art. 81 Abs. 1 EG Rz. 2.

356 *Schmidtchen*, Antitrust zwischen Machtphobie und Effizienzeuphorie, in: Möschel, Marktwirtschaft und Rechtsordnung, S. 143, 147, vermutet, dass der häufige Rekurs auf „consumer welfare" ein Relikt aus der Zeit ist, in der die Havard-Schule die theoretischen Grundlagen des Antitrust lieferte. Deshalb hält er es für möglich, dass Wettbewerbsbehörden in modifizierter Form das gesamtwirtschaftliche Wohlfahrtskonzept verfolgen, indem sie den Tauschgewinnen der Produzenten weniger Gewicht einräumen (siehe auch *Schmidtchen*, Effizienz als Leitbild der Wettbewerbspolitik, in: Oberender, Effizienz und Wettbewerb, S. 9, 26); ähnlich auch *Bueren*, Der „New economic approach" der Kommission für horizontale und vertikale Wettbewerbsbeschränkungen, WRP 2004, 567, 570, der von einem Konzept der sozialen Wohlfahrt ausgeht, jedoch mit einer spezifischen Gewichtung der zu berücksichtigen Effizienzvorteile zu Gunsten der Verbraucher.

reits erwähnten weit gefassten Verbraucherbegriffs[357], wonach Verbraucher alle Kunden der Vertragsparteien sind. Übertragen auf Einkaufskooperationen wäre es demzufolge nahe liegend, die auf vorgelagerten Märkten agierenden Lieferanten und die Unternehmen auf nachgelagerten Märkten sowie Endverbraucher als Kunden und damit als Verbraucher zu bezeichnen. Im 30. Wettbewerbsbericht, in dem die Kommission ihre Auffassung von der Zweckmäßigkeit ökonomischer Analysemethoden vermittelt, wird die Bedeutung der gesamtwirtschaftlichen Wohlfahrt schließlich überaus deutlich. Dort ist zum Thema „New competition rules in the field of horizontal cooperation agreements" zu lesen, „the basic aim of this new approach is to allow collabortation between competitors where it contributes to economic welfare without creating a risk for competition"[358].

Diese Sichtweise hat im Gegensatz zu der soeben dargestellten Sichtweise, die die Verbraucherwohlfahrt i. e. S. – reduziert auf Endkonsumenten – als Leitbild der Kommission betrachtet, zur Konsequenz, dass nicht kompensierte Verluste auf der Produzentenseite (Nettowohlfahrtsverluste), wie sie durch Ausübung monopsonistischer Macht verursacht werden, zu berücksichtigen sind. Eingriffe der Kartellbehörde wären demzufolge grundsätzlich auch dann geboten, wenn durch die Zusammenarbeit der Unternehmen zwecks gemeinsamen Einkaufs Leistungsverluste der Lieferanten zu befürchten sind. Sollte die Kommission bei der kartellrechtlichen Beurteilung von Einkaufskooperationen Leistungsverluste der Lieferanten deshalb unberücksichtigt lassen, weil ihre Hauptsorge vielmehr die Nichtweitergabe niedriger Preise an die Verbraucher ist[359], dann ist dies unter der beschriebenen Voraussetzung, dass

357 Zu einer weiter gefassten Definition des Verbraucherbegriffs kommt man, wenn man in der Tradition der Ökonomie Konsumenten als Eigentümer von Unternehmen und Monopolen begreift, sodass „consumer welfare" und „total welfare" identisch sind: So *Schmidtchen*, Effizienz als Leitbild der Wettbewerbspolitik, in: Oberender, Effizienz und Wettbewerb, S. 9, 26. Die Kommission verwendet für den Begriff der Verbraucher ebenfalls eine sehr weit gefasste Definition, wenn sie erklärt, Verbraucher seinen alle Nutzer der Produkte, auf die sich die Vereinbarung bezieht, einschließlich Produzenten, die die Ware als Vorprodukt benötigen, Großhändler, Einzelhändler und private Endkunden. Verbraucher seinen demzufolge Kunden der Vertragsparteien und die späteren Käufer der Produkte: Vgl. *Kommission*, Leitlinien zur Anwendung von Art. 81 Abs. 3 EG, ABl. 2004 101/97, 109 Rz. 84.

358 Siehe *Kommission*, 30. Bericht über die Wettbewerbspolitik (2000), S. 21 Rz. 2.

359 *Kommission*, Horizontalleitlinien, ABl. 2001 C 3/2, Rz. 126 (128).

die Verbraucherwohlfahrt mit der der gesamtwirtschaftlichen Wohlfahrt identisch ist oder stärker betont wird, kein Widerspruch[360].

c) Bewertung und eigene Stellungnahme

Auch wenn die verbraucherbezogenen Wohlfahrtsaspekte in der Wettbewerbspolitik der Kommission unstreitig eine besondere Stellung einnehmen, so gibt Art. 2 EG doch unmissverständlich vor, dass gesamtwirtschaftliche Ziele durch die Errichtung des Gemeinsamen Marktes gefördert werden sollen. Art. 81 EG kann somit nur zum Inhalt haben, Wettbewerbsbeschränkungen wegen deren gesamtwirtschaftlich negativen Folgen zu verbieten. Das bedeutet folglich, dass gesamtgesellschaftliche Wohlfahrtsaspekte eine Rolle spielen müssen. Die Konsumentenwohlfahrt als maßgebliches Leitbild der Wettbewerbspolitik ist ohnehin aufgrund der Zielbestimmung des Art. 3 I lit. g) EG, auf dem gemeinsamen Markt einen unverfälschten und gleichzeitig wirksamen Wettbewerb zu gewährleisten, ungeeignet[361]. Vielmehr muss Hauptleitbild nach wie vor die Wettbewerbsfreiheit bleiben[362].

Die vorherige Darstellung hat gezeigt, dass vieles dafür spricht, dass die Kommission die gesamtgesellschaftliche Wohlfahrt und die Verbraucherwohlfahrt als identisch betrachtet – sei es aufgrund der Einheit von Ressourcenallokation und Verbraucherwohlfahrt oder aufgrund des Verständnisses von einem weit gefassten Verbraucherbegriff, dass sich nicht auf Art. 81 Abs. 3 EG beschränkt. Gute Gründe sprechen folglich dafür, dass hinter dem Schleier traditioneller, theoretischer Grundlagen, denen sich die Kommission möglicherweise verbunden fühlt, richtigerweise das „total welfare"-Konzept verfolgt wird. Damit im Einklang steht auch die Aussage der Wettbewerbsbehörde im Fall *REWE/MEINL*, in dem sie Nachfragemacht im Rahmen des zu prüfenden Zusammenschlussvorhabens nicht per se als gesamtwirtschaftlich nachteilig bewertet, sofern die Lieferantenseite selbst sehr konzentriert ist und sofern die nachfragemächtigen Käufer gezwungen sind, erzielte Einkaufsvorteile an ihre Abnehmer weiterzureichen[363].

---

360 Zu einer anderen Beurteilung würde man allenfalls dann gelangen, wenn sich dies nur auf leistungsschwache Lieferanten beziehen würde. Für ein derartiges Verständnis gibt es jedoch in den Leitlinien keine Anhaltspunkte.

361 So auch *Basedow*, Konsumentenwohlfahrt und Effizienz, WRP 2007, 712, 715.

362 **A.A.** *Weizsäcker*, Konsumentenwohlfahrt und Wettbewerbsfreiheit, WuW 2007, 1078, 1084, der die Konsumentenwohlfahrt als sinnvolles Abwägungskriterium zwischen verschiedenen Varianten der Wettbewerbsfreiheit sieht, da es *die* Wettbewerbsfreiheit nicht gebe.

363 Vgl. *Kommission*, 03.02.1999, *REWE/MEINL*, ABl. 1999 L 274/1, 11 Rz. 71.

II. Notwendigkeit einer uneingeschränkten Berücksichtigung der ökonomischen Auswirkungen von Nachfragemacht

Die zuvor beschriebene Einschätzung der Kommission im Fall *REWE/MEINL* muss auch für die Beurteilung von Einkaufskooperationen gelten, weil sie das Kriterium der Nachfragemacht auch hier als das Entscheidende zur Beantwortung der Frage betrachtet, ob Wettbewerbsbeschränkungen verursacht werden. Dies trifft insofern auch zu, als dass die Kommission die Auswirkungen von Nachfragemacht auf den Einkaufsmärkten mit denen auf den Verkaufsmärkten in Beziehung zu setzten beabsichtigt, um zu entscheiden, ob Nachfragemacht wettbewerbsfördernd ist oder nicht. Sie entscheidet sich somit im Grunde für eine Gesamtbetrachtung positiver und negativer Wirkungen auf der Grundlage eines „total welfare"-Konzepts[364]. In Folge dessen müssten für die Wettbewerbsbehörde bis auf die Frage der Gewinnverteilung sämtliche in der ökonomischen Analyse identifizierten Auswirkungen für die wettbewerbsrechtliche Würdigung relevant sein. Das dies tatsächlich jedoch nicht der Fall ist, wird im Folgenden noch eingehend erörtert. Es sei an dieser Stelle nur soviel gesagt, dass die Kommission besonderes Gewicht auf die Beantwortung der Frage legt, ob niedrige Einkaufspreise an nachgeordnete Kunden weitergeben werden oder nicht, während nahezu unerwähnt bleibt, dass die Zusammenarbeit zwischen den Einkäufern zu einer Machtkonzentration führt, die Leistungsverluste bei den Lieferanten verursacht. Auf welche Weise eine Beurteilung von nachfragemächtigen Einkaufskooperationen tatsächlich zu erfolgen hätte, kann erst im Anschluss an die Darstellung der rechtlichen Grundlagen erfolgen[365].

---

364 In diesem Sinne *OECD*, Competition Policy and Efficiency Claims in Horizontal Agreements, S. 9.

365 Siehe deshalb unten § 5 D. Wie die Beurteilung nachfragemächtiger Einkaufskooperationen tatsächlich erfolgt, wird in den §§ 6 ff. dargestellt.

Zweites Kapitel: Kartellrechtliche Bewertung von Einkaufskooperationen

§ 4 Tendenzen und Entwicklungen der Rechtsanwendungspraxis

A. Rechtlicher Rahmen

Angesichts der bereits beschriebenen Bedeutung von Einkaufskooperationen für KMU[366] und deren ambivalenten Wirkung auf den Wettbewerb erscheint es auf den ersten Blick verwunderlich, dass im Gegensatz zu den deutschen Wettbewerbsvorschriften[367] und anderen nationalen Kartellgesetzen[368] auf gemeinschaftsrechtlicher Ebene – von dem am 23.07.2002 außer Kraft getretenen Sonderregelung des Art. 65 § 2 EGKSV[369] einmal abgesehen – keine normative Regelung bezüglich der Behandlung von Einkaufskooperationen existiert. Insbesondere gibt es mit Ausnahme der Bereiche Forschung und Entwicklung[370] sowie Spezialisierung[371] im sekundären Gemeinschaftsrecht keine eigenständige Regelung in Form einer Gruppenfreistellungsverordnung (GVO)[372], die ipso jure eine Freistellung von Einkaufsvereinbarungen ermöglicht. Eine für Einkaufskooperationen gruppenweise Freistellung vom Verbot

---

366 S.o. § 1 A. I.

367 Kooperationen im Bereich des gemeinsamen Einkaufs können unter den Voraussetzungen des § 4 II GWB freigestellt sein.

368 Beispielsweise Österreich und Frankreich.

369 „§ 2. Die Kommission genehmigt jedoch für bestimmte Erzeugnisse Vereinbarungen über Spezialisierung oder über gemeinsamen Ein- oder Verkauf, wenn sie feststellt, a) dass diese Spezialisierung oder diese gemeinsamen Ein- oder Verkäufe zu einer merklichen Verbesserung der Produktion oder der Verteilung der genannten Erzeugnisse beitragen [...]".

370 VO (EG) Nr. 2659/2000 vom 29.11.2000, ABl. 2000 L 304/7.

371 VO (EG) Nr. 2685/2000 vom 29.11.2000, ABl. 2000 L 304/3.

372 Der Rat der Europäischen Gemeinschaft kann Verordnungen zur gruppenweisen Freistellung von wettbewerbsbeschränkenden Vereinbarungen erlassen (gemäß Art. 83 Abs. 1 i.V.m. der Verordnung (EG) Nr. 2821/71 des Rates vom 20.12.1971 über die Anwendung von Art. 85 Abs. 3 des Vertrages auf Gruppen von Vereinbarungen, Beschlüssen und aufeinander abgestimmten Verhaltensweisen, ABl. 1971 L 285/46. Die Kommission ist außerdem vom Rat in der Verordnung (EG) Nr. 19/65 vom 02.03.1965 über die Anwendung von Art. 85 III des Vertrages auf Gruppen von Vereinbarungen und aufeinander abgestimmten Verhaltensweisen, ABl. 1965 P 36/533, zuletzt geändert durch die Verordnung (EG) Nr. 1215/1999, ABl. 1999 L 148/7, zum Erlass von Gruppenfreistellungsverordnungen ermächtigt.

des Art. 81 Abs. 1 EG war zwar von der Kommission der Europäischen Gemeinschaft vorgesehen, der dem Rat vorgelegte Verordnungsvorschlag[373] der Kommission wurde jedoch verworfen und eine Ermächtigung der Kommission zum Erlass einer entsprechenden Verordnung nicht in die Ermächtigungsverordnung des Rates übernommen[374]. Dieser Entscheidung des Rates lag offenbar die Annahme zugrunde, dass Einkaufskooperationen schwierig zu beurteilen sind und daher besser einer Einzelfallbetrachtung zu unterziehen sind[375]. In der Tat bietet mit Blick auf die in den letzten Jahren entstandenen Internetmarktplätze die Generalklausel des Art. 81 Abs. 3 EG gegenüber einer Gruppenfreistellungsverordnung den Vorteil größerer Flexibilität, um derart neuen Kooperationsformen oder – ganz allgemein – veränderten Rahmenbedingungen besser Rechnung tragen zu können[376]. Die Unternehmen waren insofern vor der am 31.04.2004[377] in Kraft getretenen VO (EG) Nr. 1/2003 auf den Erlass einer bei der Kommission zuvor beantragten Einzelfreistellung gemäß Art. 81 Abs. 3 EG beschränkt. Eine Ausnahme bildet lediglich die seit dem 01.01.2000 geltende „Schirmverordnung" (EG) Nr. 2790/1999 zur gruppenweisen Freistellung von vertikalen Vereinbarungen und aufeinander abgestimmten Verhaltensweisen[378], die gemäß Artikel 2 Absatz 2 eine Freistellung auch für vertikale Vereinbarungen zwischen einer Unternehmensvereinigung und ihren Mitgliedern ermöglicht, sofern alle Mitglieder der Vereinigung Einzelhändler (für Waren, nicht für Dienstleistungen) sind und kein Mitglied mehr als 50 Mio. EUR Umsatz erzielt. Sollte die Zu-

---

373 ABl. 1970 C 92/14.

374 Verordnung (EG) Nr. 2821/71 des Rates vom 20.12.1971 über die Anwendung von Art. 85 Abs. 3 des Vertrages auf Gruppen von Vereinbarung , Beschlüssen und aufeinander abgestimmten Verhaltensweisen, ABl. 1971 L 285/46, geändert durch die Verordnung (EG) Nr. 2743/72 vom 19.12.1972, ABl. 1972 L 291/144).

375 *Schröter* in: von der Groeben/Thiesing/Ehlermann, EG-Kommentar, 5. Aufl., Art. 81 Abs. 1, Fallgruppen: Kooperationen, Rz. 49, ist überdies der Auffassung, dass es aufgrund der schwierigen Beuteilung von Einkaufsvereinbarungen auch in Zukunft nicht zum Erlass einer speziellen Freistellungsverordnung kommen wird.

376 So auch *Bundeskartellamt*, Kooperation zwischen Wettbewerbern, S. 25.

377 Bis zum 31.04.2004 galt auf Grundlage der Ersten Durchführungsverordnung (EG) Nr. 17/62 zu den Art. 85 und 86 des Vertrages vom 06.02.1962, ABl. 1962 Nr. 13/204 ff., geändert durch die VO (EG) Nr. 1216/99, ein generelles Verbot (Art. 1) für Kooperationen, welche die Tatbestandsmerkmale des Art. 81 Abs. 1 EG erfüllten.

378 Verordnung (EG) Nr. 2790/1999 der Kommission vom 22.12.1999 über die Anwendung von Art. 81 Abs. 3 des Vertrages auf Gruppen von vertikalen Vereinbarungen und aufeinander abgestimmte Verhaltensweisen (nachfolgend: GVO), ABl. 1999, L 336/21 ff.

sammenarbeit bei der gemeinsamen Warenbeschaffung so organisiert sein, dass die Einkaufsfunktion durch eine zentrale Stelle erfolgt und diese Stelle als Repräsentant eines jeden Mitglieds[379] mit diesen und mit den Lieferanten verhandelt, ist die Verordnung (EG) Nr. 2790/1999 anwendbar.

Im nunmehr geltenden „System der Legalausnahme"[380] drängt sich aufgrund der Nichtexistenz von normativen Regelungen und Antragsbefugnissen zum Zwecke der Erwirkung verbindlicher Entscheidungen[381] durch die Kommission um so mehr die Frage auf, wie die Unternehmen ihre gemeinsame Beschaffungstätigkeit koordinieren sollen, um nicht eines Tages von nationalen Wettbewerbsbehörden als verbotenes Kartell „entlarvt" oder von Mitstreitern[382] an den „Pranger der Illegalität" gestellt zu werden. Es wird deshalb zu Recht eingewandt, dass das System der Legalausnahme einem Anmeldesystem deutlich unterlegen ist, weil die Kartellbehörden angesichts ausbleibender, für die Freistellung bislang notwendiger Antragsstellung seitens der Unternehmen nicht mehr von potentiell wettbewerbsbeschränkenden Vereinbarungen erfahren, weil dadurch für betroffene Dritte – namentlich für Konkurrenten, Zulieferer, Abnehmer oder auch Verbraucher – jede Transparenz fehlt und weil schließlich eine Selbsteinschätzung durch die Unternehmen das öffentli-

379 Mit einem jährlichen Umsatz von weniger als 50 Mio. Euro.

380 Seit dem 01.05.2004 ist die neue Kartellverfahrensverordnung, die Verordnung (EG) Nr. 1/2003 des Rates zur Durchführung der in den Artikeln 81 und 82 des Vertrages niedergelegten Wettbewerbsregeln vom 16.12.2002, in Kraft. Nach der zuvor geltenden Durchführungsverordung (EG) Nr. 17/62 waren lediglich Art. 81 Abs. 1 sowie Art. 82 EG unmittelbar anwendbar. Wenn für eine Vereinbarung die Voraussetzungen des Art. 81 Abs. 3 EG vorlagen, so bedurfte es eines positiven Aktes der Feststellung durch Verordnung oder durch Entscheidung der Kommission aufgrund eines Antrages der betroffenen Unternehmen. Nach dem neuen Konzept der Verordnung (EG) Nr. 1/2003 ist Art. 81 Abs. 3 EG als „Legalausnahme" zu verstehen, was zur Folge hat, dass die Vorschrift unmittelbar anwendbar ist, ohne das es eines Freistellungsaktes seitens der Kommission bedarf. Unternehmen haben deshalb nicht mehr die Möglichkeit, einen Antrag auf Erlass einer förmlichen Freistellungsentscheidung durch die Kommission zu stellen.

381 Im „System der Legalausnahme" kann die Kommission zwar immer noch Entscheidungen über die Vereinbarkeit von Vereinbarungen i. w. S. mit Art. 81 Abs. 1 EG treffen, dies aber nur von Amts wegen aus Gründen des öffentlichen Interesses der Gemeinschaft (Art. 10 der VO (EG) Nr. 1/2003), d. h. ohne dass die Unternehmen einen Einfluss haben. Die Einzelfreistellungspraxis entfällt gänzlich.

382 Zur Frage der privaten Durchsetzung von Ansprüchen wegen Verstößen gegen kartellrechtliche Verbotsvorschriften siehe die ausführliche und differenzierte Darstellung von *Hempel*, Privater Rechtschutz im Kartellrecht, S. 88 ff.

che Interesse am Schutz des Wettbewerbs nicht gewährleistet[383]. Zusätzlich haben die Unternehmen aufgrund der der Kommission durch die VO (EG) Nr. 1/2003 verliehenen Eingriffsmöglichkeiten ein erhöhtes Bedürfnis, Kenntnis darüber zu erlangen, wie die Kommission Einkaufskooperationen gegenübersteht. Von besonderer Bedeutung ist dabei auch weiterhin Art. 81 Abs. 3 EG insoweit, als das Vorliegen der dort beschriebenen Voraussetzungen für eine Ausnahme vom Verbot des Art. 81 Abs. 1 EG eigenständig (ohne verbindliche Absicherung seitens der Kommission) von den Unternehmen zu beweisen ist[384].

Die Frage nach der rechtlichen Beurteilung von Einkaufskooperationen steht somit in unmittelbarem Zusammenhang mit den Schwierigkeiten, die bei der Lösung eines praktischen Problems auftreten: Wie sollen und können die betroffenen Unternehmen künftig ihre Vereinbarungen wettbewerbskonform ausgestalten, um die Gewissheit zu haben, nicht eines Tages Maßnahmen der Kommission befürchten zu müssen? Die Auseinandersetzung mit diesem Problem ist jedoch grundsätzlicher Art und kann deshalb hier im Hinblick auf das eigentliche Thema nur eine untergeordnete Rolle spielen. Hingewiesen sei an dieser Stelle aber auf die geäußerte Kritik von Verbänden an der uneinheitlichen Behandlung von Einkaufskooperationen im Verhältnis zu Forschungs- und Entwicklungskooperationen bzw. Spezialisierungsvereinbarungen, die u.a. eine umfassende Gruppenfreistellungsverordnung, welche auch Einkaufskooperationen erfasst, verlangen[385].

---

383 So auch *Möschel*, Systemwechsel im Europäischen Wettbewerbsrecht?, JZ 2000, 61 ff., sowie *Möschel*, FAZ vom 15.11.2003, Nr. 266, S. 13.

384 Art. 2 der Verordnung (EG) Nr. 1/2003 beinhaltet eine Beweislastregelung, wonach derjenige, der sich auf die Freistellungsvoraussetzungen beruft bzw. derjenige, der den Vorwurf eines Verstoßes gegen die Voraussetzungen des Verbotstatbestand des Art. 81 Abs. 1 EG erhebt, den Nachweis zu erbringen hat.

385 Vgl. z. B. *Wirtschafts- und Sozialausschusses*, Stellungnahme zur Anwendung von Art. 81 Abs. 3 des Vertrages auf Gruppen von Vereinbarungen, Beschlüssen und aufeinander abgestimmten Verhaltensweisen, geändert durch die Verordnung (EWG) Nr. 2743/7, WuW 2001, 149, 154 f.; *UGAL-IVE*, Stellungnahme zu den Leitlinien für Einkaufsvereinbarungen, S. 7.
Auch wenn nur Verordnungen eine umfassende Bindungswirkung gegenüber Wettbewerbsbehörden und Gerichten entfalten, so besteht doch ein gewisser Gleichlauf zwischen Gruppenfreistellungsverordnungen und Leitlinien insofern, als den Unternehmen bei der Beurteilung ihres Marktverhaltens jeweils eine „Selbstveranlagung" abverlangt wird und die Leitlinien jedenfalls faktisch eine Bindungswirkung hervorrufen könnten (siehe dazu z. B. *Schmidt*, Umdenken im Kartellverfahrensrecht, 2003, 1237, 1241; sowie *Schweda*, Die Bindungswirkung von Bekanntmachungen und

B. Überblick zur bisherigen Anwendungspraxis von Kommission und EuGH

I. Bekanntmachungen und Entscheidungen der Kommission

In der 1968 veröffentlichten Bekanntmachung über Vereinbarungen, Beschlüsse und aufeinander abgestimmte Verhaltensweisen, die eine zwischenbetriebliche Zusammenarbeit betreffen (Kooperationsbekanntmachung)[386], hat die Kommission eine typisierende Darstellung von Kooperationsformen vorgenommen, um ihren grundsätzlichen Standpunkt gegenüber horizontaler Zusammenarbeit offen zu legen. Während die Kommission inhaltlich auf Kooperationen zur Beschaffung von Informationen einging, fand im Gegensatz dazu die Zusammenarbeit bei der Warenbeschaffung trotz des Bewusstseins der Praxisrelevanz derartiger Kooperationen[387] und der damit verbundenen, potentiellen wettbewerblichen Probleme keine Erwähnung[388].

Erst ein viertel Jahrhundert danach offenbarte sie in der Bekanntmachung über die Beurteilung kooperativer Gemeinschaftsunternehmen[389] Einschätzungen genereller Art über die gemeinsame Warenbeschaffung mit Hilfe eines Gemeinschaftsunternehmens[390]. Auch wenn die Kommission bis dahin mit fünf[391] verschiedenen Fällen zu tun hatte, in denen es neben zum Teil ande-

---

Leitlinien der Europäischen Kommission, WuW 2004, 1133 ff.; siehe aber auch sogleich unten § 5 A. I.).

386 ABl. 1968, C 75/3, berichtigt in ABl. 1968 C 93/3.

387 Die Kommission hatte zu diesem Zeitpunkt in der Sache *SOCEMAS* (17.07.1968, ABl. 1968, L 201/4) ein von den Parteien beantragtes Negativattest erteilt.

388 Zwar war die Darstellung der Kommission in der Bekanntmachung nicht abschließend. Doch konnte dies nicht den Schluss zulassen, dass die Bekanntmachung auch Relevanz für andere Kooperationsformen hatte, da die Kommission nur zum Ausdruck bringen wollte, dass lediglich die Erwägungen zu den in der Bekanntmachung beschriebenen Kooperationsformen nicht abschließend sein sollten.

389 ABl. 1993 C 43/2.

390 Die Bekanntmachung zur Beurteilung kooperativer Gemeinschaftsunternehmen wurde ebenfalls wie die Kooperationsbekanntmachung durch die Leitlinien zur Anwendbarkeit von Art. 81 EG-Vertrag auf Vereinbarungen über horizontale Zusammenarbeit vom 06.01.2001 ersetzt, ABl. 2001 C 3/2 Rz. 8.

391 *Kommission*, 17.07.1968, *SOCEMAS*, ABl. 1968, L 201/4 ff.; 14.07.1975, *INTERGROUP*, ABl. 1975, L 212/23 ff.; 09.07.1980, *NATIONAL SULPHURIC ACID ASSOCIATION I*, ABl. 1980 L 260/24 ff.; 09.06.1989, *NATIONAL SULPHURIC ACID ASSOCIATION II*, ABl. 1989 L 190/22 ff.; 15.09.1989, *FILMEINKAUF DEUTSCHER FERNSEHANSTALTEN*, ABl. 1989 L 284/36 ff.; 16.01.1991, *IJSSELCENTRALE*, ABl. 1991 L 28/32 ff.

ren Vereinbarungen insbesondere eine Einkaufsvereinbarung zu beurteilen galt, so kann nur bei drei[392] dieser Fälle von einer mehr oder minder ausführlichen Prüfung des Art. 81 EG die Rede sein. Allerdings erfolgte die Prüfung dieser Fälle zumeist außerhalb eines förmlichen Verfahrens im Hinblick auf den Erlass eines von den Parteien beantragten Negativattests, ohne dass es einer eingehenden Prüfung der Freistellungsvoraussetzungen bedurfte[393]. Angesichts dieser relativ raren Grundlage an praktischer Erfahrung – von den zahlreich ergangenen Entscheidungen in Verfahren nach Art. 65 § 2 EGKSV einmal abgesehen – überrascht die klare, eher negative Haltung der Kommission in dieser Bekanntmachung, weil sie sich nur in nicht näher definierten Ausnahmefällen bereit zeigen wollte, Einkaufskooperationen freizustellen[394]. Hingegen schon fast entschuldigend wirkt die mit den eingeschränkten Erfahrungen aus der Praxis eher in Einklang stehende Verlautbarung, dass „zu den wirtschaftlich bedeutenden Einkaufsgemeinschaften des Handels noch keine Entscheidungen ergangen sind“[395]. Aus all dem ist zu schließen, dass die Kommission zum damaligen Zeitpunkt bloß eine ungefähre Vorstellung der Wirkungen von Einkaufskooperationen auf den Wettbewerb gehabt hat[396]. Untermauert wird dieser Eindruck von der ebenfalls nicht näher belegten Aussage, dass die von einem Einkaufsgemeinschaftsunternehmen resultierenden Nachteile oftmals die Vorteile überwiegen[397].

Die noch im gleichen Jahr ergangene Entscheidung in der Sache *EUROVISION*[398], bei der die Kommission letztmals in einem förmlichen Verfahren mit einer Einkaufsvereinbarung konfrontiert wurde und bei der sie den gemeinsamen Einkauf von Fernseh-Übertragungsrechten durch eine Vereinigung von Rundfunk- und Fernsehanstalten zu beurteilen hatte, hebt sich zwar im Hinblick auf die Komplexität und demzufolge in Sachen Differenziertheit von den anderen Entscheidungen ab. Sie trägt jedoch in Anbetracht der be-

---

392 Vgl. die Fälle *SOCEMAS*, *INTERGROUP* und *NATIONAL SULPHURIC ACID ASSOCIATION*.

393 So geschehen in den Fällen *SOCEMAS* und *INTERGROUP*, siehe noch *Kommission*, 20. Bericht über die Wettbewerbspolitik (1990), *EWIV ORPHE*, 93 Rz. 102.

394 ABl. 1993 C 43/2, Rz. 61.

395 ABl. 1993 C 43/2, Rz. 61.

396 Das gesteht sich die Kommission im Grunde auch selbst ein, indem sie in den Leitlinien über horizontale Zusammenrabeit (dort Rz. 6) erklärt, es seien vollständigere Leitlinien erforderlich, um die Klarheit und Transparenz zu erhöhen.

397 ABl. 1993 C 43/2, Rz. 61.

398 *Kommission*, 11.06.1993, *EUROVISION*, ABl. 1993, L 179/23 ff.

sonderen Fallgestaltung[399] – dieser Entscheidung lang mit dem Gegenstand der Fernsehrechte und dem System der Verteilung dieser Rechte ein besonderer Sachverhalt zu Grunde, weil Fernsehrechte beliebig oft verkauft werden können – und insbesondere aufgrund der Tatsache, dass die Kommission entgegen der Regel eine mit Auflagen versehene Freistellung gewährte, aufgrund derer die Entscheidung vom EuG schließlich aufgehoben wurde, nicht gerade zur Aufhellung des bis dahin hinterlassenen unklaren Bildes bei. Immerhin wird aus der Entscheidung ansatzweise deutlich, dass die Kommission auch eine starke Verhandlungsposition der Kooperationsmitglieder gegenüber den Lieferanten (in diesem Fall die Lizenzgeber der Fernsehrechte) als relevanten Faktor im Rahmen der kartellrechtlichen Beurteilung erachtet, indem sie ihn dem Tatbestandsmerkmal der Wettbewerbsverfälschung zuordnete[400].

Nichtsdestotrotz ist es erstaunlich, dass zahlreiche Aspekte, die vor dem Hintergrund einer gewandelten Wettbewerbspolitik[401] erst in den Leitlinien über die Beurteilung horizontaler Zusammenarbeit näher dargestellt werden, bereits im Ansatz Bestandteil der damaligen Einschätzungen zur Beurteilung kooperativer Einkaufsgemeinschaftsunternehmen gewesen sind, auch wenn sie im Ergebnis wettbewerbspolitisch sowie materiellrechtlich anders gewichtet werden. Zu erwähnen und mit der *EUROVISION*-Entscheidung insoweit vergleichbar ist insbesondere die in der Bekanntmachung enthaltene Aussage, die in dem Gemeinschaftsunternehmen zusammengefasste Nachfragemacht könne den Gründerunternehmen übermäßigen Einfluss auf die Marktgegenseite verschaffen und den Wettbewerb zwischen den Lieferanten verfälschen[402]. Diese Gefahr spielt – wie bereits angedeutet wurde und worauf im Verlauf der Arbeit noch ausführlich eingegangen wird – nach der nunmehr verfolgten Wettbewerbspolitik der Kommission offenbar nur eine untergeordnete Rolle und wird zudem bereits im Rahmen der Prüfung des Art. 81 Abs. 1 EG relevant, nicht erst bei der Beurteilung der Freistellungsvoraussetzungen[403].

In den Leitlinien über horizontale Zusammenarbeit, die die oben beschriebene Kooperationsbekanntmachung sowie die Bekanntmachung zur Beurtei-

399 Vgl. dazu nur *Bellamy/Child*, European Community Law of Competition, Rz. 4-108.
400 *Kommission*, 11.06.1993, *EUROVISION*, ABl. 1993, L 179/23, 32 Rz. 52.
401 Siehe dazu sogleich § 5 B. I.
402 Vgl. ABl. 1993 C 43/2 Rz. 61.
403 Siehe ausführlich unten § 7 A. II. 2. b).

lung kooperativer Gemeinschaftsunternehmen ersetzt[404], stellt die Kommission nun erstmals eingehend und unter Zuhilfenahme diverser Beispiele dar, wie sie bei ihrer Beurteilung von Einkaufskooperationen (analytisch) vorzugehen gedenkt. Die von der Kommission dort beabsichtigte Vorgehensweise zur Beurteilung von Kooperationen soll nach eigener Aussage[405] eine Reaktion auf die Entwicklungen in der Entscheidungspraxis der Rechtsprechung von EuGH und EuG sein. Was allerdings die hier zu betrachtenden Einkaufskooperationen angeht, hat sich im Vergleich zu anderen Bereichen noch keine Rechtsprechungspraxis herausgebildet, auf die die Kommission verweisen und zurückgreifen könnte[406]. Ebenso wenig kann die Kommission mit eigenen Entscheidungen zu Einkaufsvereinbarungen aufwarten, mit Hilfe derer man die in den Leitlinien niedergelegte Analysemethode bewerten könnte. Verfahren gegen einige in den 90iger Jahren durchgeführte grenzüberschreitende Einkaufskooperationen, aus denen sich die in den Leitlinien abstrakt erläuterten Aspekte wieder finden könnten, wurden durch Verwaltungsschreiben eingestellt, ohne dass die jeweiligen Gründe veröffentlicht wurden[407]. Allenfalls die Entscheidungen in der Sache *NATIONAL SULPHURIC ACID ASSOCIATION* (1980) und *EUROVISION* (1993) zeigen auf, dass die Kommission das Kriterium der Kostenangleichung auf nachgeordneten Verkaufsmärkten sowie das Kriterium einer Verstärkung der Verhandlungsposition der Einkaufskooperation gegenüber Lieferanten bereits in die rechtliche Beurteilung mit einbezog.

---

404 Vgl. *Kommission*, Horizontalleitlinien, ABl. 2001 C 3/2 Rz. 8.

405 *Kommission*, Horizontalleitlinien, ABl. 2001 C 3/2 Rz. 6.

406 Lediglich mit Einzelfragen beschäftigt sich die *GOETTRUP-KLIM*-Entscheidung des EuGH. Das gilt erst Recht für die sog. „Fernsehurteile" des EuG, weil durch sie die *EUROVISION*-Entscheidungen der Kommission aus den Jahren 1993 und 2000 wegen fehlerhafter Anwendung des Art. 81 Abs. 3 EG aufgehoben wurden und somit zur Frage der Wettbewerbsbeschränkung keine Stellung genommen wird.

407 Vgl. *Kommission*, 28. Bericht über die Wettbewerbspolitik (1998), S. 195 zu den Einkaufsgemeinschaften AMS, EMD, Eurogroup.

II. Entscheidungen des EuGH

Der Europäische Gerichtshof hatte bisher nur ein einziges Mal[408] Gelegenheit, sich im Zusammenhang mit der Beurteilung einer Einkaufskooperation zu äußern. In der zur Sache *GOETTRUP-KLIM* (1994) ergangenen Entscheidung in einem Vorlageverfahren nannte der EuGH lediglich Voraussetzungen, die bei der Beurteilung einer Einkaufsvereinbarung, in der den Mitgliedern unter anderem ein Wettbewerbsverbot (Mitgliedschaft in einer anderen Bezugsgenossenschaft) auferlegt wurde, Berücksichtigung finden müssten[409]. Auch hier ging es wie in den Kommissionsentscheidungen also um die Frage etwaiger, von einer Vertragsklausel ausgehenden Wirkungen auf den Wettbewerb, wobei der Gerichtshof betonte, dass die Vereinbarung unter Berücksichtigung des wirtschaftlichen Umfeldes zu würdigen sei.

Wie noch zu sehen sein wird, ist diese Entscheidung nur begrenzt für die zukünftige Beurteilung von Einkaufskooperationen bedeutsam. Für die Beurteilung von horizontalen Vereinbarungen im Allgemeinen, wie sie in den Leitlinien über horizontale Zusammenarbeit zum Ausdruck kommt, ist sie jedoch wegweisend, weil sie Anhaltspunkte zur Erklärung des „more economic approach" gibt.

III. Zusammenfassung

Zur Praxis der Kommission gegenüber Einkaufskooperationen lässt sich nach dem zuvor Gesagten festhalten, dass sie auf einen Teilbereich dessen, was die analytische Grundlage in den horizontalen Leitlinien ausmacht, beschränkt ist. Erstens steht die Beurteilung etwaiger, von einer Vertragsklausel (insbesondere Bezugsverpflichtungen) ausgehenden Wirkungen auf den Wettbewerb zwischen den Kooperationsbeteiligten sowie zwischen diesen und Konkurrenten

---

408 Hierbei sei bemerkt, dass die am 25.03.1981 ergangene Entscheidung des EuGH in der Sache *COOEPERATIEVE STREMSEL – EN KLEURSELFABRIEK (LAB)* (Rs. 61/81, Slg. 1981, 851) nicht die Beurteilung einer Einkaufsvereinbarung zum Gegenstand hatte, sondern lediglich die Beurteilung einer Bezugsverpflichtung sowie der damit verbundenen Regelung zur Sanktionierung der Nichteinhaltung dieser Verpflichtung. Diese Vereinbarungen kommen zwar typischerweise im Zusammenhang mit Einkaufsvereinbarungen vor, waren im vorliegenden Fall aber Bestandteil der vertikalen Vertragsbeziehung zwischen einem Produktionsgemeinschaftsunternehmen und deren Mitgliedern.

409 *EuGH*, 15.12.1994, *GOETTRUP-KLIM*, Rs. C-250/92, Slg. 1994, I-5641, 5687 Rz. 31 ff.

im Vordergrund. Zweitens existieren Ansätze, die den Willen erkennen lassen, eine durch die Einkaufsbündelung herrührende stärkere Verhandlungsposition gegenüber Lieferanten zu berücksichtigen, ohne dass jedoch von einem über das Tatbestandsmerkmal der Spürbarkeit hinausgehenden Kriterium einer besonderen Marktstellung die Rede ist. Lediglich zwei veröffentlichte Entscheidungen aus den sechziger und siebziger Jahren, die noch dazu keine tiefgründigen Beurteilungen der jeweiligen Marktverhältnisse beinhalten, sowie die Entscheidungen in den Sachen *NATIONAL SULPHURIC ACID ASSOCIATION* und *EUROVISION*-Entscheidung bilden die Grundlage der behördlichen „Praxis" zur Beurteilung von Einkaufsvereinbarungen anhand der Verbotsnorm des Art. 81 Abs. 1 EG. Flankiert wird diese Praxis von zahlreichen Fällen in Verfahren nach Art. 65 EGKSV. Eine entsprechende Entscheidungspraxis der Rechtsprechung fehlt hingegen gänzlich.

Im Folgenden sollen nun die Besonderheiten des in den Leitlinien niedergelegten analytischen Rahmens kurz dargestellt werden, bevor eingehend die bisherige Entscheidungspraxis der Kommission zur Frage möglicher Wettbewerbsbeschränkungen durch Einkaufskooperationen und sodann die nunmehr beabsichtigte Vorgehensweise anhand der Leitlinien beleuchtet wird.

§ 5 Leitlinien der Kommission über horizontale Zusammenarbeit

A. Einführung

Die Kommission beabsichtigt mit den Leitlinien über horizontale Zusammenarbeit Klarheit und Transparenz bei der Anwendung des Art. 81 EG zu erhöhen[410], zumal horizontale Zusammenarbeit potentiell immer den Wettbewerb zwischen Unternehmen gefährde[411]. Auch wenn diese Form der Zusammenarbeit erheblichen wirtschaftlichen Nutzen erbringen kann, wird der Aufrechterhaltung eines wirksamen Wettbewerbs oberste Priorität eingeräumt. Diesen Zweck haben auch die Bekanntmachungen über bestimmte Arten von Kooperationsvereinbarungen und über die Bewertung kooperativer Gemeinschaftsunternehmen erfüllt. Doch in Anbetracht stattfindender Marktveränderungen, die sich auch in jüngsten Entwicklungen der Entscheidungspraxis und der Rechtsprechung des Gerichtshofes und des Gerichts Erster Instanz widerspiegeln würden, hielt es die Kommission für erforderlich, die bisherigen Bekanntmachungen unter Neuordnung des analytischen Rahmens zu „überholen“[412].

I. Rechtsnatur

Es ist zunächst grundsätzlich nicht von Nachteil, wenn die Kommission parallel zur generellen Befugnis, Einzelfallentscheidungen zu erlassen, von der Möglichkeit Gebrauch macht, durch eine derartige Bekanntmachung ihre Auffassung zu bestimmten Vereinbarungstypen in abstrakter Weise kundzutun. Das gilt insbesondere vor dem Hintergrund der beschriebenen Schwäche des Systems der Legalausnahme gegenüber einem Anmeldesystem. Der verfolgte Zweck, nämlich Klarheit und Transparenz, darf jedoch nicht darüber hinwegtäuschen, dass Bekanntmachungen der Kommission keine konstitutive Wirkung entfalten[413]. Sie sind kein Ersatz für eine verbindliche Rechtsnorm, Verordnung oder Freistellung nach Art. 81 Abs. 3 EG, da sich ihre rechtliche

---

410 *Kommission,* Horizontalleitlinien, ABl. 2001 C 3/2 Rz. 6.

411 Vgl. *Kommission,* Pressemitteilung v. 29.11.2000, IP/00/1376.

412 Ohne Zitierung der bzw. nähere Bezugnahme auf die erwähnte Rechtsprechungspraxis siehe *Kommission,* Horizontalleitlinien, ABl. 2001 C 3/2, Rz. 1 ff.

413 Vertiefend zu diesem Problemkreis siehe *Pampel,* Rechtsnatur und Rechtswirkungen horizontaler und vertikaler Leitlinien im reformierten europäischen Wettbewerbsrecht; sowie *Schmidt,* Umdenken im Kartellverfahrensrecht, 2003, 1237, 1241; *Schweda,* Die Bindungswirkung von Bekanntmachungen und Leitlinien der Europäischen Kommission, WuW 2004, 1133 ff.

Bedeutung als schlichte Verwaltungsgrundsätze ausschließlich darauf beschränkt, die Kommission insbesondere bei der Verhängung von Geldbußen oder bei dem Entzug des Rechtsvorteils einer Gruppenfreistellungsverordnung zu binden. Für die Gerichte und Wettbewerbsbehörden der Mitgliedstaaten und schon gar nicht für die Gemeinschaftsgerichte ist diese Bekanntmachung in keiner Weise unmittelbar verbindlich. Eine mittelbare Beachtenspflicht über Art. 10 Abs. 2 EG ist gleichfalls abzulehnen, da sonst gleichsam durch die Hintertür dennoch eine rechtliche Bindungswirkung begründet und damit die Normenhierarchie sowie Art. 249 EG ausgehebelt würde[414]. Entsprechendes muss für den gemeinschaftsrechtlichen Gleichbehandlungsgrundsatz gelten. Unabhängig von der Diskussion[415], ob und in welchem Umfang die mitgliedstaatlichen Behörden beim Vollzug von EG-Recht an diesen Grundsatz gebunden sind, kann er ebenfalls nicht dazu führen, eine von der Kommission absichtlich außerhalb des Normensystems des Art. 249 EG gewählte Äußerungsform mit zwingender Bindungswirkung für die Mitgliedstaaten auszustatten. Damit würde ohne Rechtsgrundlage eine hierarchische Führungsrolle der Kommission zur Vorgabe, in welcher Form gleiche Sachverhalte angemessen zu behandeln sind, etabliert[416].

Oft wird allerdings darauf verwiesen, dass Bekanntmachungen der Kommission bei der dezentralen Anwendung des Art. 81 EG zumindest faktisch zu einer Bindung der im Umgang mit Art. 81 Abs. 3 EG[417] unerfahrenen Mitgliedstaatlichen Gerichte und Behörden führten[418]. Sollte dies so sein, dann erhöht sich die Bedeutung der Bekanntmachungen vor dem Hintergrund des Systems der Legalausnahme, denn die Gerichte und Behörden haben gerade bei Materien, in denen eine gefestigte Rechtsprechung oder behördliche Ent-

---

414 Vgl. *Bundeskartellamt*, Kooperation zwischen Wettbewerbern, S. 27.

415 Siehe dazu *Beutler* in: von der Groeben/Thiesing/Ehlermann, EGV, Art. F EUV Rz. 81 m.w.N.

416 Vgl. *Bundeskartellamt*, Kooperation zwischen Wettbewerbern, S. 27.

417 Dessen Anwendung war vor der Systemänderung ja bekanntlich allein der Kommission vorbehalten.

418 Siehe z. B. *Bechtold*, EG-Gruppenfreistellungsverordnungen, EWS 2001, 49, 53 f.; *Wagner*, Der Systemwechsel im EG-Kartellrecht - Gruppenfreistellungen und Übergangsproblematik, WRP 2003, 1369 ff.; *Baron* in: Langen/Bunte, GWB/EG-Kartellrecht – Kommentar, 9. Aufl., Einführung zum EG-Kartellrecht, Rz. 154 ff.; **a.A.** *Polley/Seelinger*, Das neue EG-Kartellrecht für Vereinbarungen über horizontale Zusammenarbeit, WRP 2001, 494, 505; *Geiger*, Die neuen Leitlinien der EG-Kommission zur Anwendbarkeit von Art. 81 EG auf Vereinbarungen über horizentale Zusammenarbeit, EuZW 2000, 325, 328.

scheidungspraxis fehlt, keinen Anhaltspunkt, wie zu entscheiden ist, um auch vor dem letztinstanzlichen Gemeinschaftsgericht bestehen zu können. Ungeachtet dessen ist eine europaweit einheitliche Anwendung des EG-Kartellrechts im Sinne der Gleichbehandlung und der Integration des Gemeinsamen Marktes letztlich durchaus positiv zu bewerten.

II. Zweckbestimmung

1. Orientierungsfunktion

Für Gerichte, Behörden und insbesondere für die betroffenen Unternehmen[419] sind die Leitlinien aus den zuvor genannten Gründen somit nicht nur bei der Anwendung des Art. 81 Abs. 3 EG und der Gruppenfreistellungsverordnungen, sondern auch bei der Anwendung von Art. 81 Abs. 1 EG eine willkommene Orientierungshilfe, die die Kommission auch als solche verstanden wissen möchte[420]. Das Vertrauen auf diese Orientierungshilfe ist jedoch gerade im Hinblick darauf, dass für den analytischen Rahmen zur Beurteilung von Einkaufskooperationen keine Rechtsprechungspraxis existiert, auf die sich die Kommission jedoch nach eigener Aussage beruft, erheblich gestört. Dennoch übernehmen sie die wichtige Aufgabe, die Gruppenfreistellungsverordnungen – wenngleich das für Einkaufskooperationen keine Rolle spielt – zu konkretisieren und, was viel wichtiger ist, den analytischen Rahmen zu bieten für die kartellrechtliche Bewertung von Vereinbarungen, die nicht von einer Gruppenfreistellungsverordnung erfasst sind.

2. Manifestierung des „more economic approach" als wettbewerbspolitischen Ansatz

Den Leitlinien hat die Kommission Kriterien zugrunde gelegt, anhand deren es möglich sein soll, die unternehmerische Zusammenarbeit genauer einzuschätzen und im Hinblick auf mögliche Wettbewerbsbeschränkungen zu bewerten[421]. Diese Kriterien sollen den Marktteilnehmern bzw. dem Rechtsanwender nicht nur eine bessere Orientierungshilfe bei der Bewertung von Kooperationsvorhaben geben, als das mit den bis dahin veröffentlichten Mitteilungen möglich gewesen wäre. Sie sind zugleich und vor allem Ausdruck eines Konzepts, mit dem die Kommission ihre nun verfolgte Wettbewerbspolitik

---

419 Die Bedeutung dieser Verwaltungsgrundsätze als Bewertungsgrundlage – auch wenn sie den Status einer sicheren Rechtsgrundlage nie erreichen können – ist für Unternehmen und deren Anwälte erheblich, da sie im System der Legalausnahme eigeninitiativ tätig werden müssen und bei ihrer Suche nach geeignetem „Anschauungsmaterial" auf jede Orientierungshilfe angewiesen sind.

420 Vgl. *Kommission,* Horizontalleitlinien, ABl. 2001 C 3/2 Rz. 7.

421 Vgl. *Kommission,* Horizontalleitlinien, ABl. 2001 C 3/2 Rz. 7.

erläutern möchte. Korrespondierend mit der von der Kommission in Wettbewerbsberichten und sonstigen Veröffentlichungen erklärten Vorgehensweise zu Realisierung der wettbewerbspolitischen Ziele[422] beabsichtigt sie eine Verlagerung des Schwerpunktes der Beurteilung von Vereinbarungen über horizontale Zusammenarbeit weg vom formalistischen, regulierenden, von juristischen Analysen geprägten Ansatz, hin zu einer Betrachtungsweise, bei der wirtschaftliche Aspekte stärker als bisher[423] im Vordergrund stehen[424]. Die wirtschaftliche Analyse soll dabei von zentraler Bedeutung sein, da die Wettbewerbspolitik die grundlegenden wirtschaftlichen Entscheidungen über Investitionen, Konsolidierung, Preisgestaltung und damit die wirtschaftliche Leistungsfähigkeit mitformt.

Dem Konzept der Kommission liegen Kriterien zugrunde, mit deren Hilfe das wirtschaftliche Umfeld einer Kooperationsvereinbarung untersucht werden soll. Insbesondere sind das die Aspekte der Marktmacht und der Marktstruktur. Eine horizontale Zusammenarbeit wird unter diesen Umständen erst dann als wettbewerbsbeschränkend i. S. von Art. 81 Abs. 1 EG erachtet, sobald sie (spürbar) negative Auswirkungen auf den Markt, d. h. auf Preise, auf den Umfang der angebotenen Waren, auf die Innovation oder auf die Vielfalt und Qualität der Waren erwarten lässt[425]. Nicht ausreichen soll hingegen eine Wettbewerbsbeschränkung zwischen den Beteiligten[426]. Die Auswirkungen des Unternehmensverhaltens werden dadurch in den Mittelpunkt gerückt[427]. In den Leitlinien zur Anwendung von Art. 81 Abs. 3 EG macht die Kommission deutlich, dass sie negative Auswirkungen dieser Art nach wie vor an Wettbewerbsbeschränkungen knüpft. Die Anwendung von Art. 81 Abs. 1 EG aufgrund negativer Marktwirkungen sei deshalb regelmäßig dann der Fall, wenn der Wettbewerbsdruck zwischen den Beteiligten der Vereinbarung oder

422 Siehe bereits oben § 3 B. I. 1.

423 **A.A.** *Kessler*, Einkaufskooperationen im Licht des Deutschen und Europäischen Kartellrechts, WuW 2002, 1162, 1171.

424 Vgl. *Kommission*, Pressemitteilung v. 29.11.2000, IP/00/1376; *van Miert*, Die Wettbewerbspolitik der neuen Kommission, WuW 1995, 553, 558. Begründet wird dieser Umbruch mit dem Umstand, dass sich der Bereich der Art. 81 und 82 EG zu lange in der Phase der Konsolidierung befunden habe und es deshalb einer neuen Innovationsphase bedurfte.

425 Vgl. *Kommission*, Horizontalleitlinien, ABl. 2001 C 3/2, 5 Rz. 27.

426 Vgl. *Kommission*, Horizontalleitlinien, ABl. 2001 C 3/2, 4 Rz. 19.

427 So ausdrücklich *Kommission*, Eine proaktive Wettbewerbspolitik, KOM(2004)293, 3.1., S. 8.

zwischen Ihnen und Dritten erheblich gemindert werde[428]. Konzeptioneller Ausgangspunkt ist somit grundsätzlich die Koordinierungsform, d. h. eine Vereinbarung, Beschlüsse von Vereinigungen oder eine abgestimmte Verhaltensweise, die zu Wettbewerbsbeschränkungen führt. Es sind allem Anschein nach jedoch nicht mehr bloß Beschränkungen entscheidend, die sich für die Mitglieder aus der in Frage stehenden Vereinbarung, Beschluss oder abgestimmten Verhaltensweise ergeben, sondern die von der Koordinierungsform ausgehenden Wirkungen auf den Markt[429].

Das Konzept hat seinen Schwerpunkt demnach in einer ökonomischen bzw. wohlfahrtsökonomischen Betrachtungsweise, mit dem die Kommission nahtlos an das bereits verfolgte Konzept zur Beurteilung vertikaler Vereinbarungen[430] anknüpft. Obwohl eine umfassende und systematische Herleitung des neuen Konzepts bisher nicht vorzufinden ist[431], spricht insbesondere die diesbezüglich geäußerte Kritik[432] in der Rechtswissenschaft dafür, dass es sich bei dem „more economic approach" nicht bloß um einen Arbeitstitel handelt, sondern tatsächlich um ein neues wettbewerbpolitisches Leitbild[433].

B. Konzeption und analytischer Rahmen

I. Grundsätze für die Bewertung nach Art. 81 Abs. 1 EG

1. Stufenweise Bestimmung der Wahrscheinlichkeit einer Wettbewerbsbeschränkung

Der analytische Rahmen der Leitlinien besteht im Wesentlichen aus drei Kriterien: Der Art der Vereinbarung, der Marktstellung der Beteiligten sowie der übrigen Marktstrukturen. Mit Hilfe dieser Kriterien soll es möglich sein, die Auswirkungen einer Vereinbarung zu identifizieren, um anschließend eine Kooperationsvereinbarung entweder als wettbewerbsbeschränkend oder wettbewerbskonform im Sinne von Art. 81 Abs. 1 EG bezeichnen zu können.

---

428 Vgl. *Kommission*, Leitlinien zur Anwendung von Art. 81 Abs. 3 EG, ABl. 2004 C 101/97, 99 Rz. 16.

429 Zu den Konsequenzen dieser Vorgehensweise, insbesondere zum Verhältnis zu dem ungeschriebenen Tatbestandsmerkmal der Spürbarkeit, siehe untern § 5 C. sowie § 7 C. I. 1. a) cc).

430 Vgl. dazu z. B. *Emmerich*, Anmerkungen zu der „neuen" Wettbewerbspolitik der Europäischen Kommission, WRP 2000, 858, 859 f.

431 Ausgenommen *Schmidtchen*, Effizienz als Leitbild der Wettbewerbspolitik, in: Oberender, Effizienz und Wettbewerb, S. 9 ff.

432 Siehe dazu sogleich § 5 C. I.

433 Siehe *Monti*, EU competition policy after May 2004.

Ausgangspunkt der Analyse ist dabei immer die Art der Vereinbarung, bevor die Frage im Mittelpunkt steht, ob die Beteiligten Marktmacht in den von der Zusammenarbeit betroffenen Märkten ausüben werden. Ist die Marktmacht hinreichend groß, soll die Marktkonzentration, d. h. die Stellung und Anzahl der Wettbewerber, als zusätzlicher Faktor zur Ermittlung der Auswirkungen der Zusammenarbeit auf den Wettbewerb herangezogen werden[434]. Lediglich bei Vereinbarungen, die sog. Kernbeschränkungen beinhalten, sieht die Kommission keine Veranlassung, die Auswirkungen der Vereinbarungen zu untersuchen[435]. Die Kommission hat auf diese Weise ein ausdifferenziertes System kreiert, welches es erlaubt, in einer mehrstufigen Analyse zu einer möglichst genauen Beurteilung von Kooperationsvereinbarungen zu gelangen. Die Stufenanalyse dient damit der Feststellung, wie hoch das Potential horizontaler Zusammenarbeit für die Gefährung des Wettbewerbs ist.

a) Erste Stufe: Art der Vereinbarung

Um nur die wettbewerbsrechtlich relevanten Fälle von Vereinbarungen i. w. S. in den Mittelpunkt der Betrachtung zu stellen, versucht die Kommission deshalb zunächst auf der ersten Stufe anhand der Art bzw. anhand des Wesens einer Vereinbarung herauszufinden, ob sie sich als unproblematisch erweist. In diesem Zusammenhang werden dreierlei Gruppen/Kategorien von Vereinbarungen unterschieden[436], wobei die Entscheidung, welcher Kategorie die Vereinbarung zuzuordnen ist, von verschiedenen Faktoren wie dem Gebiet und dem Zweck der Zusammenarbeit, dem Wettbewerbsverhältnis zwischen den Beteiligten und dem Umfang, in welchem die Kooperationsmitglieder ihre Tätigkeiten zusammenlegen, abhängig ist. Auf diese Weise soll über die Wahrscheinlichkeit einer Koordinierung des Marktverhaltens der Be-

---

434 Vgl. *Kommission,* Horizontalleitlinien, ABl. 2001 C 3/2, 5 Rz. 27 ff.

435 Absprachen – egal welcher Form –, die ihrem Inhalt nach allein der Beeinflussung des Wettbewerbsverhaltens der Beteiligten dienen, haben typischerweise ökonomisch nachteilige Folgen und sind deshalb „naturbedingt“ (*Kommission,* 04.12.1986, *ENI/MONTEDISON,* ABl. 1978 L 5/13, 17 Rz. 22) bzw. „ihrem Wesen nach“ (*EuGH,* 01.02.1978, *MILLER INTERNATIONAL,* Slg. 1978, 131, 148 Rz. 7) wettbewerbsbeschränkend. Siehe auch *Kolasky,* What is Competition?, Antitrust Bulletin 2004, 29, 37.

436 In zwei der Gruppen fallen all diejenigen Vereinbarungen, die in der Beurteilung unproblematisch sind, während die dritte Gruppe als diejenige klassifiziert werden kann, die alle Problemfälle erfasst und deshalb in den nächsten Stufen einer genaueren Analyse unterzogen werden muss. Die dritte Gruppe ist damit zugleich auch diejenige, bei der die Bewertung ob der Vielzahl der zu berücksichtigender Umstände umfangreicher und schwieriger ausfällt.

teiligten Klarheit geschaffen werden[437]. Dem Kriterium der Art der Vereinbarung kommt somit gewissermaßen die Funktion eines Grobfilters zu, mit dessen Hilfe eine erste Einschätzung erfolgen soll, ob eine Vereinbarung eher nicht von Art. 81 Abs. 1 EG erfasst wird, fast immer unter die Verbotsnorm fällt oder jedenfalls von ihr erfasst werden kann[438].

aa) Vereinbarungen, die keine Koordinierung bedingen

Zunächst ist die Gruppe zu nennen, die wahrscheinlich nicht von Art. 81 EG erfasst wird, weil sie eine Koordinierung im angesprochenen Sinne im Allgemeinen nicht bedingen. Dazu zählt die Kommission erstens Vereinbarungen zwischen Nichtwettbewerbern, zweitens Vereinbarungen zwischen Wettbewerbern, welche die Tätigkeit nicht eigenständig durchzuführen in der Lage seien sowie drittens Vereinbarungen, bei der die Zusammenarbeit eine Tätigkeit betreffe, welche die relevanten Wettbewerbsparameter (Preise, Produktionsmengen, Produktqualität, Produktvielfalt und Innovation) nicht beeinflussen[439]. Insbesondere der zuerst genannten Vereinbarungskategorie misst die Kommission Relevanz für die Einschätzung gemeinsamer Beschaffungstätigkeit bei. Dazu zählten Einkaufsvereinbarungen zwischen (kleinen und mittleren) Unternehmen, bei denen die Mitglieder ausschließlich Konkurrenten auf den Einkaufsmärkten, jedoch nicht Wettbewerber auf nachgeordneten Absatzmärkten seien. Bedenken hegt die Behörde selbst dann nicht, wenn durch

437 Vgl. *Kommission,* Horizontalleitlinien, ABl. 2001 C 3/2, 4 Rz. 21.

438 Mit dem Kriterium der Art der Vereinbarung unternimmt die Kommission nicht nur eine erste Einschätzung der Wahrscheinlichkeit einer Wettbewerbsbeschränkung im Sinne eines koordinierten Marktverhaltens der Kooperationsbeteiligten, sondern sie unterscheidet zugleich auch zwischen bezweckten und bewirkten Wettbewerbsbeschränkungen. Für eine Analyse bewirkter Wettbewerbsbeschränkungen reiche es nämlich nicht aus, dass eine Vereinbarung den Wettbewerb zwischen den Beteiligten einschränke. Vielmehr müsste auch der Wettbewerb im betroffenen Markt in einem Maße beeinträchtigt werden können, dass negative Auswirkungen hinsichtlich Preisen, Produktion, Innovation oder Vielfalt und Qualität der Waren erwartet werden könnten, (vgl. *Kommission,* Horizontalleitlinien, ABl. 2001 C 3/2, 4 Rz. 21).
Im Umkehrschluss ergibt sich daraus, dass sich bezweckte Wettbewerbsbeschränkungen bereits aus einer Beschränkung des Wettbewerbs zwischen den Beteiligten ergeben können.

439 Vgl. *Kommission,* Horizontalleitlinien, ABl. 2001 C 3/2, 4 Rz. 24. Zu den relevanten Wettbewerbsparametern siehe außerdem *Kommission,* Leitlinien zur Anwendung von Art. 81 Abs. 3 EG, ABl. 2004 C 101/97, 99 Rz. 16.

die Vereinbarung ein gewisses Maß an Marktmacht[440] geschaffen wird[441]. Eine gegenteilige Einschätzung sei erst dort angebracht, wo Einkaufsvereinbarungen zu einer sehr starken Stellung auf den Einkaufsmärkten[442] und zu Abschottungsproblemen gegenüber Dritten führten[443].

bb) Vereinbarungen, die Kernbeschränkungen enthalten

Eine Vereinbarung, deren eigentlicher Zweck in der Verschleierung eines Kartells besteht, um verbotene Formen wie Preisfestsetzung, Vertriebs-/Lieferbeschränkungen oder Marktaufteilungen (sog. „Hardcore-Kartelle“) durchzusetzen, bilden die zweite Gruppe. Diese Vereinbarungen würden fast immer vom Verbotstatbestand erfasst, weil sie Kernbeschränkungen beinhalten, die eine Wettbewerbsbeschränkung gerade bezwecken[444] und man davon ausgehen könne, dass von ihnen grundsätzlich negative Marktwirkungen ausgehen[445]. Der wettbewerbswidrige Zweck der Vereinbarung sei laut Kommission anhand einer Reihe von Faktoren zu ermitteln. Maßgeblich soll dabei insbesondere der Inhalt und die damit verfolgten Ziele sein, der Zusammenhang, in dem die Vereinbarung angewendet wird und das tatsächliche Verhalten der Parteien[446]. Interessant ist hierbei, dass die Kommission nur bei Vorliegen von Kernbeschränkungen von einer bezweckten Wettbewerbsbeschränkung im Sinne von Art. 81 Abs. 1 EG auszugehen scheint[447]. Hierbei

---

440 *Kommission*, Horizontalleitlinien, ABl. 2001 C 3/2, 17 (18) Rz. 116 (123). Die Kommission geht davon aus, dass Marktmacht der in der Kooperation zusammengeschlossenen KMU bis zu einem gewissen Maße durch Größenvorteile ausgeglichen werden kann und die Kooperation im Übrigen wettbewerbsfördernd sei. Hierbei zeigt sich, dass die Stufeneinteilung nicht trennscharf ist. Marktmacht spielt tatsächlich nämlich schon dann eine Rolle, wenn die Unternehmen „nur“ Konkurrenten beim Einkauf sind, obwohl die Machtgesichtspunkte erst im Rahmen der zweiten noch zu beschreibenden Stufe besondere Berücksichtigung finden.

441 Streng genommen geht es hier nicht um die Frage der Anwendbarkeit, d. h. des Anwendungsbereichs, von Art. 81 EG, sondern darum, ob die (Tatbestands-)Voraussetzungen für die „Einschlägigkeit“ bzw. Durchsetzung der Verbotsnorm erfüllt sind.

442 *Kommission*, Horizontalleitlinien, ABl. 2001 C 3/2, 18 Rz. 123.

443 *Kommission*, Horizontalleitlinien, ABl. 2001 C 3/2, 4 Rz. 24

444 Vgl. *Kommission*, Horizontalleitlinien, ABl. 2001 C 3/2, 4 Rz. 25.

445 Vgl. *Kommission*, Horizontalleitlinien, ABl. 2001 C 3/2, 4 Rz. 18.

446 Vgl. *Kommission*, Leitlinien zur Anwendung von Art. 81 Abs. 3 EG, ABl. 2004 C 101/97, 100 Rz. 22. Die Art der Durchführung einer Vereinbarung könne eine bezweckte Beschränkung des Wettbewerbs enthüllen, selbst wenn die Vereinbarung keine ausdrückliche Bestimmung in diesem Sinne enthalte.

447 S.o. Fn. 439.

genügt es ihr, dass der Wettbewerb zwischen den Kooperationsbeteiligten beschränkt ist. Dieser Ansatz muss insofern kritisch betrachtet werden, als die Kommission bislang keine qualitativen Spürbarkeitselemente anerkannt hat, welche die Qualifizierung der Wettbeschränkung überflüssig machen könnte[448]. Bei Einkaufsvereinbarungen sei allerdings regelmäßig nicht mit bezweckten, sondern vielmehr mit bewirkten Wettbewerbsbeschränkungen zu rechnen, die mit einer von der Kooperation ausgehenden Angleichung der (Gesamt-)Kosten einhergehen[449].

cc) Vereinbarungen zwischen Wettbewerbern

Dementsprechend sollen diejenigen Vereinbarungen, die zwar keine Wettbewerbsbeschränkung bezwecken, jedoch eine Koordinierung des Wettbewerbsverhaltens der Beteiligten bedingen, anhand marktbezogener Kriterien dahingehend untersucht werden, ob sie auf den relevanten Märkten negative Auswirkungen auf Preise, auf den Umfang der angebotenen Waren, auf die Innovation oder auf die Vielfalt und Qualität der Waren erwarten lassen. Eine Vereinbarung, die den Wettbewerb allein zwischen den Beteiligten einschränkt, aber die Beschränkung nicht bezweckt, soll also gerade nicht für die Anwendung von Art. 81 Abs. 1 EG ausreichen. Die Kommission ordnet die Mehrzahl aller Einkaufsvereinbarungen dieser dritten Gruppe zu[450]. Sie geht davon aus, dass die beteiligten Unternehmen häufig Wettbewerber sowohl auf den Einkaufs-, als auch Verkaufsmärkten sind, weshalb diese Vereinbarungen in ihrem rechtlichen und wirtschaftlichen Umfeld auf den entsprechenden Märkten zu untersuchen seien, um die Gefahren für den Wettbewerb zu bestimmen. Es handelt sich demzufolge um Fälle, in denen eine Wettbewerbsbeschränkung weder unwahrscheinlich (KMU)[451], noch offensichtlich bezweckt („Hardcore-Kartell")[452] ist.

b) Zweite Stufe: Marktstellung der Beteiligten

Hat die Untersuchung der Art der Vereinbarung ergeben, dass eine Koordinierung wahrscheinlich oder sicher ist, soll die Kooperationsvereinbarung in ähnlicher Weise wie bei der Zusammenschlusskontrolle nach der FKVO[453] dahingehend untersucht werden, ob durch sie auf den relevanten Märkten

---

448 Siehe *Schröter* in: Schröter/Jakob/Mederer, Kommentar zum Europäischen Wettbewerbsrecht, Artikel 81 Absatz 1 Rz. 229.

449 *Kommission,* Horizontalleitlinien, ABl. 2001 C 3/2, 4 Rz. 23.

450 Siehe *Kommission,* Horizontalleitlinien, ABl. 2001 C 3/2, 18 Rz. 125.

451 *Kommission,* Horizontalleitlinien, ABl. 2001 C 3/2, 18 Rz. 122 (123).

452 Vgl. *Kommission,* Horizontalleitlinien, ABl. 2001 C 3/2, 18 Rz. 124.

453 Siehe auch *Mestmäcker/Schweitzer,* Europäisches Wettbewerbsrecht, § 10 Rz. 24.

gemeinsame Marktmacht entstehen oder ausgebaut werden kann und welches Ausmaß diese Macht erreichen wird. Deshalb sollen die in der Mehrzahl vorkommenden Einkaufsvereinbarungen auf gemeinsame Marktmacht hin überprüft werden – und zwar sowohl auf den relevanten Einkaufs-, als auch auf nachgelagerten Verkaufsmärkten [454]. Sei Marktmacht in entsprechendem Umfang[455] zu erwarten, könne mit den beschriebenen negativen Auswirkungen gerechnet werden[456]. Auf diese Weise erhöht sich wiederum die ohnehin schon bestehende[457] Wahrscheinlichkeit einer Wettbewerbsbeschränkung i. S. d. Art. 81 Abs. 1 EG[458]. Als marktbezogenes Kriterium steht somit die Marktstellung der Beteiligten im Mittelpunkt dieser weitergehenden Untersuchung.

aa) Nachfragemacht auf dem Beschaffungsmärkten

Dementsprechend sei die Ermittlung der Nachfragemacht der an der Vereinbarung Beteiligten der Ausgangspunkt der weiteren Untersuchung. Die Kommission spricht von Nachfragemacht, sofern auf die Einkaufsvereinbarung ein hinreichend großer Anteil des Gesamtumfangs eines Einkaufsmarktes entfalle, so dass die Preise unter das Wettbewerbsniveau gedrückt werden könnten oder der Marktzugang konkurrierender Abnehmer versperrt werden könne[459].

bb) Marktmacht auf den nachgelagerten Verkaufsmärkten

Weiterhin möchte die Kommission die Marktstellung, d. h. etwaige Marktmacht der Kooperationspartner auf nachgelagerten Verkaufsmärkten berücksichtigen, wobei sie Marktmacht an die Existenz von Wettbewerb zwischen den Kooperationsmitgliedern auf den Absatzmärkten knüpft. Denn beim gemeinsamen Einkauf bestehe eine Wechselwirkung zwischen den relevanten Einkaufsmärkten und den nachgelagerten Verkaufsmärkten. Beschränkungen des Wettbewerbs auf diesen Märkten seien umso wahrscheinlicher, wenn die Partner Marktmacht durch die Abstimmung ihres Verhaltens gewännen und sie einen spürbaren Anteil ihrer Gesamtkosten gemeinsam trügen, weil die

---

454 Vgl. *Kommission*, Horizontalleitlinien, ABl. 2001 C 3/2, 18 Rz. 124-126.

455 Vgl. *Kommission*, Horizontalleitlinien, ABl. 2001 C 3/2, 19 Rz. 130.

456 Vgl. *Kommission*, Horizontalleitlinien, ABl. 2001 C 3/2, 5 Rz. 27.

457 Aufgrund der neben den Einkaufsmärkten nunmehr zu berücksichtigenden Verkaufsmärkte.

458 Hier ist zu bemerken, dass die Ausübung von Marktmacht letztlich von der Art der Zusammenarbeit abhängig ist.

459 Vgl. *Kommission*, Horizontalleitlinien, ABl. 2001 C 3/2, 18 Rz. 126.

niedrigen Einkaufspreise in diesem Fall wahrscheinlich nicht an die Kunden weitergegeben würden[460].

c) Dritte Stufe: Marktkonzentration

Schließlich werden in einer dritten und letzten Stufe die „Marktverhältnisse im Übrigen" mit in die Analyse einbezogen. Neben anderen Faktoren[461] wird insbesondere die Marktstruktur, d. h. die Marktstellung und die Anzahl der Wettbewerber sowie die Marktstellung und die Anzahl der kontrahierenden Unternehmen auf der Marktgegenseite, in Relation mit der zu erwartenden gemeinsamen Marktmacht der Beteiligten gesetzt. Die Kommission tendiert im Zusammenhang mit Einkaufskooperationen dazu, diese strukturellen Kriterien verstärkt zu berücksichtigen, je größer die Marktmacht der Einkaufskooperation ausfällt[462].

aa) Gegenmacht der Lieferanten

Obwohl die Europäische Kommission bei der Frage, ob von einer Anwendbarkeit des Art. 81 Abs. 1 EG ausgegangen werden kann, die Überschreitung konkreter Marktanteilsschwellenwerte[463] ins Feld führt, soll deren Überschreiten lediglich ein Indiz für die besagten nachteiligen Folgen (Marktmacht) am Markt sein – im Fall von Einkaufskooperationen sind dies 15% gemeinsamer Marktanteil. Um jedoch Gewissheit darüber zu erlangen, ob diese nachteiligen Folgen im Einzelfall tatsächlich ein Verbot der Vereinbarung i. S. d. Art. 81 Abs. 1 EG nach sich ziehen soll, soll neben der indiziellen Bedeutung der Schwellenwerte eine eingehende Bewertung der Auswirkungen der Einkaufsvereinbarung unter Berücksichtigung einer möglichen Gegenmacht[464] starker Lieferanten erforderlich sein[465].

bb) Marktstellung und Anzahl der Wettbewerber

Ebenso wie der Gesichtspunkt der Gegenmacht kann (zusätzlich) auch die Stellung und Anzahl der Wettbewerber dazu führen, dass trotz Erreichens eines relativ hohen Marktanteils der Kooperationsmitglieder eine Wettbewerbsbeschränkung als unwahrscheinlich anzusehen ist[466]. In Anbetracht der

---

460 Vgl. *Kommission*, Horizontalleitlinien, ABl. 2001 C 3/2, 18 f. Rz. 127 f.

461 Vgl. *Kommission*, Horizontalleitlinien, ABl. 2001 C 3/2, 5 Rz. 30.

462 Vgl. *Kommission*, Horizontalleitlinien, ABl. 2001 C 3/2, 19 Rz. 131.

463 *Kommission*, Horizontalleitlinien, ABl. 2001 C 3/2, 19 Rz. 130. Dazu eingehend unten § 7 C. I.

464 Zur Kritik an diesem Konzept s.u. § 7 C. II. 1. a) aa).

465 Vgl. *Kommission*, Horizontalleitlinien, ABl. 2001 C 3/2, 19 Rz. 131.

466 Vgl. *Kommission*, Horizontalleitlinien, ABl. 2001 C 3/2, 19 Rz. 131.

Tatsache, dass die Kommission im Rahmen der Würdigung von Einkaufsvereinbarungen Beschaffungs- und Absatzmärkte gleichermaßen berücksichtigt, ist davon auszugehen, dass die Marktkonzentration nicht nur auf den Einkaufsmärkten zu berücksichtigen ist, sondern auch auf den Verkaufsmärkten, sofern von den Beteiligten dort ebenfalls eine marktstarke Stellung erwartet werden kann.

Schließlich bestehe laut Kommission unter Umständen auch die Notwendigkeit, andere Faktoren wie die Stabilität der Marktanteile über einen bestimmten Zeitraum, die Wahrscheinlichkeit eines Markteintritts oder die Beschaffenheit der Produkte (Homogenität) mit in Erwägung zu ziehen[467].

2. Zusammenfassung

Anhand der zuvor dargestellte Sichtweise der Kommission zur Bewertung einer Vereinbarung über horizontale Zusammenarbeit nach Art. 81 Abs. 1 EG lässt sich die Frage nach der Wettbewerbsbeschränkung einer (Einkaufs-) Kooperation darauf reduzieren, ob Marktmacht durch diese Gruppe von Unternehmen entsteht und ausgeübt werden kann[468]. Dieser „more economic approach" orientiert sich an Marktergebnissen, d.h. er macht einen sog. „performance test" notwendig. Notwendig ist eine Prognose dahingehend, ob aufgrund der Kooperationsvereinbarung (spürbar) negative Auswirkungen auf Wettbewerbsparameter wie Preis, Produktionsmenge, Produktqualität und -vielfalt oder Innovation zu erwarten sind, sofern sie sich nicht schon realisiert haben. Die Kommission macht damit aus dem Verbotstatbestand des Art.81 Abs. 1 EG in Fällen, in denen Unternehmen über gemeinsame Zusammenarbeit nachdenken und zur Selbstveranlagung gezwungen sind, quasi eine Art Gefährdungstatbestand. Eine Gefährdung liegt vor, wenn eine Wettbewerbsbeschränkung weder unwahrscheinlich (Zusammenarbeit zwischen KMU oder Nichtwettbewerbern), noch offensichtlich (aufgrund von Kernbeschränkungen) bezweckt ist. Ob die Gefährdung eine Wettbewerbsbeschränkung darstellt, richtet sich schließlich danach, wie hoch das Potential insbesondere der durch die Kooperation beeinflussten, zu erwartenden Marktstrukturen ist, negative Auswirkungen auf die besagten Wettbewerbsparameter hervorzurufen, sodass Nachteile für die gesamtwirtschaftliche Wohlfahrt entstehen.

---

467 Vgl. *Kommission,* Horizontalleitlinien, ABl. 2001 C 3/2, 5 Rz. 30.

468 So auch *Emmerich,* Anmerkungen zu der „neuen" Wettbewerbspolitik der Europäischen Kommission, WRP 2000, 858, 861; vgl. auch unten Abb.3 (S. 110).

Vereinbarungen können die angesprochenen negativen Auswirkungen haben, wenn der Wettbewerbsdruck zwischen den Parteien einer Vereinbarung oder zwischen ihnen und Dritten aufgrund der Ausübung von Marktmacht erheblich gemindert wird. Ob der Wettbewerbsdruck in diesem Umfang gemindert wird, hängt wie gewohnt von den tatsächlichen Wettbewerbsgegebenheiten ab, die bestünden, wenn die Vereinbarung mit ihren vermuteten Beschränkungen nicht praktiziert würden. Zur Beantwortung dieser Frage sollen die zu erwartenden Auswirkungen auf den markeninternen Wettbewerb (Interbrand-Wettbewerb) bzw. den Markenwettbewerb (Intrabrand-Wettbewerb) berücksichtigt werden[469]. Ergibt die Prognose der möglichen Auswirkungen, dass der Wettbewerb im genannten Sinne gemindert wird, ist von hinreichend negativen Auswirkungen auf die Wettbewerbsparameter auszugehen[470]. Damit ist zugleich der dem *„total-welfare"*-Konzept folgenden, aber auf die Verbraucherwohlfahrt fixierten Wettbewerbspolitik der Kommission entsprochen, weil die negativen Auswirkungen, beispielsweise in Form höherer Preise, zugleich eine Senkung der Verbraucherwohlfahrt bedeuten[471]. Ohne auf die noch ausstehende genauere Analyse der Vorgehensweise der Kommission vorzugreifen, kann außerdem bereits nach der bisherigen Untersuchung festgestellt werden, dass sich in den Leitlinien über horizontale Zusammenarbeit all diejenigen Aspekte wieder finden, deren Zusammenspiel im Rahmen der ökonomischen Analysemodelle die dort festgestellten Auswirkungen auf die Wohlfahrt hervorrufen, nämlich Marktmacht in Form von Nachfragemacht und Gegenmacht, die Marktkonzentration sowie der Aspekt der sekundären Preisdiskriminierung in Form von Rabattdiskriminierung.

---

469 Diese Vorgehensweise zur Untersuchung des Markenwettbewerbs sowie des markeninternen Wettbewerbs hat die Kommission in den Leitlinien zur Anwendung von Art. 81 Abs. 3 EG ausführlich dargestellt (ABl. 2004 C 101/97, 99 Rz. 17 ff.).

470 **A.A.** *Lugard/Hancher*, Honey, I Shrunk the Article! A Critical Assessment of the Commissions's Notice on Article 31(3) of the EC Treaty, E.C.L.R. 2004, 410, 414, die darauf hinweisen, dass eine Beschränkung des Intrabrand-Wettbewerbs durch „nicht notwendige", vertragliche Beschränkungen im Gegensatz zur Beschränkung des markeninternen Wettbewerbs nicht unbedingt negative Wirkungen auf die relevanten Wettbewerbsparameter und damit auf die Verbraucherwohlfahrt haben muss. Ginge man mit der Kommission davon aus, dass die Beschränkung des Intrabrand-Wettbewerbs die Anwendung des Art. 81 Abs. 1 EG hervorrufen kann, obwohl eine Senkung der Konsumentenwohlfahrt nicht zu erwarten ist und damit eigentlich keine negativen Wirkungen auf die relevanten Wettbewerbsparameter zu erwarten sind, so sei dieses Ergebnis streng genommen nicht mit der Wettbewerbsbeschränkung im nun wirtschaftlich verstandenen Sinne vereinbar.

471 So auch *Lugard/Hancher*, Honey, I Shrunk the Article! A Critical Assessment of the Commissions's Notice on Article 31(3) of the EC Treaty, E.C.L.R. 2004, 410, 411.

Abbildung 3:
Zusammenarbeit zwischen Wettbewerbern - Grad der Wettbewerbsgefährdung

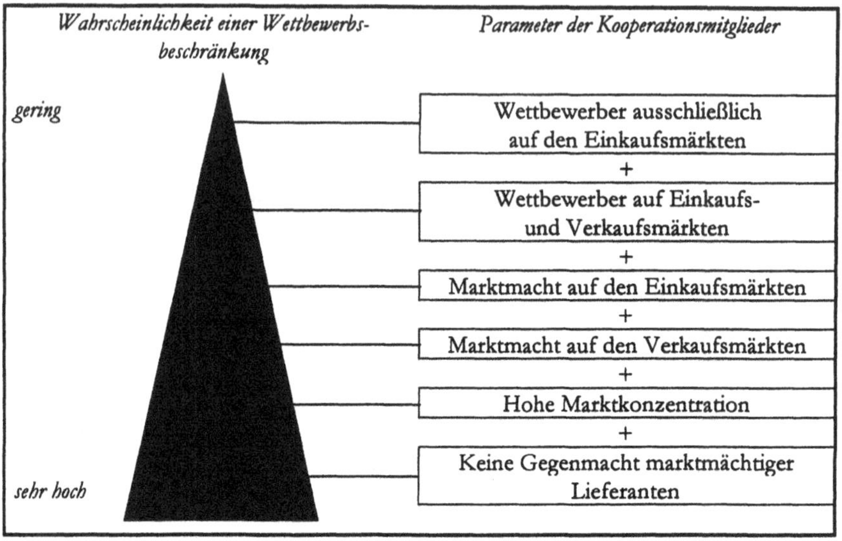

II. Grundsätze für die Bewertung nach Art. 81 Abs. 3 EG

In den Leitlinien zur Anwendung von Art. 81 Abs. 3 EG hat die Kommission im Einzelnen präzisiert, wie sie die in Art. 81 Absatz 3 EG enthaltenen Voraussetzungen auslegt. Sie enthalten wie die Leitlinien über horizontale Zusammenarbeit ein analytisches Gerüst für die Anwendung von Artikel 81 Absatz 3. Sie verfolgen den gleichen Zweck, nämlich eine Methodik zur Anwendung der Vertragsvorschrift zu schaffen. Die Methodik beruht dabei nach eigener Aussage der Kommission auf dem gleichen ökonomischen Ansatz, der mit den Leitlinien für vertikale Beschränkungen eingeführt und in den Leitlinien über horizontale Zusammenarbeit weiterentwickelt wurde[472].

Was die Grundsätze zur Bewertung von Einkaufskooperationen nach Art. 81 Abs. 3 EG betrifft, so sind in den Leitlinien zur Anwendung von Art. 81 Abs. 3 EG keine speziellen Erklärungen enthalten. Auch in den Leitlinien über horizontale Zusammenarbeit fallen diese relativ knapp aus. Dennoch sind

472 *Kommission*, Leitlinien zur Anwendung von Art. 81 Abs. 3 EG, ABl. 2004 C 101/97 Rz. 4 ff.

insbesondere drei Aspekte besonders hervorzuheben: Erstens möchte die Kommission den wirtschaftlichen Nutzen einer Einkaufskooperation dann nicht berücksichtigen, wenn er allein das Resultat der Ausübung von Macht auf Einkaufs- oder Verkaufsmärkten ist und den Kunden keinen Vorteil bringt. Zweitens anerkennt die Wettbewerbsbehörde selbst eine 100%ige Bezugsverpflichtung der Kooperationsmitglieder als unerlässlich, sofern nur auf diese Weise der erforderliche Umfang für die Erzielung von Größenvorteilen zu erlangen ist. Drittens sollen – korrespondierend mit der Bewertung von Einkaufskooperationen nach Art. 81 Abs. 1 EG – bei der Frage, ob wesentlicher Wettbewerb ausgeschaltet wird, Einkaufs- wie Verkaufsmärkte dahingehend untersucht werden, ob einer etwaigen beherrschenden Stellung der Beteiligten mildernde Faktoren wie die Gegenmacht der Lieferanten oder das Potenzial für einen Marktzutritt gegenüberstehen[473].

C. Kritische Würdigung und dogmatische Bewertung

I. Allgemeine Kritik am Konzept der Kommission

Obwohl die Schwäche des traditionellen, von formalistischen Betrachtungsweisen geprägten Ansatzes, namentlich das Risiko überschießender Eingriffe, unbestritten ist, weil mit ihm der wettbewerbspolitischen Ambivalenz von Kooperationsvereinbarungen nicht ausreichend Rechnung getragen wird[474], ist auch das „neue" Konzept der Kommission und damit die Verwendung ökonomischer Kriterien, insbesondere des zentralen[475] Kriteriums der Marktmacht, zur Feststellung einer Anwendbarkeit des Art. 81 Abs. 1 EG[476] in großen Teilen der Wissenschaft in mehrfacher Hinsicht auf harsche Kritik gestoßen[477].

---

473 Vgl. *Kommission,* Horizontalleitlinien, ABl. 2001 C 3/2, 19 Rz. 132-134.

474 So auch *Möschel* in: FS Tilmann, Juristisches versus ökonomisches Verständnis eines Rechts der Wettbewerbsbeschränkungen, S. 705, 715.

475 So ausdrücklich die *Kommission,* Weißbuch über die Modernisierung der Vorschriften zur Anwendung der Artikel 85 und 86 EG-Vertrag, Rz. 78.

476 Ob es sich dabei um die Einführung oder jedenfalls um eine Annäherung an einedem US-amerikanische Antitrustrecht entstammenden „rule of reason" bedeutet (siehe *Böge,* Perspektiven des deutschen und europäischen Kartellrechts, GewArch 2000, 217, 221; umfassend *Mestmäcker/Schweitzer,* Europäisches Wettbewerbsrecht, § 7 Rz. 56 ff. m.w.N.), muss angesichts der Komplexität dieser Fragestellung hier außer Betracht bleiben.

477 Vgl. *Schröter* in: von der Groeben/Schwarze, EU-/EG-Vertrag, Bd. 2, nach Art. 81 – Einführung, Rz. 48; *Haag* in: von der Groeben/Schwarze, nach Art. 81 – Fallgrup-

Diese Kritik wird in besonders krasser Weise durch die Auffassung reflektiert, die Kommission bewirke durch die Interpretation der Wettbewerbsbeschränkung als Marktmacht eine vollkommene Zerstörung des Systems der Wettbewerbsregeln[478] und breche auf diese Weise mit der Rechtsprechung[479], weil sie neben der Ignorierung des vom EuGH entwickelten und in ständiger Rechtsprechung verfolgen Selbständigkeitspostulats[480] gleich mehrere systembedingte Grenzen und Gegensätze verwische: Den Gegensatz zwischen dem Verbotsprinzip (Art. 81 EG) und dem Missbrauchsprinzip (Art. 82 EG) bzw. der Verhaltenskontrolle und der Konzentrationskontrolle nach der FKVO, die Grenze zwischen dem Verbotstatbestand (Art. 81 Abs. 1 EG) und der Freistellungsregelung (Art. 81 Abs. 3 EG) sowie zwischen der Wettbewerbsbeschränkung und der Spürbarkeit derselben[481].

1. Modifizierung des Verbotsprinzips zur Missbrauchskontrolle

Durch die Einführung des Marktmachtkriteriums befürchtet man eine Verwischung der grundlegenden Unterschiede zwischen Art. 81 EG und Art. 82 EG, da Marktmacht im System der Wettbewerbsregeln die Funktion der Kennzeichnung einer marktbeherrschenden Stellung habe[482]. Dies berge die

---

pen, Rz. 2; *Kulka* in: Frankfurter Kommentar zu Kartellrecht, Bd. VI, Art. 81 abs. 1, 3 EG-Vertrag – Fallgruppen II.1., Rz. 31; *Wissenschaftlicher Beirat des Bundesministeriums für Wirtschaft*, Gutachten zur Reform der europäischen Kartellpolitik; *Mestmäcker/Schweitzer*, Europäisches Wettbewerbsrecht, § 7 (§ 10) Rz. 55 (Rz. 27); **A.A.** *Bechtold*, GWB – Kommentar, 3. Aufl., § 1 GWB Rz. 68, der in der Einbeziehung von Marktmacht jedenfalls im Verhältnis zur Bewertung von Verkaufsvereinbarungen keinen Widerspruch sieht, weil beim Verkauf Wettbewerbsbeschränkungen auch durch gleichförmiges Verhalten verursacht werden könnten, während sich Einkaufsvorteile nur durch gezielte Zusammenfassung von Macht realisieren ließen.

478 *Mestmäcker/Schweitzer*, Europäisches Wettbewerbsecht, § 7 Rz. 8 sprechen von einer „Aufhebung der materiellrechtlichen und verfahrensrechtlichen Trennung von Art. 81 Abs. 1 und Abs. 3 EG".

479 *Schröter* in: von der Groeben/Schwarze, EU-/EG-Vertrag, Bd. 2, nach Art. 81 – Einführung, Rz. 48.

480 So *Mestmäcker/Schweitzer*, Europäisches Wettbewerbsrrecht, § 10 Rz. 24.

481 Siehe dazu ausführlich unten § 7 C. I. 1. a) cc).

482 *Mestmäcker/Schweitzer*, Europäisches Wettbewerbsrecht, § 10 Rz. 24; *Wissenschaftlicher Beirat des Bundesministeriums für Wirtschaft*, Gutachten zur Reform der europäischen Kartellpolitik.; Mit dem Kriterium der Marktmacht als zentralen Aspekt vollzieht man jedoch nicht nur eine Annäherung an das Missbrauchsverbot für marktbeherrschende Unternehmen, sondern auch an Fusionskotrolle, bei der strukturelle Faktoren maßgeblich sind.

Gefahr in sich, Art. 81 EG neben Art. 82 EG überflüssig werden zu lassen[483]. Der Kommission unterstellt man gar, sie unterliege einem „ökonomisch inspirierten Zirkelschluss". Denn die Integration dieses Merkmals in die Verbotsnorm zwinge letztendlich dazu, anstatt der Wettbewerbsbeschränkung, die zu hohen Preisen (etc.) führt, die hohen Preise zu verbieten, ohne jedoch zu wissen, ob die hohen Preise mit Wettbewerbsbeschränkung höher sind als ohne Wettbewerbsbeschränkung[484]. Im Übrigen sei die Heraufsetzung – sofern man von einer solchen überhaupt ausgehen könne – des für die Annahme einer Wettbewerbsbeschränkung „erforderlichen" Marktanteils auf Marktmachtniveau nicht durch die stärkere Einbeziehung ökonomischer Kriterien gerechtfertigt[485].

Eine derartige Grenzverwischung zwischen Art. 81 Abs. 1 EG und Art. 82 EG ist somit im Zusammenhang mit der Beurteilung Einkaufskooperationen besonders bedeutsam, wenn es um die bereits im Rahmen der wettbewerbspolitischen Grundsatzfragen aufgeworfene Frage geht, ob Nachfragemacht in

483 *Emmerich,* Anmerkungen zur „neuen" Wettbewerbspolitik der Europäischen *Kommission,* WRP 2000, 858, 861. Hierbei ist jedoch zu beachten, dass Art. 82 EG nicht etwa deshalb überflüssig ist, weil bereits die Anwendung von Art. 81 EG zur Auflösung des Kartells führt. Denn durch eine Entscheidung auf Grundlage von Art. 81 EG kann die Kommission die betroffenen Unternehmen lediglich verpflichten, wieder eine autonome Preispolitik zu betreiben, sie kann sie aber nicht zwingen, künstlich geschaffene Preise auf ein normales Niveau zu senken, wie es sich bei unverfälschtem Wettbewerb darstellen würde. Letzteres lässt sich nur mit Hilfe von Art. 82 EG erreichen.

484 So *Mestmäcker/Schweitzer,* Europäisches Wettbewerbsrecht, § 10 Rz. 25, die diesen Zirkelschluss mit Hilfe eines Vergleichs zwischen Art. 81 Abs. 1 lit. a) EG und Art. 82 lit. b) EG (dort ist von „Festsetzung der Preise", hier von „Erzwingung unangemessener Einkaufs- und Verkaufspreise" die Rede) in nachvollziehbarer – und im Ergebnis beizupflichtender – Weise darlegen. Wenn alle Vereinbarungen, die weder eine Wettbewerbsbeschränkung bezwecken, noch eine Koordinierung des Wettbewerbsverhaltens bedingen, anhand marktbezogener Kriterien dahingehend untersucht werden würden, ob sie auf den relevanten Märkten negative Auswirkungen auf Preise, auf den Umfang der angebotenen Waren, auf die Innovation oder auf die Vielfalt und Qualität der Waren erwarten lassen, und eine Vereinbarung, die den Wettbewerb allein zwischen den Beteiligten einschränkt, gerade nicht ausreichen soll, unterliege man einem Zirkelschuss.

485 Vgl. *BMWi,* Erste Stellungnahme der deutschen Delegation zur Reform der EU-Wettbewerbsregeln für horizontale Vereinbarungen, II.; Andere sehen die Gefahr, dass durch den „economic approach" die inhaltliche Reichweite des Art. 81 Abs. 1 EG zurückgenommen werde: Vgl. *Möschel,* Systemwechsel im Europäischen Wettbewerbsrecht?, JZ 2000, 61, 66.

seiner hier verstandenen bzw. von der Kommission verwendeten Form nicht eher oder gar ausschließlich Art. 82 EG zuzuordnen ist. Denn Nachfragemacht beschreibt letztendlich nichts anderes als die Möglichkeit, unangemessene Einkaufspreise zu *erzwingen* – sei es aufgrund eines für mögliche Hersteller/Lieferanten von Waren bedeutsamen Marktanteils der Abnehmer auf dem Beschaffungsmarkt, sei es aufgrund der Fähigkeit, entsprechend ihres wirtschaftlichen Einflusses auf dem jeweiligen Einkaufsmarkt günstige Einkaufskonditionen von den Herstellern/Lieferanten zu erhalten oder aufgrund eines hinreichend großen Marktanteils Preise unter das Wettbewerbsniveau zu drücken[486]. Gerade letztere Definition der Kommission macht deutlich, dass sie Nachfragemacht mit einem einseitigen Verhalten der Nachfrager verbindet[487].

2. Verlust an Trennschärfe zwischen Verbotstatbestand und Legalausnahme

Weiterhin werde mit Berücksichtigung des Aspekts der Marktmacht entgegen der Systematik der Unterschied zwischen Art. 81 Abs. 1 EG und Art. 81 Abs. 3 EG verwischt[488]. Die Kommission lasse nämlich die Tendenz erkennen, das nach dem bisherigen Konzept üblicherweise im Rahmen des Art. 81 Abs. 3 EG zu prüfende Ausmaß bzw. die Schwere einer Wettbewerbsbeschränkung[489] schon für die Beantwortung der Frage heranzuziehen, ob überhaupt eine solche Beschränkung besteht[490]. Man befürchtet, dass aufgrund der strikt

486 Vgl. bereits oben die Definitionsansätze der Kommission, § 3 A. III. 3.

487 Vgl. auch schon *Kommission*, 16. Bericht über die Wettbewerbspolitik (1986), S. 231 Rz. 348, zur Entwicklung der Konzentration in der Konsumgüterdistribution der Europäischen Gemeinschaft und ihre Auswirkungen auf die Nachfragemacht: „Wegen der vertikalen Dimension von Nachfragemacht empfiehlt sich zur Ergänzung des Konzepts des relevanten Marktes die Verwendung des Begriffs des *obligatorischen Partners*".

488 Vgl. *Schröter* in: von der Groeben/Schwarze, nach Art. 81 – Einführung, Rz. 48.

489 Deutlich wird diese Funktion des Art. 81 Abs. 3 EG insbesondere an dem Kriterium des „Ausschlusses wesentlichen Wettbewerbs".

490 Vgl. *Mestmäcker/Schweitzer*, Europäisches Wettbewerbsrecht, § 7 Rz. 55. Die Verwischung der Grenzen zwischen Art. 81 Abs. 1 und Abs. 3 EG erfolge aus dem Umstand, dass Marktmacht mit negativen Auswirkungen auf Preise, Produktion, Innovation, sowie der Vielzahl und Qualität der Waren beschrieben werde. Damit würden mögliche positive Wirkungen einer Zusammenarbeit, die bislang für die Freistellung nach Art. 81 Abs. 3 EG erheblich waren, in Zukunft auch eine Wettbewerbsbeschränkung im Sinne von Art. 81 Abs. 1 EG ausschließen können; ähnlich *Baron* in: Langen/Bunte, GWB/EG-Kartellrecht – Kommentar, 9. Aufl., Einführung zum EG-Kartellrecht, Rz. 197.

ergebnisorientierten[491] Betrachtungsweise sämtliche Vereinbarungen ohne Kernbeschränkungen als grundsätzlich wettbewerbsfördernd und somit als freistellungsfähig anerkannt würden. Dem Wortlaut der Norm folgend sei jedoch grundsätzlich jede Vereinbarung geeignet, den Wettbewerb zu beschränken, denn schließlich genüge zur Erfüllung des Tatbestandsmerkmals der Wettbewerbsbeschränkung, dass die Absprache die Wettbewerbsverhältnisse künstlich verändere[492]. Diesbezüglich wird darauf hingewiesen, dass bei einer Marktbeherrschung bislang keinesfalls mit einer Freistellung zu rechnen war[493] – woran die Kommission tatsächlich auch weiterhin nichts zu ändern beabsichtigen scheint[494]. Im Sinne der geäußerten Kritik wäre damit die Frage danach, ob die ipso jure geltende Freistellungsregelung greift oder nicht, von vorn herein mit einer hohen Unsicherheit behaftet.

3. Bedeutungsverlust des Spürbarkeitskriteriums

Die Verkennung des Umstandes, dass für die Anwendbarkeit von 81 Abs. 1 EG Marktmacht keine Voraussetzung sei, führe außerdem zu einer Vermischung der Frage nach der Wettbewerbsbeschränkung und der Frage nach der Spürbarkeit derselben[495]. Die Faustregel, Art. 81 Abs. 1 EG sei mit dem Nichterreichen einer bestimmten Marktanteilsschwelle – im Zusammenhang mit Einkaufsvereinbarungen bei weniger als 15% Marktanteil auf Einkaufs- und Verkaufsmärkten – nicht tangiert, begründe ebenso mangelnde Spürbarkeit[496].

4. Erhöhte Rechtsunsicherheit

Abgesehen von den systembedingten Schwierigkeiten, den der wirtschaftsanalytische Ansatz der Kommission mit sich bringt, wird außerdem die Meinung laut, dass die Konturlosigkeit des Marktmachtbegriffs[497] und der Umstand,

491 Zur generellen Kritik an einer an Marktergebnissen orientierten Betrachtungsweise siehe *Mestmäcker/Schweitzer*, Europäisches Wettbewerbsrecht, § 2 (10) Rz. 86 (25).

492 Vgl. *Schröter* in: von der Groeben/Schwarze, EU-/EG-Vertrag – Kommentar, Bd. 2, Artikel 81 Absatz 1 EG, Rz. 127.

493 Siehe *BMWi*, Erste Stellungnahme der deutschen Delegation zur Reform der EU-Wettbewerbsregeln für horizontale Vereinbarungen, II.

494 *Kommission*, Leitlinien für horizontale Zusammenarbeit, ABl. 2001 C 3/2, 19 Rz. 134.

495 Siehe dazu eingehend unten § 7 C. I. 1. a) cc).

496 In diesem Sinne *Schroeder* in: Grabitz/Hilf, EGV-Kommentar, Bd. II, Art. 81 EGV Rz. 513.

497 So ist in den Leitlinien von einem „bestimmten Maß an Marktmacht“ (Rz. 116), von „starker Stellung“ (Rz. 123), von „hinreichend großem Anteil“ und „starker Nach-

dass Unternehmen zu Selbstveranlagung gezwungen und auf entsprechende Marktinformationen angewiesen seinen, zusätzlich erheblich zur Rechtsunsicherheit beiträgt[498]. Bekräftigt wird dieser Einwand durch die Kritik, die sich auf die Methode der Kommission zur Messung der Marktkonzentration bezieht. Als problematisch wird zwar schon das Bestreben der Kommission angesehen, die Marktkonzentration, d. h. die Stellung und die Anzahl der Wettbewerber auf dem relevanten Markt, als traditionelles Strukturelement bei der Analyse von Unternehmenszusammenschlüssen auch für die Analyse von Kooperationsvereinbarungen heranzuziehen[499]. Vor allem findet aber die Tatsache in der Wissenschaft Anstoß, dass seine Messung auf Grundlage des Herfindahl-Hirschman-Indexes (HHI)[500] erfolgt[501].

---

fragemacht" (Rz. 126), von „erheblicher Nachfragemacht" und „gewissem Maß an Macht" (Rz. 129) die Rede.

498 *Monopolkommission,* Folgeprobleme der europäischen Kartellverfahrensreform – Sondergutachten, Rz. 78; *Baron* in: Langen/Bunte, GWB/EG-Kartellrecht – Kommentar, 9.Aufl., Einführung zum EG-Kartellrecht, Rz. 197.

499 Vgl. *Kommission,* Horizontalleitlinien, ABl. 2001 C 3/2, 5 Rz. 29. Je nach Marktstellung der Beteiligten und Konzentration des Marktes seien auch andere Faktoren wie die Stabilität der Marktanteile über einen bestimmten Zeitraum, die Wahrscheinlichkeit eines Markteintritts [...] oder die Beschaffenheit der Produkte (z. B. Homogenität, Produktreife) in Erwägung zu ziehen, Leitlinien: Zusammenarbeit, ABl. 2001 C 3/2, 5 Rz. 30.

500 Diese Messmethode stammt aus dem US-amerikanischen Fusionskontrollverfahren, vgl. dazu u. a. *Bueren,* Der „New economic approach" der Kommission für horizontale und vertikale Wettbewerbsbeschränkungen, WRP 2004, 567, 571.

501 Siehe z. B. *Emmerich,* Anmerkungen zu der „neuen" Wettbewerbspolitik der Europäischen Kommission, WRP 2000, 858, 861, der im HHI bloß ein „theoretisches Konstrukt ohne jeden Realitätsgehalt" erblickt; *UNICE,* Position Paper on Draft Guidelines on Horizontal Cooperation, S. 2: „The HHI is mainly used in the context of the US system for analysing market structure for the purpose of merger control, rather than assessing market behaviour under European competition rules. UNICE believes that the Commission should not encourage application of this tool in a framework that differs substantially from the one for which it is designed, and points out expressly the limitations of the instrument"; eine Gegenüberstellung der Vor- und Nachteile findet sich bei *Bueren,* Der „New economic approach" der Kommission für horizontale und vertikale Wettbewerbsbeschränkungen, WRP 2004, 567, 571 ff., der im Ergebnis den HHI grundsätzlich als aussagefähigen Gradmesser ansieht.

II. Bewertung und eigene Stellungnahme

Was zunächst die Kritik an der Heranziehung des HHI im Rahmen von Kooperationsabsprachen angeht, sei darauf hingewiesen, dass jedenfalls im Zusammenhang mit der Beurteilung horizontaler Zusammenschlüsse im Falle relativ homogener Produktmärkte die HHI-Maßzahl ein besonders guten Indikator für die Wettbewerbslage auf dem Markt zu sein scheint[502]. Da auch bei Einkaufskooperationen in der überwiegenden Mehrzahl aller Fälle homogene Produktmärkte den Normalfall darstellen, ist nicht einzusehen, hierbei anders zu verfahren[503] – insbesondere, weil Einkaufskooperationen und Zusammenschlüsse von Nachfragern vergleichbare Wirkungen auf den Wettbewerb hervorzurufen in der Lage sind. Dies führt freilich zwangsläufig dazu, dass sich in derartigen Fällen bezüglich der Frage der Marktkonzentration als ein Kriterium zur Feststellung einer Wettbewerbsbeschränkung die Kontrollschwelle des Kooperationstatbestandes der des Konzentrationstatbestandes annähert. Das bedeutet nicht, dass das Konzentrationsprivileg damit auch Kooperationen zugute kommt. Es darf nicht übersehen werden, dass der Aspekt der Marktkonzentration lediglich ein Kriterium innerhalb des analytischen Konzepts der Kommission ist, mit dessen Hilfe die Frage beantwortet werden soll, ob eine Wettbewerbsbeschränkung vorliegt oder nicht.

Obwohl die Kommission den wirtschaftsanalytischen Rahmen zur Beurteilung von Kooperationsvereinbarungen als das Ergebnis einer notwendigen Angleichung an die Entwicklungen der jüngeren Rechtsprechung versteht[504], hat sie erst später, nämlich in den jüngst veröffentlichten Leitlinien zur Anwendung von Art. 81 Abs. 3 EG, präzisiert, auf welche Rechtsprechungsentscheidungen der „more economic approach" zurückzuführen ist[505]. Auslöser und Ansatzpunkt für den von der Kommission entwickelten analytischen

---

502 Entwurf einer Mitteilung der Kommission vom 31.12.2002 über die Kontrolle horizontaler Zusammenschlüsse gemäß der Fusionskontrollverordnung, ABl. 2002 C 331/18, 21 Rz. 27. Eingehend zum Herfindahl-Hirschman-Index vgl. *Ulshöfer*, Der Einzug des Herfindahl-Hirschman-Indexes (HHI) in die europäische Fusionskontrolle, ZWeR 2004, 50 ff.; sowie *Schmidt/Ries*, Der Herfindahl-Hirschman-Index (HHI), WuW 1983, 525, 526.

503 Eine gewisse Einschränkung muss sie dennoch erfahren, wenn man berücksichtigt, dass sie von der Kommission im Zusammenhang einer Würdigung der Wettbewerbsverhältnisse unter oligopolistischen Marktbedingungen getroffen wurde.

504 Siehe *Kommission*, Horizontalleitlinien, ABl. 2001 C 3/2 Rz. 6.

505 Vgl. *Kommission*, Leitlinien zur Anwendung von Art. 81 Abs. 3 EG, ABl. 2004 C 101/97, 100 Rz. 24 ff.

Rahmen samt der von ihr gewählten Definition für Marktmacht scheint insbesondere die *MÉTROPOLE TÉLÉVISION*-Entscheidung zu sein, in der das EuG die von der Literatur[506] unter dem Stichwort „notwendige Wettbewerbsbeschränkungen" diskutierten Entscheidungen des EuGH[507] als „Teil einer breiteren Strömung in der Rechtsprechung" versteht, „die nicht völlig abstrakt und unterschiedslos davon ausgeht, dass jede die Handlungsfreiheit eines oder mehrerer Beteiligter beschränkende Vereinbarung zwangsläufig von dem Verbot des Artikels 85 Absatz 1 EG-Vertrag erfasst wird"[508]. Diese Sichtweise hat das EuG mittlerweile in der Entscheidung zur Sache *O2* bestätigt[509]. Außerdem scheint die Kommission mit ihrem Konzept den von der Rechtsprechung in vielen Entscheidungen wiederholt vorgegebenen und zuletzt in der Entscheidung *EUROPEAN NIGHT SERVICES LTD* formulierten Auftrag neu zu interpretieren und umzusetzen, nämlich den konkreten Rahmen zu berücksichtigen, in dem die Vereinbarung ihre Wirkungen entfaltet, insbesondere den wirtschaftlichen und rechtlichen Kontext, in dem die betroffenen Unternehmen tätig sind, die Art der Waren und Dienstleistungen, auf die sich die Vereinbarung bezieht, sowie die tatsächlichen Bedingungen der Funktion und der Struktur des relevanten Marktes, sofern nicht eine Vereinbarung vorliegt, die offenkundige Beschränkungen des Wettbewerbs umfasst[510].

Offenbar ist aus den vorbenannten Entscheidungen die von der Kommission vertretene Ansicht erwachsen, dass für eine Analyse der Auswirkungen einer Vereinbarung die Beschränkung des Wettbewerbs zwischen den Beteiligten nicht ausreiche[511] und deshalb für die Annahme einer bewirkten Wettbewerbsbeschränkung in hinreichendem Maße negative Auswirkungen einer Vereinbarung auf Preise, Produktionsmengen, Innovationen oder Vielfalt und Qualität von Waren und Dienstleistungen nachgewiesen werden müssten.

506 Siehe dazu umfassend *Casper*, Wettbewerbsrechtliche Gesamtwürdigung von Vereinbarungen i.R.v. Art. 81 Abs. 1 EGV.

507 Vgl. EuG, 18.09.2001, *METROPOLE TELEVISION*, Rs. T-112/99, Slg. 2001, II-2459, 2488 Rz. 74 (75) m.N.d. Rspr.

508 EuG, 18.09.2001, *METROPOLE TELEVISION*, Rs. T-112/99, Slg. 2001, II-2459, 2488 ff. Rz. 75 ff.

509 *EuG*, 02.05.2006, *O2*, Rs. T-328/03, Slg. 2006, II-1231 Rz. 69 f.; dazu eingehend *Leupold/Weidenbach*, Neues Verhältnis von Art. 81 Abs. 1 und Art. 81 Abs. 3 EG-Vertrag?, WuW 2006, 1003 ff.

510 Vgl. *EuG*, 15.09.1998, *EUROPEAN NIGHT SERVICES LTD*, Rz. T-388/94, Slg. 1998, II-3141, 3196 Rz. 136 m.N.d. EuGH-Rspr.

511 Vgl. *Kommission*, Horizontalleitlinien, ABl. 2001 C 3/2, 4 Rz. 19.

Diese negativen Auswirkungen müssten spürbar sein, d. h. die Parteien müssten gemeinsam ein erhebliches Maß[512] an Marktmacht haben, die sich entweder aus einer Beschränkung des Wettbewerbs zwischen den Vertragsparteien oder zwischen einer Partei und Dritten ergeben könne[513]. Nur durch diese Vorgehensweise könne der Wettbewerb zum Vorteil des Verbrauchers geschützt werden[514].

1. Keine Abwägung von wirtschaftlich vorteilhaften und nachteiligen Wirkungen im Rahmen des Art. 81 Abs. 1 EG

Der geäußerten Kritik ist im Hinblick auf die oben zitierte Rechtsprechung darin zuzustimmen, dass sich das den Leitlinien zugrunde liegende Konzept kaum in das vormals geltende Verbot-Ausnahme-System einordnen lässt, sofern eine Wettbewerbsbeschränkung und damit die Anwendbarkeit von Art. 81 Abs. 1 EG aufgrund wirtschaftlich vorteilhafter Wirkungen auszuschließen wäre. Das Gericht Erster Instanz hat betont, dass nur im Rahmen der Prüfung des Freistellungstatbestandes (Art. 81 Abs. 3 EG) eine Abwägung wettbewerbsfördernder und wettbewerbsbeschränkender Gesichtspunkte stattfinden könne[515]. Die Wettbewerbsbehörde hat diesen Vorwurf augenscheinlich registriert. Nicht um sonst bekräftigt sie selbst in den Leitlinien zur Anwendung von Art. 81 Abs. 3 EG unter Berufung auf die angesprochene Rechtsprechung[516] ihre Auffassung, eine Abwägung von Vorteilen, die sich aus der Wettbewerbsbeschränkung ergeben, könne ausnahmslos erst bei der Prüfung der Freistellungsvoraussetzung vorgenommen werden[517]. Bei genauerem Hinsehen widerspricht die Wettbewerbsbehörde durch die Anwendung ihres analytischen Rahmens aber auch tatsächlich weder dieser Rechtsprechung, noch sich selbst. Mit anderen Worten: Der Vorwurf der Berücksichtigung vorteilhafter Auswirkungen im Rahmen von Art. 81 Abs. 1 EG ist unberechtigt.

512 Vgl. *Kommission,* Horizontalleitlinien, ABl. 2001 C 3/2, 4 Rz. 20.

513 Vgl. *Kommission,* Leitlinien zur Anwendung von Art. 81 Abs. 3 EG, ABl. 2004 C 101/97, 100 Rz. 24 ff.

514 Siehe *Kommission,* Leitlinien zur Anwendung von Art. 81 Abs. 3 EG, ABl. 2004 C 101/97, 100 Rz. 24 (Fn. 31).

515 EuG, 18.09.2001, *METROPOLE TELEVISION,* Rs. T-112/99, Slg. 2001, II-2459, 2488 Rz. 74; 02.05.2006, *O_2,* Rs. T-328/03, Slg. 2006, II-1231 Rz. 69 f.

516 Das EuG dementiert im Übrigen erstmals ausdrücklich, dass bei den besagten Entscheidungen der Gemeinschaftsgerichte eine Art „rule of reason"-Analyse vorgenommen wurde (vgl. auch EuG, 23.10.2003, *VAN DEN BERGH FOODS,* Rs. T-65/98, Slg. 2003, II-4653, 4701 Rz. 106 ff.).

517 Siehe *Kommission,* Leitlinien zur Anwendung von Art. 81 Abs. 3 EG, ABl. 2004 C 101/97, 98 Rz. 11.

Denn der analytische Rahmen verlangt keine Abwägung von Vor- und Nachteilen bei der Anwendung der Verbotsnorm, sondern die Frage, ob eine Wettbewerbsbeschränkung vorliegt, ist das Ergebnis einer Gesamtbeurteilung struktureller Gegebenheiten (Gegenmacht der Marktgegenseite, Wettbewerbsstellung der Mitbewerber) in Gegenwart und Zukunft, nach der Marktmacht und damit eine negative Wirkung auf Wettbewerbsparameter wie z. B. Preise entweder vorliegt oder nicht. Die Kommission verlangt demnach zu keinem Zeitpunkt der Prüfung, dass Marktmacht deshalb unberücksichtigt zu bleiben hat, weil sie positive Wirkungen zeitigt. Vielmehr kann die Entscheidung nur das Ergebnis zum Inhalt haben, dass schon gar keine Marktmacht vorliegt[518]. Der wirtschaftliche Ansatz dient somit als Auslegungsmöglichkeit des Tatbestandsmerkmals der Wettbewerbsbeschränkung. Eine Abwägung wird erst in Art. 81 Abs. 3 EG vorgenommen, wo die Wettbewerbsbeschränkung – verursacht durch Marktmacht – etwaigen Effizienzsteigerungen gegenübergestellt wird. Relativiert wird diese Unterscheidung zugegebenermaßen insofern, als dass es durch Einführung der Legalausnahme letztendlich zu einer integralen[519] Anwendung von Art. 81 Abs. 1 und Abs. 3 EG kommt[520], die einer „rule of reason“ gleicht.

2. Ansätze einer „rule of reason“

Obwohl die Kommission – wenngleich nicht in den Leitlinien über horizontale Zusammenarbeit – auf die Rechtsprechung des EuG in der Sache *MÉTROPOLE TÉLÉVISION* verweist[521], in der ausdrücklich eine „rule of reason“ im EG-Kartellrecht abgelehnt wird[522], und obwohl eine Abwägung positiver und negativer Wirkungen im Rahmen von Art. 81 Abs. 1 EG nicht stattfindet[523], nähert sich die Wettbewerbsbehörde im Ergebnis dennoch mit ihrer stark wirtschaftsorientierten Wettbewerbspolitik einer Analyse in dem Stil einer „rule of reason“ an, die Parallelen zum US-amerikanischem Anti-

518 Wie sich jedoch im späteren Verlauf dieser Arbeit noch zeigen wird, ist dies bei der Beurteilung von Einkaufskooperationen nur bedingt der Fall.

519 So auch *Bunte* in: Langen/Bunte, EG-Kartellrecht – Kommentar, Bd. 2, Art. 81 – Generelle Prinzipien, Rz. 4.

520 Zur Frage, ob dies mit einer Art „rule of reason“ zu vergleichen ist, siehe sogleich unten § 5 C. II. 2.

521 *Kommission*, Leitlinien zur Anwendung von Art. 81 Abs. 3 EG, ABl. 2004 C 101/97, 98 Rz. 11 (Fn. 10).

522 EuG, 18.09.2001, *METROPOLE TELEVISION*, Rs. T-112/99, Slg. 2001, II-2459, 2488 Rz. 72 ff.; bestätigt durch die Entscheidung des EuG vom 02.05.2006, *O₂*, Rs. T-328/03, Slg. 2006, II-1231 Rz. 69 f.

523 S.o. § 5 C. II. 1.

trustrecht aufweißt. Denn abgesehen von den sog. Kernbeschränkungen, die generell unter das Verbot des Art. 81 Abs. 1 EG fallen, bedarf es zur Beurteilung einer Wettbewerbsbeschränkung nunmehr einer Einzelfallbetrachtung, bei der wirtschaftlich negative Wirkungen der Vereinbarung auf Preise, Innovationen, Produktqualität, etc. erforderlich sind, damit die Vereinbarung von der Verbotsnorm erfasst wird, um sodann im Rahmen von Art. 81 Abs. 3 EG etwaigen Effizienzgewinnen gegenübergestellt und gegen diese abgewogen zu werden. Negative Wirkungen und Effizienzgewinne werden schon immer im Rahmen von Art. 81 Abs. 3 EG gegeneinander abgewogen, was der US-amerikanischen „rule of reason“ insofern fremd ist, als diese einen Doppeltatbestand, wie in Art. 81 EG enthält, nicht kennt und es deshalb auch keine Schwierigkeiten gibt, wirtschaftlich negative Wirkungen dem einen oder dem anderen Tatbestand zuzuordnen. Neu ist aber, dass wirtschaftlich negative Wirkungen im Rahmen von Art. 81 Abs. 1 EG berücksichtigt werden[524]. Die zuvor beschriebene Verzahnung beider Tatbestände führt aber schlussendlich zu einer Gesamtabwägung zwischen etwaigen negativen Wirkungen und Effizienzgewinnen, die sich im System der Legalausnahme aufgrund der unmittelbaren Geltung von Verbots- und Freistellungstatbestand praktisch als ein einziger Prozess darstellt, der nur formal zweigeteilt ist.

Unabhängig davon, ob dieser Ansatz mit der Rechtsprechung vereinbar ist, widerspricht er jedenfalls nicht dem Wortlaut des Art. 81 EG und ist deshalb insoweit auch nicht mit primären Gemeinschaftsrecht unvereinbar. Denn ebenso wie das ungeschriebene Tatbestandsmerkmal der Spürbarkeit lässt sich der wirtschaftliche Ansatz der Kommission letztendlich als Auslegungsmöglichkeit des Tatbestandsmerkmals der Wettbewerbsbeschränkung begreifen. Ähnliches gilt für den Tatbestand der Freistellung gem. Art. 81 Abs. 3 EG, der eine Freistellung durch das Instrument der normkonkretisierenden Gruppenfreistellungsverordnungen auch dann ermöglicht, wenn nichtwettbewerbliche Ziele verfolgt werden[525]. Das ergibt sich beispielsweise aus den Regelungen in der Gruppenfreistellungsverordnung (EG) 1400/2002 für den Kfz-Vertrieb, in denen Aspekte der Verbraucher-, Sozial- und Industriepolitik verankert sind[526]. Insoweit bleibt die Anwendbarkeit des Art. 81 Abs. 3 EG ne-

---

524 In diesem Sinne z.B. auch *Bundeskartellamt*, Kooperation zwischen Wettbewerbern, S. 24.

525 Siehe *Aicher/Schumacher* in: Grabitz/Hilf, EGV-Kommentar, Bd. II, Art. 81 EGV Rz. 21 m.w.N.

526 In Anschluss an *Fuchs*, Die Gruppenfreistellungsverordnung als Instrument der europäischen Wettbewerbspolitik im System der Legalausnahme, ZWeR 2005, 1, 26.

ben einer als „rule of reason" ausgestalteten Verbotsvorschrift in jedem Fall erhalten. Ob der Freistellungstatbestand im System der Legalausnahme jedoch durch nationale Behörden und Gerichte angewendet werden kann, wenn er nicht wettbewerbsbezogen ausgelegt wird, ist eine Frage, die hier mangels thematischen Bezuges nicht weiter vertieft werden soll. In der Literatur scheint sich jedenfalls – bekräftigt durch Aussagen der Kommission – die Auffassung zu etablieren, dass eine auf politische Gründe gestützte Freistellung im Rahmen der unmittelbaren und dezentralen Anwendung von Art. 81 Abs. 3 EG nicht in Betracht kommt[527].

3. Berechtigung des Marktmachtkriteriums

In der Tat ist zwar das von der Kommission in den Vordergrund gerückte Kriterium der Markmacht zur Feststellung einer Wettbewerbsbeschränkung in den zitierten Entscheidungen des EuG nicht in wünschenswerter Deutlichkeit zum Ausdruck gebracht worden. Dennoch gibt es vor allem in der Rechtsprechung des EuGH Hinweise, die den von der Kommission eingeschlagenen Weg stützen und deshalb näherer Betrachtung bedürfen. Zuvor sei den Kritikern des Marktmachtkriteriums allerdings gesagt, dass die Kommission dieses Kriterium keineswegs erstmals in den Leitlinien über horizontale Zusammenarbeit und damit im Kontext des „more economic approach" im Zusammenhang mit Art. 81 Abs. 1 EG verwendet. Schon der Bekanntmachung über die Beurteilung kooperativer Gemeinschaftsunternehmen nach Art. 81 Abs. 1 EG von 1993 war andeutungsweise zu entnehmen, dass die Behörde Marktmacht außerhalb des Kriteriums der Spürbarkeit eines Gemeinschaftsunternehmens zu berücksichtigen gedachte. Durch die Existenz von Gemeinschaftsunternehmen sollte Marktmacht der Gründerunternehmen gebündelt werden können, was zu Abschottungsproblemen hätte führen können bzw. den Marktzutritt hätte erschweren können[528]. Der Umstand, dass die Gründung eines Gemeinschaftsunternehmens je nach dem Umfang seiner Tätigkeit auf Grundlage der Fusionskontrollverordnung zu beurteilen ist (Vollfunktionsgemeinschaftsunternehmen)[529], bei der freilich Marktmacht als ein Kriterium zu berücksichtigen ist, mag daran insoweit nichts ändern, als

527 Siehe insbesondere *Fuchs*, Die Gruppenfreistellungsverordnung als Instrument der europäischen Wettbewerbspolitik im System der Legalausnahme, ZWeR 2005, 1, 17 f. m.w.N.

528 Vgl. *Kommission*, Bekanntmachung über die Beurteilung kooperativer Gemeinschaftsunternehmen, ABl. 1993 C 43/2 Rz. 25.

529 Zur Frage der Einordnung eines Gemeinschaftsunternehmens als kooperativ oder konzentrativ vgl. *Schroeder* in: Grabitz/Hilf, EGV-Kommentar, Bd. II, Art. 81 EGV Rz. 418 ff.

die aus der Marktmacht resultierenden Probleme nicht allein Ausfluss der Existenz des Gemeinschaftsunternehmens sind, sondern gleichwohl der Zurückhaltung der Gründerunternehmen beim individuellen Einkauf zuzuschreiben sind, d. h. sie haben ihre Ursache in einem – wenn auch bloß faktisch – koordinierten Verhalten der Gründerunternehmen[530].

a) Relevante Rechtsprechung zu Art. 81 Abs. 1 EG

Auch wenn die von der Kommission verwendete Definition für Marktmacht nirgends eine Entsprechung findet, so ist jedenfalls dennoch eine Interpretation der Rechtsprechung dahingehend, dass sie Marktmacht als Kriterium billigt bzw. anerkennt, nicht vollkommen abwegig.

Indem das Gericht Erster Instanz in der Entscheidung *EUROPEAN NIGHT SERVICES LTD* der Kommission aufträgt, den konkreten Rahmen zu berücksichtigen, in dem die Vereinbarung ihre Wirkungen entfaltet, insbesondere den wirtschaftlichen Kontext und die tatsächlichen Bedingungen der Struktur des relevanten Marktes[531], so ist nicht von der Hand zu weisen, dass Marktmacht der Beteiligten grundsätzlich auch ein zu berücksichtigender Faktor sein kann. Immerhin ist die Struktur eines jeden Marktes von der Marktstellung der dort agierenden Unternehmen geprägt.

In dieser Hinsicht deutlicher war bereits die Entscheidung des EuGH in der Sache *OUDE LUTTIKHUIS*, in der die Konformität einer genossenschaftlichen Vereinbarung mit Art. 81 Abs. 1 EG ebenfalls von deren Wirkung unter Berücksichtigung des wirtschaftlichen Gesamtzusammenhangs sowie der Struktur des Marktes abhängig gemacht wurde[532]. Darüber hinaus war im Zusammenhang mit der Würdigung von einer Lieferverpflichtung für die Mitglieder einer Genossenschaft in Verbindung mit der Verhängung übermäßiger Austrittsgelder explizit davon die Rede, dass derartige Vereinbarungen auf ohnehin schon konzentrierten Märkten zu einer übermäßigen Starrheit des Marktes und zu einer Verfestigung oder Erhaltung einer Machtstellung führen

---

530 Vgl. *Kommission*, Bekanntmachung über die Beurteilung kooperativer Gemeinschaftsunternehmen, ABl. 1993 C 43/2 Rz. 3: „Nimmt das Gemeinschaftsunternehmen marktbezogene Aufgaben wie den Einkauf war, so führt dies regelmäßig zu einer Koordinierung, wenn nicht sogar zu einer Vereinheitlichung des Wettbewerbsverhaltens der Gründer [...]".

531 Vgl. *EuG*, 15.09.1998, *EUROPEAN NIGHT SERVICES LTD*, Rz. T-388/94, Slg. 1998, II-3141, 3196 Rz. 136 m.N.d. EuGH-Rspr.

532 EuGH, 12.12.1995, *OUDE LUTTIKHUIS*, Rs. C-399/93, Slg. 1995, I-4515, 4527 Rz. 20.

könnten[533]. Eindeutig hat der Gerichtshof hier auf die (oligopolistische) Marktstruktur[534] und insbesondere auf die Marktmacht der Beteiligten abgestellt, um die Frage nach der Existenz einer Wettbewerbsbeschränkung zu klären, obwohl die Vereinbarung die Handlungsfreiheit der Kooperationsmitglieder beschränkte. Letzteres allein hat den Gerichtshof offenbar nicht dazu veranlasst, von einer Wettbewerbsbeschränkung und damit von einer Anwendbarkeit der Verbotsnorm auszugehen.

Schließlich hat der EuGH ein Jahr zuvor in der bereits erwähnten Entscheidung zur Sache *GOETTRUP-KLIM* erklärt, die Vereinbarkeit einer Vereinbarung mit Art. 81 Abs. 1 EG hänge nicht nur von ihren einzelnen Bestimmungen, sondern auch von den wirtschaftlichen Bedingungen auf dem relevanten Markt ab, wobei sie in diesem Zusammenhang die Möglichkeit in Betracht zog, dass Mitglieder einer Einkaufsgenossenschaft ein Gegengewicht zu den Anbietern bilden könnten[535]. Der Gerichtshof stellte damit im Grunde wiederum den Aspekt der Marktmacht in den Vordergrund, mit dem er im Sachzusammenhang positive, nämlich förderliche Wirkungen auf den Wettbewerb verband. Ob er damit an sich negativ wirkende Marktmacht zugelassen hat, weil seine positiven Eigenschaften überwogen, im Grunde also eine Abwägung vornahm, geht aus der Entscheidung nicht klar hervor. Sollte das jedoch der Fall sein, so ist die diesbezüglich zu findende Kritik in der Rechtslehre bzgl. des wirtschaftlichen Ansatzes der Kommission unberechtigt, oder sie sollte jedenfalls darüber hinaus auch auf die Rechtsprechung es EuGH ausgedehnt werden.

b) Schlussanträge des Generalanwalts in der Sache GOETTRUP-KLIM

Erstaunliche Parallelen weist der analytische Rahmen vor allem mit den Schlussanträgen des Generalanwalts *Tesauro* zum letztgenannten Fall auf. Das gilt aufgrund der Materie ganz besonders für die Vorgehensweise der Kommission zur Beurteilung von Einkaufskooperationen. Hier fand nicht nur die Art der Vereinbarung als Ausgangspunkt der Analyse Berücksichtigung. Vielmehr wurde die Bedeutung der gemeinsamen Macht der Mitglieder als Gegengewicht zu den Lieferanten besonders herausgestellt, wobei die Markt-

533 EuGH, 12.12.1995, *OUDE LUTTIKHUIS*, Rs. C-399/93, Slg. 1995, I-4515, 4526 Rz. 15.

534 In diesem Sinne auch *Veelken/Bayreuther*, Anmerkung zu OLG Oldenburg v. 03.02. 1998, 5 U 88/97, ZfgG 2000, 246, 255.

535 EuGH, 15.12.1994, *GOETTRUP-KLIM*, Rs. C-250/92, Slg. 1994, I-5641, 5687 Rz. 31 f.

struktur der Marktgegenseite und die Wettbewerbsbedingungen zwischen den Mitgliedern der Kooperationsvereinbarung in Relation zu der gemeinsamen Macht berücksichtigt wurden[536]. Auch wenn die Entscheidungsgründe des EuGH in dieser Sache eine derartige Deutlichkeit vermissen lassen, so kann doch angesichts der Tatsache, dass der Gerichtshof den Schlussanträgen in allen Punkten gefolgt ist und einzelne Begründungsteile aufgegriffen hat, der Schluss gezogen werden, dass er sich der Meinung des Generalanwalts angeschlossen hat[537].

Insofern wäre aus Sicht der Kritiker nicht nur der Kommission, sondern auch dem Generalanwalt bzw. dem EuGH vorzuwerfen, einen Systembruch zu begehen. Jedenfalls erscheint aus diesem Blickwinkel die Kritik fragwürdig, wenn nicht sogar unberechtigt, soweit sie darauf basiert, dass das Konzept der Kommission, insbesondere die Berücksichtigung von Marktmacht, keine Grundlage in der Rechtsprechung finde, auch wenn sie in der Sache durchaus gerechtfertigt ist. Denn vor allem an der mit dem wirtschaftlichen Ansatz einhergehenden Verwischung der Grenzen zwischen Art. 81 Abs. 1 und Abs. 3 EG, der Relativierung der Unterschiede zwischen Art. 81 and Art. 82 EG sowie an dem Bedeutungschwund des Spürbarkeitskriteriums ändert sich nichts.

c) Bisherige Zurückhaltung der Gerichte bei „komplexen wirtschaftlichen Zusammenhängen"

aa) Sachkompetenz der Kommission bei wirtschaftlichen Fragen

Abgesehen von der zitierten Rechtsprechung, die die Kommission nach eigener Aussage bzw. vermutlich zur Entwicklung des wirtschaftsanalytischen Rahmens bewogen hat, darf schließlich nicht übersehen werden, dass es für das Fehlen einer ausdrücklichen Stellungnahme der Gerichte zum Inhalt des „more economic approach" bislang einen triftigen Grund gab. So war vor Einführung der Legalausnahme für die Gerichte die tatsächliche Überprüfungsreichweite von Kommissionsentscheidungen angesichts der Einschätzungsprägorative der Wettbewerbsbehörde sowie deren Sachkenntnis im Hinblick auf ökonomische Bewertungen beschränkt, weshalb sie bisher dazu zu neigen schienen, Ausführungen der Kommission zu komplexen wirtschaftlichen Zusammenhängen im Vertrauen auf deren Möglichkeiten und gewach-

536 Vgl. die *Schlussanträge des Generalanwalt Tesauro* vom 16.06.1994 zu *EuGH*, 15.12.1994, *GOETTRUP-KLIM*, Rs. C-250/92, Slg. 1994, I-5641, 5657 f. Rz. 18 ff.

537 In 75% aller Fälle folgt der Gerichtshof den Schlussanträgen des Generalanwalts: vgl. dazu *Gündisch/Wienhues*, Rechtsschutz in der EU, S. 84.

sener Sachkenntnis zu übernehmen[538]. Das betrifft in erster Linie Beurteilungen der Kommission im Rahmen einer Freistellung nach von Art. 81 Abs. 3 EG, bei denen die Wettbewerbsbehörde jedenfalls im Geltungsbereich der alten Verfahrens- und Durchführungsverordnung (EG) Nr. 17/62 anerkanntermaßen einen großen Beurteilungsspielraum besaß – nicht nur wegen der unbestimmten, der Wertung zugänglichen Kartellrechtsbegriffe, sondern auch aus Respekt der Gemeinschaftsgerichte vor dem Freistellungsprivileg und damit der Zuständigkeit der Wettbewerbsbehörde[539]. Allerdings beschränkte der Gemeinschaftsrichter nach ständiger Rechtsprechung des Gerichtshofes[540] auch bei seiner Auseinandersetzung mit den Verbotstatbestand des Art. 81 Absatz 1 EG seine Überprüfung der durch die Kommission gewürdigten komplexen wirtschaftlichen Gegebenheiten auf die Frage, ob die Verfahrensvorschriften eingehalten worden sind, ob die Begründung ausreichend ist, ob der Sachverhalt zutreffend festgestellt worden ist und ob keine offensichtlich fehlerhafte Würdigung des Sachverhalts sowie kein Ermessensmissbrauch vorgelegen hat. Auch das Gericht Erster Instanz betonte im Anschluss an diese Rechtsprechungspraxis des EuGH, dass sich die richterliche Kontrolle notwendigerweise auf diese Fragestellung zu beschränken hat und sich nicht auf Feststellungen der Kommission erstrecken kann, die das Ergebnis einer Würdigung komplexer wirtschaftlicher Gegebenheiten im Zusammenhang mit Art. 81 Abs. 1 EG sind[541]. Hinzu kommt, dass es in vielen Fällen unmöglich sein wird, in Anbetracht vieler Unwägbarkeiten[542] die einzig richtige Antwort auf ökonomische Fragestellungen zu geben. Das dürfte ein zusätzlicher

---

538 Siehe *Fuchs*, Die Gruppenfreistellungsverordnung als Instrument der europäischen Wettbewerbspolitik im System der Legalausnahme, ZWeR 2005, 1, 19.

539 Vgl. *Fuchs*, Die Gruppenfreistellungsverordnung als Instrument der europäischen Wettbewerbspolitik im System der Legalausnahme, ZWeR 2005, 1, 19; in diesem Sinne auch *Weiß* in: Callies/Ruffert, Kommentar zum EU/EG-Vertrag, Art. 81 Rz. 151.

540 Vgl. zuletzt *EuGH* vom 28.05.1998, *JOHN DEERE*, Rs. C-7/95 P, Slg. 1998, I-3111, 3150 Rz. 34; siehe auch schon *EuGH*, 11.07.1985, *REMIA*, Rs. 42/84, Slg. 1985, 2545, 2575 Rz. 34, sowie *EuGH*, 17.11.1987, *BAT & REYNOLDS*, Rs. 142/84 und 156/84, Slg. 1987, 4487, 4583 Rz. 62; siehe auch die *Schlussanträge des Generalanwalt Tesauro* in *EuGH*, 31.03.1998, *KALI & SALZ*, Rs. C-68/94, Slg. 1998, I-1375, 1393 Rz. 21.

541 Vgl. *EuG*, 23.10.2003, *VAN DEN BERGH FOODS LTD*, Rs. T-65/98, Slg. 2003, II-4653, 4690 Rz. 80; vgl. auch die Ausführungen der *Schlussanträge des Generalanwalt Tizzano* vom 25.05.2004 zu *EuGH*, 15.02.2005, *TETRA LAVAL*, Rs. C-12/03, Rz. 74.

542 Vgl. insoweit beispielsweise die oben dargestellte ökonomische Analyse von Nachfragemacht: § 3 A. IV. 3.

Grund dafür sein, warum die Gerichte eher zurückhaltend mit Überprüfungen hinsichtlich ökonomischer Analysen und Analysemethoden der Kommission sind[543].

Unter Berücksichtigung der vorstehenden Umstände vermag es dem zu Folge also auch nicht überraschen, dass die Gerichte dem wirtschaftlichen Ansatz der Kommission, insbesondere der Verwendung von Machtgesichtspunkten, im Rahmen von Art. 81 Abs. 1 EG, bislang nicht widersprochen haben, auch wenn sie das bereits hätten tun können. In der Literatur wird zum Teil befürchtet, dass sich an der beschränkten Kontrolldichte der Gerichte selbst im System der Legalausnahme nichts ändern werde, weil Art. 81 Abs. 3 nur beschränkt justiziabel sei[544]. Die wohl h. M. der Literatur[545] geht jedoch richtigerweise davon aus, dass es weder praktisch noch dogmatisch Gründe dafür gibt, die Kontrolldichte der Gerichte weiterhin als beschränkt anzusehen. Das hat im Wesentlichen zwei Gründe: Erstens haben die nationalen Wettbewerbsbehörden und Gerichte in Europa Erfahrung mit der Auslegung unbestimmter Rechtsbegriffe, weil sie gerade ein Kennzeichen moderner Normen gegen Wettbewerbsbeschränkungen sind und weil im Zusammenhang ihrer Anwendung komplexe ökonomische Bewertungen erforderlich sind. Zweitens ist der Umgang mit schwierigen, komplexen ökonomischen Einschätzungs- und Prognosefragen ein Problem praktischer Natur, welches beispielsweise mit den Mittel des Sachverständigenbeweises lösbar ist. Das betrifft unter Berücksichtigung des wirtschaftlichen Ansatzes der Kommission die Auslegung des Tatbestandsmerkmals der Wettbewerbsbeschränkung in Art. 81 Abs. 1 EG gleichermaßen wie die Auslegung der Tatbestandsmerkmale in Art. 81 Abs. 3 EG.

543 Im Anschluss an *Bailey*, Scope of Juridical Review unter Article 81 EC, C.M.L.Rev. 2004, 1327, 1336.

544 So insbesondere *Mestmäcker/Schweitzer*, Europäisches Wettbewerbsrecht, § 13 Rz. 15 ff.; *Geiger*, Das Weißbuch der EG-Kommission zu Art. 81, 82 EG - eine Reform, besser als ihr Ruf, EuZW 2000, 165, 167; *Möschel*, Systemwechsel im Europäischen Wettbewerbsrecht?, JZ 2000, 61, 62 (65); *Monopolkommission*, Sondergutachten 28: Das Weibuch der Kommission vom 28. April 1999, Rz. 18.

545 Siehe dazu umfassend und mit zahlreichen Nachweisen *Fuchs*, Die Gruppenfreistellungsverordnung als Instrument der europäischen Wettbewerbspolitik im System der Legalausnahme, ZWeR 2005, 1, 19 f.

bb) Die TETRA LAVAL-Entscheidung als Beitrag für eine zukünftig erweiterte Kontrolldichte der Gerichte

Mit Spannung wird man diesbezüglich auch abzuwarten haben, ob die neuerlich an den Tag gelegten Tendenzen des Gerichtshofs im Rahmen der Würdigung von Unternehmenszusammenschlüssen Auswirkungen auch auf die Bewertungskriterien zur Würdigung von Kooperationsvereinbarungen sowie die Kontrolldichte der Gerichte haben werden. In der Sache *TETRA LAVAL* wies der EuGH[546] das von der Kommission eingelegte Rechtsmittel gegen die Entscheidung des Gerichts Erster Instanz zurück und bestätigte die Rechtsauffassung des EuG, die von der Kommission angeführten Verbotsgründe würden nicht vollständig den Stand der wirtschaftswissenschaftlichen Forschung widerspiegeln und vernachlässigten, dass bestimmte Wirkungen einer Fusion nur unter bestimmten Bedingungen eintreten[547].

Möglicherweise ist diese Rechtsprechung der Beginn einer neuen Praxis, die sich in einer Abkehr von der bisherigen, von Zurückhaltung geprägten Nachprüfung hin zu einer stärkeren Kontrolle der von der Kommission herangezogenen wirtschaftlichen Grundlagen äußert. Denn dass der Kommission in Wirtschaftsfragen ein Beurteilungsspielraum zustehe, bedeutet nach dieser Rechtsprechung besonders im Rahmen einer Untersuchung der voraussichtlichen Entwicklung nicht, dass der Gemeinschaftsrichter eine Kontrolle der Auslegung von Wirtschaftsdaten durch die Kommission unterlassen muss. Das Gericht muss nicht nur die sachliche Richtigkeit der angeführten Beweise, ihre Zuverlässigkeit und ihre Kohärenz prüfen, sondern auch kontrollieren, ob diese Beweise alle relevanten Daten darstellen, die bei der Beurteilung einer komplexen Situation heranzuziehen waren, und ob sie die aus ihnen gezogenen Schlüsse zu stützen vermögen. Eine solche Kontrolle ist nach Auffassung des EuGH umso nötiger, wenn es um eine Untersuchung der voraussichtlichen, künftigen Entwicklung geht. Das betreffe insbesondere konglomerate Zusammenschlüsse und Fälle kollektiver Marktbeherrschung[548].
Der Gerichtshof bestätigt folglich mit dieser Rechtsprechung nicht nur die Notwendigkeit, die Rechtsanwendung den neusten wirtschaftswissenschaftlichen Erkenntnissen anzupassen, sondern deutet zugleich an, die Richtigkeit dieser von wirtschaftlichen Erwägungen durchdrungenen Rechtsanwendung in Frage stellen zu wollen, sofern dies erforderlich ist. Damit gibt der EuGH

---

546 *EuGH*, 15.02.2005, *TETRA LAVAL*, Rs. C-12/03, Slg. 2005, I-987.

547 In diesem Sinne *EuG*, 25.10.2002, *TETRA LAVAL*, Rs. T-5/02, Slg. 2002, II-4381, 4446 Rz. 155 (160).

548 Vgl. *EuGH*, 15.02.2005, *TETRA LAVAL*, Rs. C-12/03, Slg. 2005, I-987 Rz. 39 ff.

seine vormals praktizierte Rechtsprechung zum Beurteilungsspielraum der Kommission de facto auf[549]. Auch wenn diese Rechtsprechung im Zusammenhang mit der Beurteilung eines Unternehmenszusammenschlusses erging, so ist nicht einzusehen, warum vor dem Hintergrund des zuvor Gesagten ein derartiges Vorgehen nicht auch für die gerichtliche Kontrolle von Kommissionsentscheidungen gelten soll, die eine Beurteilung von Kooperationen zum Inhalt haben. Gerade Einkaufskooperationen besitzen das Potential zur kollektiven Marktbeherrschung[550]. Bei der rechtlichen Beurteilung von Einkaufskooperationen kommt es überdies zukünftig angesichts des im Fokus der Betrachtung stehenden Marktmachtkriteriums[551] ohnehin auf die genaue Untersuchung der möglichen Auswirkungen auf den Markt an, sodass im Sinne der EuGH-Rechtsprechung eine Kontrolle in diesen Fällen nötiger ist, als in anderen Fällen. Denn es geht ebenso wie bei der Prüfung von Zusammenschlussvorhaben um eine Untersuchung künftiger Entwicklungen, die grundsätzlich mit großem Bedacht durchzuführen ist. Die Kernaussage der Entscheidung des EuG, nämlich dass die von der Kommission angeführten Verbotsgründe den Stand der wirtschaftswissenschaftlichen Forschung widerzuspiegeln hätten und berücksichtigen müssten, dass bestimmte Wirkungen nur unter bestimmten Bedingungen eintreten, hat somit insbesondere aufgrund der mit dem „more economic approach" geschaffenen Annäherung der Verhaltenskontrolle an die Vorgehensweise zur Zusammenschlusskontrolle ohne Weiteres Allgemeingültigkeit. Insofern ist davon auszugehen, dass die Gemeinschaftsgerichte in zukünftigen Entscheidungen den wirtschaftlichen Ansatz der Kommission einer genaueren Überprüfung unterziehen – wenn nicht sogar bestätigen.

549 So auch *Nothdurft*, Die Entscheidung des EuGH im Fall Tetra Laval, ZWeR 2006, 306, 309 f.; ebenso *Weitbrecht*, EU Merger Control in 2005 – An Overview, E.C.L.R. 2006, 43, 50; Zur Entwicklung der Rechtsprechung über den Beurteilungsspielraum siehe *Petre/Nucara*, Standard of Proof and Scope of Judicial Review in EC Merger Cases: Everything clear after Tetra Laval, E.C.L.R. 2005, 692, 694 f. m.N.d. Rspr.

550 Vgl. *Schröter* in: Schröter/Jakob/Mederer, EG-Karktellrecht - Kommentar, Artikel 82 Rz. 87; außerdem belegen empirische Untersuchungen, dass unter bestimmten, nicht unwahrscheinlichen Umständen von einer kollektiven Marktbeherrschung bereits bei relativ niedrigen Marktanteilen in der Größenordnung von 10% ausgegangen werden kann (s.u. § 7 C. I. 2. b) bb) und § 8 A. II. 4. b)).

551 Vgl. die Ausführungen zu den Unterschieden kurzzeitiger und langzeitiger Auswirkungen von Marktmacht (§ 3 A. IV.3. a) aa) (1)) sowie zu den Auswirkungen von nachfrageseitig veranlasster Preisdiskriminierung (§ 3 A. IV. 3. b) bb) (1).

4. Verbleibende Zweifel am wirtschaftsanalytischen Ansatz der Kommission

Diese Entwicklungen in der Rechtsprechung können jedoch nicht darüber hinwegtäuschen, dass der Begriff der Marktmacht ursprünglich der Erklärung einer marktbeherrschenden Stellung im Sinne von Art. 82 EG diente und nach wie vor dient. Zwar versteht die Kommission den Begriff der Marktmacht bewusst anders im Rahmen des Art. 81 Abs. 1 EG als im Zusammenhang mit Art. 82 EG, nämlich als die Möglichkeit der spürbar negativen Beeinflussung bestimmter Faktoren, anstatt der Fähigkeit, sich in bestimmten Maße unabhängig zu verhalten. Es stellt sich allerdings die Frage, ob diese Beschreibung tatsächlich inhaltlich etwas anderes meint, oder bloß das Gleiche in anderer Verpackung ist, auch wenn die Kommission ausdrücklich erklärt, erhebliche Marktmacht sei mit marktbeherrschender Macht nicht gleichzusetzen. Man wird abzuwarten haben, wie die Kommission in Zukunft mit den beiden Begrifflichkeiten umgeht. Ob das Ergebnis der Reformbestrebungen der Kommission im Hinblick auf die Auslegung des Art. 82 EG eine klarere Unterscheidung in Zukunft zulassen wird, kann man derzeit noch nicht abschätzen.

Im Übrigen darf auch mit der soeben dargestellten und der Kommissionspraxis zu Grunde gelegten Rechtsprechung nicht übersehen werden, dass die Gerichte die Berücksichtigung der wirtschaftlichen Bedingungen grundsätzlich im Zusammenhang mit der jeweiligen in Frage stehenden Vereinbarung gesehen haben. Die Kommission spricht in den Leitlinien über horizontale Zusammenarbeit zwar auch davon, dass das rechtliche und das wirtschaftliche Umfeld berücksichtigt werden müsse. Die Behörde knüpft jedoch zumindest im Zusammenhang mit der Beurteilung von Einkaufsvereinbarungen anhand von Art. 81 Abs. 1 EG allein an wirtschaftliche Faktoren an. Erst in Art. 81 Abs. 3 EG äußert sie beispielhaft und an die bisherige Praxis anknüpfend Bedenken gegenüber Bezugsverpflichtungen. Ob eine derartige Übergewichtung Kriterien durch die Entscheidungspraxis der Gemeinschaftsgerichte abgedeckt ist, erscheint sehr fraglich[552].

Der wirtschaftsorientierte Ansatz hat zudem gezeigt, dass eine Zuordnung einzelner Kriterien zu Art. 81 Abs. 1 EG oder Art. 81 Abs. 3 EG schwierig ist und somit in der Tat die Grenze zwischen beiden nach bisherigem Verständnis strikt voneinander zu trennenden Tatbeständen verwischt, auch wenn durch die Einführung der Legalausnahme der Abstand zwischen beiden Tatbeständen deutlich verkürzt wurde. Die Unterscheidung zwischen Ver-

552 Siehe dazu noch unten § 7 A. I.

botstatbestand und Freistellungstatbestand ist nichtsdestotrotz von erheblicher praktischer Bedeutung angesichts der Beweislastverteilung gemäß Art. 2 der Durchführungsverordnung (EG) Nr. 1/2003. Hinzu kommt, dass die Gewichtigkeit einer Wettbewerbsbeschränkung systembedingt der Prüfung anhand der Kriterien im Rahmen des Art. 81 Abs. 3 EG vorbehalten bleibt. Denn negative Wirkungen auf Preise, Innovationen, Produktqualität, etc. werden im Zusammenhang mit der Prüfung der Freistellungsvoraussetzungen berücksichtigt. Erst hier entscheidet sich, ob eine (spürbare) Wettbewerbsbeschränkung freigestellt werden kann oder nicht. Die Leitlinien bedingen anscheinend jedoch eine Verlagerung dieser „Gewichtigkeitsüberprüfung" dadurch, dass sie eben diese negativen Wirkungen und damit eine Wettbewerbsbeeinträchtigung in erheblichem Maße[553] verlangen, um einen Verstoß gegen Art. 81 Abs. 1 EG zu begründen, auch wenn die Legalausnahme letztendlich zu einer Verzahnung beider Tatbestände führt und damit eine gleichgeschaltete, d.h. parallele Anwendung derselben bewirkt, wodurch die Problematik einer Verlagerung der „Gewichtigkeitsüberprüfung" relativiert wird.

Da die Anwendbarkeit der Bagatellbekanntmachung – bezogen auf die Frage, ob eine spürbare Wettbewerbsbeschränkung anzunehmen ist – neben den Leitlinien über horizontale Zusammenarbeit von der Kommission ausdrücklich betont wird[554] und somit die zum Zeitpunkt der Veröffentlichung noch gegebene Doppelfunktion[555] der Schwellenwerte aus der Bagatellbekanntmachung auch nicht dahingehend reduziert wird, dass sie nur noch für die Frage Bedeutung hat, ob der zwischenstaatliche Handel beeinträchtigt ist, ist nach dem zuvor Gesagten schließlich auch das Verhältnis zum Spürbarkeitskriterium völlig unklar. Denn eine spürbare Wettbewerbsbeschränkung im Sinne der Bagatellbekanntmachung kann nicht mehr genügen, um den Verbotstatbestand zu erfüllen, sondern dazu sind spürbar negative Wirkungen, d.h. eine erhebliche Marktmacht, erforderlich[556].

---

553 Vgl. *Kommission*, Horizontalleitlinien, ABl. 2001 C 3/2, 4 Rz. 20.

554 Vgl. *Kommission*, Horizontalleitlinien, ABl. 2001 C 3/2, 3 Rz. 15.

555 Siehe ausführlich unten § 7 C. I. 1. a) cc).

556 Zum Kriterium der Spürbarkeit siehe ausführlich unter § 7 C. I. 1. a) cc).

D. Eigener Vorschlag für eine Interpretation der Leitlinien bei der Anwendung von Art. 81 EG unter Berücksichtigung der Ergebnisse der ökonomischen Analyse

Nach alledem hätte eine kartellrechtliche Beurteilung von Einkaufskooperationen, (1) deren Schwerpunkt auf den wirtschaftlichen Auswirkungen der Vereinbarung liegt (2) und Ausfluss einer Wettbewerbspolitik der Kommission ist, die auf dem „total welfare"-Standard unter besonderer Gewichtung der Verbraucherwohlfahrt basiert, (3) in Anlehnung an die gefundenen Ergebnisse der ökonomischen Analyse (4) und damit in der von den Ökonomen *Dobson/Waterson/Chu* vorgeschlagenen Weise[557] (5) unter Berücksichtigung des rechtlichen Rahmens (Art. 81 EG) folgendermaßen zu erfolgen:
Entscheidend dafür, ob die Voraussetzungen der Verbotsnorm des Art. 81 Abs. 1 EG erfüllt sind oder nicht, müsste zunächst die Frage sein, ob durch die Kooperationsvereinbarung Nachfragemacht auf den (vorgelagerten) Einkaufsmärkten geschaffen wird. Nachfragemacht müsste sich dadurch auszeichnen, dass die Einkaufsvereinigung in der Lage ist, im Wege der Vorgabe (durch Nachfragedrosselung) oder der Verhandlung (mit Hilfe glaubhafter Drohungen gegenüber den Lieferanten, im Falle unzureichender Gewährung von Einkaufskonditionen Kostensteigerungen – schlimmstenfalls durch einen Verzicht auf Nichtbelieferung – zu verursachen) in nicht unerheblicher Weise Einfluss auf die Einkaufspreise bzw. -konditionen sowie Einfluss auf die Produktmenge und die Existenz anderer Marktteilnehmer nehmen zu können. Die Möglichkeit einer Einkaufsvereinigung zu diesem Verhalten ist bedingt durch einen hinreichend großen Anteil am Gesamtumfang der Nachfrage auf dem Einkaufsmarkt, von einer auf lange Sicht betrachtet aufwärts geneigten Angebotskurve (Lieferanten mit einer niedrigen Angebotselastizität, d. h. einem geringen Reaktionsvermögen, beispielsweise aufgrund ungenügender Ausweichmöglichkeiten) und von begrenzten Marktzutrittsmöglichkeiten. Sollte dies nicht der Fall sein, beschränkt sich die Bewertung der Einkaufskooperation auf die Fragestellung, ob die Vereinbarung zwischen den Kooperationsmitgliedern bzw. zwischen ihnen und Dritten Beschränkungen der Verhandlungsfreiheit vorsieht und ob diese Beschränkungen für die Annahme einer Wettbewerbsbeschränkung ausreichen.

Potential zu schädlichen Auswirkungen wird Nachfragemacht insbesondere dann haben, wenn Lieferanten untereinander in einem intensiven Wettbewerbsverhältnis stehen. Dementsprechend wäre danach zu fragen, ob sich

557 S.o. § 3 A. IV. 1.

Nachfragemacht der Einkaufskooperation an ebenfalls marktmächtige Lieferanten richtet oder nicht. Ob ein Lieferant Marktmacht besitzt, wird neben der Marktstruktur (konzentrierter Markt oder nicht) davon abhängen, ob und in welchem Umfang er in der Lage ist, die Verkaufsbedingungen unabhängig zu bestimmen, d. h. selbst Verhandlungsmacht besitzt. Ist diese Verhandlungsmacht groß, wird es wenig Anlass geben, Nachfragemacht insbesondere als schädlich für die Existenz oder wenigstens für Investitions- und Innovationsanreize der Lieferanten zu beklagen und von einer Anwendung des Art. 81 Abs. 1 EG auszugehen. Es gilt in diesem Zusammenhang zu bedenken, dass Macht nicht grundsätzlich schädlich ist, weil sie das Potential hat, ineffiziente Unternehmen zu effizienteren Verhalten anzuhalten bzw. vom Markt zu drängen und somit zu einer optimaleren Ressourcenallokation führt[558].

Weiterhin wäre es wichtig zu wissen, ob die nachfragemächtige Einkaufskooperation selbst Marktmacht auf nachgeordneten Absatzmärkten besitzt, auf denen die Mitglieder als (Weiter)Verkäufer agieren. Das hängt davon ab, wie das Verhältnis der Einkäufer auf diesen nachgelagerten Verkaufsmärkten zueinander ist und wie flexibel die Konsumentennachfrage (Elastizität der Konsumentennachfrage[559]) ist. Sind die Mitglieder der Kooperation Wettbewerber, dann könnte Nachfragemacht dazu führen, dass diese Macht verstärkt wird und die schädlichen Auswirkungen, die Nachfragemacht bereits unmittelbar auf die Lieferantenmärkte hat, durch mittelbare nachteilige Auswirkungen auf nachgelagerte Konsumenten verstärkt werden. Das Ergebnis hängt von einer genauen Marktabgrenzung ab.

Für den Fall, dass die soeben dargestellten Kriterien die Anwendung von Art. 81 Abs. 1 EG hervorrufen, wäre danach zu fragen, ob eine Freistellung nach Art. 81 Abs. 3 EG möglich ist. Hierbei wäre darauf zu achten, ob und inwieweit neben der Ausübung von Nachfragemacht durch Einkaufskooperationen auch Effizienzgewinne entstehen. In Frage kommen insbesondere Größenvorteile (z. B. Transaktionskosteneinsparungen). Ist das der Fall, könnten diese Wirkungen die Ausübung von Nachfragemacht rechtfertigen. Hierbei muss jedoch vor allem untersucht werden, ob die Lieferantenseite mit Hilfe der Verhandlungsmacht bzw. des strategischen Verhaltens der Nachfrager zur

558 *Motta*, Competition Policy – Theory and Practice, S. 39.

559 Die Elastizität der Konsumentennachfrage ist je nach Produkt- und Industriezweig höchst unterschiedlich. Einmal mehr entscheidet die Marktabgrenzung über die Frage, ob Marktmacht wahrscheinlich ist oder nicht. Vgl. dazu *Wieser/Aiginger/Wüger*, Marktmacht im Einzelhandel, S. 29 f.

Eingehung beschränkender Vereinbarungen veranlasst wird (beispielsweise durch ausschließliche Liefervereinbarungen) oder (zusätzlich) in ein Abhängigkeitsverhältnis getrieben wird. In diesem Fall muss mit einem Missbrauch marktbeherrschenden Verhaltens gerechnet werden.

§ 6 Wettbewerbsbeschränkungen in der bisherigen Entscheidungspraxis der Kommission

A. Einführung und Grundlagen

Bevor untersucht werden kann, ob der wirtschaftliche Ansatz der Kommission der soeben vorgeschlagenen Interpretation entspricht, ist der Blick darauf zu richten, ob und in wie weit er von der bisherigen Entscheidungspraxis zu Einkaufskooperationen abweicht.

Nach der Rechtsprechung des EuGH sollen die weit gefassten Tatbestandsmerkmale des Art. 81 Abs. 1 EG so auszulegen sein, dass gemäß der Zielbestimmung des Art. 3 I lit. g) EG auf dem gemeinsamen Markt ein unverfälschter und gleichzeitig wirksamer Wettbewerb gewährleistet ist[560]. Insofern ist es nachvollziehbar, dass keine Legaldefinition für den Wettbewerbsbegriff existiert[561]. Im Schrifttum wird zum Teil aber unter „Verhinderung“ die völlige[562], unter „Einschränkung“ die teilweise Beseitigung der wettbewerbsrele-

560 St. Rspr., z. B. *EuGH*, 21.02.1973, *CONTINENTAL CAN*, Rs. 6/72, Slg. 1973, 215, 244; 22.01.1974 , *COMMERCIAL SOLVENTS*, Rs. 7/73, Slg. 1974, 223, 252; 13.02.1979, *HOFFMANN-LA ROCHE*, Rs. 85/76, Slg. 1979, 461, 552; 21.09.1989, *HOECHST*, Rs. 46/87, Slg. 1989, 2919, 2926.

561 Dieser wird einerseits durch die Aufzählung i. S. d. Art. 81 I a)-e) positiv umschrieben, andererseits stellt die Rechtsprechung im Kern darauf ab, ob das grundlegende Ziel des Vertrages i. S. d. Art. 3 lit. g), insbesondere die Bildung eines einzigen Marktes mit binnenmarktähnlichen Verhältnissen und die Unverfälschtheit des Wettbewerbs, nicht gefährdet wird. In der Rechtsprechung des EuGH, des EuG und der Entscheidungspraxis der Kommission sowie in Teilen der Literatur wird eine Abgrenzung zwischen Verhinderung und Einschränkung des Wettbewerbs selten vorgenommen. Zumeist ist nur von einer Wettbewerbsbeschränkung die Rede: *EuGH*, 25.10.1977, *METRO/SABA I*, Rs. 26/76, Slg. 1977, 1875, 1908 Rz. 27, 1913 Rdn.37; 28.1.1986, *PRONUPTIA*, Rs. 161/84, Slg. 1986, 353, 382 Rz. 16 f.; Komission, 22.12.1972, *CIMBEL*, ABl. 1972 Nr. L 303/24, 33; 7.12.1984, *MILCHFÖRDERUNGFONDS*, ABl. 1985 Nr. L 35/35, 40 Rz. 29; *Roth/Ackermann* in: Frankfurter Kommentar zum Kartellrecht, Bd. IV, Art. 81 Abs. 1 EGV – Grundfragen, Rz. 150.

562 *Emmerich* in: Immenga/Mestmäcker, EG-Wettbewerbsrecht, Teil 1, Art. 81 Abs. 1 EGV Rz. 149; *Bunte* in: Langen/Bunte, EG-Kartellrecht – Kommentar, Bd. 2, Art. 81 – Generelle Prinzipien, Rz. 59; *Stockenhuber* in: Grabitz/Hilf, EGV-Kommentar, Bd. II, Art. 81 EGV Rz. 121.

vanten Handlungsfreiheit der Parteien verstanden[563]. Das Tatbestandsmerkmal der „Verfälschung“ wird überwiegend, in Konformität mit der übergeordneten Zielbestimmung des Art. 3 lit. g), als Oberbegriff der Verhinderung und Einschränkung gesehen[564]. Jedoch hat die Unterscheidung in der Praxis keine Bedeutung[565]. Die drei Störungsarten sind mit identischen Rechtsfolgen verbunden, womit eine genaue Unterscheidung und Abgrenzung entbehrlich ist.

Wichtiger, aber ungleich schwieriger ist die Frage zu beantworten, wem gegenüber der Wettbewerb beschränkt wird. Der Begriff der Wettbewerbsbeschränkung offenbart ebenso wenig, welche Zielrichtung oder Wirkbereich der Wettbewerbsschutz hat. In welchen Fällen also eine Wettbewerbsbeschränkung auf den relevanten Märkten anzunehmen ist, hängt davon ab, wessen Wettbewerb überhaupt beschränkt werden kann, d. h. wer in den Schutzbereich der Verbotsnorm des Art. 81 Abs. 1 EG fällt. Untechnisch betrachtet kommt auf den relevanten Märkten (hier: den Einkaufsmärkten) als Schutzobjekt der Wettbewerb zwischen den Beteiligten an sich, der Wettbewerb zwischen den Beteiligten und nicht an der Vereinbarung partizipierenden Dritten (Wettbewerber), sowie der Wettbewerb zwischen Dritten auf übergeordneter Marktstufe auf den relevanten Einkaufsmärkten in Betracht. Obwohl trotz der Vielfalt des Entscheidungsmaterials das oder ein Wettbewerbskonzept der Gemeinschaftsorgane bislang nicht bestimmbar erschien, bestand jedenfalls bis zur Betonung wirtschaftlicher Aspekte bei der Überprüfung von Vereinbarungen auf ihre Wettbewerbskonformität weitgehend Einigkeit darüber, dass sowohl der EuGH, als die Kommission der Selbstständigkeit der Unternehmenspolitik als dem Grundgedanken der Wettbewerbsvorschriften des EGV überragende Bedeutung beigemessen haben[566]. Weit-

563 *Bunte* in: Langen/Bunte, EG-Kartellrecht – Kommentar, Bd. 2, Art. 81 – Generelle Prinzipien, Rz.59; *Stockenhuber* in: Grabitz/Hilf, EGV-Kommentar, Bd. II, Art. 81 EGV Rz. 121.

564 *Bunte* in: Langen/Bunte, EG-Kartellrecht – Kommentar, Bd. 2, Art. 81 – Generelle Prinzipien, Rz. 59; *Stockenhuber* in: Grabitz/Hilf, EGV-Kommentar, Bd. II, Art. 81 EGV Rz. 121; *Schröter* in: von der Groeben/Thiesing/Ehlermann, EGV, Art. 81 Rz. 88.

565 *Grill* in Lenz, EGV-Kommentar, Art. 81 Rz. 13.

566 Grundlegend *EuGH,* 16.12.1975, *SUIKER UNIE*, Rs. 40-48, 50, 54-56, 111, 113 /73, Slg. 1975, 1663, 1665; siehe außerdem Gleiss/Hirsch, Kommentar zum EG-Kartellrecht, Bd. 1, Art. 85 (1), Rz. 132 ff. mit entsprechenden Nachweisen; sowie zu neuerer Rechtsprechung der Gemeinschaftsgerichte *Roth/Ackermann* in: Frank-

gehende Einigkeit bestand aber auch darüber, dass insbesondere die Kommission[567] regelmäßig auch solche Vereinbarungen dem Anwendungsbereich des Art. 81 Abs. 1 EG unterworfen hat, die eine Eignung zur künstlichen Veränderung der Marktverhältnisse aufweisen, d. h. Dritte in ihrem Wettbewerb beeinträchtigt werden[568]. Allerdings bestanden Unklarheiten inhaltlicher und systematischer Art. Überaus kontrovers diskutiert wurden deshalb zwei Fragen: Erstens, ob die Beeinträchtigung der Marktposition Dritter für sich allein eine Wettbewerbsbeschränkung zu begründen vermag, oder ob diese neben die Beschränkung der Handlungsfreiheit (wenigstens eines) der an der Abstimmungsmaßnahme Beteiligten treten muss[569]. Zweitens ist fraglich, wie weit diese Drittwirkung gehen soll, d. h. wer überhaupt Dritte i. d. S. sein sollen und wo die Prüfung dieser Drittwirkung zu erfolgen hat[570].

Was die erste Frage angeht, so will man in der Rechtslehre weder auf der Seite der Kommission, noch auf der Seite der Rechtsprechung eine einheitliche Linie erkennen, die eine eindeutige Feststellung zulassen würde – auch nicht im Hinblick auf bestimmte Arten von Vereinbarungen[571]. Zwar hatte die Kommission in ihrer Bekanntmachung vom 03.09.1986 über Vereinbarungen von

---

furter Kommentar zum Kartellrecht, Bd. IV, Art. 81 Abs. 1 EGV – Grundfragen, Rz. 223 (Fn. 7).

567 Z. B. *Kommission*, 17.07.1968, *SOCEMAS*, ABl. 1968, L 201/4, 5 Rz. 6; 14.07.1975, *INTERGROUP*, ABl. 1975 L 212/23, 25 Rz. 7.; 16.10.1980, *INDUSTRIEVERBAND SOLNHOFENER NATURSTEINPLATTEN E.V.*, ABL. 1980 L 318/32, 35 Rz. 27; *Kommission*, 11.06.1993, *EUROVISION*, ABl. 1993 L 179/23, 32 Rz. 50.

568 Siehe *Stockenhuber* in: Grabitz/Hilf, Das Recht der Europäischen Union, Bd. II, Art. 81 Rz. 135; *EuGH*, 27.04.1997, *ALMELO*, Rs. C-393/92, Slg. 1994, I-1477, 1519 Rz. 37; 28.04.1998, *JAVICO*, Rs. C-306/96, Slg. 1998, I-1983, 2002, Rz. 13 f. (22).

569 Siehe nur *Schröter* in: Schröter/Jakob/Mederer, Kommentar zum Europäischen Wettbewerbsrecht, Artikel 81 Absatz 1, Rz. 109 m.w.N. bzw. *Schröter* in: von der Groeben/Schwarze, EU-/EG-Vertrag – Kommentar, Bd. 2, Artikel 81 Absatz 1 EG, Rz. 94 m.w.N.

570 Vgl. *Emmerich* in: Dauses, Handbuch des EU-Wirtschaftsrechts, H. I § 1 Rz. 140, der darauf hinweist, dass in der Rechtslehre die Drittwirkung im Rahmen der Prüfung einer Wettbewerbsbeschränkung, einer Wettbewerbsverfälschung, sowie der Spürbarkeit Berücksichtigung findet.

571 Vgl. insbesondere *Gleiss/Hirsch*, Kommentar zum EG-Kartellrecht, Bd. 1, Art. 85 (1), Rz. 132 ff.; sowie *Emmerich* in: Dauses, Handbuch des EU-Wirtschaftsrechts, H. I § 1 Rz. 93;

geringer Bedeutung[572] ausschließlich auf Drittwirkungen abgestellt. Diese Auffassung findet aber nunmehr in der aktuellen Bagatellbekanntmachung keine Entsprechung mehr. Neuere Rechtsprechung des EuGH hingegen lässt die Tendenz erkennen, dass jedenfalls der Gerichtshof kein Problem darin zu sehen scheint, in Zukunft Drittwirkungen zur Begründung einer Wettbewerbsbeschränkung auch alleine zu berücksichtigen[573]. Fest steht insoweit, dass Dritte diejenigen Unternehmen sind, die mit einem an der fraglichen Vereinbarung beteiligten Unternehmen in Konkurrenz stehen oder stehen könnten (potentielle Wettbewerber) – unabhängig davon, ob es sich um eine horizontale oder vertikale Vereinbarung handelt[574]. Dritte können nach dem bisher gesagten also Konkurrenten von den Beteiligten einer Kooperationsvereinbarung sein, oder aber Konkurrenten eines an einer vertikalen Vereinbarung beteiligten Unternehmens.

Ob auch der Wettbewerb zwischen Dritten, also zwischen Unternehmen der Marktgegenseite geschützt sein kann, ohne dass diese eine Beziehung (Beteiligung) zu der in Rede stehenden Vereinbarung aufweisen und ohne dass diese im Wettbewerb mit den Beteiligten stehen, lässt sich aus der zitierten Recht-

---

572 ABl. 1986 C 231/2 Rz. 2: „Nach Auffassung der Kommission fallen Vereinbarungen, die den Handel zwischen Mitgliedstaaten oder den Wettbewerb nur geringfügig beeinträchtigen, nicht unter das Kartellverbot des Artikels 85 Absatz 1. Vereinbarungen sind vielmehr nur verboten, wenn sie spürbare Auswirkungen auf die Marktverhältnisse haben, d. h. wenn die Marktstellung dritter Unternehmen und der Verbraucher, also deren Absatz- oder Versorgungsmöglichkeiten, spürbar verändert werden".

573 Vgl. *EuGH,* 28.04.1998, *JAVICO,* Rs. C-306/96, Slg. 1998, I-1983, 2002, Rz. 13 f. (22): „Auch wenn also die streitigen Klauseln dieser Vereinbarungen ihrem Wesen nach keine Verhinderung, Einschränkung oder Verfälschung des Wettbewerbs innerhalb des Gemeinsamen Marktes im Sinne des Artikels 85 Absatz 1 bezwecken, hat das nationale Gericht doch zu prüfen, ob sie eine solche nicht bewirken. Bei der Beurteilung der Wirkungen dieser Vereinbarungen ist der ihnen zugrunde liegende wirtschaftliche und rechtliche Zusammenhang zu berücksichtigen (vgl. EuGH, 27.04.1994, *ALMELO,* Rs. C-393/92, Slg. 1994, I-1477, 1519 Rz. 37) und insbesondere der Umstand, dass die YSLP innerhalb der Gemeinschaft ein selektives Vertriebssystem aufgebaut hat, für das eine Freistellungsentscheidung vorliegt".

574 Ständige Rechtsprechung und Entscheidungspraxis: vgl. z. B. *EuGH,* 13.07.1966, *MASCHINENBAU ULM,* Rs. 32/65, Slg. 1966, 457, 459; 13.07.1966, *GRUNDIG CONSTEN,* Rs. 56/64, Slg. 1966, 321, 324 (387 ff.); *Kommission,* 19.12.1974, *DURO-DYNE,* ABL. 1975 L 29/11, 12; 16.10.1980, *INDUSTRIEVERBAND SOLNHOFENER NATURSTEINPLATTEN E. V.,* ABL. 1980 L 318/32, 35 Rz. 27; 23.03.1990, *MOOSEHEAD,* ABl. 1990 L 100/32, 35 Rz. 15.

sprechung jedoch nicht ersehen[575]. Diese Frage stellt sich jedoch vor dem Hintergrund des Ergebnisses der ökonomischen Analyse[576] sowie der nunmehr verfolgten Wettbewerbspolitik[577] der Kommission, wonach Wohlfahrtsverluste der Lieferanten auf der Marktgegenseite bei der kartellrechtichen Beurteilung zu berücksichtigen sind und dadurch deren wettbewerbliche Position gegenüber Konkurrenten in Frage gestellt wird. In der Rechtslehre wird zum Teil mit einem Hinweis auf den Schutzzweck von Art. 81 EG behauptet, dass dies zu bejahen sei[578]. Man scheint insbesondere in der Tatsache, dass der Gerichtshof sowohl den Interbrand-Wettbewerb, als auch den Intrabrand-Wettbewerb schützt, eine Rechtfertigung dafür zu sehen, dass Art. 81 Abs. 1 EG selbst den Wettbewerb *zwischen* Dritten schützt[579]. Zuzugeben ist zwar, dass der Wortlaut des Art. 81 Abs. 1 EG, der wettbewerbsbeschränkende Auswirkungen einer Vereinbarung oder Verhaltensabstimmung ausdrücklich erwähnt, eine derartige Auslegung zulässt. Auch soll Art. 81 Abs. 1 EG jede Art von Wettbewerb schützen, ganz egal, ob in horizontaler oder vertikaler Richtung und ganz egal, auf welcher Marktstufe[580]. Es muss aber hinterfragt werden, in welcher Beziehung der Wettbewerb zu der in Rede stehenden Vereinbarung steht. Darüber gibt der Wortlaut keinen Aufschluss. Auch ist zu bedenken, dass eine solch weite Auslegung insoweit überzogen wäre, als der Anwendungsbereich der Verbotsvorschrift uferlos würde[581] – vor allem, wenn man in den Auswirkungen einer Vereinbarung auf Dritte allein die Grundlage zur Begründung einer Wettbewerbsbeschränkung erbli-

---

575 Es geht in den zitierten Entscheidungen (*ALMELO* und *JAVICO*) um Dritte, die (potentielle) Wettbewerber der an vertikalen Vereinbarungen (Ausschließlichkeitsvereinbarung und selektives Vertriebssystem) beteiligten Unternehmen sind. Daraus lässt sich aber nicht ohne weiteres schließen, dass auch die Konstellation, in der horizontale Vereinbarungen zu untersuchen sind, Dritte diejenigen Unternehmen sein können, die auf über- oder untergeordneter Marktstufe stehen.

576 S.o. § 3 A. IV. 3. d).

577 S.o. § 3 B. II.

578 Vgl. *Roth/Ackermann* in: Frankfurter Kommentar zum Kartellrecht, Bd. IV, Art. 81 Abs. 1 EGV – Grundfragen, Rz. 229; dieser Ansicht folgen *Kling/Thomas*, Grundkurs Wettbewerbs- und Kartellrecht, S. 516 Rz. 28.

579 So wohl *Schröter* in: von der Groeben/Schwarze, EU-/EG-Vertrag – Kommentar, Artikel 81 EG Absatz 1, Rz. 93.

580 Siehe nur *EuGH*, 13.07.1966, *GRUNDIG CONSTEN*, Rs. 56/64, Slg. 1966, 321, 387.

581 Bejahend, das Problem jedoch erkennend *Roth/Ackermann* in: Frankfurter Kommentar zum Kartellrecht, Bd. IV, Art. 81 Abs. 1 EGV – Grundfragen, Rz. 229.

cken würde[582]. Schließlich wird zur Beantwortung der Frage, ob die Marktgegenseite von Art. 81 Abs. 1 EG geschützt ist, auf Entscheidungen der Kommission über Einkaufskooperationen hingewiesen[583]. Diese werden im Folgenden noch Gegenstand einer ausführlichen Auseinandersetzung sein.

B. Beschränkungen der Handlungs- und Entschließungsfreiheit

I. Beschränkungen zwischen Kooperationsmitgliedern

1. Verhaltenssteuerung der Beteiligten

Im Hinblick auf das zuvor Gesagte ist es nicht verwunderlich, dass die Kommission besonderes Augenmerk auf die Handlungsfreiheit der Kooperationsmitglieder gelegt hat. Überaus kritisch ging sie deshalb mit Einkaufsgemeinschaften um, deren Mitglieder durch entsprechende Maßnahmen vom individuellen Warenbezug abgehalten werden sollten. Um den gemeinsamen Warenbezug konsequent und dauerhaft durchführen zu können, besteht die Möglichkeit, dass sich die Mitglieder einer Einkaufskooperation gegenseitig oder gegenüber der Einkaufszentrale zu dem ausschließlichen Warenbezug im Rahmen der Kooperation verpflichten. Dies kann – bei Einkaufskooperationen besonders relevant – z. B. durch Vereinbarungen von Bezugsbindungen geschehen, oder dadurch, dass den Mitgliedern bei Nichtnutzung der Kooperation der Ausschluss aus derselben droht. Dadurch kommt es unmittelbar oder mittelbar zur Verhaltenssteuerung der Mitglieder einer Einkaufskooperation. Die Mitglieder können also nicht autonom entscheiden, ob sie den gemeinsamen Warenbezug vorziehen oder lieber direkt mit einem Lieferanten kontrahieren[584]. Die Kommission sah folglich das Mitglied einer Einkaufskooperation als in seiner wettbewerblichen Verhaltensfreiheit beschränkt an, wenn es zum Gemeinschaftsbezug verpflichtet oder durch statutarische bzw. schuldvertragliche Strafbestimmungen zum Gemeinschaftsbezug angehalten

---

582 *Emmerich* in: Dauses, Handbuch des EU-Wirtschaftsrechts, Bd. 2, H. I § 1 Rz. 102. Er möchte zur Entlastung des Begriffs der Wettbewerbsbeschränkung das Problem der Drittwirkung dem eigenständig verstandenen Konzept der Wettbewerbsverfälschung zuordnen. Dies liege wegen des systematischen Bezuges des Art. 81 Abs. 1 EG auf Art. 3 I lit. g) nahe: *Emmerich*, Kartellrecht, § 4 II. 3. S. 63 Rz. 47.

583 Darüber hinaus ist in den Leitlinien der Kommission zur Anwendung von Art. 81 Abs. 3 EG ausdrücklich davon die Rede, dass der von Dritten ausgehende Wettbewerb berücksichtigt werden muss, ABl. 2004 C 101/97, 99 Rz. 18. Ob allerdings daraus der Schluss gezogen werden kann, dass auch der Wettbewerb zwischen Dritten geschützt werden muss, ist fraglich.

584 Vgl. *Beuthien*, Handelskooperationen im europäischen Wettbewerbsrecht, S. 40.

wurde[585]. Auch der EuGH erkennt darin grundsätzlich eine Wettbewerbsbeschränkung[586]. In der Rechtslehre wird diese Form der Absprache unter das Regelbeispiel des Art. 81 Abs. 1 lit. b) subsumiert (Einschränkung oder Kontrolle des Absatzes)[587]. Diese Betrachtungsweise ist jedenfalls bis zum Zeitpunkt der verstärkten Berücksichtigung wirtschaftlicher Aspekte nach dem bisher Gesagten logische Konsequenz der Verfolgung des vom EuGH aus der Taufe gehobenen Selbständigkeitspostulats. Daneben hat die Kommission auch Regelungen als wettbewerbsbeschränkend angesehen, die im Zusammenhang mit dem gemeinsamen Einkauf getroffen wurden[588].

2. Freiwilliger (zwangloser) gemeinsamer Warenbezug

Die Gründung einer Einkaufskooperation ohne jeden Bezugszwang hat im Gegensatz zu der Situation, dass ein Bezugszwang besteht, nur die grundsätzliche Bereitschaft eines jeden Mitgliedes zum Inhalt, von der bzw. über die Einkaufskooperation Waren oder Dienstleistungen zu beziehen. Allein durch die Entscheidung, einer Einkaufsgemeinschaft beizutreten oder eine Einkaufsvereinigung mit anderen zu gründen, verzichtet ein Unternehmen nicht auf seine Verhaltensfreiheit, genauer gesagt, es verzichtet nicht auf die Freiheit, von Fall zu Fall zwanglos zu entscheiden, ob es die Einkaufsvereinigung für den Warenbezug nutzen möchte oder nicht. Im Anschluss an *Beuthien*[589] und die Ausführungen des Generalanwalts *Tesauro*[590] in seinen Schlussanträgen in der vom EuGH entschiedenen Sache *GOETTRUP-KLIM* ist deshalb

585 *Kommission*, 09.07.1980, *NATIONAL SULPHURIC ACID ASSOCIATION I*, ABl. 1980 L 260/24, 29 Rz. 32; sowie 09.06.1989, *NATIONAL SULPHURIC ACID ASSOCIATION II*, ABl. 1989 L 190/22, 23 Rz. 6; siehe auch zu Bezugsverpflichtungen unabhängig von Einkaufskooperationen *Kommission*, 05.12.1979, *LAB*, ABl. 1980 L 51/19 Rz. 21; 30.04.1991, *SCOTTISH NUCLEAR*, ABl. 1991 L 178/31, 34 Rz. 29.

586 Die „*LAB*"-Entscheidung der Kommission bestätigend: *EuGH*, 25.03.1981, *COOEPERATIEVE STREMSEL – EN KLEURSELFABRIEK*, Rs. 61-81, Slg. 1981, 851, 867 Rz. 13.

587 *Emmerich* in: Dauses, Handbuch zum EU-Wirtschaftsrecht, H. I § 1 Rz. 158; Wettbewerbsbeschränkend sind darüber hinaus auch andere verhaltenssteuernde Maßnahmen, nämlich z. B. die Festsetzung der Verkaufspreise bzw. die Vorgabe bestimmter Wiederverkaufsbedingungen, Vereinbarungen über Mindestmengenbezug, Bezugsquoten und Warenaufteilung.

588 Siehe dazu *Bunte* in: Frankfurter Kommentar zu Kartellrecht, Bd. VI, Art. 81 abs. 1, 3 EG-Vertrag – Fallgruppen II.5., Rz. 12.

589 *Beuthien*, Handelskooperationen und europäischen Wettbewerbsrecht, S. 28.

590 Vgl. die *Schlussanträge des Generalanwalt Tesauro* vom 16.06.1994 zu *EuGH*, 15.12.1994, *GOETTRUP-KLIM*, Rs. C-250/92, Slg. 1994, I-5641, 5657 Rz. 18 ff.

eine Wettbewerbsbeschränkung zwischen den Beteiligten abzulehnen, weil es der autonomen Entscheidung eines jeden Mitgliedes unterfällt, die Einkaufsgemeinschaft zum Warenbezug zu nutzen. Insoweit trifft jedes Unternehmen seine Entscheidung nur aufgrund der Marktverhältnisse, und nicht aufgrund marktfremden Zwangs. Dennoch findet man in der Rechtslehre die Auffassung, die Kommission subsumiere zuweilen den gemeinsamen Einkauf selbst dann unter Art. 81 Abs. 1 EG, weil die Tätigkeit des gemeinsamen Einkaufs an sich (Nachfragebündelung) den Wettbewerb zwischen den beteiligten Nachfragern einschränke[591]. Hier ist jedoch eine differenzierte Betrachtungsweise angebracht. In der betreffenden Entscheidung wurde nicht per se auf die Tatsache der Nachfragebündelung abgestellt. Entscheidend war vielmehr ein anderer Umstand, der im Zusammenhang mit der folgenden Überlegung zu sehen ist. Zu bedenken wäre nämlich, ob nicht auch ein faktischer Bezugszwang die Anwendbarkeit von Art. 81 Abs. 1 EG begründen kann. Vergleichsweise günstige Einkaufskonditionen und andere betriebswirtschaftliche Vorteile, die die Mitglieder mit Hilfe des gemeinschaftlichen Bezuges insbesondere über die Vereinigung (Zentralstelle) erwarten können, können zu einem faktisch ausschließlichen Bezug über die Vereinigung führen[592]. Grundsätzlich können auch mittelbare Bezugsbindungen einer vertraglichen Bezugsbindung gleichgestellt werden[593]. Doch kann der Umstand, dass die Mitglieder zwangsläufig[594] die Kooperation nutzen, weil ihr dadurch günstigere Konditionen geboten werden, an der grundsätzlichen Entscheidungsautonomie nichts ändern. Denn es verbindet nicht die Abstimmung der Kooperationsmitglieder bei der Gründung der Kooperation zu dem gemeinsamen Warenbezug, sondern allein der förderwirtschaftliche Erfolg ihres Gemeinschaftsunternehmens. Das Bieten wirtschaftlicher Anreize ist gerade Sinn des Wettbewerbs. Dass dieser Anreiz „Sogwirkung" entfaltet, kann daran nichts ändern[595]. Andernfalls würde dies regelrecht auf eine Bestrafung erfolgreicher

---

591 So scheinbar *Schroeder* in: Wiedemann, Handbuch des Kartellrechts, § 8 Rz. 63 mit Verweis auf die Entscheidung der *Kommission,* 11.06.1993, *EUROVISION*, ABl. 1993 L 179/23, 31 ff. Rz. 47 ff.

592 Vgl. *Bunte* in: Frankfurter Kommentar zu Kartellrecht, Bd. VI, Art. 81 abs. 1, 3 EG-Vertrag – Fallgruppen II.5., Rz. 11.

593 So *Drauz* in: von der Groeben/Thiesing/Ehlermann, EG-Kommentar, 4. Aufl., Art. 81 Abs. 1, Fallgruppen: Kooperationen, Rz. 118.

594 *Beuthien*, Handelskooperationen und europäischen Wettbewerbsrecht, S. 28, spricht hierbei von „wirtschaftlicher Unvernunft".

595 In der Literatur wird unterschieden zwischen faktischem Bezugszwang und „Sogwirkung", wobei der Unterschied nicht wirklich deutlich wird. Einigkeit besteht jedoch darüber, dass die bloße „Sogwirkung" nicht unter das Kartellverbot fällt: vgl.

Kooperationen hinauslaufen, während weniger erfolgreiche Kooperationen vom Kartellverbot nicht erfasst würden[596]. Diese Situation ist somit ein Ergebnis des Wettbewerbs – und nicht eines marktfremden Zwangs – und kann folglich schwerlich eine Wettbewerbsbeschränkung durch Begrenzung der unternehmerischen Verhaltensfreiheit darstellen, sofern nicht andere Absprachen/Nebenabreden faktisch dazu führen, dass die Mitglieder den Gemeinschaftseinkauf dem individuellen Einkauf vorziehen.

Auf dem ersten Blick scheint dieser Einschätzung die Kommissionsentscheidung *EUROVISION* vom 11.06.1993 bzw. vom 10.05.2000 zu widersprechen, in der nun darauf abstellt wurde, dass sich die Mitglieder – auch ohne einem Bezugszwang unterlegen zu sein – aufgrund der Natur der vorliegenden Vereinigung (Eurovision) als ein System der Solidarität einer Art Druck ausgesetzt sahen und sich deshalb verpflichteten, sich am gemeinsamen Einkauf von Fernseh-Übertragungsrechten zu beteiligen[597]. Dieser Entscheidung lang allerdings auch mit dem Gegenstand der Fernsehrechte, die beliebig oft verkauft werden können, und dem System der Verteilung dieser Rechte ein besonderer Sachverhalt zu Grunde. Die Rechtevergeber seien insbesondere bei Sportveranstaltungen häufig dazu geneigt gewesen, Fernsehrechte nur einem großen internationalen Nachfrager in einem Zuge zu verkaufen, um ein möglichst großes Verbreitungsgebiet abzudecken, anstatt dieses Ergebnis durch Verkauf an viele einzelne nationale Fernsehanstalten separat zu erzielen[598]. Hieraus Schlüsse mit verallgemeinerungsfähigem Charakter zu ziehen erscheint dementsprechend verfehlt. Ob man darüber hinaus auch von einer freiwilligen Verpflichtung sprechen kann, wie dies in der Kommissionsentscheidung getan wird, ist fragwürdig. Natürlich erfolgt die letztendliche Entscheidung, sich an der Kooperation zu beteiligen, freiwillig. Unter den gegebenen Umständen ist diese Beteiligung aber nichtsdestotrotz durch externe

---

die Nachweise bei: *Beuthien*, Handelskooperationen im europäischen Wettbewerbsrecht, S. 29 (Fn. 88.); sowie *Kiecker* in: Langen/Bunte, GWB/EG-Kartellrecht – Kommentar, 9. Aufl., § 4 Rz. 48 m.w.N.; *Bechtold*, GWB – Kommentar, 3. Aufl., § 4 Rz. 6; *Bunte* in: Langen/Bunte, GWB – Kommentar, Bd. 1, § 1 Rz. 155.

596 So auch *Bechtold*, GWB – Kommentar, 3. Aufl., § 4 Rz. 6.

597 *Kommission*, 11.06.1993, *EUROVISION*, ABl. 1993 L 179/23, 32 Rz. 51, aufgehoben durch *EuG*, 11.07.1996, *EUROVISION*, Rs. T-528/93, Slg. 1996, II-649; sowie *Kommission*, 10.05.2000, *EUROVISION*, ABl. 2000 L 151/18, 29 Rz. 73, aufgehoben durch *EuG*, 08.10.2002, *EUROVISION*, Rs. T 185/00, Slg. 2002, II-3805.

598 Vgl. *Kommission*, 11.06.1993, *EUROVISION*, ABl. 1993 L 179/23, 32 Rz. 51.

Kräfte veranlasst[599]. Neben Beschränkungen der Beteiligten auf den Einkaufsmärkten erkannte die Kommission darüber hinaus in einer ihrer Entscheidungen Wettbewerbsbeschränkungen zwischen den Beteiligten auf den Verkaufsmärkten. Soweit nämlich das gemeinsam eingekaufte Produkt weitgehend homogene Eigenschaften besaß und deshalb dessen Einkaufspreis einen wesentlichen Teil des Endproduktes, welches im nachgelagerten Verkaufsmarkt abgesetzt wurde, ausmachte, bewirkte dieser Umstand zwangsläufig eine Angleichung der Abgabepreise[600]. Wie noch zu sehen sein wird, ist der Aspekt im Zusammenhang mit dem gegenwärtig verfolgten „more economic approach" wesentlicher Bestandteil der kartellrechtlichen Überprüfung einer Einkaufskooperation[601].

II. Beschränkungen zu Lasten Dritter

1. Konkurrenten der Kooperationsmitglieder beim Warenbezug

Dass der Wettbewerb jedenfalls im Zusammenhang mit der gleichzeitigen Verhaltenssteuerung der Kooperationsbeteiligten auch gegenüber unmittelbaren Wettbewerbern der Kooperationsmitglieder beschränkt oder verfälscht werden kann, hat die Kommission ebenfalls in ihrer Entscheidung zur Sache *EUROVISION* festgestellt. Der Wettbewerb gegenüber Dritten werde verfälscht, sofern diese wegen der Aufnahmebeschränkungen nicht Mitglied der Kooperationsvereinigung werden und von Kosteneinsparungen nicht profitieren können[602]. Allerdings war hier zunächst nicht der gemeinsame Einkauf an sich der entscheidende Faktor, sondern die Aufnahmebeschränkung. Doch auch in der Nachfragebündelung an sich sah die Kommission im gleichen Fall eine Beschränkung zu Lasten Dritter. Die Mitglieder könnten nämlich durch den gemeinsamen Einkauf ihre Marktposition gegenüber unabhängigen Wettbewerbern stärken, weil – wie schon erwähnt – insbesondere bei Sportveranstaltungen die Rechtevergeber häufig dazu geneigt seien, Fernsehrechte nur einem großen internationalen Nachfrager in einem Zuge zu verkaufen, um ein möglichst großes Verbreitungsgebiet abzudecken, anstatt dieses Ergebnis durch Verkauf an viele einzelne nationale Fernsehanstalten separat zu erzie-

599 Hier war also nicht die Tätigkeit des gemeinsamen Einkaufs an sich der entscheidende Faktor für die Kommission, eine Wettbewerbsbeschränkung zwischen den Beteiligten trotz Nichtbestehen eines Bezugszwanges anzunehmen.

600 Vgl. *Kommission*, 09.07.1980, *NATIONAL SULPHURIC ACID ASSOCIATION I*, ABl. 1980 L 260/24, 29 Rz. 35, sowie 09.06.1989, *NATIONAL SULPHURIC ACID ASSOCIATION II*, ABl. 1989 L 190/22, 23 Rz. 6.

601 S.u. § 7 B. II. 2.

602 Vgl. *Kommission*, 11.06.1993, *EUROVISION*, ABl. 1993 L 179/23, 32 Rz. 50.

len[603]. Dem kann jedoch nicht gefolgt werden. Die Konkurrenten hatten nicht aufgrund der Tatsache des gemeinsamen Einkaufs das Nachsehen, sondern aufgrund der eingeschränkten Motivation der Rechtevergeber, an einzelne bzw. kleinere Fernsehsender die Rechte zu vergeben. Das Problem lag folglich nicht in einer Beschränkung des Nachfragewettbewerbs durch die Beteiligten, sondern das Problem bestand in dem genau spezifizierten Angebot, dem eben nicht alle Nachfrager gerecht werden konnten. Dabei handelt es sich nicht um einen marktfremden Vorgang[604].

Darüber hinaus entschied die Kommission im Fall *KOHLENGROSSHANDEL* in einem Verfahren nach Art. 65 § 1 EGKSV, dass die Vereinbarung über den gemeinsamen Einkauf von festen Brennstoffen den Beteiligten im Verhältnis zu ihren Wettbewerbern günstigere Liefer- und Preisbedingungen verschaffe, wodurch der Wettbewerb zwischen diesen und jenen verfälscht werde, weil es wegen des vorherrschenden strukturellen Nachfragerückganges nach festen Brennstoffen so für einzelne Unternehmen schwierig sein würde, von einem Direktbezug mangels Erreichen der von Lieferanten festgelegten Mindestabnahmemengen zu profitieren[605]. Hier war jedoch ebenfalls nicht der gemeinsame Warenbezug allein ausschlaggebend für die Wettbewerbsbeschränkung zwischen den Beteiligten und deren Konkurrenten, sondern dem lag eine Verhaltenssteuerung der Beteiligten dergestalt zugrunde, dass ein Teil der Mitglieder der Einkaufsgemeinschaft auf ihre von den Lieferanten verliehenen Rechte zum Direktbezug der Brennstoffe verzichteten, um die regelmäßige Erreichung der Mindestabnahmemenge durch einen gemeinsamen Bezug über andere Mitglieder, die ebenfalls Inhaber dieser Rechte waren, sicherstellen zu können.

Ganz unabhängig von solchen strukturellen Besonderheiten stellte die Kommission außerdem in der Sache *NATIONAL SULPHURIC ACID ASSOCIATION*[606] auf die Wettbewerbsverhältnisse zwischen den Kartellmitgliedern und deren Konkurrenten ab. Diese Erwägungen tätigte die Kommission allerdings nicht den Erwartungen entsprechend bei der Prüfung des Tatbestandsmerkmals der Wettbewerbsbeschränkung selbst, sondern erst im Rah-

603 Vgl. *Kommission*, 11.06.1993, *EUROVISION*, ABl. 1993 L 179/23, 32 Rz. 51.

604 Die Frage einer etwaigen Diskriminierung durch die Rechtevergeber gegenüber denjenigen Fernsehsendern, die das Nachsehen hatten, ist freilich eine andere und war in diesem Zusammenhang nicht zu beurteilen.

605 *Kommission*, 12.07.1977, *KOHLENGROSSHANEL*, ABl. 1977 L 217/11, 12.

606 *Kommission*, 09.07.1980, *NATIONAL SULPHURIC ACID ASSOCIATION I*, ABl. 1980 L 260/24, 30 f. Rz. 47 (50).

men der Überprüfung der Vereinbarung anhand der Voraussetzungen für eine Freistellung nach Art. 81 Abs. 3 EG, nämlich bei der Frage, ob noch Restwettbewerb besteht.

Im Ergebnis stellte die Kommission mit Ausnahme der *EUROVISION*-Entscheidung auf Wettbewerbsbeschränkungen zu Lasten von Konkurrenten nicht ab, ohne nicht zugleich eine Beschränkung des Wettbewerbs zwischen den Mitgliedern der Einkaufskooperation durch verhaltenssteuernde Maßnahmen festzustellen.

2. *Unternehmen der Marktgegenseite*

a) Verhaltenssteuerung der Beteiligten

Fraglich ist nun allerdings, ob auch die Marktgegenseite, d. h. die Lieferanten, bei der Frage, ob eine Wettbewerbsbeschränkung vorliegt, berücksichtigt werden. Diese Frage stellt sich zunächst einmal im Zusammenhang mit dem Umstand, dass die Kooperationsmitglieder ihre Handlungsfreiheit untereinander beschränken. Denn mit der Beschränkung der Verhaltensfreiheit der Mitglieder wird gleichzeitig dazu beigetragen, dass sich die Anzahl der Nachfrager verringert, unter denen Lieferanten für ihren Absatz wählen können. Sie verlieren demnach Kunden für einen direkten Warenbezug. Ihnen bleibt allein die Möglichkeit, mit der Einkaufskooperation als solches zum Geschäftsabschluss zu kommen. Im Zusammenhang mit einer solchen Konstellation hat die Kommission in der Sache *NATIONAL SULPHURIC ACID ASSOCIATION II* entschieden, die Vereinbarung falle deshalb in den Anwendungsbereich des Art. 81 Abs. 1 EG, da in dem Umfang, zu der sich die Mitglieder gegenüber der Gemeinschaft verpflichtet haben, es den Lieferanten verwehrt ist, direkt an diese Mitglieder zu verkaufen. Lieferanten seien insoweit auf Transaktionen mit einem einzigen Käufer beschränkt[607]. Dieses Ergebnis ist jedoch angesichts der einige Jahre zuvor ergangenen ersten Entscheidung in gleicher Sache unklar. Dort berücksichtigte die Kommission die Stellung der Lieferanten offenbar nur bei der Frage, ob der Handel zwischen den Mitgliedstaaten beeinträchtigt wird, indem sie feststellte, dass es Lieferanten versagt ist, in dem Umfang, in dem die Kartellmitglieder zum Ankauf über das Kartell verpflichtet sind, direkt an diese zu liefern[608]. Daraus kann a-

607 Vgl. *Kommission*, 09.06.1989, *NATIONAL SULPHURIC ACID ASSOCIATION II*, ABl. 1989 L 190/22, 23 Rz. 6.

608 Vgl. *Kommission*, 09.07.1980, *NATIONAL SULPHURIC ACID ASSOCIATION I*, ABl. 1980 L 260/24, 28 Rz. 33.

ber nicht geschlossen werden, dass deshalb auch eine Wettbewerbsbeschränkung vorliegt. Das eine hat bekanntlich mit dem anderen nichts zu tun! Ansonsten wäre zumindest eines der im Rahmen des Art. 81 Abs. 1 EG zu prüfenden Merkmale überflüssig. Denkbar wäre allenfalls, dass die Kommission ursprünglich auf die Spürbarkeit der Wettbewerbsbeschränkung abstellen wollte, da bekanntlich das ungeschriebene Tatbestandsmerkmal der Spürbarkeit bis zur Veröffentlichung der Leitlinien über den Begriff der Beeinträchtigung des Zwischenstaatlichen Hanldes (2004)[609] auch eine Rolle bei der Prüfung der Beeinträchtigung des zwischenstaatlichen Handels spielte. Man sprach insoweit auch von der Doppelfunktion der Spürbarkeit[610].

Allerdings findet sich in der Entscheidungspraxis der Kommission in einem Verfahren nach Art. 65 § 1 EKGSV ein Fall, in dem explizit auf eine Wettbewerbsbeschränkung zwischen Unternehmen der Marktgegenseite abgestellt wurde. In der Entscheidung *DEUTSCHER SCHROTTMARKT* vertrat die Kommission die Auffassung, dass eine von den Mitgliedern der Einkaufsgemeinschaft (Stahlunternehmen) verfolgte Bezugsverpflichtung in Verbindung mit einer Quotenregelung[611] beim Bezug von Stahlschrott den Wettbewerb zwischen den Schrotthandelsgesellschaften einschränkt und verfälscht[612]. Hier erkannte sie also eine Wettbewerbsbeschränkung aufgrund der Tatsache, dass die Handlungsfreiheit der Kooperationsmitglieder (Stahlunternehmen) untereinander beschränkt wurde, als auch aufgrund der Beschränkung der Handlungsalternativen der Marktgegenseite (Schrotthandelsgesellschaften).

In ganz allgemeiner Form bezeichnete es die Kommission in ihrem Wettbewerbsbericht von 1972 außerdem als ihre Aufgabe, mächtige Vereinigungen auf der Nachfrageseite zumindest zu kontrollieren, da solche Vereinigungen Auswirkungen auf die Stellung der Lieferanten haben könnten[613]. Schließlich erklärte die europäische Wettbewerbsbehörde in ihrer mittlerweile aufgehobenen Bekanntmachung über die Beurteilung kooperativer Gemeinschaftsun-

---

609 ABl. 2004 C 101/81 ff.; siehe ausführlich unten § 7 C. I. 1. a) cc).

610 Siehe nur *Emmerich* in: Dauses, Handbuch des EU-Wirtschaftsrechts, H. I § 1 Rz. 119.

611 Die Quotenregelung sollte in diesem Fall eine künstliche Drosselung der Nachfrage bezwecken, um auf lange Sicht eine Senkung der Angebotspreise herbeizuführen. Nachfrageüberhänge sollten deshalb auf internationalen Märkten – ggf. unter Inkaufnahme höherer Ankaufspreise - ausgeglichen werden.

612 *Kommission*, 21.01.1970, *DEUTSCHER SCHROTTMARKT*, ABl. 1970 L 29/30, 32 Rz. 16.

613 *Kommission*, 2. Bericht über die Wettbewerbspolitik (1972), Rz. 58.

ternehmen, dass sich Einkaufsgemeinschaftsunternehmen übermäßigen Einfluss auf die Marktgegenseite verschaffen und den Wettbewerb zwischen Lieferanten verfälschen könnten[614]. Bestätigung findet die Auffassung, dass der Wettbewerb zwischen Unternehmen der Marktgegenseite eingeschränkt werden kann oder jedenfalls die Marktgegenseite derart von einer Einkaufskooperation betroffen ist, dass dieser Umstand als eine Wettbewerbsbeschränkung im Sinne der Beschränkung von Handlungsfreiheiten zu werten ist, möglicherweise auch in der Rechtsprechung des Gerichtshofs. Der EuGH erklärte in der Entscheidung *GOETTRUP-KLIM*, dass eine Bezugsgenossenschaft, deren Mitglieder einem Wettbewerbsverbot unterliegen, einem wirksamen Wettbewerb förderlich sein kann und deshalb Art. 81 Abs. 1 EG nicht zur Anwendung kommt, wenn dadurch die Vertragsgestaltungsmacht großer Anbieter ausgeglichen werde[615]. Hier wird offensichtlich ebenso wie in den beschriebenen Kommissionsentscheidungen – sofern das dort tatsächlich beabsichtigt gewesen sein sollte – auf die Wettbewerbsverhältnisse der Marktgegenseite (Lieferanten) abgestellt[616]. Wenn eine Vereinbarung, die zu einer die Verhandlungsmacht der Lieferanten ausgleichenden Marktmacht führt, wettbewerbsfördernde Wirkung auf der Marktgegenseite haben soll, liegt es nicht fern, dem Gerichtshof zu unterstellen, dass er dieselbe Vereinbarung in einem anderen Fall ohne marktstarke Lieferanten auf der Marktgegenseite als wettbewerbsbeschränkend begreift.

b) Freiwilliger (zwangloser) gemeinsamer Warenbezug

Die Frage, ob Kooperationsvereinbarungen, deren Mitglieder ausschließlich Wettbewerber auf den Einkaufsmärkten sind, auch ohne verhaltenssteuernde Maßnahmen den Wettbewerb durch eine Veränderung des Marktzustandes zu Lasten der Lieferanten auf der Marktgegenseite beschränken, ist freilich eine andere und – wie sich zeigen wird – weitaus schwieriger zu beurteilen. In der Rechtslehre will man neben den allgemeinen Erwägungen zum Schutzzweck des Art. 81 Abs. 1 EG auch in frühen Kommissionsentscheidungen einen Hinweis dafür sehen, dass die Kommission scheinbar die Marktgegenseite als von der Vereinbarung maßgeblich betroffen ansieht[617]. In den beiden ersten

614 *Kommission*, Bekanntmachung über die Beurteilung kooperativer Gemeinschaftsunternehmen, ABl. 1993 C 43/2, Rz. 61.

615 *EuGH*, 15.12.1994, *GOETTRUP-KLIM*, Rs. C-250/92, Slg. 1994, I-5641, 5687 Rz. 31 f.

616 Denn je stärker die Nachfrageseite auftreten kann, desto geringer fällt die Marktmacht mächtiger Anbieter gegenüber seinen Wettbewerbern negativ ins Gewicht.

617 So wohl *Koch* in Grabitz, Kommentar zum EWG-Vertrag, Bd. I, 1. Grdlfg., Art. 85, Rz. 60; losgelöst vom Einzelfall *Mestmäcker/Schweitzer*, Europäisches Wettbewerbs-

Kommissionsentscheidungen über Bezugsgemeinschaften *(SOCEMAS* und *INTERGROUP)*, die an Art. 81 Abs. 1 EG zu messen waren, heißt es in etwa gleichlautend, eine Wettbewerbsbeschränkung werde durch die Vereinbarung mangels Bezugszwanges für die Mitglieder der Einkaufsgemeinschaft nicht bezweckt. Außerdem wirke sich die Gründung sowie die Tätigkeit der Vereinigung nicht spürbar auf die Stellung der Lieferanten auf den betroffenen Erzeugnismärkten aus[618]. In der Rechtslehre zieht man offenbar aufgrund der Tatsache, dass die Kommission explizit die Stellung der Lieferanten anspricht, den Schluss, dass die der Bezugsgemeinschaft zugrunde liegende Satzungsvereinbarung eine Wettbewerbsbeschränkung auf der Marktgegenseite hervorrufen kann, auch wenn sie in diesem konkreten Fall mangels Spürbarkeit nicht von Art. 81 Abs. 1 EG erfasst wird. Ihre wettbewerbsbeschränkende (Dritt)-Wirkung hänge also von der Spürbarkeit der Auswirkungen auf die Marktstellung der Lieferanten ab. Ob damit aber gesagt ist, dass sich eine Wettbewerbsbeschränkung zwischen den Lieferanten aufgrund der Veränderung des Marktzustandes auf Anbieterseite ergibt, ist nicht ohne weiteres erkennbar. Spürbare Wirkungen müssen grundsätzlich von einer Wettbewerbsbeschränkung selbst ausgehen. Eine Vereinbarung, die zwischen den Beteiligten selbst keine Wettbewerbsbeschränkung bezweckt oder bewirkt, kann demnach auch keine spürbaren Wirkungen entfalten, die zu einer Wettbewerbsbeschränkung bei den Lieferanten führen.

Die Kommission erwähnt demzufolge mit keinem Wort, wo sie die etwaige Wettbewerbsbeschränkung verortet, die sodann keine spürbaren Auswirkungen zeitigen würde. Vielmehr erklärt sie in der Sache *INTERGROUP* im An-

---

recht, Rz. 23, der horizontal wettbewerbsbeschränkende Vereinbarungen hauptsächlich wegen ihrer Außenwirkung als verboten anerkennt. Daraus kann aber nicht der Schluss gezogen werden, dass die Außenwirkung allein zur Wettbewerbsbeschränkung und damit zum Verbot der Vereinbarung führt, sondern es bedeutet lediglich, dass eine bereits vorhandene Wettbewerbsbeschränkung Auswirkungen zeitigt. Unklar, weil entweder Bezug nehmend auf das Merkmal der Wettbewerbsbeschränkung oder des relevanten Marktes, ist die Aussage von *Schröter*, EU-/EG-Vertrag, Artikel 81 Absatz 1, Rz. 119, es gehe in erster Linie um die Einengung des wirtschaftlichen Handlungsspielraums der Lieferanten.

618 Vgl. *Kommission*, 17.07.1968, *SOCEMAS*, ABl. 1968, L 201/4, 5 Rz. 6; 14.07.1975, *INTERGROUP*, ABl. 1975 L 212/23, 25 Rz. 7; In ihrem 2. Bericht über die Wettbewerbspolitik (1972) bezeichnete es die Kommission als Aufgabe ihrer Politik, die Gründung sehr mächtiger Vereinigungen auf der Nachfrageseite zu vermeiden oder zu kontrollieren, da derartige Vereinigungen Auswirkungen auf die Stellung der Lieferanten haben könnten (Rz. 58).

schluss an die Feststellung, eine Wettbewerbsbeschränkung werde durch die Vereinbarung mangels Bezugszwanges für die Mitglieder der Einkaufsgemeinschaft nicht bezweckt, nur, dass die betreffenden Vereinbarungen keine spürbaren Auswirkungen auf die Stellung der Lieferanten auf den Märkten der betroffenen Erzeugnisse hätten[619]. Möglicherweise ist die Formulierung unglücklich gewählt. Dementsprechend gibt es auch Stimmen in der Rechtslehre, die diese Interpretation der Kommissionsentscheidung in Frage stellen[620]. Man könne die Entscheidungen nämlich auch dahingehend verstehen, dass die Kommission nur hilfsweise klarstellen wollte, dass – selbst wenn man eine Wettbewerbsbeschränkung annehmen wolle – es jedenfalls an der Spürbarkeit fehle. Doch auch hier ist unklar, wo die Wettbewerbsbeschränkung verortet wird. Zwischen den Beteiligten oder etwa zwischen den Lieferanten der Marktgegenseite? Andere gehen davon aus, dass die Frage der Drittwirkung ohnehin nur im Rahmen der Spürbarkeitsprüfung Beachtung finden kann, d. h. die Drittwirkung benötigt die Beschränkung des Wettbewerbs der Beteiligten[621].

Eindeutiger versteht man demgegenüber die Aussage im Fall *WALKER/CHAMPION/LOMMAERT* (zu Art. 65 Abs. 1 EGKSV)[622], in dem es um den gemeinsamen Einkauf von Walzstahlfertigungserzeugnissen ging. Dort entschied die Kommission, dass eine Vereinbarung unter das Verbot des Art. 65 Abs. 1 EGKSV Falle, wenn sie darauf abziele, den beteiligten Unternehmen eine wesentlich stärkere Stellung gegenüber ihren Lieferanten und eine wesentlich günstigere Marktstellung zu verschaffen, als sie bei einem norma-

619 *Kommission,* 14.07.1975, *INTERGROUP,* ABl. 1975 L 212/23, 25 Rz. 7.

620 So *Beuthien,* Handelskooperationen im europäischen Kartellrecht, S. 21. Diese Überlegung äußert er allerdings im Rahmen der Frage, ob die Drittwirkung für sich allein eine Wettbewerbsbeschränkung begründen kann, oder nur kumulativ mit einer Wettbewerbsbeschränkung der Kooperationsmitglieder. Er selbst geht allerdings davon aus, dass die Verringerung der Wahlmöglichkeiten Dritter notwendige Folge eines Verzichts autonomen Handelns der Kartellmitglieder ist (S. 38). Was die Kommission betrifft, ist er der Meinung, ihr genüge zur Begründung einer Wettbewerbsbeschränkung die Veränderung der Marktverhältnisse für der Marktgegenseite (S. 19, 95).

621 *Emmerich,* Kartellrecht, § 4 II. 2. S. 63 Rz. 45. Diese Ansicht führt dazu, dass die Drittwirkung immer eine Wettbewerbsbeschränkung zwischen den an einer Vereinbarung Beteiligten voraussetzt und die Drittwirkung notwendige Voraussetzung ist, um Art. 81 Abs. 1 EG zur Anwendung gelangen zu lassen.

622 *Beuthien,* Handelskooperationen im europäischen Wettbewerbsrecht, S. 36.

len Wettbewerb einzeln erlangt hätten[623]. Allerdings sind hier ebenfalls Zweifel angebracht, ob die Kommission wirklich auf die Veränderung der Verhältnisse auf der Lieferantenseite abstellen wollte. Bevor sie nämlich zu diesem Fazit gelangt, erklärt sie, dass nicht die einzelnen den Einkauf begleitenden Kooperationsmaßnahmen an sich (Austausch kommerzieller, technischer, finanzieller und anderer Daten) eine Wettbewerbsbeschränkung darstellen, sondern vielmehr erst in ihrer Zusammenschau zu einer *Abstimmung ihres Verhaltens* als Anbieter führen werden. Die Kommission meint deshalb, dass diese Vereinbarung, die darauf abziele, den beteiligten Unternehmen eine wesentlich stärkere Stellung gegenüber ihren Lieferanten und eine wesentlich günstigere Marktstellung zu verschaffen, als sie bei einem normalen Wettbewerb einzeln erlangt hätten, unter das Verbot des Art. 65 Abs. 1 EGKSV falle[624]. Die Entscheidung kann also durchaus so verstanden werden, dass nicht das Ziel der Beteiligten – nämlich gegenüber den Lieferanten eine stärkere Stellung zu erlangen –, sondern die Tatsache des abgestimmten Verhaltens eine Wettbewerbsbeschränkung darstellt.

C. Spürbarkeit der Wettbewerbsbeschränkung

Die Situation stellt sich indes gänzlich anders dar, wenn man der Auslegung der zuvor gerade beschriebenen Kommissionsentscheidungen die damals geltende Bagatellbekanntmachung vom 27.05.1970 zu Grunde legt, nach der Vereinbarungen nur verboten waren, wenn sie spürbare Auswirkungen auf die Marktverhältnisse hatten, d. h. wenn „die Marktstellung dritter Unternehmen […] spürbar verändert wurde"[625]. Vor diesem Hintergrund muss man wohl auch die Aussagen der Kommission zumindest in den Fällen *SOCEMAS* und *INTERGROUP* dahingehend deuten, dass das Abstellen auf Wettbewerbsbeschränkungen zwischen Dritten (Marktgegenseite) tatsächlich von der Kommission beabsichtigt wurde. Denn hier wie dort ist von Auswirkungen der Vereinbarung auf die Marktstellung dritter Unternehmen die Rede, wobei die Kommission in ihrer Bekanntmachung unzweifelhaft auch von Wettbewerbsbeschränkungen zwischen Dritten ausging. Somit ist es keineswegs verwunderlich, dass dieses Ergebnis unter Heranziehung des Wortlautes der gegenwärtig geltenden Bagatellbekanntmachung nicht ohne weiteres

623 Vgl. *Kommission*, 20.05.1976, *WALKER/CHAMPION/LOMMAERT*, ABl. 1976 L 198/6, 7 f.

624 Vgl. *Kommission*, 20.05.1976, *WALKER/CHAMPION/LOMMAERT*, ABl. 1976 L 198/6 f.

625 ABl. 1970 C 64/1.

nachvollziehbar ist[626]. Aus diesem Grunde kann davon ausgegangen werden, dass die Wettbewerbsbehörde tatsächlich auch dann Einkaufskooperationen als wettbewerbsbeschränkend angesehen hat, sofern die Marktstellung der Lieferanten und damit der Wettbewerb zwischen denselben spürbar beschränkt wurde. Nicht spürbar seien die Beschränkungen für die Unternehmen der Marktgegenseite dann, wenn der Umfang der Einkäufe der Einkaufskooperation im Verhältnis zu dem Gesamtumsatz der Mitglieder hinsichtlich des relevanten Produktmarktes oder der Anteil des gemeinsamen Einkaufs im Verhältnis des Gesamtumsatzes des Einzelhandels auf dem räumlich relevanten Markt (Märkte der Mitgliedsunternehmen) gering sei, wenn also weder das Volumen, noch die Anzahl der betroffenen Erzeugnisse der getätigten Käufe bedeutend sei[627]. In der Sache *SOCEMAS* heißt es deutlicher, Spürbarkeit sei ausgeschlossen, sofern die Einkäufe gering sind hinsichtlich des Umfangs und des Sortiments[628].

Bewirkt die Einkaufskooperation eine Wettbewerbsbeschränkung, so scheidet ein Verstoß gegen Art. 81 Abs. 1 EG dennoch aus, sofern die Beeinträchtigung nicht spürbar ist. In den ersten beiden Entscheidungen zu Einkaufsgemeinschaften stellte die Kommission jeweils auf die Marktstellung in Form von Marktanteilen der an der Kooperation Beteiligten ab. In der Sache *SOCEMAS* nahm sie an, dass die von der Einkaufskooperation vorgenommenen Warenbezüge bei den verschiedenen Märkten der in Frage stehenden Erzeugnisse nur einen sehr unbedeutenden Teil ausmachten. Etwas genauer ging die Wettbewerbsbehörde im Fall *INTERGROUP* vor. Dort stellte sie fest, die Auswirkungen der Vereinbarung seien wegen des geringen Umfangs der getätigten Einfuhren (Einkäufe) im Verhältnis zum Gesamtumsatz der Kooperationsmitglieder sowie wegen des geringfügigen Anteils der Käufe am Gesamtumsatz des Nahrungsmitteleinzelhandels nicht spürbar. Interessant ist letztere Entscheidung insbesondere deshalb, weil die Kommission nicht die Marktanteile der Kooperationsmitglieder auf den relevanten Einkaufsmärkten als maßgeblich erachtete. Das wäre der Fall gewesen, wenn sie die gemeinsamen Einkäufe in Relation zum Gesamtumsatz (sämtlicher Lieferanten) an den relevanten Produkten auf den relevanten Einkaufsmärkten gesetzt hätte. Stattdessen hat sie die Einkäufe in Relation zu den Umsätzen der Kooperati-

626 ABl. 2001 C 368/13 Rz. 1. Dort ist von spürbarer Wettbewerbsbeschränkung die Rede, und nicht von spürbaren Auswirkungen der Vereinbarung, welche zur Anwendung von Art. 81 Abs. 1 EG führt.

627 Vgl. *Kommission*, 14.07.1975, *INTERGROUP*, ABl. 1975 L 212/23, 25 Rz. 5 f.

628 *Kommission*, 17.07.1968, *SOCEMAS*, ABl. 1968, L 201/4, 5 Rz. 6.

onsmitglieder gesetzt. Nach der damaligen Bagatellbekanntmachung fielen Vereinbarungen zwischen Unternehmen nämlich dann nicht unter das Verbot des Artikels 81 Absatz 1 EG, wenn die Erzeugnisse, die Gegenstand der Vereinbarung waren, in dem Gebiet des gemeinsamen Marktes, auf das sich die Vereinbarung auswirkte, nicht mehr als 5% Umsatzes mit gleichen Erzeugnissen oder solchen, die für den Verbraucher auf Grund ihrer Eigenschaften, ihres Verwendungszwecks oder ihrer Preislage als gleichartig anzusehen gewesen sind, ausmachten. Da sich eine Einkaufsvereinbarung sowohl auf die Lieferantenseite, als auch auf die Nachfrageseite auswirkt, wäre im Sinne dieser Leitlinien auch die Berücksichtigung des Anteils der Einkäufe am Gesamtumsatz der relevanten Produkte, d. h. am Absatz der Produkte durch die Lieferanten, möglich gewesen. Das wäre insofern auch schlüssig gewesen, als eine Wettbewerbsbeschränkung zwischen den Beteiligten mangels Verhaltenssteuerung (Bezugszwang) nicht in Frage kam, sondern eben nur Auswirkungen auf die Lieferanten zu prüfen waren. Somit hätte die Kommission danach fragen müssen, welchen Umfang die gemeinsamen Einkäufe am Gesamtabsatz der Lieferanten ausmachte. Im Fall *WALKER/CHAMPION /LOMMAERT* stellte die Kommission ebenfalls auf die Marktstellung der Beteiligten ab, allerdings nicht auf deren Marktanteile, sondern auf deren Unternehmensgröße im Verhältnis zu anderen Wettbewerbern. Deshalb hat sie eine EGKS-Bezugsgemeinschaft von Unternehmen genehmigt, deren Beteiligte sich Wettbewerbern gegenübersahen, die drei- bis viermal größere Marktanteile innehatten, als sie selbst.

D. Zwischenergebnis

In dem Umfang, in dem Einkaufsvereinigungen verhaltenssteuernde Maßnahmen gegenüber ihren Mitgliedern praktizieren, minimieren sie durch die Einschränkung der Verhaltensfreiheit ihrer Mitglieder deren Wettbewerb miteinander und gleichzeitig auch die wettbewerblichen Wahlmöglichkeiten sowohl ihrer Konkurrenten auf gleicher Marktstufe, als auch der Lieferanten auf der Marktgegenseite. Somit wird in jedem Fall – nämlich wegen der Aufgabe der autonomen Entscheidungsfreiheit – eine Wettbewerbsbeschränkung bewirkt, sofern man die Aufgabe der unternehmerischen Selbständigkeit als maßgeblich für die Frage nach einer Wettbewerbsbeschränkung erachtet.

Für den Fall, dass eine Verhaltenssteuerung zwischen den Kooperationsbeteiligten nicht vorliegt, ist nach Auswertung der Kommissionspraxis nicht auszuschließen, dass dennoch zwischen den Lieferanten auf der Marktgegenseite eine Wettbewerbsbeschränkung bewirkt wird. Allerdings bestehen hier berechtigte Zweifel. Bestätigende Rechtsprechung hierzu existiert nicht.

§ 7 Wettbewerbsbeschränkungen unter Berücksichtigung des „more economic approach“

A. Gemeinsamer Einkauf von Unternehmen, die nicht auf dem Absatzmarkt konkurrieren

Vom gemeinsamen Einkauf sind notwendigerweise vordergründig die Einkaufsmärkte betroffenen[629]. Es ist deshalb davon auszugehen, dass die spezifische Gefahr von Einkaufskooperationen zunächst darin liegt, Wettbewerbsbeschränkungen auf Nachfragemärkten (Beschaffungsmärkten) zu verursachen. Als Beispiel nennt die Kommission Einzelhändler, die sich zusammentun, um Waren von einem Anbieter zu kaufen, die sie dann in jeweils unterschiedlichen, räumlich abgegrenzten Märkten wieder verkaufen, ohne dabei miteinander zu konkurrieren[630].

I. Grundsatz: Eingeschränkte Anwendbarkeit von Art. 81 Abs. 1 EG

Die Kommission geht in einer solchen Konstellation davon aus, dass Art. 81 Abs. 1 EG nur selten zur Anwendung gelangen wird[631], es sei denn, die Partner haben eine „sehr starke Stellung“ auf den Einkaufsmärkten inne, aufgrund derer die Wettbewerbsstellung anderer Teilnehmer auf *ihren* jeweiligen *Verkaufsmärkten* – davon kann trotz der inhaltlichen Unterschiede in den verschiedenen sprachlichen Fassungen der Leitlinien ausgegangen werden[632] – beeinträchtigt werden könnte.

---

629 Vgl. *Kommission*, Horizontalleitlinien, ABl. 2001 C 3/2, 18 Rz. 123, in der englischen Fassung: „By their very nature joint buying agreements will be concluded between companies that are at least competitors on the purchasing markets“.

630 *Kommission*, Horizontalleitlinien, ABl. 2001 C 3/2, 18 Rz. 123.

631 In der deutschen Fassung heißt es sogar konkret, dass eine mögliche Beschränkung auf die Einkaufsmärkte begrenzt ist.

632 Die Auslegung der Leitlinien unter Berücksichtigung sämtlicher Sprachversionen ergibt, dass es sich bei der im Amtsblatt veröffentlichten deutschen Fassung offensichtlich um ein Redaktionsversehen bzw. einen Übersetzungsfehler handelt. Danach soll Art. 81 Abs. 1 EG zu Anwendung gelangen, wenn „[…] die Wettbewerbsstellung anderer Teilnehmer auf den jeweiligen Einkaufsmärkten […]“ beeinträchtigt wird. In der englischen Fassung der Leitlinien ist hingegen von der „[…] competitive position of other players in their respective selling markets“, also von Verkaufsmärkten die Rede. Das gilt ebenfalls auch beispielsweise für die französische („[…] marchés des ventes […]“), spanischen („[…] mercados de venta“) sowie niederländischen („[…] afzetmarkten […]“) Fassung. Demnach muss es in der deutschen Fassung richtig übersetzt heißen: „Die […] Stellung auf den Einkaufsmärkten

Auch ohne das Vorhandensein einer „sehr starken Stellung“ auf den Einkaufsmärkten ist dieser Aussage zu entnehmen, dass die Anwendung des Art. 81 Abs. 1 EG nicht gänzlich ausgeschlossen sein muss. Allerdings lässt die Kommission den Rechtsanwender darüber im Unklaren, welcher Umstand eine Wettbewerbsbeschränkung hervorrufen soll und wie sie charakterisiert sein soll. Diese Unklarheit erwächst nicht zuletzt wiederum aus Inkongruenzen zwischen den verschiedenen sprachlichen Fassungen der Leitlinien. Die deutsche Fassung weicht dabei erneut von sämtlichen anderen Fassungen ab. Während hier nämlich davon gesprochen wird, dass eine „mögliche Beschränkung des Wettbewerbs auf die Einkaufsmärkte begrenzt“ sei, ist repräsentativ in der englischen Fassung bloß von einer „seltenen Anwendbarkeit“ von Art. 81 Abs. 1 EG die Rede, ohne dass explizit der Begriff der Wettbewerbsbeschränkung und dessen auf den Einkaufsmarkt begrenztes Vorkommen in der Formulierung Platz findet. Nach der deutschen Übersetzung sollte man meinen, Wettbewerbsbeschränkungen auf den Einkaufsmärkten seinen in jedem Fall möglich, wenn auch hinsichtlich der Wirkungen auf diese beschränkt. Die englischsprachige Übersetzung, von der hier ausgegangen wird, lässt hingegen offen, ob eine Wettbewerbsbeschränkung auch auf anderen Märkten denkbar ist.

1. Abkehr von der traditionellen Entscheidungspraxis zu Bezugsverpflichtungen?

Bei der Suche nach möglichen Wettbewerbsbeschränkungen ist hier insbesondere an Bezugsbindungen zu denken, denen die Mitglieder der Einkaufsvereinbarung oftmals unterliegen und die einer effektiven Umsetzung des Kooperationszwecks dienlich sind, welcher regelmäßig in einer weit reichenden Auftragsbündelung zur Erlangung günstigerer Einkaufsbedingungen zu erblicken ist. Auch wenn die Kommission die Anwendbarkeit von Art. 81 Abs. 1 EG bezüglich derartiger Absprachen nicht direkt erwähnt, so ergibt sich doch im Umkehrschluss aus der in den Leitlinien dargelegten Bereitschaft, Verpflichtungsvereinbarungen mit dem Inhalt eines ausschließlichen Bezuges von Waren über die Einkaufsgemeinschaft unter Umständen gemäß Art. 81 Abs. 3 EG freistellen zu wollen, dass diese auch weiterhin als wettbewerbsbeschränkend i. S. v. Art. 81 Abs. 1 EG angesehen werden müssen[633].

---

könnte dazu genutzt werden, die Wettbewerbsstellung anderer Teilnehmer auf ihren jeweiligen Verkaufsmärkten zu beeinträchtigen“.

633 *Kommission*, Horizontalleitlinien, ABl. 2001 C 3/2, 19 Rz. 133: „Die Verpflichtung, ausschließlich über die Zusammenarbeit einzukaufen, kann in bestimmten Fällen unerlässlich sein, um den erforderlichen Umfang für die Erzielung von Größenvorteilen zu erlangen“.

Trägt man jedoch dem analytischen Rahmen und damit den einleitenden Worten der Kommission in den Leitlinien Rechnung, wonach künftig mit Ausnahme von (bezweckten) Kernbeschränkungen eine Koordinierung der Kooperationsbeteiligten mit dem dadurch einhergehenden Autonomieverlust für die Annahme einer Wettbewerbsbeschränkung nicht ausreichend sein soll[634], sind zwingend die Auswirkungen einer Einkaufsvereinbarung auf Dritte zu berücksichtigen. Die wettbewerbsbeschränkende Wirkung einer Bezugsvereinbarung lässt sich unter diesen Umständen konsequenterweise nicht mehr mit der zwangsweisen Aufgabe der Verhaltensfreiheit der Mitglieder begründen, die einer jeden Bezugsverpflichtung immanent ist und bisher die Anwendbarkeit von Art. 81 Abs. 1 EG begründet hat[635]. Erforderlich sind nach Ansicht der Kommission vielmehr Beschränkungen im betroffenen Markt –traditionell bislang vom Konzept der Spürbarkeit erfasst – in einem Maße, dass von negativen Wirkungen auf die relevanten Wettbewerbsparameter ausgegangen werden kann (Marktmacht). Diese negativen Auswirkungen (auf Preise, Produktion, Innovation, etc.) erwartet die Kommission in diesem Zusammenhang dann, wenn der Wettbewerbsdruck[636] zwischen den Kooperationsbeteiligten und Dritten in erheblichem Maße gemindert wird[637]. Maßgeblich ist demzufolge, ob der Wettbewerb zu Lasten von Konkurrenten der Kooperationsmitglieder beschränkt wird. Wettbewerbsbeschränkungen zu Lasten der Lieferanten auf der Marktgegenseite bleiben somit außer Betracht, obwohl die Kommission diese vormals in ihren Entscheidungen herausstellte[638].

Diese Sichtweise zwingt folglich dazu, dass wesentliche Problem von Bezugszwängen nicht in der Verhaltenssteuerung der Kooperationsbeteiligten zu sehen, sondern in davon ausgehenden Beschränkungen des Wettbewerbs auf Konkurrenten, sei es auf den Einkaufs- oder auf nachgeordneten Verkaufsmärkten. Bezugszwänge resultieren zwar aus Vereinbarungen vertikaler Natur zwischen der Einkaufsvereinigung und den Mitgliedern. Nichtsdestotrotz ge-

---

634 *Kommission,* Horizontalleitlinien, ABl. 2001 C 3/2, 4 Rz. 19.

635 Statt Vieler siehe *Schroeder* in: Grabitz/Hilf, Das Recht der Europäischen Union, Bd. II, Art. 81 Rz. 507. S.o. § 6 B. I. [IV].

636 Ob zur Verminderung des Wettbewerbsdrucks hier allerdings eine quantitativ oder qualitativ „sehr starke Stellung" i. S. d. Ausnahmeregelung einer ansonsten seltenen Anwendbarkeit von Art. 81 Abs. 1 EG erforderlich ist, bleibt mit Blick auf zukünftige Entscheidungen abzuwarten.

637 Siehe *Kommission,* Leitlinien zur Anwendung von Art. 81 Abs. 3 EG, ABl. 2004 C 101/97, 99 Rz. 16.

638 Siehe insoweit § 6 B. II. 2.

hen von ihnen Wettbewerbswirkungen aus, die das Horizontalverhältnis zwischen den Mitgliedern sowie zwischen den Lieferanten betreffen, weshalb sie auch in diesem Zusammenhang zu berücksichtigen sind.

2. Vorgaben der Rechtsprechung

Es ist nicht auszuschließen, dass sich die Kommission von der Rechtsprechung des EuGH im Vorlageverfahren in der Sache *OUDE LUTTIKHUIS* zu dieser Vorgehensweise veranlasst sah. Hierbei ging es um die Klärung der Frage, nach welchen Kriterien zu beurteilen ist, ob die Verknüpfung von Klauseln über eine ausschließliche Lieferverpflichtung mit der Verhängung von übermäßigen Austrittsgeldern, mit denen die Mitglieder einer landwirtschaftlichen Genossenschaft langfristig gebunden werden sollten, gegen Art. 81 Abs. 1 EG verstößt. Unter Rückgriff auf seine Rechtsprechung[639] zur Frage der „Notwendigkeit" wettbewerbsbeschränkender Absprachen im Sinne der Immanenztheorie urteilte der EuGH, dass unter den gegebenen Umständen die den Mitgliedern auferlegten Beschränkungen notwendig sein könnten, um ein ordnungsgemäßes Funktionieren der Vereinigung zu gewährleisten, weshalb nicht zwingend von einer bezweckten Wettbewerbsbeschränkung ausgegangen werden könne. Das Gericht ließ dies jedoch offen und erklärte, dass jedenfalls die Wirkungen derartiger Vertragsklauseln auf Dritte einer Wettbewerbsbeschränkung i. S. d. Art. 81 Abs. 1 EG gleichstünden, weil die Vereinbarung zu einer übermäßigen Starrheit des Marktes geführt hätte und außerdem die Machtstellung der Genossenschaft verfestigt und somit Konkurrenten vom Marktzutritt abgehalten hätte[640].

Maßgeblich schien dementsprechend auch für den EuGH nicht der Umstand gewesen zu sein, dass der Wettbewerb der Beteiligten offenkundig beschränkt wurde – wenngleich möglicherweise dazu die „Notwendigkeit" bestand –, sondern dass die Wettbewerbsbeschränkung, welche in der Verfestigung der Machtstellung ihren Ausdruck fand, Abschottungsprobleme mit sich brachte. Hierbei ist freilich zu beachten, dass der EuGH dem Vorlagegericht auftrug, zunächst zu prüfen, ob die ausschließliche Bezugsverpflichtung in Kombination mit der Austrittsgeldregelung nicht bereits eine *bezweckte* Wettbewerbsbeschränkung darstellt. Um dies ausschließen zu können, dürften die Beschränkungen, die den Mitgliedern durch die Satzung der Genossenschaft auferlegt

---

639 Vgl. *EuGH*, 15.12.1994, *GOETTRUP-KLIM*, Rs. C-250/92, Slg. 1994, I-5641, 5686 Rz. 28 ff.

640 Siehe *EuGH*, 12.12.1995, *OUDE LUTTIKHUIS*, Rs. C-399/93, Slg. 1995, I-4515, 4526 Rz. 15.

werden, um sie an die Gesellschaft zu binden, nicht über das hinausgehen, was erforderlich sei, um das ordnungsgemäße Funktionieren der Genossenschaft, insbesondere eine ausreichend breite wirtschaftliche Grundlage und eine gewisse Stabilität des Mitgliederbestands sicherzustellen[641]. Offenbar wendet der Gerichtshof jedoch das gleiche Kriterium auch bei der Überprüfung einer Vereinbarung auf ihre wettbewerbsbeschränkenden *Wirkungen* an[642]. Insofern ist der Stellenwert einer Beschränkung der Handlungsfreiheit aufgrund einer Bezugsverpflichtung der Mitglieder für die Annahme einer Wettbewerbsbeschränkung unklar[643]. Es ist deshalb jedoch nicht auszuschließen, dass der EuGH die Bezugsverpflichtung jedenfalls dann ausschließlich auf seine wettbewerbsbeschränkenden Wirkungen untersuchen würde, wenn eine zusätzliche Vereinbarung wie die Zahlung eines Austrittsgeldes nicht vorliegt, weil unter diesen Umständen die Vermutung einer bezweckten Wettbewerbsbeschränkung nicht ohne weiteres gegeben ist – ganz unabhängig davon, ob die zusätzliche Vereinbarung im Sinne der Immanenztheorie nun zwecknotwendig ist oder nicht.

II. Ausnahme: „sehr starke Marktstellung" auf den Einkaufsmärkten

Mit einer verstärkten Anwendung des Art. 81 Abs. 1 soll erst dann zu rechnen sein, wenn die Partner der Einkaufskooperation eine „sehr starke Stellung"[644] auf den Einkaufsmärkten inne haben, die dazu genutzt werden könnte, die Wettbewerbsstellung anderer Teilnehmer auf ihren jeweiligen Verkaufsmärkten zu beeinträchtigen. Hier ergeben sich nun insbesondere drei Fragen: Die erste Frage ist die nach der quantitativen und qualitativen Präzisierung der

641 Siehe *EuGH*, 12.12.1995, *OUDE LUTTIKHUIS*, Rs. C-399/93, Slg. 1995, I-4515, 4525 Rz. 14.

642 Vgl. *EuGH* 15.12.1994, *GOETTRUP-KLIM*, Rs. C-250/92, Slg. 1994, I-5641, 5687 Rz. 35.

643 *Zimmer* in: Immenga/Mestmäcker, EG-Wettbewerbsrecht, Teil 1, Art. 81 Abs. 1 EGV Rz. 328, geht davon aus, dass grds. die Beschränkung der Handlungsfreiheit das maßgebliche Problem sei.

644 In der deutschen Fassung der Leitlinien ist zwar nur von „tarker Stellung"die Rede. Aus der englischen („[...] very strong position [...]"), niederländischen („[...] zeer sterke positie[...]"), französischen („[...] très forte[...]") oder spanischen („[...] muy fuerte [...]") Fassung der Leitlinien hingegen ergibt sich jedoch, dass die Kommission eine „sehr starke Stellung" meint. Richtigerweise müsste es demnach auch in der deutschen Fassung heißen: „Die sehr starke Stellung auf den Einkaufsmärkten könnte dazu genutzt werden, die Wettbewerbsstellung anderer Teilnehmer auf ihren jeweiligen Verkaufsmärkten zu beeinträchtigen".

„sehr starken Stellung". Die zweite Frage ist die nach der Bestimmung der „anderen Teilnehmer auf ihren entsprechenden Verkaufsmärkten", deren Wettbewerbsstellung beeinträchtigt werden soll bzw. wird. In diesem Zusammenhang ist zugleich zu klären, ob der Wettbewerb auf Einkaufsmärkten weniger schutzwürdig ist. Die dritte Frage muss sich schließlich darauf beziehen, was mit „Nutzung" der „sehr starken Stellung" gemeint ist.

1. Versuch einer quantitativen Bestimmung

Eine „sehr starke Stellung" impliziert eine besonders starke Marktposition, d. h. eine Machtstellung[645] im Verhältnis zu einem Normalzustand bzw. zu anderen Wettbewerbern, die nicht der Kooperation angehören. Obwohl die Terminologie der „sehr starken Stellung" auf das Vorliegen von Marktmacht im Sinne einer marktbeherrschenden Stellung[646] hindeutet[647], ergibt sich aus dem Kontext, dass dies jedenfalls nicht zwangsläufig der Fall sein muss. Für eine Auslegung als marktbeherrschend mag zwar zunächst sprechen, dass eine Anwendung des Art. 81 Abs. 1 EG nach Meinung der Kommission grundsätzlich keine „sehr starke Stellung" verlangt, sondern bereits dann in Betracht kommt, wenn die Beteiligten eine kombinierte Marktmacht mit jeweils 15% Marktanteil auf Ein- und nachgelagerten Verkaufsmärkten halten[648]. Diese Marktanteilsschwelle ist zwar gerade in der vorliegend behandelten Fallgruppe nicht von Belang, da bloß die Einkaufsmärkte im Zentrum der

---

645 Zu den auftretenden Problemen im Zusammenhang mit der Verwendung der Terminologie „Macht" siehe *Herdzina*, Wettbewerbspolitik, 1. Teil, 2.5.1 S. 82 f.

646 Vgl. z. B. *EuGH*, 15.12.1994, *GOETTRUP-KLIM*, Rs. C-250/92, Slg. 1994, I-5641, 5690 Rz. 47: Der Begriff der beherrschenden Stellung ist nach ständiger Rechtsprechung als wirtschaftliche Machtstellung eines Unternehmens zu verstehen, die dieses in die Lage versetzt, die Aufrechterhaltung eines wirksamen Wettbewerbs auf dem relevanten Markt zu verhindern, indem sie ihm die Möglichkeit verschafft, sich seinen Wettbewerbern, seinen Abnehmern und schließlich den Verbrauchern gegenüber in einem nennenswerten Umfang unabhängig zu verhalten; danach ergibt sich das Vorliegen einer beherrschenden Stellung im allgemeinen aus dem Zusammentreffen mehrerer Faktoren, die jeweils für sich genommen nicht ausschlaggebend sein müssen (siehe u. a. *EuGH*, 14.02.1978, *UNITED BRANDS*, Rs. 27/76, Slg. 1978, 207, 286 Rz. 65 f.; *EuG*, 12.12.1991, *HILTI*, Rs. T-30/89, Slg. 1991, II-1439, 1480 Rz. 90).

647 In diese Richtung tendiert die Stellungnahme der *ICC*, Comments on European Commission Proposals for reform relating to horizontal cooperation, 4.2.5.

648 Vgl. *Kommission*, Horizontalleitlinien, ABl. 2001 C 3/2, 19 Rz. 130. Dort ist zu lesen, Marktmacht sei wahrscheinlich nur dann vorhanden, wenn die Beteiligten einen gemeinsamen Marktanteil von mehr als 15% auf den Einkaufs- und Verkaufsmärkten gleichermaßen besitzen.

Betrachtung stehen. Dementsprechend wäre als Ersatz für die geforderte kombinierte Marktmacht an eine auf dem Einkaufsmarkt begrenzte sehr starke Marktstellung zu denken, die ihren Ausdruck freilich in dem Vorliegen eines im Verhältnis zu 15% ungleich höheren Marktanteils finden müsste[649]. Generell von einer marktbeherrschenden Stellung auszugehen wäre jedoch im Hinblick auf die einleitende allgemeine Feststellung der Kommission in den Leitlinien falsch. Danach könnten Unternehmen auch unterhalb der Marktbeherrschung und damit unterhalb der Schwelle, bei der Art. 82 EG greift, über erhebliche Marktmacht verfügen[650]. Eine Marktbeherrschung muss demzufolge also gerade nicht vorliegen, wenn von erheblicher Marktmacht die Rede ist[651]. Das Gleiche muss somit auch für die Auslegung der „sehr starken Stellung" gelten[652].

Die Marktbeherrschung als eine Form von „sehr starker Stellung" ist infolgedessen theoretisch neben anderen durchaus anzuerkennen, aber nicht zwingend. Allerdings steht selbst diese zurückhaltende Interpretation auf keiner festen Grundlage, wenn man bedenkt, dass die Kommission eine marktbe-

649 In der Regel wird ab einem Marktanteil von 40% eine marktbeherrschende Stellung vermutet.

650 *Kommission*, Horizontalleitlinien, ABl. 2001 C 3/2, 4, Rz. 24 (Fn. 17); siehe auch *Kommission*, Leitlinien zur Anwendung von Art. 81 Abs. 3 EG, ABl. 2004 C 101/97, 101 Rz. 26: „Das Maß an erforderlicher Marktmacht für die Anwendung von Artikel 81 Absatz 1 [...] liegt unter dem für die Feststellung einer beherrschenden Stellung gemäß Artikel 82".

651 Auf der gleichen Linie liegt auch die Auffassung der Kommission, eine Vereinbarung zwischen Unternehmen, die zusammen eine marktbeherrschende Stellung einnehmen, sei nicht freistellungsfähig, d. h. in jedem Fall wettbewerbsbeschränkend (vgl. *Kommission*, Horizontalleitlinien, ABl. 2001 C 3/2, 19, Rz. 134). Das spricht inhaltlich zwar nicht gegen eine Marktbeherrschung. Aus systematischen Gründen hingegen wäre es jedoch nicht nachvollziehbar, diesen Fall im Rahmen der ersten Prüfungsstufe zu erwähnen, auf der es um Vereinbarungen geht, die wahrscheinlich nicht vom Anwendungsbereich des Art. 81 Abs. 1 EG erfasst würden und es sich dabei um einen von mehreren möglichen Fällen handeln sollte, die im Rahmen dieser ersten Stufe von Art. 81 Abs. 1 EG erfasst würden.

652 Dazu in Widerspruch stehend: *Kommission*, Leitlinien zur Marktanalyse und Ermittlung beträchtlicher Marktmacht für elektronische Kommunikationsnetze und -dienste, ABl. 2002 C 165/6, 15 Rz. 70 ff. Die Kommission ist dort der Ansicht, beträchtliche Marktmacht sei mit marktbeherrschender Marktmacht gleichzusetzen. Es fragt sich also, wo der Unterschied zwischen einer „sehr starken Stellung" und „beträchtlicher Markmacht" ist, insbesondere, wenn hohe Marktanteile (über 40%) vorliegen, die nach der ständigen Rechtsprechung über die bloße Indikation einer Marktbeherrschung hinausgehen.

herrschende Stellung von Nachfragern in der Regel als Marktposition charakterisiert, bei der die Lieferanten auf vorgelagerten Märkten wirtschaftlich abhängig sind[653].

2. *Versuch einer qualitativen Bestimmung*

a) *Vergleich: Nachfragemacht – „sehr starke Stellung"*

In ähnlicher Weise wie bei der Frage nach dem Ausmaß der „sehr starken Stellung" wird man auch bei dem Versuch einer qualitativen Beschreibung dieser Marktposition vorschnell dazu verleitet, von Nachfragemacht i.S.d. von der Kommission verwendeten Definition auszugehen.

aa) *Gemeinsamkeiten aufgrund des Kontextes*

Dafür spricht zunächst einmal der Umstand, dass sich Marktpositionen generell mit Hilfe von Marktanteilen beschreiben lassen. Zumindest zur indiziellen Bestimmung der Marktstellung eines Unternehmens werden traditionell quantitative Faktoren, also Marktanteile, herangezogen, die regelmäßig anhand von Umsätzen ermittelt werden[654]. Die Kommission möchte dementsprechend auch die Existenz von Nachfragemacht davon abhängig machen, ob auf die Einkaufsvereinbarung ein hinreichend großer Anteil des Gesamtumfangs eines Einkaufsmarktes entfällt. Maßgeblich soll demnach der Marktanteil der Einkaufsvereinbarung auf dem relevanten Markt (Produktmarkt und geographischer Markt) im Verhältnis zu den übrigen Nachfragern sein. Auch wenn hier von Marktmacht, dort von Marktstellung gesprochen wird, ist insbesondere vor dem Hintergrund, dass beide Begrifflichkeiten zur Charakterisierung der Marktstellung von nachfragenden Unternehmen auf den Einkaufsmärkten dienen, nicht einzusehen, warum die Bestimmung einer „sehr starken Stellung" der Mitglieder einer Einkaufskooperation anders verlaufen soll. Der Kontext und die Art und Weise, in dem die Kommission den Aspekt der Nachfragemacht definiert und erläutert[655], hinterlässt zunächst ein zweigeteiltes Bild. Einerseits könnte man meinen, Nachfragemacht sei nur innerhalb eines Szenarios problematisch, in dem die Beteiligten der Einkaufsvereinba-

---

653 Vgl. dazu ausführlich unten § 7 C. I. 2. b).

654 Vgl. auch *Kommission*, Leitlinien zur Anwendung von Art. 81 Abs. 1 EG auf Technologievereinbarungen, ABl. 2004 C 101/2, 25 Rz. 134: „Je höher der Marktanteil einer Partei ist, umso größer dürfte ihre Marktmacht sein."

655 Nachfragemacht als Ausgangspunkt der Analyse im direkten Anschluss an die Beschreibung der dritten Prüfungsstufe, in der Einkaufs- und Verkaufsmärkte gleichermaßen berücksichtigt werden (Rz. 125).

rung ebenfalls Wettbewerber auf nachgeordneten Verkaufsmärkten sind[656]. Andererseits eignen sich die Erläuterungen zur Nachfragemacht für eine Konkretisierung der „sehr starken Stellung“[657]. Letzteres erscheint vor dem Hintergrund dessen, was die ökonomische Analyse hervorgebracht hat, wahrscheinlicher. Ansonsten bliebe die Kommission eine Erklärung dafür schuldig, warum Nachfragemacht nur in einem Szenario relevant sein soll, in dem die Kooperationsmitglieder auch Wettbewerber auf den Verkaufsmärkten sind und damit Potential für Marktmacht auf Verkaufsmärkten existiert. Kostensteigerungen zu Lasten von Konkurrenten und damit wettbewerbliche Nachteile für selbige auf nachgeordneten Märkten gegenüber einzelnen Mitgliedern der Einkaufsvereinigung können unabhängig davon auch durch Rabattdiskriminierung der Lieferanten – sofern diese in der Position dazu sind[658] – verursacht werden, auch wenn die Kooperationsmitglieder selbst keine Wettbewerber auf nachgelagerten Verkaufsmärkten sind.

bb) Unterschiede in den Auswirkungen

Begreift man die Ausführungen zur Nachfragemacht als der dritten Kategorie von möglichen Vereinbarungen (Vereinbarungen zwischen Wettbewerbern) zugehörig, in der Einkaufs- wie Verkaufsmärkte Gegenstand einer eingehenderen Analyse sind[659], so sind Unterschiede hinsichtlich der jedenfalls von der

---

656 Davon offenbar ausgehend *Lücking*, Retailer Power in EC Competition Law, in: Hawk, Int. Antitrust Law and Policy 2000, S. 467, 482, der die Überprüfung einer von der Vereinbarung ausgehenden Nachfragemacht als Ausgangspunkt der Analyse betrachtet, bei der Einkaufs- und Verkaufsmärkte untersucht werden; siehe auch die Horizontalleitlinien in der die Auseinandersetzung mit dem Nachfragemachtbegriff im Anschluss an die Beschreibung der ersten Prüfungsstufe erfolgt: *Kommission*, Horizontalleitlinien, ABl. 2001 C 3/2, 18 Rz. 125 f.

657 Rz. 126 der Leitlinien über horizontale Zusammenarbeit schließt sich unmittelbar an die Auflistung der verschiedenen Arten der in Frage kommenden Vereinbarungen („4.3.1 Art der Vereinbarung“) an und ist Beginn eines neuen Gliederungspunktes („4.3.2 Marktmacht und Marktstrukturen“), obwohl man erwarten müsste, dass Rz. 126 – wollte man die dortigen Ausführungen als Erläuterung von Rz. 125 begreifen – gliederungstechnisch eine weitere, untergeordnete Ebene eröffnet (z. B. 4.3.1.3.1). Dieser Umstand spricht dafür, dass Rz. 126 nun mit detaillierten Erläuterungen darüber beginnt, was in den Rz. 123-125 lediglich angerissen wurde. Das bedeutet also, Rz. 126 würde sich nicht bloß auf Rz. 125 beziehen, sondern auf sämtliche dem Gliederungspunkt „Art der Vereinbarung“ untergeordneten Randziffern, also auch auf die Rz. 123 und damit auf die „sehr starke Stellung“.

658 Zu den Voraussetzungen siehe bereits oben § 3 A. IV. 3. b) aa) (1) (cc).

659 Vgl. insoweit auch die allgemeine, von einer bestimmten Form von Vereinbarung losgelöste Darstellung der *Kommission*, Horizontalleitlinien, ABl. 2001 C 3/2, 5 Rz.

Kommission formulierten Auswirkungen beider hier zu betrachtenden Marktpositionen nicht zu leugnen. So ergibt sich unter Beachtung dessen, was einen hinreichend großen Anteil am Gesamtumfang eines Einkaufsmarktes als Grundlage von Nachfragemacht ausmacht, ein im Vergleich zur „sehr starken Stellung" anderes Bild. Durch Nachfragemacht könne der Preis unter das Wettbewerbsniveau gedrückt werden oder der Marktzugang konkurrierenden Abnehmern versperrt werden. Die Betroffenen dieser Auswirkungen sind demzufolge einerseits die konkurrierenden Abnehmer, d. h. die Wettbewerber der Einkaufskooperation beim Warenbezug, denen der Marktzugang versperrt wird[660]. Es sind andererseits auch die Lieferanten, deren Preisnachlässe[661] gegenüber den nachfragemächtigen Kooperationsmitgliedern ein Ni-

---

26: „Vereinbarungen, die den erwähnten Kategorien nicht angehören, bedürfen einer weitergehenden Untersuchung [...]. Diese Untersuchung muss sich auf [...] die Marktstellung der Partner [...] stützen".

660 Vgl. *Kommission,* Horizontalleitlinien, ABl. 2001 C 3/2, 18, Rz. 126.

661 Ob mit „Preisen" i. S. d. Rz. 126 tatsächlich die Verkaufspreise der vorgelagerten Lieferanten (Einkaufspreise der Nachfrager) gemeint ist, oder aber die Verkaufspreise auf den nachgelagerten Handelsmärkten, auf denen die Mitglieder der Einkaufskooperation ihre Waren absetzen, geht aus den Leitlinien direkt zwar nicht hervor. Aus dem Kontext („[...] Anteil des Gesamtumfangs eines Einkaufsmarktes, so dass die Preise [...]") ist aber zu schließen, dass damit die Einkaufspreise auf dem Einkaufsmarkt gemeint sind, die von den Nachfragern an die Lieferanten gezahlt werden müssen (siehe auch *Lücking,* Retailer Power in EC Competition Law, in: Hawk, Int. Antitrust Law and Policy 2000, S. 467, 469; sowie *Bunte* in: Frankfurter Kommentar zum Kartellrecht, Art. 81 Abs. 1, 3 EG-Vertrag – Fallgruppen II.5., Rz. 31; *FTC,* Report on the Federal Trade Commission Workshop on Slotting Allowances and Other Marketing Practices in the Grocery Industry, S. 56). Nimmt man außerdem an, dass mit steigendem Einkaufsvolumen die Einkaufsbedingungen günstiger werden, und damit die Möglichkeit, Wettbewerbern mit gezielten Niedrigpreisstrategien auf den Handelsmärkten „das Leben schwer zu machen", spielt eine genaue Bestimmung dessen, was mit „Preisen" gemeint sein soll, keine Rolle. Denn eine Preissenkung gegenüber Wettbewerbern auf den (nachgelagerten) Handels- bzw. Verkaufsmärkten ist jedenfalls nur dann wirtschaftlich sinnvoll, wenn auch schon gegenüber den Lieferanten niedrige Preise durchgesetzt werden konnten. Vgl. diesbezüglich die Ausführungen der *Kommission,* 03.02.1999, *REWE/MEINL,* ABl. 1999 L 274/1, 12 Rz. 72; sowie *Kommission,* 20.10.2004, COMP/38.238 – *RAW TOBACCO SPAIN,* Rz. 301 (nicht in ABl. veröffentlicht): „Die Auswirkungen dieser Verletzung auf den Wettbewerb waren insofern beträchtlich, als die [Nachfrager] dank der Vereinbarung eines durchschnittlichen Lieferhöchstpreises für die [Lieferanten] in der Lage waren, die von ihnen an die [Lieferanten] gezahlten Endpreise weitgehend einander anzugleichen und sie zu ihrem eigenen Vorteil auf ein Niveau

veau erreichen, auf dem ein wirksamer Wettbewerb mit konkurrierenden Lieferanten über kurz oder lang (z. B. nach Aufzehrung finanzieller Rücklagen) nicht mehr stattfinden kann oder zumindest beeinträchtigt ist. Eine noch drastischere Wirkung soll „starke Nachfragemacht“ haben, weil sie zu Leistungsverlusten auf Seiten der Lieferanten führen könne[662]. Demnach wirkt sich die Nachfragemacht sowohl auf die Wettbewerbsintensität bzw. die Existenz und damit auf die Wettbewerbsstellung der Lieferanten auf der Marktgegenseite, als auch auf konkurrierende Einkäufer aus. Nachfragemacht ist folglich unmittelbar mit der Tatsache verknüpft, Beschränkungen der Verhaltensfreiheit Dritter (Lieferanten und konkurrierende Einkäufer) auf den Einkaufsmärkten hervorzurufen. Im Sinne der Kommission kann Nachfragemacht deshalb auch definiert werden als die Fähigkeit, Preise unter das Wettbewerbsniveau zu drücken oder den Marktzugang konkurrierenden Abnehmern zu versperren[663].

Diese Auswirkungen sollen offenbar nicht von einer „sehr starken Stellung“ ausgehen, weil diese Marktposition lediglich dazu geeignet sein soll, die Wettbewerbsstellung anderer Teilnehmer auf ihren jeweiligen Verkaufsmärkten zu beinträchtigen. Die Betroffenen dieser Auswirkungen sind demzufolge bloß die Konkurrenten des jeweiligen Mitgliedes einer Einkaufskooperation auf den nachgeordneten Verkaufsmärkten, nicht aber selbige Unternehmen auf den Einkaufsmärkten[664]. Es ist zwar insbesondere aufgrund der unklaren Darstellung in den Leitlinien vorstellbar, darüber hinaus die mit den Einkäufern kontrahierenden Unternehmen der Marktgegenseite (Anbieter von Wa-

---

zu drücken, das unterhalb dessen lag, was aus einem freiem Wettbewerb resultiert hätte“.

662 Ob die angesprochenen Leistungsverluste in jedem Fall Folge niedriger Preise unterhalb des Wettbewerbsniveaus sind oder nicht, sei hier noch dahingestellt. Davon jedenfalls mit Hinweis auf die von der OECD verwendeten Definition für Nachfragemacht ausgehend: *Wieser/Aiginger/Wüger*, Marktmacht im Einzelhandel, S. 22.

663 ABl. 2004 C 31/5, 12, Rz. 64.

664 Bei „anderen Teilnehmern“ denkt man in diesem Zusammenhang unwillkürlich an die der Einkaufskooperation nicht zugehörigen Konkurrenten beim Verkauf auf den den Einkaufsmärkten nachgelagerten Absatzmärkten. Dafür spricht wiederum die allgemeine, von einer bestimmten Form von Vereinbarung losgelöste Darstellung der *Kommission*, Horizontalleitlinien, ABl. 2001 C 3/2, 4 Rz. 24: „Diese Arten der Zusammenarbeit fallen nur dann in den Anwendungsbereich des Art. 81 Abs. 1 EG, wenn [...] die Zusammenarbeit zu Abschottungsproblemen gegenüber Dritten führen“.

ren) als „Teilnehmer auf den jeweiligen Verkaufsmärkten" zu klassifizieren[665] und damit den Einkaufs- und Verkaufsmarkt als ein und denselben Markt zu begreifen – je nachdem, ob aus Sicht der Nachfrager oder Lieferanten betrachtet. In Anbetracht der Tatsache, dass die Kommission im gleichen Abschnitt ausdrücklich zwischen vor- und nachgelagerten Marktstufen unterscheidet (Rz. 123), wird jedoch diese weite Auslegung nicht haltbar sein.

(1) Gründe für die Nichtberücksichtigung von Wettbewerbsbeschränkungen bei Konkurrenten auf den Beschaffungsmärkten

Die Erwähnung der Verkaufsmärkte muss zwar zunächst einmal bei jedermann Erstaunen hervorrufen, wenn man sich vor Augen hält, dass in diesem Stadium der abgestuften Analyse (Rz. 123) ausdrücklich und in erster Linie die Einkaufsmärkte ins Visier genommen werden („Einkaufsvereinbarungen werden [...] von konkurrierenden Einkäufern geschlossen, die nicht auf demselben relevanten nachgeordneten Markt tätig sind"). Man sollte meinen, relevant wäre deshalb auch nur der Wettbewerb und damit mögliche Wettbewerbsbeschränkungen direkter Konkurrenten beim Einkauf[666]. Die Fixierung der Kommission auf die nachgelagerten Verkaufsmärkte bei der Suche nach möglichen Wettbewerbsbeschränkungen, die bei Konkurrenten der Kooperationsmitglieder eintreten, kann – immer vorausgesetzt, man geht von einer unterschiedlichen Bedeutung von Nachfragemacht und „sehr starker Stellung" aus – nur zwei mögliche Erklärungen haben: Entweder ist eine Beschränkung von Konkurrenten bei der Nachfrage allein aufgrund der Formierung einer Einkaufsgemeinschaft nicht vorstellbar oder sie ist zumindest mit einer Beschränkung auf den Verkaufsmärkten kongruent.

Dass die erste mögliche Erklärung insoweit kein Widerspruch zur bisherigen Entscheidungspraxis darstellt, zeigt die schon vorgenommene Bewertung dieser Praxis[667]. Die wettbewerbsbeschränkenden Wirkungen für Konkurrenten

---

665 Diesem Verständnis folgt anscheinend auch *Keßler*, Einkaufskooperationen im Licht des Deutschen und Europäischen Kartellrechts, WuW 2002, 1162, 1172. Er geht davon aus, dass die Wettbewerbsstellung anderer Marktteilnehmer – seien es Anbieter oder Nachfrager – beeinträchtigt werden könnte. Nicht auszuschließen ist allerdings, dass dies auf die fehlerhafte deutsche Fassung der Leitlinien zurückzuführen ist, in der anstatt von „Verkaufsmärkten" von „Einkaufsmärkten" die Rede ist.

666 Davon ohne weiteres ausgehend: *Lehr*, Die neuen EU-Leitlinien für horizontale Unternehmenskooperation (Teil 2), Europa Blätter 2002, 134, 135. Doch auch hier liegt die Annahme nahe, dass er von der fehlerhaften deutschen Fassung der Leitlinien ausgegangen ist und deshalb zu dieser Feststellung gelangt.

667 S.o. § 5 A. II. 2. a).

der Kooperationsmitglieder beim Einkauf ergaben sich nämlich niemals allein aufgrund der Durchführung des gebündelten Warenbezuges durch die Kooperation. So hat zwar die Kommission in der *EUROVISION*-Entscheidung neben der bestehenden Aufnahmebeschränkung auch auf den gemeinsamen Einkauf an sich abgestellt, um wettbewerbsschädliche Wirkungen für deren Konkurrenten zu begründen. Doch war der Eintritt dieser Wirkungen allein von der Haltung der Marktgegenseite (Vergeber der Fernseh-Übertragungsrechte) abhängig, nicht von der Einkaufskooperation als solcher, was jedoch womöglich an der Besonderheit des nachgefragten Produktes als beliebig reproduzierbar lag. Unbeeinflusst von etwaigen Produktbesonderheiten sind aber die Feststellungen, die die Kommission bezüglich der Wettbewerbsbeschränkung zwischen den Kooperationsmitgliedern und Konkurrenten in die Sache *KOHLENGROSSHANDEL* angestellt hat. Dort ist am Ende die von den Lieferanten festgelegte Mindestabnahmemenge der entscheidende Faktor für die Wettbewerbsbeschränkung gewesen, nicht aber die Durchführung des gemeinsamen Einkaufs an sich. Hinzu kommt, dass auch eine große Einkaufsgemeinschaft nicht zwangsläufig dazu beiträgt, dass sich die Einkaufsbedingungen für Konkurrenten ändern[668].

Letztendlich hat der gemeinsame Warenbezug aber Auswirkungen auf den Wettbewerb beim späteren Vertrieb. Erst hier wird sich entscheiden, ob der Erfolg oder gar die Existenz des Unternehmens aufgrund höherer Einkaufspreise gefährdet ist. Angesichts der Tatsache, dass der Einkaufspreis zwar ein wichtiger, aber aufgrund unterschiedlicher Nachfrageelastizitäten der Einkäufer nicht der alleinige Faktor dafür ist, ob ein Unternehmen beim späteren Verkauf im Wettbewerb bestehen kann, ist es nachvollziehbar, warum von der Kommission die Wettbewerbsstellung der Konkurrenten der marktstarken Nachfrager nur auf den Verkaufsmärkten angesprochen ist[669]. Zudem

---

668 Vgl. *Bechtold*, GWB – Kommentar, § 1 Rz. 77. Siehe auch sogleich die Ausführungen zu den möglichen Gründen, warum Wettbewerbsbeschränkungen zwischen Lieferanten durch die „sehr starke Stellung“ nicht von der Kommission in Erwägung gezogen werden: § 7 A. II. 2. a) bb) (2);

669 Sofern die Mitglieder der Einkaufskooperation aufgrund des gemeinsamen Warenbezug günstiger einkaufen können, als dies ihren Konkurrenten möglich ist, desto günstiger sind auch die Konditionen, zu denen sie den Warenabsatz im Verhältnis zu ihren Konkurrenten betreiben können, die nicht oder jedenfalls nicht im gleichen Umfang von Vergünstigungen beim Warenbezug profitieren. Diese Vorteile sieht die Kommission nun als legitim an, es sei denn, die Einkaufskooperation besitzt eine „sehr starke Stellung“, die eine Beschränkung der Wettbewerbsstellung der Konkurrenten zur Folge hat, sofern diese mit einzelnen Mitgliedern der Kooperations-

bilden die nachgeordneten Verkaufsmärkte die Schnittstelle zu den Endverbrauchern, deren Wohlfahrt für die Kommission im Mittelpunkt der wettbewerbspolitischen Betrachtung steht[670]. Jedoch kann diese Überlegung nur begrenzt als Erklärung dieser Sorglosigkeit der Kommission hinsichtlich der Situation auf den Einkaufsmärkten dienen, weil nicht in jedem Fall gesagt ist, dass dritte Unternehmen als Konkurrenten beim Einkauf auch Konkurrenten der einzelnen Kooperationsmitglieder beim späteren Verkauf der Waren sind.

(2) Gründe für die Nichtberücksichtigung von Wettbewerbsbeschränkungen zwischen Lieferanten

Unklar ist ebenfalls – unabhängig davon, ob es sich bei der „sehr starken Stellung" nun um Nachfragemacht handelt oder nicht –, warum die Marktgegenseite als möglicher Ort für Wettbewerbsbeschränkungen nicht angesprochen wird[671]. Berücksichtigt man die erwähnten und im Ergebnis auch vertretbaren Auffassungen in der Rechtslehre, die in der bisherigen Entscheidungspraxis der Kommission eine Anerkennung von Wettbewerbsbeschränkungen zwischen Dritten auf der Marktgegenseite erkennen möchten[672], hätte dieses Verständnis der Leitlinien zur Konsequenz, dass die Kommission im Widerspruch zu eben dieser früheren Entscheidungspraxis stünde. Anzuführen sind hier die bereits angesprochenen Entscheidungen *SOCEMAS* und *INTERGROUP* (zu Art. 81 Abs. 1 EG) sowie *WALKER/CHAMPION/LOMMAERT* bzw. *DEUTSCHER SCHROTTMARKT* (zu Art. 65 § 1 EGKSV). Wie bereits erwähnt, scheint man in Teilen der Literatur – vielleicht um diesen Widerspruch zu vermeiden – davon auszugehen, dass der Einkaufsmarkt,

---

vereinbarung dort konkurrieren. Demnach ist anzunehmen, dass unterhalb der „sehr starken Stellung" eine Wettbewerbsbeschränkung auf den Verkaufsmärkten ausgeschlossen ist.

670 Siehe dazu oben § 3 B. 2.

671 Unklar *Haag* in: von der Groeben/Schwarze, EU/EG-Vertrag – Kommentar, nach Artikel 81 EG - Fallgruppen, Rz. 42. Unter Verweis auf die Leitlinien geht er davon aus, dass die Zusammenarbeit von Unternehmen beim Einkauf unter das Kartellverbot fällt, weil sie auf der Nachfrageebene zu Wettbewerbsbeschränkungen führen kann, indem die Stellung der Marktgegenseite beeinträchtigt wird. Nicht auszuschließen ist allerdings, ob er nicht damit meint, dass eine Wettbewerbsbeschränkung bei den Konkurrenten der Kooperationsmitglieder verursacht wird, weil die Marktgegenseite dem Nachfragedruck der Kooperationsmitglieder ausgesetzt ist. Das hieße, es gebe keine Wettbewerbsbeschränkung auf der Marktgegenseite, sondern das Verhalten der Unternehmen der Marktgegenseite verursache eine Beschränkung des Nachfragewettebewerbs zu Lasten der Konkurrenten der Einkaufsgemeinschaft.

672 S.o. § 6 B. II. 2.

auf dem die Kooperationsmitglieder ihre Waren beziehen, als mit einem Verkaufsmarkt der Lieferanten korrespondierend betrachtet werden kann. Dieses Verständnis lässt sich jedoch kaum mit der ansonsten differenziert erfolgenden Benennung der relevanten Märkte vereinbaren[673].

Der Grund für die Verwendung der unterschiedlichen Terminologien sowie der Nichterwähnung der Lieferanten als von der „sehr starken Stellung" negativ betroffenen Marktteilnehmer erschließt sich möglicherweise unter Heranziehung der von der Kommission gewählten Definition für eine Einkaufsvereinbarung[674]. Selbst eine gewisse Marktmacht der Kooperationsmitglieder auf den relevanten Beschaffungsmärkten sei aufgrund der Realisierung von Größenvorteilen im Ergebnis unproblematisch, sofern die Einkaufsmengen tatsächlich gebündelt würden. Die Kommission stellt hier auf Größenvorteile ab, die sich aus der Einkaufsmengenbündelung ergeben und grundsätzlich sowohl den Einkäufern als auch den Lieferanten, denen gegenüber die Marktmacht naturgemäß unmittelbar ausgeübt wird, zu Gute kommen[675]. Das bedeutet im Umkehrschluss auch, dass Marktmacht bestehen kann, ohne dass Einkaufsmengen gebündelt werden und keine Größenvorteile realisiert werden. Folglich differenziert die Kommission im Einklang mit der ökonomischen Analyse zwischen Marktmacht, die aufgrund von tatsächlichen Einkaufsaktivitäten und einer damit einhergehenden Erhöhung des Einkaufsvolumens einhergeht, und Marktmacht, die in der bloßen Bündelung des Nachfragepotentials ihren Ausdruck findet und als Mittel eingesetzt werden kann, um Konditionenvergünstigungen ohne Gegenleistung (in Form von höheren oder gebündelten Abnahmevolumina) zu erlangen.

Es bestehen demnach auch in den Augen der Kommission grundsätzlich zwei mögliche Strategien für Einkäufer, günstigere Einkaufspreise zu erlangen. Nur bei einer tatsächlichen Einkaufsmengenbündelung, bei der die dadurch erzielten Vorteile diejenigen der Lieferanten nicht übersteigen, ist eine wirtschaftli-

---

673 S.o. § 7 A. II. 2. a) bb).

674 Vgl. *Kommission*, Horizontalleitlinien, ABl. 2001 C 3/2, 17, Rz. 116. Eine Definition beansprucht begriffsnotwendig Allgemeingültigkeit hinsichtlich bestimmter Merkmale. Dementsprechend ist es nicht abwegig, die in Rz. 123 beschriebene Situation mit der in Rz. 116 beschrieben zu vergleichen bzw. in Bezug zu setzen.

675 Bei einer Bündelung der Einkaufsmengen entstehen – wie eingangs beschrieben – nicht nur Vorteile für die Einkäufer in Form von Kosteneinsparungen, z. B. durch zentralisierte Verwaltungsabläufe oder gemeinsame Lagerhaltung, sondern auch Vorteile für Lieferanten, deren Kosten sich anstatt auf viele verschiedene, auf nur einen Absatzkanal beschränken.

che Schädigung der Lieferanten per se ausgeschlossen[676] – sofern die durch die Einkaufsmengenbündelung erzielbaren Vorteile diejenigen der Lieferanten nicht übersteigen –, die wiederum eine Schwächung deren Wettbewerbsfähigkeit bedingen könnte.

Eine „sehr starke Stellung" ist im Hinblick darauf, dass mit zunehmender Unternehmensgröße die Wahrscheinlichkeit einer Marktabschottung ebenfalls zunimmt, vom Gefährdungspotential her gesehen gewiss nicht mit „gewisser Marktmacht" gleichzusetzen. Deshalb wäre es sicherlich falsch, eine „sehr starke Stellung" und damit starke Marktmacht als unproblematisch zu erachten, solange Größenvorteile entstehen. Insofern ist es nachvollziehbar, warum die Kommission einer „sehr starken Stellung" die Wahrscheinlichkeit wettbewerbschädlicher Auswirkungen nachsagt. Dass diese schädlichen Wirkungen auf die nachgeordneten Verkäufermärkte beschränkt bleiben, ist in diesem Zusammenhang auch kein Widerspruch zum zuvor Gesagten, weil auch eine von Nachfragern mit sehr starker Marktstellung tatsächlich vorgenommene Einkaufsmengenbündelung keine schädlichen Auswirkungen auf die Lieferantenseite hat. Solange nur Größenvorteile realisiert werden, wird es nicht zu einer Senkung der Einkaufspreise unterhalb des Wettbewerbsniveaus kommen.

Die Wettbewerbsstellung der Konkurrenten beim Einkauf wird unter diesen Umständen ebenfalls nicht beeinträchtigt, weil sich an deren Einkaufsmöglichkeiten so lange nichts ändert, wie sie die Möglichkeit haben, trotz der sehr starken Marktstellung der Einkaufsgemeinschaft einen im Hinblick auf die Einkaufskonditionen unveränderten Warenbezug sicherstellen zu können. Die Tatsache, dass sie möglicherweise nicht die Einkaufsbedingungen erhalten, die die Kooperation erzielt, rechtfertigt insofern keine Wettbewerbsbeschränkung, als die Preise Folge von Größenvorteilen und damit Ergebnis des Wettbewerbs sind und nicht Ergebnis einer Zwangslage der Lieferanten.

(3) Mögliche Ausprägungen der Wettbewerbsbeschränkungen auf Verkaufsmärkten

Die wettbewerbsfördernde bzw. die den Nachteil gegenüber Konkurrenten ausgleichende Wirkung der tatsächlichen Nachfragebündelung kann aber in eine Wettbewerbsbeschränkung auf Einkaufsmärkten und postum auf den Verkaufsmärkten umschlagen, wenn es den Konkurrenten der Einkaufsko-

676 Das bedeutet nicht, dass die Kommission Nachfragemacht grundsätzlich als für Lieferanten derart schädlich ansieht, dass sie eine Wettbewerbsbeschränkung begründet. Siehe sogleich sie Ausführungen zur Gegenmacht § 7 C. II. 1.

operation verwehrt bleibt, mit leistungsstarken Lieferanten zu kontrahieren. Ein derartiges Szenario ist angesichts der Tatsache, dass die Einkaufsgemeinschaft eine „sehr starke Stellung“ inne hat, ohne weiteres vorstellbar[677]. Die Erschwernis, mit einem bestimmten Lieferanten zum Geschäftsabschluss zu kommen, macht sich auf den Verkaufsmärkten bemerkbar, weil der Wettbewerb zwischen den Konkurrenten und den einzelnen Kooperationsmitglieder hinsichtlich des relevanten Produktes oder der relevanten Produktgruppe auf den Verkaufsmärkten beschränkt oder sogar gänzlich ausgeschlossen ist und damit die Wettbewerbsstellung der Konkurrenten auf den Verkaufsmärkten bezüglich anderer Produkte/Produktgruppen auch insgesamt geschwächt ist. Als Beispiel seien Lebensmitteleinzelhändler genannt, die neben dem in Frage stehenden Produkt freilich auch eine ganze Menge verschiedene andere Produkte vertreiben. Je größer die Bedeutung (abhängig vom Wert, der Qualität, der Konsumentenbeliebtheit, etc.) des in Frage stehenden Produktes ist, desto höher wird die wettbewerbliche Benachteiligung der beim Einkauf nicht oder nicht in ausreichendem Maße zum Zuge kommenden Konkurrenten auf den Verkaufsmärkten sein, auch wenn sie letztendlich nach wie vor in der Lage sind, hinsichtlich anderer Lebensmittel in Konkurrenz zu den einzelnen Kooperationsmitgliedern zu treten.

Ob das allein für die Anwendung von Art. 81 Abs. 1 EG ausreicht, kann insoweit bezweifelt werden, als in den Leitlinien auch davon die Rede ist, dass die „sehr starke Stellung“ *dazu genutzt* werden könnte, um den Wettbewerb zu beeinträchtigen. Angesprochen ist demnach eine zusätzliche, über die Tatsache des günstigeren Verkaufs hinausgehende, aktive und vor allem beeinflussbare Maßnahme auf den jeweiligen Verkaufsmärkten seitens der einzelnen Mitglieder der sehr starken Einkaufsgemeinschaft[678]. Wie eine zusätzliche aktive und im Einflussbereich der Unternehmen liegende Maßnahme ausse-

---

677 Vgl. auch die allgemeine Darstellung der Kommission zu Vereinbarungen, die in der Regel nicht von Art. 81 Abs. 1 EG erfasst werden. Dort heißt es, diese Arten der Zusammenarbeit fielen nur dann in den Anwendungsbereich der Verbotsnorm, wenn Unternehmen mit erheblicher Marktmacht beteiligt sind und die Zusammenarbeit zu Abschottungsproblemen gegenüber Dritten führen kann: *Kommission*, Horizontalleitlinien, ABl. 2001 C 3/2, 4 Rz. 24.

678 Damit muss auch der Überlegungsansatz eines diskriminierenden Verhaltens der Lieferantenseite als maßgebliche Ursache der Wettbewerbsbeschränkungen am Wortlaut der Leitlinien scheitern, weil es die Mitglieder der Einkaufskooperation selbst sein müssen, die ihre „sehr starke Stellung“ zur Wettbewerbsbeeinträchtigung anderer Teilnehmer *nutzen*.

hen soll, erschließt sich aus den Leitlinien nicht[679]. Zu Wettbewerbsbeschränkungen auf den Verkaufsmärkten wird es aber vor allem dann kommen, wenn die Mitglieder der Einkaufskooperation auf ihren jeweiligen Verkaufsmärkten den Preisvorteil bewusst dazu einsetzen, Konkurrenten vom Markt zu verdrängen. Angesprochen ist hier die Möglichkeit, Kampfpreisstrategien (Preisdumping) zu betreiben[680]. Das kann, je nachdem, wie eng der Produktmarkt definiert ist, zum Marktaustritt einzelner Unternehmen führen.

b) Zwischenergebnis

Sofern die Kommission die Absicht hat, mit „sehr starker Stellung" nichts anderes als Nachfragemacht ausdrücken zu wollen, bleibt sie eine Antwort dafür schuldig, warum im Zusammenhang mit der „sehr starken Stellung" lediglich eine Wettbewerbsbeschränkung auf nachgelagerten Verkaufsmärkten auftreten soll, obwohl sie der Ausübung einer nur „starken Nachfragemacht" gleichzeitig eine nachhaltige Schädigung der Lieferantenseite nachsagt[681]. Dies ist jedoch möglicherweise darauf zurückzuführen, dass die Behörde in Anbetracht ihrer grundsätzlich positiven Einstellung zu Einkaufsvereinbarungen als Mittel zum Nachteilsausgleich und der Förderung des Handelswettbewerbs[682] auf Wettbewerbsbeschränkungen zwischen Nachfragern, genauer gesagt, zwischen der Einkaufsvereinigung bzw. ihren Mitgliedern und Konkurrenten fi-

679 Allerdings kann hier wiederum das Argument einer marktbeherrschenden Stellung ins Feld geführt werden, wenn man argumentiert, Wettbewerbsbeschränkungen seien angesichts des leistungswettbewerblichen Verhaltens solange nicht anzunehmen, solange keine marktbeherrschende Stellung existiere, deren Missbrauch auf den nachgeordneten Märkten beispielsweise durch gezielte Kampfpreisstrategien genutzt werden könnte.

680 Diese Strategien werden zwar insbesondere von Art. 82 EG erfasst. Die Berücksichtigung von Marktmacht als Ursache für negative Auswirkungen auf Preise muss aber konsequenterweise dazu führen, dass auch Art. 81 Abs. 1 EG einschlägig ist.

681 Paradoxerweise wäre hier deshalb die fehlerhafte deutsche Fassung der Leitlinien, die anstatt von „Verkaufsmärkten" von „Einkaufsmärkten" spricht, nachvollziehbarer. Denn eine „sehr starke Marktstellung" auf dem Einkaufsmarkt wirkt sich zunächst einmal auch unmittelbar auf die Wettbewerbsverhältnisse des Einkaufsmarktes (und damit auch auf die, denen die Lieferanten unterliegen) aus. Definiert man die „sehr starke Stellung" über Marktanteile, verfügen die Mitglieder der Kooperation demnach über entsprechend hohe Marktanteile auf den Einkaufsmärkten, was zur Folge hat, dass die Wettbewerbsstellung von Konkurrenten der Mitglieder der Kooperation beim Kampf um die Gunst der Lieferanten geschwächt wird. Vgl. auch *Bayrisches Staatsministerium für Wirtschaft, Verkehr und Technologie*, Kooperation und Wettbewerb, S. 93.

682 Vgl. *Kommission*, Horizontalleitlinien, ABl. 2001 C 3/2, 17 Rz. 116.

xiert ist. Aus diesem Grunde ändert sich trotz der soeben aufgezeigten, scheinbaren Unterschiede in den Auswirkungen nichts an der Annahme, dass die Erläuterungen zum Begriff und den Wirkungen der Nachfragemacht eine Konkretisierung der „sehr starken Stellung“ darstellen. Hält man sich vor Augen, dass die Kommission lediglich Kostensteigerungen für Wettbewerber der Einkäufer sowie die Nichtweitergabe niedriger Einkaufspreise an nachgeordnete Kunden als das von Nachfragemacht ausgehende Hauptproblem ansieht[683], ist es insoweit konsequent, auch nur die Wettbewerbsstellung anderer Teilnehmer auf ihren jeweiligen Verkaufsmärkten zu erwähnen, die die Schnittstelle zu den Verbrauchern bilden und die von der „sehr starken Stellung“ der Einkaufsvereinigung beeinträchtigt werden. Unterstützung findet diese Auslegung schließlich in Überlegungen praktischer Natur. Hinsichtlich der Verursachung eines durch monopsonistische Marktmacht hervorgerufenen Nettowohlfahrtsverlustes[684], den die Kommission angesichts ihrer wettbewerbspolitischen Ziele prinzipiell zu berücksichtigenden hat, wird unterstellt, dass, sofern eine solche Konstellation überhaupt vorkommt[685], Wettbewerbsbehörden nichtsdestotrotz wenig Anlass haben werden, dagegen vorzugehen. Diese Unbeachtlichkeit fußt auf zwei Annahmen: Erstens könne auf lange Sicht betrachtet von einem hohen Reaktionsvermögen, also von hoher Flexibilität der Lieferantenseite, ausgegangen werden (d. h., die Nettowohl-

---

683 Vgl. *Kommission,* Horizontalleitlinien, ABl. 2001 C 3/2, 18, Rz. 126.

684 Siehe dazu bereits oben § 3 A. IV. 3. a) aa) (1).

685 Jedenfalls in Bezug auf den Einzelhandel wird es als unwahrscheinlich angesehen, dass eine solche Situation in der Praxis vorkommt, weil eine aufwärts geneigte Angebotskurve in der produzierenden Industrie eher die Ausnahme bilde. Außerdem geht man davon aus, dass Nachfragemacht langfristig mit einer wettbewerbsbetonten Marktstruktur auf nachgelagerten Märkten nicht koexistieren werde, weil erstens Nachfragemacht konzentrationsfördernde Wirkung auf nachgeordneten Märkten hat und weil es zweitens im Falle eines dort herrschenden Wettbewerbs immer alternative Absatzwege für die Lieferanten geben wird. Nachfragemacht hätte dann jedoch keine Existenzberechtigung: Vgl. *OECD,* Buying Power of Multiproduct Retailers, S. 59; siehe auch *Rey,* Retailer Buying Power and Competition Policy, in: Hawk, Int. Antitrust Law and Policy 2000, S. 487, 488; sowie *Wieser/Aiginger/Wüger,* Marktmacht im Einzelhandel, S. 25.
Im Übrigen stellt die Aquierierung zuverlässiger Marktdaten über die Elastizität eines Industriezweiges bzw. einzelner Unternehmen aus einem Industriezweig ein schwieriges Unterfangen dar: *Jacobson/Dorman,* Joint purchasing, monopsony and antitrust, Antitrust Bulletin 1991, 1, 12 (13) m.w.N. Auch wenn es mittlerweilse einige Marktuntersuchen gibt, die Daten liefern, so wird damit nur ein Ausschnitt, eine Momentaufnahme geliefert, ohne dass eine auf lange Sicht zuverlässige Aussage getroffen werden kann.

fahrtsverluste sind gering). Zweites stünden grundsätzlich nicht einzelne Unternehmen (in diesem Fall Lieferanten), sondern der Wettbewerb als Ganzes unter dem Schutz der Gemeinschaft[686]. Ferner wird – auch wenn es in praxi eher keine Rolle spielen wird[687] – argumentiert, dass trotz der auftretenden Ineffizienzen durch Ausübung monopsonistischer Marktmacht nicht zwangsläufig auch der Lieferantenwettbewerb im Sinne einer eingeschränkten Handlungsfreiheit beeinträchtigt sein müsse. Sofern die Lieferanten sog. Preisnehmer seien, bleibe ihnen die Möglichkeit, selbst über das Produktionsvolumen und ihre Angebotsmenge eigenständig zu entscheiden[688].

Die andere mögliche Auslegung zielt darauf ab, die „sehr starke Stellung" als eine durch tatsächliche Einkaufsbündelung unter Realisierung von Kosteneinsparungen charakterisierte Marktposition zu begreifen. Unter dieser Voraussetzung hebt sich die „sehr starke Stellung" jedenfalls in Bezug auf die Wettbewerbsverhältnisse der Einkaufsmärkte (Lieferantenmärkte) positiv von Nachfragemacht ab, sie kann aber gleichfalls zu Wettbewerbsbeschränkungen durch die auf ihren jeweiligen Verkaufsmärkten agierenden, einzelnen Mitglieder der Einkaufskooperation führen, wenn Konkurrenten vom Warenbezug abgeschottet werden oder Niedrigpreisstrategien der Kooperationsbeteiligten zum Opfer fallen. Diese Auslegungsmöglichkeit steht im Einklang mit dem ökonomischen Analysemodell der Preisdiskriminierung, mit dessen Hilfe Nachfragemacht zu gerechtfertigten, kostenabhängigen Preisdifferenzierungen abgegrenzt werden kann.

In Anbetracht der Tatsache, dass die Kommission lediglich Kostensteigerungen für Wettbewerber der Einkäufer sowie die Nichtweitergabe niedriger Einkaufspreise an nachgeordnete Kunden als das von Nachfragemacht ausgehende Hauptproblem ansieht, so ist die erste Auslegungsvariate die Stimmigste und somit diejenige, der zu folgen ist.

---

686 Vgl. *OECD,* Buying Power of Multiproduct Retailers, S. 59; *Ehlermann/Laudati*, Proceedings of the European Competition Forum (1995), S. 207; *Jacobson/Dorman*, Joint purchasing, monopsony and antitrust, Antitrust Bulletin 1991, 1, 12 (13) m.w.N.

687 Siehe dazu näher unten § 7 B. I. 1. a) aa).

688 *OFT,* Assessing the impact of public sector procurement on competition, S. 195.

B. Gemeinsamer Einkauf von auf dem Absatzmarkt konkurrierenden Unternehmen

Der Großteil gemeinsamer Einkaufsaktivitäten entfällt auf Unternehmen der Handelsstufe. Diese Unternehmen treten nicht als Endabnehmer von Waren (mit oder ohne Weiterverarbeitung derselben) auf, sondern vermitteln zwischen vor- und nachgelagerten Märkten. Eine wettbewerbsrechtliche Bewertung von Einkaufskooperationen erfordert deshalb in der Mehrheit aller Fälle eine gleichzeitige Untersuchung von Einkaufs- und nachgelagerten Verkaufsmärkten. Das scheint die Kommission ebenfalls so zu sehen, wenn sie meint, der Großteil aller Einkaufsvereinbarungen erfordere die Untersuchung von Einkaufs- und Verkaufsmärkten. Die Entscheidung, wann und auf welche Weise – abgesehen von der soeben beschriebenen Ausnahmesituation – Wettbewerbsbeschränkungen verursacht werden können, macht sie in der Hauptsache davon abhängig, ob und wie viel Marktmacht die Unternehmen gemeinsam auf den Einkaufs- *und* zugleich den Verkaufsmärkten als Folge ihrer Kooperation entwickeln werden[689]. Sie entspricht mit dieser Vorgehensweise dem Ergebnis der ökonomischen Analyse und der in diesem Zusammenhang geäußerten Auffassung, dass ein wettbewerbsbetonter Verkaufsmarkt in Anwesenheit vermachteter Einkaufsmärkte als höchst unwahrscheinlich erachtet wird[690].

I. Wettbewerbsbeschränkungen durch Nachfragemacht

Ausgangspunkt für die Untersuchung soll zunächst immer die Ermittlung der Nachfragemacht der Beteiligten sein und damit die Frage, ob auf die Einkaufsvereinbarung ein hinreichend großer Anteil des Gesamtumfangs eines Einkaufsmarktes entfällt. Nur unter dieser Voraussetzung könne damit gerechnet werden, dass (entsprechend dem Monopson-Modell) die Preise unter das Wettbewerbsniveau gedrückt werden oder der Marktzugang konkurrierenden Abnehmern versperrt wird. Bei starker Nachfragemacht gegenüber Anbietern sei zudem mit Leistungsverlusten wie beispielsweise Qualitätsrückgang, Nachlassen der innovativen Anstrengungen oder ein nicht optimales Angebot zu rechnen. Wie bereits dargestellt, hält die Kommission Nachfragemacht jedoch vor allem deshalb für besonders problematisch, weil die Gefahr bestehe, dass niedrige Preise nicht an nachgeordnete Kunden weitergegeben würden und dass Kostensteigerungen für Wettbewerber auf den Ver-

---

689 *Kommission,* Horizontalleitlinien, ABl. 2001 C 3/2, 18 Rz. 122, 126 ff.

690 Vgl. nur *OECD,* Buying Power of Multiproduct Retailers, S. 59.

kaufsmärkten verursacht würden. Der Grund dafür sei darin zu erblicken, dass entweder die Anbieter versuchen würden, (entsprechend dem Preisdiskriminierungsmodell) Preisabschläge für eine Kundengruppe durch die Erhöhung von Preisen gegenüber anderen Kunden hereinzuholen oder Wettbewerber schlechten Zugang zu leistungsstarken Lieferanten erhalten würden. Einkaufsmärkte und Verkaufsmärkte seien dementsprechend durch gegenseitige Wechselwirkungen gekennzeichnet[691].

1. Wettbewerbsbeschränkungen auf den Einkaufsmärkten

Unter Berücksichtigung des Bedeutungsinhalts versteht es sich von selbst, dass sich Nachfragemacht unmittelbar[692] nur an die Anbieter von Waren richten kann, während sie gegenüber Wettbewerbern der Einkaufskooperation bloß mittelbar Wirkungen entfaltet. Zwar erklärt die Kommission, Nachfragemacht könne verwendet werden, um konkurrierenden Abnehmern den Zugang zum Einkaufsmarkt zu versperren. Allerdings liegt es nicht in der Hand der Mitglieder der Einkaufskooperation, Wettbewerber vom Markt zu drängen. Eine Abschottung der Wettberber ergibt sich – abgesehen von dem Fall, dass die relevante Ware nur begrenzt verfügbar ist und die Einkaufsvereinigung den Einkaufsmarkt durch sehr hohe Abnahmevolumina „blockiert" und dadurch den Wettbewerbs auf den Verkaufsmärkten hemmt – vielmehr erst daraus, dass Konkurrenten nicht die gleichen Konditionen erlangen können, wie die Einkaufskooperation, also von den Lieferanten differenziert – nicht jedoch unbedingt auch diskriminierend – behandelt werden[693]. Die Konditionen bestimmen sich demnach im Verhältnis zwischen Anbieter und Nachfrager und nicht im Verhältnis zwischen den Nachfragen.

a) Leistungsverluste der Anbieter aufgrund starker Nachfragemacht

In ähnlicher Weise, wie es zuvor in der ökonomischen Analyse beschrieben wurde, berücksichtigt auch die Kommission, dass Nachfragemacht nachteilige Wirkungen für die Unternehmen der Marktgegenseite nach sich ziehen kann. Allerdings verlangt sie hierfür eine „starke Nachfragemacht" und damit offenbar einen mehr als bloß hinrechend großen Anteil am Gesamtumfang eines Einkaufsmarktes. Nur in diesem Fall sei mit Leistungsverlusten der An-

---

691 *Kommission*, Horizontalleitlinien, ABl. 2001 C 3/2, 18 Rz. 126.

692 Da die Nachfrage immer auf die Marktgegenseite gerichtet ist, kann Nachfragemacht von der Einkaufskooperation auch nur gegenüber den Lieferanten bewusst eingesetzt werden. Vgl. insoweit die Ausführungen zu „starker Nachfragemacht": *Kommission*, Horizontalleitlinien, ABl. 2001 C 3/2, 18 Rz. 126.

693 Siehe dazu unten § 7 B. I. 2. c).

bieter eines Marktes, wie z. B. Qualitätsrückgang, Nachlassen innovativer Anstrengungen oder ein nicht optimales Angebot zu rechnen. Leistungsverluste in Form eines nicht optimalen Angebotes veranschaulicht sie beispielhaft an einem Marktszenario, bei dem auf die Einkaufsvereinigung zweier Nachfrager 35% des Gesamtabsatzes des relevanten Produktes entfällt und ihre Zusammenarbeit dazu führen könnte, dass sich zunächst ihre Macht auf den Verkaufsmärkten erhöht, weil die zur Preisdiskriminierung veranlassten wenigen Anbieter Kostensteigerungen bei Konkurrenten der Nachfrager verursachen. Abgesehen von den nachteiligen Auswirkungen auf kleinere Nachfrager könnten aber auch die kleinsten, nahe oder unterhalb der optimalen Größe produzierenden Anbieter aus dem Markt gedrängt werden, weil sie ihre Preise nicht weiter senken können. Als wettbewerbliche Folge dieser Entwicklung erwartet die Kommission eine erhebliche Wettbewerbsbeschränkung aufgrund der weiteren Konzentration der Anbieterseite[694]. Auch wenn dieses Beispiel dazu beitragen mag, eine Vorstellung von starker Nachfragemacht in quantitativer Hinsicht zu bekommen, so wird jedoch in ähnlicher Weise wie zuvor bei der Auslegung der „sehr starken Stellung" auch hier nicht deutlich, in welchem Verhältnis „starke Nachfragemacht" zu „normaler" Nachfragemacht steht, die laut Kommission ja bereits die Möglichkeit eröffnen soll, Wettbewerbspreise unter das Wettbewerbsniveau zu drücken[695]. Jedenfalls ist nicht ohne weiteres einzusehen, warum Preise unterhalb des Wettbewerbsniveaus nicht dazu geeignet sein sollen, Leistungsverluste der beschriebenen Art hervorzurufen – und zwar nicht nur bei kleinen, leistungsschwächeren Anbietern, sondern auch bei leistungsstarken Anbietern. Auch ist unklar, welchen Stellenwert die beschriebenen Leistungsverluste für die kartellrechtliche Bewertung insgesamt haben. Zur Aufklärung trägt möglicherweise wieder die Aussage der Kommission bei, Hauptproblem der Nachfragemacht sei die Nichtweitergabe niedriger Einkaufspreise an nachgeordnete Kunden sowie eine Kostensteigerung für konkurrierende Einkäufer. Vor diesem Hintergrund ist zu mutmaßen, dass nachteilige Wirkungen starker Nachfragemacht und damit die Wettbewerbsstellung von Unternehmen auf der Marktgegenseite aus wettbewerbspolitischer Sicht (im Sinne einer im Vordergrund stehenden Verbraucherwohlfahrt und eines förderungswürdigen Handelswettbe-

---

694 Siehe *Kommission*, Horizontalleitlinien, ABl. 2001 C 3/2, 20 f. Rz. 135.

695 Es stellt sich also die Frage, ob dazu mehr als ein hinreichend großen Anteil am Gesamtumfangs eines Einkaufsmarktes erforderlich ist, oder ob zusätzlich beispielsweise auf die zeitliche Komponente abzustellen ist?

werbs), jedenfalls aber praktisch (aufgrund der zu erwartenden hohen Angebotselastizität der Lieferantenseite) nur von geringer Bedeutung sind[696]:

aa) Irrelevanz aufgrund hoher Angebotselastizität

Die ökonomische Analyse hat gezeigt, dass Leistungsverluste insbesondere als langfristige Auswirkungen von Nachfragemacht zu befürchten sind[697]. Diese Befürchtung relativiert sich, sofern man davon ausgeht, dass Lieferanten in aller Regel eine hohe Angebotselastizität besitzen[698]. Es ist deshalb anzunehmen, dass auch die Kommission Leistungsverluste an sich nicht erwartet, sondern nur unter der zusätzlichen Voraussetzung einer längerfristig ausgeübten Nachfragemacht, die auf diese Weise gleichzeitig verstärkt wird. Dass die Kommission tatsächlich den zeitlichen Aspekt auch zu berücksichtigen beabsichtigt, ergibt sich insbesondere aus der Einbeziehung von Wechselwirkungen[699] in die Analyse. Denn die befürchteten wettbewerblichen Folgen der Wechselwirkungen zwischen Einkaufs- mit den Verkaufsmärkten sind gewiss erst dann zu erwarten, wenn Nachfragemacht hinreichend lange und kontinuierlich ausgeübt wird.

Um nun Leistungsverluste bei Lieferanten zu verursachen, ist es nicht erforderlich, dass durch die Einkaufsvereinigung die Preise unter das Wettbewerbsniveau gedrückt werden. Eine derartige Preissenkung ist nämlich zunächst einmal das erwünschte Ergebnis einer gezielten Nachfragedrosselung bei Vorhandensein monopsonistischer/oligopsonistischer Marktstrukturen. Dazu ist auf Lieferantenseite eine wettbewerbsbetonte Marktstruktur erforderlich. Die ökonomische Analyse hat jedoch offenbart, dass derartig strukturierte Märkte eher die Ausnahme sein werden[700]. Sollte die Kommission das Vorhandensein von Nachfragemacht grundsätzlich von einer Nachfragedrosselung abhängig machen, so würde sie folglich Bewertungskriterien heranziehen, die praktisch irrelevant sind. Da Leistungsverluste – dass hat die ökonomische Analyse ebenfalls gezeigt[701] – auf lange Sicht zu erwarten sind, wenn Lieferanten mit gewisser Marktmacht zur Preisdiskriminierung veranlasst

---

696 Zur Bedeutung der Marktgegenseite in früherer Praxis vgl. bereits oben § 6 B. II. 2.

697 Siehe bereits oben § 3 A. IV. 3. a) aa) (1).

698 Siehe *OECD*, Buying Power of Multiproduct Retailers, S. 59.

699 Vgl. dazu sogleich § 7 B. 2. a).

700 S.o. § 3 A. V. 3. und § 7 A II. 2. b) Fn. 685.

701 Siehe bereits oben § 3 A. IV. 3. b) bb) (1) Fn. 248; siehe auch *Monopolkommission*, Sondergutachten 14: Die Konzentration im Lebensmittelhandel, S. 92 Rz. 156 ff.

werden[702], ist die Verknüpfung von monopsonistischem Preissenkungspotential und Leistungsverlusten jedenfalls nicht zwingend.

Unter Berücksichtigung dieser Überlegungen sollte „starke Nachfragemacht" primär verstanden werden als die Möglichkeit nachfragemächtiger Einkäufer, Preisdifferenzierungen(-diskriminierungen) zu veranlassen, anstatt auf die Möglichkeit einer Nachfragedrosselung Bezug zu nehmen.

bb) Irrelevanz aufgrund schwerpunktmäßigen Schutzes des Wettbewerbs auf Handelsmärkten

Die Kommission erwartet überwiegend KMU als Mitglieder einer Einkaufskooperation[703]. Insofern verwundert es nicht, dass vorrangig die Nichtweitergabe niedriger Einkaufspreise an nachgeordnete Kunden als problematisch erachtet wird, weil in diesem Fall insbesondere die Beeinträchtigung des Händlerwettbewerbs zwischen KMU zu befürchten ist. Folglich sind vor allem die strukturellen Bedingungen auf den nachgelagerten Verkaufsmärkten ausschlaggebend für die Frage etwaiger Wettbewerbsbeschränkungen[704]. Wie bereits mehrfach erwähnt, spiegelt sich hierin die Wettbewerbspolitik der Kommission wieder, die ganz wesentlich darauf abzielt, die Verbraucherwohlfahrt zu erhalten bzw. zu erhöhen – und zwar nicht als Ausglich für die Hinnahme von Wettbewerbsbeschränkungen, sondern bereits bei der Entscheidung, ob eine Wettbewerbsbeschränkung vorliegt oder nicht.

b) Versperren des Marktzugangs für konkurrierende Einkäufer

Neben Leistungsverlusten der Lieferanten identifiziert die Kommission auch Wettbewerber der Kooperationsmitglieder auf den Beschaffungsmärkten als mittelbar Betroffene von durch Nachfragemacht hervorgerufenen Wettbewerbsbeschränkungen. Danach könnte ein hinreichend großer Anteil am Gesamtumfang eines Einkaufsmarktes dazu führen, dass Wettbewerbern der Mitglieder der Einkaufskooperation der Marktzugang (Zugang zum Einkaufsmarkt) versperrt wird. Auch wenn die Kommission von Versperren des Markt*zugangs* spricht, so kann daraus nicht unbedingt geschlossen werden, es gehe ihr damit um das Unmöglichmachen des Warenbezugs durch potentielle

702 Insoweit ist das von der Kommission zur Veranschaulichung beschriebene Beispiel irreführend, weil dort die Preisdiskriminierung anscheinend nur als Ursache für Wettbewerbsbeschränkungen auf nachgeordneten Verkaufsmärkten genannt wird. Siehe *Kommission*, Horizontalleitlinien, ABl. 2001 C 3/2, 19 f. Rz. 135.

703 Siehe *Kommission*, Horizontalleitlinien, ABl. 2001 C 3/2, 17 Rz. 116.

704 Siehe sogleich unten § 7 B. II.

Wettbewerber[705]. Trotz der differenzierten Verwendung der Begrifflichkeiten „Abschottung“ und „Zugangsverhinderung“ in den Leitlinien wird sie vielmehr auch den Marktausschluss aktueller Wettbewerber im Sinn gehabt haben, wenn man berücksichtigt, dass die Begriffe „Abschottung“ und „Zugangsbeschränkung“ auch synonym verwendet werden[706].

2. Wettbewerbsbeschränkungen auf den Verkaufsmärkten

a) Bedeutung der Marktstrukturen auf den Verkaufsmärkten

aa) Entscheidung über die Wettbewerbsförderlichkeit von Nachfragemacht

Als ein wesentliches Ergebnis der bereits dargestellten ökonomischen Analyse kann festgehalten werden, dass die Nichtweitergabe niedriger Einkaufspreise nicht unmittelbare Folge der Nachfragemacht ist, sondern von der Angebotsmacht der Beteiligten als Wettbewerber auf den Verkaufsmärkten abhängt. Entscheidend ist demnach die Marktstruktur auf diesen Märkten. Diesen Zusammenhang greift auch die Kommission auf, indem sie nur unter Berücksichtigung der Marktstruktur auf den Verkaufsmärkten zu entscheiden vermag, ob auf den Einkaufsmärkten bestehende Nachfragemacht wettbewerbsfördernd ist oder nicht. So könne Nachfragemacht zwar zu niedrigeren Preisen für Kunden führen, sie sei jedoch nicht in jedem Falle wettbewerbsfördernd[707]. Die Wettbewerbsförderlichkeit sei dann nicht gegeben, wenn die Kooperationsbeteiligten zusammen Macht auf nachgelagerten Verkaufsmärkten ausüben würden, weil unter diesen Bedingungen nicht damit gerechnet werden könne, dass niedrige Preise als Folge der Ausübung von Nachfragemacht an die Kunden weitergegeben würden[708]. Ausschlaggebend dafür, ob sich Nachfragemacht positiv auf den Wettbewerb auf den Verkaufsmärkten auswirkt, ist somit die Beantwortung der Frage, ob die niedrigen Einkaufspreise weitergegeben werden oder nicht. Im Ergebnis stellt die Preisweitergabe demnach sicher, dass der Wettbewerb belebt bzw. weiter verstärkt wird.

---

705 Ein Unternehmen wird als potentieller Wettbewerber angesehen, wenn es Anhaltspunkte dafür gibt, dass es ohne die Vereinbarung die notwendigen zusätzlichen Investitionen und andere erforderliche Umstellungskosten auf sich nehmen könnte und wahrscheinlich auch würde, um als Reaktion auf eine geringfügige, aber dauerhafte Heraufsetzung der relativen Preise gegebenenfalls in den Markt einzutreten. Dieser Einschätzung müssen realistische Erwägungen zugrunde liegen; die rein theoretische Möglichkeit eines Marktzutritts reicht hierzu nicht aus.

706 Vgl. *Kommission,* Horizontalleitlinien, ABl. 2001 C 3/2, 19 Rz. 129.

707 So *Kommission,* Horizontalleitlinien, ABl. 2001 C 3/2, 18 Rz. 127.

708 Siehe *Kommission,* Horizontalleitlinien, ABl. 2001 C 3/2, 19 Rz. 128.

Sie ist Mittel zum Zweck der Wettbewerbsgarantie. Die Verbesserung der Verbraucherwohlfahrt als Folge der Weitergabe niedriger Einkaufspreise indiziert in diesem Zusammenhang die Wettbewerbsförderlichkeit[709]. Die Kommission berücksichtigt folgerichtig, dass die Möglichkeit einer Belebung bzw. Verstärkung des Wettbewerbs durch die Einkaufsgemeinschaft in eine Beschränkung umschlagen kann bzw. dass die Formierung einer Einkaufskooperation von vorn herein wettbewerbsbeschränkend ist, wenn ein Nachteilsausgleich für KMU gegenüber größeren Wettbewerbern durch das Mittel der Kooperation nicht (mehr) erreichbar ist[710], weil nur mit der Weitergabe der niedrigeren Einkaufspreise die Kooperationsmitglieder in den Preiswettbewerb treten. Hier wird wiederum deutlich, dass von der Wettbewerbsbehörde in erster Linie der Wettbewerb zwischen den Beteiligten der Einkaufskooperation und deren Rivalen auf nachgeordneten Märkten ins Auge fasst werden soll. Für die Anwendbarkeit von Art. 81 Abs. 1 EG ist also entscheidend, dass der Handelswettbewerb beeinträchtigt wird[711], obwohl die Frage, ob niedrige Einkaufspreise weitergeben werden oder nicht, nichts an den Beeinträchtigungen ändert, die die Lieferanten aufgrund der Nachfragemacht erfahren. Eine Wettbewerbsbeschränkung der Lieferantenseite realisiert sich unabhängig von der Preisweitergabe.

Diese Einschätzung darf folglich nicht darüber hinwegtäuschen, dass an Nachfragemacht grundsätzlich wirtschaftlich negative Auswirkungen geknüpft werden. Die Kommission ist – das hat sie der Vergangenheit schon einmal betont – lediglich der Auffassung, dass „das Ausüben von Nachfragemacht [...] nicht per se als gesamtwirtschaftlich nachteilig anzusehen ist“[712]. Die positive Sichtweise von Nachfragemacht in dem Sinne, dass wettbewerbsförderliche Aspekte im Fordergrund stehen, steht dem also genauso wenig entgegen wie die negative Sichtweise, dass Lieferanten beeinträchtigt werden.

bb) Begründung/ Verstärkung gemeinsamer Macht auf Verkaufsmärkten („Spiraleffekt“)

Von der Ausübung von Nachfragemacht, die zur Abschottung von Wettbewerbern oder zur Heraufsetzung deren Kosten verwendet werde, erwartet die

709 Vertretbar wäre es sicherlich auch, die Verbesserung der Verbraucherwohlfahrt als bloßen Reflex zu betrachten.

710 Vgl. *Kommission,* Horizontalleitlinien, ABl. 2001 C 3/2, 17 Rz. 116.

711 Dass Hauptaugenmerk liegt somit im Falle einer Einkaufskooperation von Einzelhändlern auf dem Schutz des Handelswettbewerbs, und nicht auf dem des Lieferantenwettbewerbs.

712 Vgl. *Kommission,* 03.02.1999, *REWE/MEINL,* ABl. 1999 L 274/1, 12 Rz. 71.

Kommission, dass Marktmacht auf den Verkaufsmärkten verstärkt oder sogar begründet wird. Der Zusammenhang zwischen Einkaufs- und Verkaufsmärkten erschöpft sich demzufolge nicht bereits darin, dass die Marktstruktur auf den Verkaufsmärkten entscheidender Faktor für die wettbewerbliche Beurteilung von Nachfragemacht ist. Vielmehr geht die Kommission davon aus, dass Nachfragemacht die Entwicklung der Marktstruktur auf diesen Märkten entscheidend beeinflusst. Kurz: Nachfragemacht und Marktstruktur bedingen sich beiderseits. Daraus folgt zugleich, dass Nachfragemacht auf den Einkaufsmärkten und Marktmacht auf nachgeordneten Verkaufsmärkten als eine Einheit zu betrachten sind. Das entspricht den in der Realität zu erwartenden Marktszenarien und damit dem Umstand, dass Nachfragemacht losgelöst von Macht auf den Verkaufsmärkten im Einzelhandelssektor praktisch nicht vorkommen wird[713].

Die Kommission rechtfertigte schon in früheren Entscheidungen zu Unternehmenszusammenschlüssen die Einbeziehung der wettbewerblichen Situation auf den Verkaufsmärkten damit, dass zwischen Einkaufsmärkten und Verkaufsmärkten eine Wechselwirkung bestehe. In den Leitlinien taucht im Grunde – wenn auch verkompliziert und womöglich unvollständig – der in den Entscheidungen beschriebene „Spiraleffekt“ wieder auf. Er betrifft potentielle Effekte von Nachfragemacht auf dem nachgelagerten Absatzmarkt. Dieser Mechanismus zeichne sich dadurch aus, dass höheres Einkaufsvolumen des Nachfragers größere Mengenrabatte ermögliche. Aufgrund der vom Lieferanten gewährten Rabatte könne der Nachfrager auf seinem Absatzmarkt zu niedrigeren Preisen anbieten, als kleinere Konkurrenten, wodurch letztendlich der Marktanteil des Nachfragers erhöht werde und dieser das Volumen der Einkäufe wiederum steigen könne, mit der Folge, in noch größerem Maße in den Genuss von Rabatten zu kommen[714]. Dieser Effekt findet

713 Siehe schon oben § 7 A II. 2. b) Fn. 685.

714 Vgl. *Kommission*, 03.02.1999, *REWE/MEINL*, ABl. L 274/1, 12. Rz. 71 f.: Dort stellte die Kommission fest, dass gerade im Einzelhandel eine enge Interdependenz zwischen dem Handelsmarkt und dem Beschaffungsmarkt bestehe. Die Marktanteile der Einzelhandelsunternehmen auf dem Handelsmarkt bestimmten ihr Einkaufsvolumen, das umso größer sei, je höher der Handelsmarktanteil des Einzelhändlers sei. Je größer das Einkaufsvolumen, desto günstiger seien in der Regel die Einkaufskonditionen, die dem Handelsunternehmen von seinen Lieferanten eingeräumt würden. Günstige Einkaufskonditionen könnten wiederum auf verschiedene Weise dazu benutzt werden, die Marktposition auf dem Handelsmarkt zu verbessern (z. B. durch internes oder externes Wachstum, aber auch durch gezielte gegen Wettbewerber gerichtete Niedrigpreisstrategien). Die verbesserte Position auf dem Han-

sich nun auch in den Leitlinien insofern wieder, als die Kommission die Möglichkeit der Begründung oder Verstärkung von Marktmacht auf den Verkaufsmärkten durch Nachfragemacht sieht[715].

Die gegenseitige Bedingung von Nachfrage- und Angebotsmacht kommt in den Leitlinien allerdings nur unvollständig zum Ausdruck, weil nicht darauf hingewiesen wird, dass die durch Nachfragemacht initiierte oder verstärkte Angebotsmacht auf den Verkaufsmärkten wiederum Nachfragemacht zu verstärken in der Lage ist, mit der möglichen Folge einer weiteren Einschränkung des wettbewerblichen Spielraums der Konkurrenten beim Warenbezug sowie der Lieferanten. Ob dies mit dem Umstand zusammenhängt, dass der „Spiraleffekt“ ursprünglich im Zusammenhang mit der Beurteilung eines Zusammenschlusses entwickelt wurde, lässt sich bloß vermuten. So führt ein Zusammenschluss naturgemäß zu einer Vermachtung auf den Verkaufsmärkten, weil die ehemals selbständigen Unternehmen aufgrund ihrer Zusammenfassung in ein einheitliches Unternehmen nicht nur den Wettbewerb miteinander aufgeben, sondern auch zur Reduzierung der Wettbewerbsintensität beitragen. Die Gefahr der Vermachtung besteht grundsätzlich zwar auch bei Kooperationen, jedoch ist sie ob der Instabilität und Diskontinuität[716] einer solchen Unternehmensinteraktion einerseits und der Möglichkeit bloßer Verhaltensabstimmung[717] andererseits weniger vorbestimmt und vorgegeben[718].

---

delsmarkt schlage sich wiederum in einer weiteren Verbesserung der Einkaufskonditionen nieder usw. Auch im Bericht der OECD wird das starke Wachstum großer Handelsunternehmen u.a. auf den Schneeballeffekt zurückgeführt: *OECD,* Nachfragemacht – Die Ausübung von Marktmacht durch marktstarke Nachfrager, S. 17 Rz. 38.

715 Die Erwägungen der Kommission in den Leitlinien hinsichtlich der Nachfragemacht sind letztendlich auf die Untersuchung im *REWE/MEINL*-Fall zurückzuführen. So entspricht der Inhalt von Rz. 128 der Leitlinien dem, was die Kommission in Rz. 71 der Entscheidung erklärt. Zum „Spiraleffekt“ siehe auch die Entscheidung der *Kommission,* 25.01.2000, *CARREFOUR/PROMODÈS*, ABl. 2000 C 164/5 ff. Rz. 45 ff. (nur in französischer Fassung erhältlich).

716 Die jedenfalls theoretische Möglichkeit eines jederzeitigen Ausstiegs eines Mitgliedunternehmens aus der Einkaufsvereinigung mindert die Gefahr einer stetigen Machtausübung. Zudem ist auf die Schwierigkeiten hinzuweisen, die mit der Einigung auf ein marktkonformes Verhalten verbunden sind.

717 Im Gegensatz zur Vereinbarung besitzt der Abstimmungsvorgang keinerlei Bindungskraft. Den beteiligten Unternehmen ist es freigestellt, zu kooperieren oder sich autonom zu verhalten. Eine Gefährdung des Wettbewerbs ist in diesem Zeitpunkt noch nicht gegeben (vgl. *Schröter* in: von der Groeben/Schwarze, EU-/EG-Vertrag – Kommentar, Bd. 2, Artikel 81 Absatz 1 EG, Rz. 75).

Zudem wird durch die Verwendung des Begriffs der Wechselwirkung suggeriert, dass sich verschiedene Faktoren gegenseitig beeinflussen und folgerichtig auch eine Beeinflussung von Nachfragemacht durch Macht auf Verkaufsmärkten nicht ausgeschlossen sein kann.

b) Abschottung von Wettbewerbern

Die durch Nachfragemacht bedingte Angebotsmacht der Parteien resultiert u.a. aus der Abschottung konkurrierender Käufer auf den Einkaufsmärkten. Diese Wirkung kann auf die wettbewerbliche Situation der Verkaufsmärkte Auswirkungen haben. Haben die konkurrierenden Käufer keinen Zugang zu leistungsstarken Lieferanten, werden sie auf leistungsschwache Lieferanten ausweichen müssen. Das hat wiederum zur Folge, dass sie ihren Bedarf an Waren nicht decken können oder zumindest zu schlechteren Konditionen den Einkauf tätigen müssen bzw. nicht in ausreichenden Umfang hochwertige Ware beziehen können. Auf den Verkaufsmärkten haben Konkurrenten gegenüber den Mitgliedern der Einkaufskooperation in der Folge das Nachsehen, weil sie weniger Waren absetzten können oder bzw. und zu (erheblich) höheren Preisen verkaufen müssen[719]. Dieses Szenario setzt jedoch voraus, dass die Einkaufskooperation selbst Zugang zu leistungsstarken Lieferanten hat. Wann ein Lieferant leistungsstark ist, lässt sich beispielsweise an der Beziehung zwischen Lebensmittelherstellern und Einzelhandelsunternehmen darstellen. Für große Markenartikelhersteller sind leistungsstarke und expansive Händler von besonderem Interesse, weil ihnen eine absatzwirtschaftliche Leistung geboten wird, die sie selbst nicht zu erbringen in der Lage sind. Nur mit deren Hilfe können sie deshalb Marktanteile verteidigen und weiter ausbauen. Im gleichen Ausmaß ist auch der Handel an starken Marken interessiert, die in der Regel von führenden, d. h. großen Markenartikelherstellern herrühren. Demzufolge ist es für leistungsschwache Hersteller, schwieriger, ihre Produkte ähnlich gut abzusetzen und zu platzieren, weil der Handel an diesen Produkten entweder kein Interesse hat oder die Absatzleistung diesbe-

---

718 Indessen ist nicht ausgeschlossen, dass ursächlich für den scheinbar unvollständig wiedergegebenen „Spiraleffekt" wiederum das bereits geschilderte wettbewerbspolitische Interesse der Kommission ist, welches vorrangig auf das Geschehen auf den Verkaufsmärkten gerichtet ist.

719 Es ist hierbei zu bemerken, dass die Kommission die Marktabschottung mit einem Versperren des Zugangs zu leistungsstarken Lieferanten gleichsetzt. Dabei ist nicht gesagt, dass Wettbewerber grundsätzlich nur dann vom Markt verdrängt werden, wenn es um die Gunst leistungsstarker Unternehmen auf der Marktgegenseite geht. Jedoch erscheint eine Marktabschottung nur dann Sinn zu machen, wenn dies Vorteile bringt.

züglich schlechter ist als hinsichtlich der starken Marken[720]. Leistungsstark kann ein Unternehmen aber nicht nur dann sein, wenn es über entsprechende Marktanteile verfügt[721], d. h. Marktmacht besitzt. Auch innovative Unternehmen sind leistungsstarke Unternehmen, was oft auf kleine Unternehmen des Mittelstandes zutrifft. Das gleiche gilt für Hersteller, die qualitativ hochwertige Produkte herstellen – sei es aufgrund besonderer Fertigungsmethoden oder aufgrund hochwertiger Einsatzgüter[722].

c) Kostensteigerung für Wettbewerber („waterbed effect")

Die durch Nachfragemacht bedingte Angebotsmacht der Parteien resultiert außerdem aus Kostensteigerungen für Wettbewerber. Anknüpfend an das Preisdiskriminierungsmodell befürchtet die Kommission, dass (leistungsstarke) Lieferanten versucht sein könnten, Verluste in Form der zugunsten nachfragemächtiger Einkäufer gewährten Preisnachlässe dadurch wieder auszugleichen, indem sie andere Kunden mit Mehrkosten belasten (Rabattdiskriminierung), sodass letztere in Relation zu den nachfragemächtigen Einkäufern zweifach schlechter sehen, weil sich ihr Einkaufspreis antiproportional entwickelt („waterbed effect")[723]. Dies führt bei den Wettbewerbern der Einkaufskooperation folglich zu Kostensteigerungen beim Verkauf, mit der weiteren Konsequenz, dass die Marktanteile und damit die Marktmacht der Mitglieder der Einkaufskooperation auf den Verkaufsmärkten steigen werden, wenn der Preis der ausschlaggebende Faktor für Käufer ist. Diese Vorgehensweise der Lieferanten ist jedoch nur möglich, wenn sie selbst ein gewisses Maß an Marktmacht ausüben können. Hinsichtlich dessen, was ein *gewisses Maß* sein soll, wird der Rechtsanwender zwar im Unklaren gelassen. Indessen leuchtet es ein, das Preisnachlässe nur dann gewähren werden, wenn die Lieferanten sicher sein können, dass andere Wettbewerber (Lieferanten) nicht in hinreichendem Maße die Lücke füllen können und zu niedrigeren Preisen anbieten können. Das Maß der Marktmacht hängt deshalb zwangsläufig von verschiedenen Faktoren ab wie dem Konzentrationsgrad der Lieferantenmärkte, den Marktanteilen und davon, ob Marktzutrittsschranken bestehen. Ausschlaggebend kann auch sein, ob in welchem Umfang die Rivalen der

---

720 Siehe beispielsweise *Wieser/Aiginger/Wüger*, Marktmacht im Einzelhandel, S. 6.

721 Siehe *Sölter*, Nachteilsausgleich für mittelständische Unternehmen, WuW 1974, 657, 659.

722 Vgl. auch die negative Definition der Leistungsstärke von der *Kommission*, Horizontalleitlinien, ABl. 2001 C 3/2, 18 Rz. 126, die Beispiele für Leistungsverluste aufzählt.

723 Siehe nur *Dobson/Inderst*, Differential Buyer Power and Waterbed Effect, E.C.L.R. 2007, 393 ff.

Einkaufsvereinigung Waren bei bestimmten Lieferanten trotz überhöhter Preise beziehen müssen, etwa aufgrund besonderer Produkteigenschaften.

Zu beachten ist hierbei, dass Art. 81 Abs. 1 EG kein allgemeines Diskriminierungsverbot enthält und die Rabattdiskriminierung als solche nicht erfasst. Das Regelbeispiel Art. 81 Abs. 1 lit. d) EG erfasst zwar die Anwendung unterschiedlicher Bedingungen bei gleichwertigen Leistungen gegenüber Handelspartnern, die Diskriminierung muss sich jedoch aus der Vereinbarung ergeben und darf nicht auf einem einseitigen Verhalten des Lieferanten beruhen, da einseitiges Verhalten nur unter den Voraussetzungen des Art. 82 EG verboten ist. Letzteres wird jedoch bei der Rabattdiskriminierung regelmäßig der Fall sein, es sei denn, die Lieferanten werden von den Mitgliedern der Einkaufskooperation kollektiv oder von der Einkaufszentrale dazu angehalten. Erfasst werden dementsprechend nur Absprachen, durch die sich ein Hersteller verpflichtet, bestimmten Abnehmern günstigere Preise einzuräumen als sonstigen, vergleichbaren Kunden[724]. Die praktische Bedeutung dieser Form der Wettbewerbsbeschränkung dürfte gegenwärtig noch gering sein[725]. Es fehlt bislang eine zuverlässige, auf Erfahrungen beruhende Grundlage für die Vermutung, dass Preisunterschiede tatsächlich auf den durch Rabattdiskriminierung hervorgebrachten „waterbed effect“ zurückzuführen sind[726]. Den Aspekt der Rabattdiskriminierung berücksichtigt die Kommission dennoch, weil er als Ursache von Nachfragemacht zu einer Kostensteigerung und damit zu einer Abnahme der Wettbewerbsfähigkeit konkurrierender Nachfrager auf deren Absatzmärkten führt.

---

724 Vgl. *Kommission*, 15.07.1982, *SSI*, ABl. 1982 L 232/1, 22 Rz. 99.

725 Ein Nachweis der Ungleichbehandlung wird regelmäßig schwierig sein, weil davon ausgegangen werden kann, dass völlig vergleichbare Bedingungen für verschiedene Käufer nicht vorkommen werden. Im Übrigen wird man auch kaum nachweisen können, dass eine unterschiedliche Behandlung nicht auf Kosteneinsparungen aufgrund einer Rationalisierung beruhen, die eine Differenzierung rechtfertigen. In diesem Sinne auch *Welling*, Neue Formen der Einkaufsbündelungen nach deutschem und europäischem Kartellrecht, S. 87.

726 Vgl. insbesondere *Dobson/Inderst*, Differential Buyer Power and Waterbed Effect, E.C.L.R. 2007, 393, 395: "Until very recently, the waterbed effect did not have a formal underpinning, which may explain why antitrust authorities have frequently at best been sceptical about the merits of this notion, though typically without dismissing it altogether".

II. Marktmacht auf den Verkaufsmärkten

1. Verhaltensabstimmung beim individuellen Verkauf

Ursächlich für die Entstehung der Macht auf den Verkaufsmärkten ist nach Auffassung der Kommission – abgesehen von Nachfragemacht – auch die Verhaltensabstimmung zwischen den Parteien, sofern diese Wettbewerber auf den Verkaufsmärkten sind[727]. In diesem Zusammenhang soll es darauf ankommen, wie hoch der Anteil des für alle Mitglieder ausgehandelten Einkaufspreises am Verkaufspreis ist, den das jeweilige Mitglied auf nachgelagerten Märkten von seien Kunden verlangt[728]. Ob sich die Verhaltensabstimmung jedoch anhand des Ausmaßes von Kostenangleichungen indizieren lässt, ist dabei ebenso unklar wie die Frage, welche Bedeutung die Verhaltensabstimmung für die Annahme von Marktmacht überhaupt hat.

a) Zusammenhang zwischen Verhaltensabstimmung und Marktmacht

Die Ausführungen der Kommission zu den relevanten Märkten und zu der Bewertung gemäß Art. 81 Abs. 1 EG hinterlassen ein widersprüchliches Bild. Hier wie dort wird die Macht auf den Verkaufsmärkten beschrieben. Während einerseits davon die Rede ist, Beschränkungen des Wettbewerbs seien wahrscheinlicher, wenn die Partner Marktmacht durch die Abstimmung ihres Verhaltens gewännen[729], geht die Kommission andererseits davon aus, dass mit zunehmender gemeinsamer – also bereits existierender – Macht der Anreiz für die Vertragspartner steige, ihr Verhalten als Verkäufer aufeinander abzustimmen[730], was durch ein zunehmendes Maß an Kostenangleichung unterstützt würde[731]. Letzteres lässt darauf schließen, dass die so verstandene Macht anderen Ursprungs ist als die an erster Stelle beschriebene. Andernfalls handelt es sich um einen Zirkelschluss, der darin besteht, dass ein und dasselbe Kriterium (Verhaltensabstimmung) Ursache und Folge von Marktmacht zugleich ist. Mit anderen Worten: Wenn die Verhaltensabstimmung mit Marktmacht gleichgesetzt wird, wie kann bzw. soll dann Marktmacht den Anreiz zur Verhaltensabstimmung darstellen? Das funktioniert nur dann, wenn die bereits durch eine Verhaltensabstimmung gewonnene Marktmacht wiederum im Sinne einer Wechselwirkung beider Kriterien eine weitergehende

---

727 Siehe *Kommission,* Horizontalleitlinien, ABl. 2001 C 3/2, 18 Rz. 122.

728 Vgl. *Kommission,* Horizontalleitlinien, ABl. 2001 C 3/2, 19 Rz. 128.

729 Vgl. *Kommission,* Horizontalleitlinien, ABl. 2001 C3/2, 18 Rz. 122.

730 Vgl. *Kommission,* Horizontalleitlinien, ABl. 2001 C3/2, 19 Rz. 128.

731 Mit zunehmender gemeinsamer Macht auf den Verkaufsmärkten werde der Anreiz für die Vertragspartner (der Einkaufskooperation) steigen, ihr Verhalten als Verkäufer aufeinander abzustimmen.

Verhaltensabstimmung bedingt. Ob es sich hierbei nur um eine unglückliche Formulierung oder um einen tatsächlichen Unterschied handelt, erschließt sich weder aus den Leitlinien selbst – die Erklärung in Rz. 122 vermittelt jedenfalls im vorliegenden Kontext den Eindruck einer abschließenden Darstellung der Entstehungsmöglichkeiten für Marktmacht auf den Verkaufsmärkten –, noch aus andern Feststellungen der Kommission in veröffentlichten Entscheidungen.

Ein Zirkelschluss kann vermieden werden, wenn man annimmt, dass die Mitglieder der Einkaufskooperation aufgrund ihrer Nachfragemacht *zusammen* auch über entsprechend hohe Marktanteile auf den Verkaufsmärkten verfügen, weil sie im Gegensatz zu Dritten ihre Waren zu niedrigeren Preisen anbieten können. Dieser Vorteil verleiht ihnen die Kraft, den Wettbewerb mit Dritten nicht bloß zu stören, sondern dauerhaft auszuschließen, sofern sie es bewerkstelligen, ihr Verkaufsverhalten zu koordinieren. Durch die Koordinierung ist gewährleistet, dass auch der Wettbewerb zwischen den Mitgliedern der Einkaufsgemeinschaft auf den Verkaufsmärkten zum erliegen kommt[732] und deshalb einzelne Mitglieder nicht zu befürchten haben, dass andere Mitglieder sie bei dem Versuch „stören", ihre Marktanteile zu Lasten Dritter auszubauen. Dies geschieht durch eine Preisstrategie, bei der die Preise unterhalb derjenigen Preise liegen, die Dritte verlangen, aber oberhalb des Preises liegen, zu denen die Mitglieder der Einkaufskooperation anbieten könnten. Unter Wettbewerbsbedingungen würden sie ihre niedrigen Einkaufspreise an nachgeordnete Kunden bestenfalls vollständig weitergeben. Sind die Mitgliedsunternehmen jedoch gleichgeschaltet, ist eine vollständige Weitergabe mangels Wettbewerbsdruck nicht mehr notwendig. Der Preis kann bis zur Höhe des Preises, den Dritte verlangen, angehoben werden, was die Gewinne maximiert. Auch wenn Marktmacht nicht unbedingt eine Gradfrage sein muss, ist diese Interpretation jedenfalls hier nicht nur deshalb nahe liegend, weil die Kommission explizit auf ihre Ausführungen zur Beurteilung von Produktionsvereinbarungen verweist[733], bei der sie ebenfalls bereits existie-

---

732 Der Wettbewerb zwischen den Mitgliedern und Dritten ist ja bereits gestört bzw. ausgeschlossen.

733 Vgl. *Kommission*, Horizontalleitlinien, ABl. 2001 C3/2, 14 Rz. 92: „Ausgangspunkt für die Analyse einer Vereinbarung über die gemeinsame Produktion ist die Stellung der Beteiligten auf den betroffenen Märkten, weil ohne Markmacht die Partner einer Produktionsvereinbarung keinen Anreiz hätten, ihr Wettbewerbsverhalten als Lieferanten zu koordinieren. Außerdem entstehen ohne Marktmacht der Beteiligten keine Auswirkungen auf den Wettbewerb, selbst wenn diese ihr Wettbewerbsverhalten aufeinander abstimmen würden".

rende Marktmacht aufgrund entsprechender Marktstärke der Beteiligten zur Feststellung einer Wettbewerbsbeschränkung verlangt[734], sondern auch deshalb, weil sie Marktmacht grundsätzlich von Marktanteilen abhängig macht[735]. Es ist demnach davon auszugehen, dass die Macht hier wie dort nicht auf den Aspekt der Verhaltensabstimmung zu reduzieren ist, sondern in jedem Fall entsprechend hohe Marktanteile erfordert, die sich aus der Addition der Marktanteile der jeweiligen Partner ergeben. Bestätigung findet diese Interpretation in wissenschaftlichen Beiträgen zu diesem Teilbereich der Beurteilung von Einkaufsgemeinschaften, auch wenn dort die Notwendigkeit hoher Marktanteile bezweifelt wird[736]. In der Tat würde sich – wenn auch aus anderen Gründen – mit einer grundsätzlichen Forderung nach hohen Marktanteilen trotz etwaiger Abstimmungsmaßnahmen ein neues Problem stellen. Eine Vereinbarung über die Festsetzung von Preisen fällt als Kernbeschränkung ausnahmslos und unabhängig etwaiger Marktmacht unter Art. 81 Abs. 1 EG. Da das als Auffangtatbestand geltende Kriterium des abgestimmten Verhaltens dem Tatbestandsmerkmal der Vereinbarung gleichgestellt ist[737] und die Verhaltensabstimmung im vorliegenden Fall – wie sogleich noch zu sehen sein wird – regelmäßig die Verkaufspreise zum Gegenstand haben wird, kann diesbezüglich auch nichts anderes gelten. Aufgrund dieses Zusammenhangs ist eine Gleichsetzung von Macht und einer Verhaltensabstimmung (hinsichtlich der Verkaufspreise) unabhängig etwaiger hoher Marktanteile denkbar.

Die neuerdings zu beobachtenden Bestrebungen der Kommission, allein Kernbeschränkungen mit *bezweckten* Wettbewerbsbeschränkungen gleichzusetzen, lassen sich freilich nicht mit dieser Interpretation vereinbaren, weil die Kommission auf derjenigen Prüfungsebene, in sie den Einfluss von Einkaufsvereinbarungen auf die Verkaufsmärkte berücksichtigt, ausschließlich *bewirkte* Wettbewerbsbeschränkungen ins Auge fasst, nicht jedoch *bezweckte* Wettbewerbsbeschränkungen erwartet.

---

734 Dazu in Widerspruch steht allerdings die Analyse des von der Kommission erläuterten Beispielfalls: *Kommission*, Horizontalleitlinien, ABl. 2001 C3/2, 16 Rz. 107: „Es ist davon auszugehen, dass […] ihnen die Koordinierung ihres Verhaltens erhebliche Marktmacht, wenn nicht sogar eine marktbeherrschende Stellung, verleihen würde“.

735 Vgl. *Kommission*, Horizontalleitlinien, ABl. 2001 C3/2, 5 (19) Rz. 28 (Rz. 130).

736 So auch *Gloy*, Stellungnahme der Deutschen Vereinigung für gewerblichen Rechtsschutz und Urheberrecht zum Entwurf von Leitlinien zur Anwendbarkeit von Artikel 81 EG-Vertrag auf Vereinbarungen über die horizontale Zusammenarbeit, A.6.

737 Statt Vieler siehe *Schröter* in: von der Groeben/Schwarze, EU-/EG-Vertrag, Bd. 2, nach Art. 81 Abssatz 1, Rz. 68 ff.

b) Kostenangleichung als Indiz der Verhaltensabstimmung

Weiterhin wird die Funktion der Kostenangleichung als ein Kriterium des analytischen Konzepts in den Leitlinien nicht deutlich. Beschränkungen des Wettbewerbs sollen dann wahrscheinlich auftreten, wenn die Partner Marktmacht durch eine Abstimmung ihres Verhaltens gewinnen ***und*** einen spürbaren Anteil ihrer Gesamtkosten gemeinsam tragen[738]. Scheinbar dessen ungeachtet sei eine Verhaltensabstimmung – und damit nach dem zuvor Gesagten Marktmacht – insbesondere unter der Voraussetzung zu erwarten, dass bei den Beteiligten ein hohes Maß an Kostenangleichung festgestellt werden könne[739]. Die Kostenangleichung ist demnach einerseits als alternative Grundlage der Marktmacht definiert, andererseits als Indiz der Verhaltensabstimmung. Insofern ist der Aspekt der Kostenangleichung Indiz für eine Verhaltenskoordination und zugleich für Marktmacht, weil Marktmacht wiederum aus der Verhaltensabstimmung resultieren soll.

Nicht geklärt und dementsprechend strittig war bislang die Frage, ob eine Durchführung des Abstimmungsergebnisses zu fordern ist, oder ob die Abstimmung bzw. gar die Gefahr einer Abstimmung zwischen den Unternehmen an sich zur Erfüllung des Tatbestandsmerkmals genügt. An dieser Streitfrage dürfte sich mit Einführung der Legalausnahme bzw. Abschaffung der Anmeldepflicht zwecks Freistellung einer Vereinbarung vom Verbot nach Art. 81 Abs. 1 EG auch nichts geändert haben. Das folgt insbesondere aus dem zu unterstellenden Willen der Abstimmungsbeteiligten, die Abstimmung verdeckt zu halten oder jedenfalls aufgrund der Tatsache der Unscheinbarkeit, die das Wesen der abgestimmten Verhaltensweise ausmacht. Die Rechtsprechung hat in diesem Punkt noch keine Klarheit gebracht, weil den bislang entschiedenen Fällen jeweils ein auf die Abstimmung zurückzuführendes Marktverhalten zugrunde lag[740]. Für die Kommission scheint bereits die bloße Gefahr einer Verhaltskoordinierung ausreichend zu sein, wenn sie ihren Blick auf die Kostenstruktur der Beteiligten Unternehmen richtet und auf ein hohes Maß an Kostenangleichung als Indiz für die Verhaltensabstimmung zurückgreift. Angesichts der Tatsache, dass letztendlich der Nachweis einer Verhal-

738 Vgl. *Kommission*, Horizontalleitlinien, ABl. 2001 C3/2, 18 Rz. 122.

739 Vgl. *Kommission*, Horizontalleitlinien, ABl. 2001 C3/2, 19 Rz. 128.

740 Siehe ausführlich und mit Nachweisen *Roth/Ackermann* in: Frankfurter Kommentar zum Kartellrecht, Bd. IV, Art. 81 Abs. 1 EGV – Grundfragen, Rz. 122 ff.; sowie *Schröter* in: von der Groeben/Schwarze, EU-/EG-Vertrag – Kommentar, Bd. 2, Artikel 81 Absatz 1 EG, Rz. 76 f.

tensabstimmung in der Regel praktisch sehr schwierig sein wird, ist diese Vorgehensweise auch nachvollziehbar[741].

Allerdings kann eine Kostenangleichung unter Berücksichtigung bisheriger Rechtsanwendungspraxis nicht schlechthin Indiz einer Verhaltensabstimmung sein, sondern nur dann, wenn sie nicht die logische Folge gleicher Marktstrukturen und -bedingungen ist. Dies lässt sich anhand der Definition einer Verhaltensabstimmung erklären. Die Verhaltensabstimmung ist nach ständiger Rechtsprechung definiert als „eine Form der Koordinierung zwischen Unternehmen, die zwar noch nicht bis zum Abschluss eines Vertrages im eigentlichen Sinne gediehen ist, jedoch bewusst eine praktische Zusammenarbeit an die Stelle des mit Risiken verbundenen Wettbewerbs treten lässt. Abgestimmte Verhaltensweisen können sich insbesondere aus einer im Verhalten der Beteiligten zutage tretenden Koordinierung ergeben“[742]. Bloßes Parallelverhalten der auf den Verkaufsmärkten agierenden Unternehmen, die Mitglied der Einkaufskooperation sind, reicht dementsprechend für eine Verhaltensabstimmung nicht aus[743]. Die Rechtsprechung verlangt vielmehr eine Fühlungnahme eines Unternehmens mit einem Wettbewerber mit der Motivation, dessen Marktverhalten zu beeinflussen oder es über sein eigenes Marktverhalten in Kenntnis zu setzten[744]. Dieser Sichtweise hat sich die Kommission im Grundsatz[745] angeschlossen[746]. Um von einer Verhaltensabstimmung sprechen zu können, ist demzufolge ein Minimum gegenseitigen Kontakts erforderlich. Aus diesem Grund kann die Kostenangleichung per se eigentlich nicht für die Annahme einer Wettbewerbsbeschränkung herhalten, weil dies im Ergebnis auf eine Sanktionierung bloßen struktur- und wettbewerbsbedingten, d. h.

---

741 Zur Frage der Relevanz dieser Streitfrage siehe *Stockenhuber* in: Grabitz/Hilf, Das Recht der Europäischen Union, Bd. I, Art. 81 Rz. 111 ff.

742 Siehe Nachweise der Rechtsprechung bei *Schröter* in: von der Groeben/Schwarze, EU-/EG-Vertrag – Kommentar, Bd. 2, Artikel 81 Absatz 1 EG, Rz. 70.

743 Vgl. *EuGH*, 14.07.1972, *ICI*, Rs. 48/69, Slg. 1972, 619, 662 ff. Rz. 109 ff.; 13.07.1989, *TOURNIER*, Rs. 395/87, Slg. 1989, 2521, 2565.

744 In diesem Sinne schon *EuGH*, 16.12.1975, *SUIKER UNIE*, Rs. 40/73, Slg. 1975, 1663, 1665.

745 Unklar ist die Handhabung bewussten Parallelverhaltens durch die *Kommission* in den Vertikalleitlinien, ABl. 2000 C 291/1, 21 Rz. 103, in denen sie erklärt, ihr Ziel sei die Verhinderung negativer Wirkungen, die entstehen könnten durch die „Erleichterung der Kollusion unter Lieferanten oder Käufern, wobei dieser Begriff sowohl die explizite als auch die stillschweigende (bewusstes Parallelverhalten) Kollusion umfasst“.

746 Siehe nur *Roth/Ackermann* in: Frankfurter Kommentar zum Kartellrecht, Bd. IV, Art. 81 Abs. 1 EGV – Grundfragen, Rz. 122 m.N.d. Kommissionspraxis.

nachvollziehbaren Parallelverhaltens hinauslaufen würde, obwohl das Parallelverhalten keinesfalls den wirtschaftlichen Eigeninteressen der Beteiligten zuwiderläuft[747]. Dies wird am deutlichsten in Branchen, in denen die gemeinsam eingekauften Produkte anschließend keine Wertschöpfung erfahren, aufgrund derer die Gesamtkosten der Unternehmen differieren könnten und die Vertriebsstrukturen, bei denen ebenfalls Kosten unterschiedlich sein können, notwendigerweise identisch sind. Als Indiz taugt der Kostenaspekt deswegen nur dann für die Annahme einer Abstimmung, wenn die Marktstrukturen und -bedingungen gleichartige Marktpreise an und für sich gerade nicht erwarten lassen[748]. Die Frage, ob eine Verhaltensabstimmung vorliegt, kann sich deshalb nicht allein auf Aspekte beziehen, die den Marktpreis betreffen[749]. Es mag zwar nahe liegen, eine Fühlungnahme deshalb anzunehmen, weil die Parteien jedenfalls auf den Einkaufsmärkten vereinbarungsgemäß kooperieren. Eine von der Rechtsprechung verlangte Motivation zur gegenseitigen Beeinflussung des Marktverhaltens oder zur gegenseitigen Inkenntnissetzung über eigenes Marktverhalten auf den Verkaufsmärkten kann der Einkaufsvereinbarung jedoch nicht ohne Weiteres entnommen werden. Auch die Kommission verlangt nach wie vor, dass eine – ausdrückliche oder konkludente – *Aufforderung* an ein anderes Unternehmen vorliegen muss, ein Ziel gemeinsam zu verfolgen[750]. Schließlich reicht es der Kommission dabei auch nicht aus, wenn eine Maßnahme eines Unternehmens lediglich im Kontext der bestehenden

---

747 Allgemeine Ansicht; siehe nur *Schröter* in: von der Groeben/Schwarze, EU-/EG-Vertrag – Kommentar, Bd. 2, Artikel 81 Absatz 1 EG, Rz. 80 (Fn. 360).

748 Welchen Grund sollten Unternehmen haben, Marktpreise aufeinander abzustimmen, die sich aufgrund gleichartiger Kostenstrukturen ohnehin ergeben?

749 Zugegebenermaßen lässt sich auch ein Vorteil einer Abstimmung der Preise bei nahezu gleichartigen Kostenstrukturen herausstellen. Dieser besteht darin, dass die Kosteneinsparungen nicht gänzlich an nachgeordnete Kunden (z. B. Endverbraucher) weitergegeben werden müssen, weil nämlich die Beteiligten der Abstimmung als die schärfsten Konkurrenten um die Gunst der Verbraucher gleichgeschaltet sind. Die Preise können deshalb so lange angehoben werden, bis das Preisniveau anderer Wettbewerber, die nicht Mitglied der Einkaufskooperation sind, erreicht ist. Das garantiert höhere Gewinne der Beteiligten bei einem verbleibenden Wettbewerbsvorsprung gegenüber anderen Wettbewerbern. Hierbei ist nicht einzusehen, warum die beteiligten Unternehmen ohne Marktmacht keinen Anreiz zur Verhaltensabstimmung haben sollten (siehe aber die zu Produktionskooperationen **a.A.** der *Kommission*, Horizontalleitlinien, ABl. 2001 C 3/2, 14 Rz. 92, auf die in Rz. 128 der Leitlinien verwiesen wird).

750 *Kommission*, Leitlinien zur Anwendung von Art. 81 Abs. 3 EG, ABl. 2004 C 101/97, 98 Rz. 15.

Geschäftsbeziehung erfolgt[751]. Bezugspunkt der Verhaltensabstimmung ist vorliegend ausdrücklich die Macht auf den Verkaufsmärkten[752], die nach eigener Aussage der Behörde durch Nachfragemacht zwar begründet, aber unter Umständen auch *nur* verstärkt werden kann. Macht auf den Verkaufsmärkten muss somit nicht unbedingt von Nachfragemacht und damit nicht aufgrund der Kooperationsvereinbarung auf den Einkaufsmärkten herrühren[753].

Zusammenfassend bleibt festzuhalten, dass die den Einkaufsmarkt betreffende Kooperationsvereinbarung nicht zwingend als Bezugspunkt für die geforderte Fühlungnahme der Unternehmen zur Annahme einer Verhaltenskoordinierung auf den Verkaufsmärkten herangezogen werden kann. Fehlt dieser Bezugspunkt, kann als ein Indiz für eine Koordinierung auf ein hohes Maß an Kostenangleichung zurückgegriffen werden, sofern diese nicht strukturbedingt zu erwarten ist.

2. Kostenangleichung beim individuellen Verkauf

Trotz der eingeschränkten Tauglichkeit der Kostenangleichung als Indiz einer Verhaltensabstimmung begreift die Kommission eine Verhaltensabstimmung generell – und damit Marktmacht – als wahrscheinliche Folge eines hohen Maßes an Kostenangleichung, denn gleichartige Gewinnspannen würden den Anreiz schaffen, zu einheitlichen, abgestimmten Verkaufspreisen zu gelangen[754]. Eine solche Angleichung der Kostenstruktur realisiere sich, wenn beispielsweise eine Gruppe von Einzelhändlern einen hohen Anteil ihrer Produkte gemeinsam einkaufen[755]. Das gleiche soll für Hersteller eines Enderzeugnisses gelten, die große Mengen ihrer Einsatzgüter gemeinsam einkaufen[756].

Den Aspekt der Kostenangleichung berücksichtigte die Kommission schon in früheren Fällen. Im Anschluss an die von der Behörde in der Sache

751 Vgl. *EuGH*, 06.01.2004, *ARZNEIMITTELIMPORTEURE*, Rs. C-2/01 P, Rz.. 141 (noch nicht in Slg. veröffentlicht).

752 *Kommission*, Horizontalleitlinien, ABl. 2001 C 3/2, 19 Rz. 128.

753 *Kommission*, Horizontalleitlinien, ABl. 2001 C 3/2, 19 Rz. 129.

754 Vgl. *Kommission*, Horizontalleitlinien, ABl. 2001 C 3/2, 20 Rz. 137.

755 *Kommission*, Horizontalleitlinien, ABl. 2001 C 3/2, 19 Rz. 129.

756 *Kommission*, Horizontalleitlinien, ABl. 2001 C 3/2, 18 Rz. 122; als Beispiel für eine andere Ansicht siehe *Gloy*, Stellungnahme der Deutschen Vereinigung für gewerblichen Rechtsschutz und Urheberrecht zum Entwurf von Leitlinien zur Anwendbarkeit von Artikel 81 EG-Vertrag auf Vereinbarungen über die horizontale Zusammenarbeit, A.6.

NATIONAL SULPHURIC ACID ASSOCIATION getätigten Feststellungen lässt sich deshalb auch verallgemeinern, dass sich ihrer Ansicht nach eine Gleichschaltung der Einkaufspreise durch den gemeinsamen Einkauf auch auf die individuellen Verkaufspreise der Kooperationsmitglieder niederschlägt[757]. Dieser Effekt ist umso größer, je höher die Homogenität[758] der Einkaufserzeugnisse ist und je geringer die anschließende Wertschöpfung durch etwaige Weiterverarbeitung oder Dienstleistungserbringung ist. In dem Umfang also, in dem die Kooperationsmitglieder ihre Ankäufe gemeinsam tätigen, ist eine Kostenangleichung und damit eine Ausschaltung des Wettbewerbs zwischen den Kooperationsmitgliedern bei den Verkaufspreisen wahrscheinlich[759]. Auf den Einzelhandel bezogen bedeutet dies, dass die Kostenangleichung sehr hoch sein wird und deshalb Marktmacht auf Verkaufsmärkten wahrscheinlicher ist, als bei weiterverarbeitenden Industrieunternehmen, deren Kostenangleichung aufgrund der regelmäßig hohen Wertschöpfung eher gering ausfällt.

a) Erforderliches Maß

Wann jedoch ein hohes Maß an Kostenangleichung oder ein spürbarer Anteil der Gesamtkosten erreicht ist, lässt sich mangels Entscheidungspraxis nur schlecht einschätzen. Das hängt zum einen vom Umfang der gemeinsam getätigten Einkäufe, zum anderen vom Umfang der im Anschluss daran getätigten Wertschöpfung ab[760]. In der besagten Entscheidung, deren Gegenstand eine Vereinbarung von Schwefelsäureherstellern über die gemeinsame Beschaffung von Schwefel gewesen ist, betrug das gemeinsam getätigte Einkaufsvolumen vereinbarungsgemäß mindestens 25% und die Wertschöpfung machte mit 20% (der Anteil des Einkaufspreises betrug demnach 80% des Verkaufspreises) einen vergleichsweise geringen Teil des Verkaufspreises aus. Die Kommission war der Ansicht, dass in diesem Fall der Preiswettbewerb zwischen den Kartellmitgliedern, die die Schwefelsäure auf nachgelagerten Märk-

757 **A.A.** *Gloy*, Stellungnahme der Deutschen Vereinigung für gewerblichen Rechtsschutz und Urheberrecht zum Entwurf von Leitlinien zur Anwendbarkeit von Artikel 81 EG-Vertrag auf Vereinbarungen über die horizontale Zusammenarbeit, A.6., der die Auffassung vertritt, dass Fälle, bei denen es zu einer Angleichung der Gesamtkosten kommt, selten seien.

758 Vgl. insoweit die Ausführungen zur gemeinsamen Produktion, *Kommission*, Horizontalleitlinien, ABl. 2001 C 3/2, 13 Rz. 83 f. (88).

759 Vgl. *Kommission*, 09.07.1980, *NATIONAL SULPHURIC ACID ASSOCIATION I*, ABl. 1980 L 260/24, 29 Rz. 35; siehe auch *Kommission*, Bekanntmachung über die Beurteilung kooperativer Gemeinschaftsunternehmen, ABl. 1993 C 43/2 Rz. 39.

760 Siehe *Kommission*, Horizontalleitlinien, ABl. 2001 C3/2, 4 Rz. 23.

ten verkauften, weitgehend ausgeschaltet worden wäre[761]. Berücksichtigt man die von der Kommission illustrierten Beispiele, die sie zur Erläuterung ihrer Darstellung in den Leitlinien gibt, scheinen Bedenken gegen die Wettbewerbskonformität der Kooperation jedoch bereits dann angebracht zu sein, wenn der Einkaufspreis mindestens die Hälfte der Gesamtkosten ausmacht[762]. Am Rande sei hier bemerkt, dass sie damit von der in den USA üblichen Praxis abweicht, nach der Einkaufskooperationen bereits dann aus der sog. „safety zone“ herausfallen sollen, wenn mehr als 20% des Endpreises von den Einkaufskosten herrührt[763]. Dabei ist jedoch zu berücksichtigen, dass die US-amerikanischen Wettbewerbsbehörden grundsätzlich erst dann Einkaufskooperationen einer eingehenderen Überprüfung unterziehen wollen, wenn deren gemeinsamer Anteil am Gesamtumfang eines Einkaufsmarktes mindestens 35% ausmacht, womit dieser Schwellenwert vergleichsweise hoch ist[764]. Dadurch wird die Gefahr eines Verstoßes gegen die einschlägige Vorschrift, nach der sich das Verbot der Einkaufskooperation richtet, erheblich relativiert. Bemerkenswert ist, dass dieser Schwellenwert identisch mit demjenigen ist, bei dessen Vorliegen die Kommission beispielhaft Leistungsverluste der Anbieter aufgrund starker Nachfragemacht vermutet[765]. Gleichzeitig entspricht der hohe Schwellenwert auch eher dem, was man sich unter Marktmacht vorstellt, ohne dass zugleich die Schwellenwerte jenseits der 50% erreicht werden, mit denen üblicherweise eine marktbeherrschende Stellung in Verbindung gebracht wird. Die US-amerikanische Praxis ist insoweit derjenigen der Kommission überlegen, weil mit ihr eine klarere Trennung der maßgeblichen Schwellenwerte möglich ist.

b) Möglichkeiten der Vermeidung von Marktmacht trotz Kostenangleichung

Zur Vermeidung von Marktmacht auf den Verkaufsmärkten stehen den Mitgliedern der Einkaufskooperationen mehrere Optionen zur Verfügung. Die erste Option setzt bereits bei den Zulassungsvoraussetzungen an. Eine Bestimmung, die jeweils nur ein Unternehmen oder eine Unternehmensvereinigung pro relevanten Verkaufsmarkt (beispielsweise ein Mitglied pro Mitgliedstaat) als Mitglied zulässt, verhindert eine Kollusion auf den Verkaufsmärkten. Dies ist jedoch mit dem Integrationsziel i. S. d. Art. 2 und Art. 3 lit. g) EG,

761 Vgl. *Kommission*, 09.07.1980, *NATIONAL SULPHURIC ACID ASSOCIATION I*, ABl. 1980 L 260/24, 29 Rz. 35.

762 *Kommission*, Horizontalleitlinien, ABl. 2001 C3/2, 20, Rz. 136/137.

763 Vgl. bereits *Rule*, The Antitrust Division´s Approach to Shippers´Associations; siehe auch *Fenton*, Antitrust Counseling on Group Buying Issues..

764 Vgl. unten § 7 C. I. 2. b) bb).

765 Vgl. *Kommission*, Horizontalleitlinien, ABl. 2001 C3/2, 19, Rz. 135.

einen gemeinsamen Markt zu schaffen, kaum vereinbar, weil dadurch Märkte abgeschottet würden. Eine andere Möglichkeit ist die Beschränkung der absoluten Bezugsverpflichtung auf bestimmte Güter, weil sie entweder nur einen geringen Anteil am Umsatz auf den Absatzmärkten ausmachen oder eine Wertschöpfung erfahren, sodass eine erhebliche Kostenangleichung und damit Marktmacht ausgeschlossen ist. Für homogene, zum Weiterverkauf bestimmte Güter wäre deshalb eine Bezugsverpflichtung nur zu einem geringen Teil angebracht, um die Kostenangleichung und damit die Macht auf Verkaufsmärkten in Grenzen zu halten[766].

III. Zusammenfassung und Bewertung

An dieser Stelle zeigt sich, dass die Kommission trotz einer faktischen oder tatsächlichen Koordinierung des Einkaufsverhaltens eine Verhaltensabstimmung der Beteiligten in der Regel nur dann für bedenklich hält, wenn sie eine solche Abstimmung auf nachgelagerten Verkaufsmärkten vornehmen. Die Kommission besinnt sich hier folglich darauf, dass die Aufgabe der unternehmerischen Entscheidungsfreiheit wettbewerbsbeschränkend ist. Neben der beschränkenden Wirkung der Verhaltensabstimmung auf den Preiswettbewerb der Beteiligten kritisiert die Kommission außerdem die sich dadurch realisierende Marktmacht, die Wettbewerbsbeschränkungen für „unabhängige" Dritte zur Folge hat. Die Wettbewerbsbeschränkung realisiert sich, sobald die Verhaltensabstimmung dazu führt, dass kurzzeitig die niedrigen Einkaufspreise an die Endverbraucher weitergegeben werden, um Wettbewerber, die nicht in gleichem Maße in den Genuss von Vergünstigungen beim Einkauf gelangen, langfristig vom Markt zu drängen. Andererseits kann aber auch der Wettbewerb auf den Verkaufsmärken mittelbar durch Ausübung von Nachfragemacht beschränkt werden. Denn Nachfragemacht verursacht entweder die Abschottung konkurrierender Einkäufer auf den Einkaufsmärkten durch Beschränkung ihres Zugangs zu leistungsstarken Lieferanten bzw. Kostensteigerungen bei anderen Wettbewerbern auf Verkaufsmärkten, ebenfalls durch Beschränkung ihres Zugangs zu leistungsstarken Lieferanten, oder indem sie marktstarke Lieferanten zur Preisdiskriminierung veranlassen. Sowohl die Abschottung konkurrierender Einkäufer auf Einkaufsmärkten, als auch die Kostensteigerungen derselben auf Verkaufsmärkten forciert oder begründet Marktmacht der Kooperationsmitglieder auf den Verkaufsmärkten und verhindert damit eine Weitergabe niedriger Einkaufspreise. Mit anderen Worten: Nachfragemacht kann die Nichtweitergabe niedriger Einkaufspreise be-

766 In diesem Sinne *Dobson,* Retailer Power in European Markets, 7. S. 24 f.

wirken, was gleichbedeutend mit der Beschränkung des Handelswettbewerbs ist. Die Kommission ist demgemäß der Auffassung, dass die Einkaufskooperation und dementsprechend auch die Schaffung von Nachfragemacht notwendig und deshalb unbedenklich sein kann, wenn Wettbewerb zwischen Unternehmen bei der Warenbeschaffung gerade gewährleistet wird. Dabei muss aber berücksichtigt werden, dass die Preise auch dann an die Kunden weiter gegeben werden, wenn die Unternehmen versuchen, Konkurrenten langfristig auf dem Verkaufsmarkt auszuschalten (gezielte Niedrigpreisstrategie). Dieses Problem scheint die Kommission jedoch dann nicht zu sehen, wenn KMU Nachfragemacht ausüben.

Was die Vorgehensweise der Wettbewerbsbehörde angeht, so kann festgestellt werden, dass sie im Grunde sämtliche Aspekte, die von Ökonomen angesichts der Ergebnisse der ökonomischen Analyse von Nachfragemacht als für Wettbewerbsbehörden maßgeblich erachtet wurden, zur Beurteilung von Einkaufskooperationen übernommen hat. Offen bleibt lediglich, was sie genau unter Nachfragemacht im jeweiligen Kontext versteht, indem sie diesen Begriff verwendet. Es wird nicht klar, ob sie auf Nachfragemacht als Ausdruck monopsonistischer Macht zurückgreift, oder ob sie Nachfragemacht universell als Verhandlungsmacht begreift, wobei in letzterem Fall eher Art. 82 EG als Art. 81 EG von besonderer Relevanz sein muss[767]. Mit dem Aspekt der Kostenangleichung benutzt die Kommission schließlich ein anerkanntes[768] und geeignetes Differenzierungskriterium zur Beurteilung nachfragemächtiger Einkaufskooperationen gegenüber der Beurteilung von Zusammenschlüssen, weil nur bei letzteren pauschal davon ausgegangen werden kann, dass Nachfragemacht ohne die Existenz von Macht auf nachgeordneten Verkaufsmärkten in der Praxis nicht vorkommen wird.

C. Hinreichend negative Marktwirkungen

Damit eine Einkaufsvereinbarung Wettbewerbsbeschränkungen verursacht, die vom Verbot des Art. 81 Abs. 1 EG erfasst werden, bedarf es einer Feststellung von Marktmacht der Beteiligten in der Weise, dass negative Auswirkungen auf die relevanten Wettbewerbsparameter (Preise, Produktion, Innovation, Vielfalt und Qualität der Waren) entstehen[769].

---

767 So auch *Köhler*, Zur Kontrolle der Nachfragemacht nach dem neuen GWB/UWG, WRP 2006, 139 ff.

768 Vgl. die oben beschriebene Situation in den USA.

769 Vgl. *Kommission*, Horizontalleitlinien, ABl. 2001 C 3/2, 5 Rz. 27.

I. Quantitative Voraussetzung

1. „15%-Regelung“

Zur Identifizierung der negativen Auswirkungen stellt die Kommission Marktanteile in den Vordergrund der Betrachtung. Obwohl sie generell nicht von einem absoluten Schwellenwert ausgehen möchte, der anzeigt, dass eine Zusammenarbeit von Einkäufern eine gewisse Marktmacht begründet, um als wettbewerbsbeschränkend und folglich unter Art. 81 Abs. 1 EG fallend eingestuft werden zu können, hält sie es dennoch für unwahrscheinlich, dass Marktmacht vorhanden ist, sofern die an der Vereinbarung Beteiligten einen gemeinsamen Marktanteil von weniger als 15% sowohl auf Einkaufsmärkten, als auch auf Verkaufsmärkten halten[770]. Auf jeden Fall sei es aber bei einem solchen Marktanteil wahrscheinlich, dass – sollte man doch von der Anwendbarkeit von Art. 81 Abs. 1 EG ausgehen – die Voraussetzungen des Art. 81 Abs. 3 EG erfüllt würden. Die Kommission weicht damit in auffälliger Weise gleich in zweifacher Hinsicht von der üblichen Regelung der aktuell bei 10% festgesetzten Bagatellgrenze für horizontale Absprachen ab, indem sie nunmehr einen höheren, auf 15% angehobenen, gemeinsamen Marktanteil fordert, und zwar nicht bloß auf den Einkaufsmärkten, sondern gleichzeitig auch auf den Verkaufsmärkten, auf denen die Beteiligten Wettbewerber sind.

a) Kritik

aa) Überblick

Der festgelegte Marktanteil ist vielfach auf Kritik gestoßen. Während insbesondere in der Wissenschaft Verwirrung darüber herrscht, wie sich der Schwellenwert zur niedrigeren Bagatellgrenze verhält, stößt man vor allem bei Interessenverbänden auf Unverständnis darüber, dass für die Feststellung von Marktmacht nicht ausschließlich die Marktanteile auf den Einkaufsmärkten herangezogen werden, sondern grundsätzlich auch die Marktstruktur der Verkaufsmärkte mit einbezogen werden soll. In der Kritik steht somit der Umstand, dass die Marktanteilsschwelle nicht Gegenstand einer Erläuterung ist, welche dieses Niveau rechtfertigt. Das gleiche gilt auch für die Berechnung dieser Marktanteile. Wünschenswert wäre eine Anleitung zur Bewertungsgrundlage und zur Berechnung der Marktanteile, wie es die Kommission beispielsweise in den Leitlinien zur Marktanalyse und Ermittlung beträchtlicher

---

770 Siehe *Kommission*, Horizontalleitlinien, ABl. 2001 C 3/2, 19 Rz. 130.

Marktmacht für elektronische Kommunikationsnetze und -dienste unternommen hat[771].

bb) Willkürlichkeit der Marktanteilsschwellen

Der Kommission wird deshalb vorgeworfen, die Marktanteilsschwelle willkürlich festgelegt zu haben[772]. Die gleichzeitige Berücksichtigung von Einkaufs- und Verkaufsmärkten und die damit verbundene Tatsache relativ niedriger Marktanteilsschwellen führe nicht nur zu einer unterschiedslosen Behandlung von kooperierenden Unternehmen aus verschiedenen Unternehmenssparten, sondern habe auch zur Folge, dass neben kooperierenden Handelsunternehmen auch Industrieunternehmen unbilligerweise in den Anwendungsbereich von Art. 81 Abs. 1 EG fallen würden. Das betreffe gerade kleine und mittlere Unternehmen, die in Nischenmärkten tätig seien[773]. Außerdem befürchtet man eine Unterschätzung wettbewerbsförderlicher Wirkungen durch den Einkauf und eine Überschätzung wettbewerbswidriger Auswirkungen beim Verkauf[774].

Kritik an dem niedrigen Schwellenwert wird auch von Vertretern der Handelsunternehmen geäußert, weil im Bereich von Verhandlungen ein Marktanteil von 15% nicht zwingenderweise als besonders stark angesehen werden könne, insbesondere wenn die Kooperationsgemeinschaft nur eine im Verhältnis zur Größe anderer Nachfrager weniger bedeutende Position auf dem Markt einnehme. Es sei außerdem zu beachten, dass viele Unternehmen kleinerer Mitgliedstaaten langfristig nur dann existieren könnten, wenn sie auf dem gemeinsamen Binnenmarkt oder Weltmarkt präsent seien. Dies könne jedoch nur durch umfassende Kooperation erreicht werden. Es müsse deshalb toleriert werden, dass der Konzentrationsgrad in diesen Mitgliedstaaten zwangsläufig höher sei, als der in größeren Mitgliedstaaten, mit der Folge, dass die 15%-Grenze zu niedrig angesetzt sei[775].

---

771 ABl. 2002 C 165/6, 15 Rz. 73 ff.

772 Vgl. *Wirtschafts- und Sozialausschuss*, Stellungnahme zu den Wettbewerbsregeln über horizontale Zusammenarbeit, WuW 2001, 149, 155.

773 Vgl. *Kretschmer/Möhlenkamp*, Positionspapier des BDI: Horizontale Wettbewerbsbeschränkungen – Entwürfe der EU-Kommission für Gruppenfreistellungsverordnungen und Leitlinien, 7.e), die eine Anhebung der Marktanteilsschwelle von 15% auf 30% für Industrieunternehmen für angebracht halten.

774 Vgl. *Wirtschafts- und Sozialausschuss*, Stellungnahme zu den Wettbewerbsregeln über horizontale Zusammenarbeit, WuW 2001, 149, 155.

775 Vgl. z. B. *UGAL-IVE*, Stellungnahme zu den Leitlinien für Einkaufsvereinbarungen, S. 8 f. Rz. 3.2; siehe auch *UNICE*, Position Paper on Draft Guidelines on Horizontal

Insbesondere die zuletzt genannten Bedenken sind nicht ganz unberechtigt, wenn man die Leitlinien als einen Versuch begreift, die wachsenden Konzentrationsbestrebungen vieler Handelsunternehmen durch Zusammenschlüsse mit Hilfe geeigneter Kooperationskontrollregelungen zu stoppen[776]. Ein relativ hoher Schwellenwert wäre für die Unternehmen ein entsprechender Anreiz. Im Übrigen lässt sich die Kritik dadurch abschwächen, dass die Kommission nicht starr an der Marktanteilsschwelle festzuhalten gedenkt, sondern gerade auch die jeweilige Marktkonzentration berücksichtigen möchte. Schließlich kann spekuliert werden, ob die 15%-Schwelle deshalb gewählt wurde, weil man sich damit der in einigen Mitgliedstaaten vorzufindenden Praxis annähert[777]. Diese Überlegung ist vor allem deshalb nicht auszuschließen, weil die Leitlinien über horizontale Zusammenarbeit ebenso wie die Bagatellbekanntmachung nur eine Empfehlung ohne Bindungswirkung darstellen.

cc) „Marktmacht“ versus „Spürbarkeit der Vereinbarung“

Angesichts des weit gefassten Verbotstatbestandes des Art. 81 Abs. 1 EG und der wettbewerbspolitisch grundsätzlich erwünschten Zusammenarbeit von kleinen und mittleren Unternehmen (KMU) geht die Kommission im Einklang mit der ständigen EuGH-Rechtsprechung davon aus, dass vom Verbot des Art.81 Abs.1 EG vernünftigerweise nur solche Verhaltensweisen erfasst sein können, die eine spürbare Wettbewerbsbeschränkung bezwecken oder bewirken und die außerdem geeignet sind, den Handel zwischen Mitgliedstaaten spürbar zu beeinträchtigen. In der gegenwärtig geltenden Bagatellbekanntmachung („De-minimis-Bekanntmachung“) vom 22.12.2001 vertritt die Kommission die Auffassung, dass – abgesehen von den Kernbeschränkungen – der Wettbewerb dann nicht spürbar beschränkt werde, wenn bei einer Vereinbarung zwischen Wettbewerbern (d. h. im Rahmen einer horizontalen

---

Cooperation, S. 6; *ICC*, Comments on European Commission Proposals for reform relating to horizontal cooperation, 4.2.5.

776 So *Gloy*, GRUR, Stellungnahme zu den Entwürfen von Leitlinien zur Anwendbarkeit von Artikel 81 EG auf Vereinbarungen über die horizontale Zusammenarbeit, A. 6.

777 Siehe *Dobson*, Retailer Power in European Markets: Lessons from Grocery Supply, 7. S. 24 (Fn. 34); Mit Verweis auf die Praxis des Bundeskartellamtes zu Mittelstandskartellen in Deutschland siehe *Nordemann* in: Loewenheim/Meessen/Riesenkampf, Deutsches Kartellrecht – Kommentar, Bd. 2, § 2 GWB Rz. 88 m.w.N.; *Benisch* in: Cox/Jens/Markert, Handbuch des Wettbewerbsrechts, S. 412; sowie *Benisch*, Kooperationsfibel, S. 178 Rz. 11, mit Verweis auf den Bericht des Wirtschaftsausschusses des Bundestages.

Vereinbarung) der von den beteiligten Untenehmen insgesamt gehaltene Marktanteil auf keinem der von der Vereinbarung betroffenen Märkte 10% nicht überschreite. Hinzu kommt, dass die Kommission KMU[778] ausdrücklich privilegiert, indem sie deren Zusammenarbeit als selten geeignet ansieht, den Handel zwischen Mitgliedstaaten zu beeinträchtigen[779]. Den aufgeführten Grundsätzen in den Leitlinien über horizontale Zusammenarbeit liegt zwar die Annahme zu Grunde, dass der Handel zwischen den Mitgliedstaaten beeinträchtigt ist. Diese Annahme soll jedoch gerade nicht für die Anwendung der Bagatellbekanntmachung in der jeweils geltenden Fassung sowie für die Anwendung von Art. 82 EG gelten. Mit anderen Worten: Die Bagatellbekanntmachung bleibt von den Erläuterungen in den Leitlinien unberührt[780]. Unklar ist deshalb, in welchem Zusammenhang der Schwellenwert in Rz. 130 – das gilt übrigens für alle anderen in den Leitlinien beschriebenen Kooperationsformen, bei denen separate Schwellenwerte gelten – der Leitlinien zu den Spürbarkeitsschwellenwerten (sowie der Marktbeherrschung i. S. d. Art. 82 EG[781]) steht.

Der geäußerten Kritik, die 15%-Schwelle sei zu niedrig angesetzt, lässt sich insoweit mit der in der Rechtslehre zu findenden Ansicht entgegentreten, als die Erhöhung der Schwelle von 10% auf 15% schon eine Annäherung an diejenigen Schwellenwerte bedeute, die bereits für eine Marktbeherrschung angenommen werden. In Teilen der Literatur spekuliert man jedoch unter anderem auch über einen verbleibenden Bedeutungsgehalt der Bagatellbekanntmachung insoweit, als sie nur auf die Erzeugung und den Absatz von Waren bzw. die Erbringung von Dienstleistungen ausgerichtet sei, hingegen nicht auf

778 Gemäß der Empfehlung der Kommission vom 3.4.1996 (ABl. 1996 L 107/4) sind KMU zu definieren als Unternehmen, die (a) weniger als 250 Personen beschäftigen, (b) einen Jahresumsatz von höchstens 40 Mio EUR oder eine Jahresbilanzsumme von höchstens 27 Mio EUR haben, und die (c) unabhängig sind, weil sie nicht zu 25% oder mehr des Kapitals oder der Stimmrechte im Eigentum eines oder mehrerer Unternehmen stehen, die selbst keine KMU sind. Der modifizierte KMU-Begriff, der gemäß der Kommissionsempfehlung vom 6.5.2003 (ABl. 2003 L 124/36) ab 1.1.2005 gilt, läßt die Beschäftigtenschwelle unverändert, erhöht aber die Grenzen für den Jahresumsatz auf 50 Mio EUR und für die Jahresbilanzsumme auf 43 Mio EUR.

779 Unklar ist hier jedoch die Formulierung in der Bekanntmachung. Danach bleibt fraglich, ob die Maßnahmen von KMU in der Regel nicht spürbar den Wettbewerb beschränken, oder sich nicht spürbar auf den Handel zwischen den Mitgliedstaaten auswirken.

780 *Kommission*, Horizontalleitlinien, ABl. 2001 C 3/2, 3 Rz. 14 ff.

781 Siehe bereits zuvor § 5 C. I. 1.

den Bezug von Waren. Konsequenz wäre dieser Ansicht zufolge mangelnde Spürbarkeit der Einkaufskooperation und damit Nichtanwendbarkeit des Art. 81 Abs. 1 EG selbst dann, wenn trotz sehr hoher Marktanteile auf dem Einkaufsmarkt der Marktanteil auf dem Verkaufsmarkt 10% nicht übersteige[782]. Diese Auslegung ist jedoch nicht nur vor dem Hintergrund der Entscheidungspraxis fragwürdig, bei der beispielsweise in den Entscheidungsbegründungen in den Fällen *SOCEMAS* und *INTERGROUP* jeweils von Spürbarkeit der Einkäufe die Rede ist[783], sondern auch deshalb, weil erwiesenermaßen bereits relativ geringe Marktanteile auf den Einkaufsmärkten mit erheblicher, einer Marktbeherrschung vergleichbaren Nachfragemacht verbunden sein können, deren wettbewerblichen Folgen kaum gering sein werden und deshalb vernünftigerweise auch wettbewerbsrechtliche Konsequenzen nach sich ziehen sollten. Es ließe sich argumentieren, dass – sofern man von einer Modifizierung der Schwellenwerte der Bagatellbekanntmachung durch die Schwellenwerte der Leitlinien ausgeht – sich die Bagatellbekanntmachung und die Leitlinien nur scheinbar widersprechen. Denn die Kommission anerkennt ebenso wie der Gerichtshof die Möglichkeit, dass eine Überschreitung des Schwellenwertes von 10% nicht zwangsläufig mit einer spürbaren Wettbewerbsbeschränkung gleichzusetzen ist. Vielmehr könne die Vereinbarung nichtsdestotrotz nur geringfügige Auswirkungen auf den Wettbewerb haben[784]. Demzufolge könnte man der Bagatellschwelle die Funktion einer Art „Vorfilter“ zubilligen, deren Zweckmäßigkeit jedoch angesichts möglicher Abhängigkeiten der Lieferanten von den Nachfragern bereits bei wesentlich niedrigeren Schwellenwerten zweifelhaft ist[785]. Hinzu kommt, dass die 15%-Schwelle für Einkaufskooperationen genauso wenig eine starre Grenze sein soll wie die 10%-Schwelle der Bagatellbekanntmachung, sodass sich auch nicht argumentieren lässt, dass jedenfalls die Überschreitung der 15%-Schwelle definitiv eine in den Anwendungsbereich des Art. 81 Abs. 1 EG fallende Wettbewerbsbeschränkung begründet.

Ein Widerspruch allerdings ließe sich selbst ungeachtet der zuvor geäußerten Zweifel nicht ausräumen, wenn man berücksichtigt, dass streng genommen

---

782 Vgl. *Schroeder* in: Grabitz/Hilf, EGV-Kommentar, Bd. II, Art. 81 EGV Rz. 515; zustimmend *Bunte* in: Frankfurter Kommentar zu Kartellrecht, Bd. VI, Art. 81 abs. 1, 3 EG-Vertrag – Fallgruppen II.5., Rz. 17.

783 *Kommission,* 17.07.1968, *SOCEMAS*, ABl. 1968 L 201/4, 5 Rz. 6; 14.07.1975, *INTERGROUP*, ABl. 1975 L 212/23, 25 Rz. 7.

784 Vgl. *Kommission,* Bekanntmachung über Vereinbarungen von geringer Bedeutung, ABl. 2001 C 368/13, Rz. 2.

785 Siehe sogleich § 7 C. I. 2. b) bb).

die Frage der Spürbarkeit von der der Wettbewerbsbeschränkung zu unterscheiden ist. Die Frage der Spürbarkeit stellt sich nämlich immer erst im Anschluss an die Feststellung, dass eine Wettbewerbsbeschränkung vorliegt, während Marktmacht nach dem neuen Ansatz der Kommission offenbar gerade für die Existenz einer Wettbewerbsbeschränkung Voraussetzung sein soll. Denn eine Wettbewerbsbeschränkung soll dann gegeben sein, wenn negative Auswirkungen auf Preise, Produktionsmengen, Innovationen oder Vielfalt bzw. Qualität von Waren und Dienstleistungen erwartet werden können. Negative Auswirkungen auf den Wettbewerb im relevanten Markt wiederum sollen entstehen, wenn die Parteien einzeln oder gemeinsam ein gewisses Maß an Marktmacht haben oder erlangen[786]. In den Leitlinien über horizontale Zusammenarbeit ist zudem deutlich von „ausreichender Marktmacht zur Verursachung beschränkender Wirkungen" die Rede. Wettbewerbsbeschränkende Wirkungen seinen unwahrscheinlich, wenn die Marktanteile, d.h. die Marktmacht, gering sei[787]. Daraus ist zu schließen, dass Marktmacht mit einer spürbaren Wettbewerbsbeschränkung gleichgesetzt ist. Keinesfalls wird man deshalb behaupten können, eine wettbewerbsbeschränkende Einkaufsvereinbarung sei zwar wegen Überschreitung der 15%-Schwelle und damit wegen vorliegender Marktmacht gegeben, aber nicht spürbar im Sinne der Bagatellbekanntmachung. Denn die Spürbarkeitsschwelle ist in diesem Fall unweigerlich immer überschritten. Insofern kann der Aspekt der Marktmacht von dem der Spürbarkeit nicht getrennt werden, weshalb die Bekanntmachung der Kommission über Vereinbarungen von geringer Bedeutung notwendigerweise an Relevanz verliert, soweit sie der Beantwortung der Frage dient, ob eine Wettbewerbsbeschränkung vorliegt.

Eigenen Bedeutungsgehalt kann das Spürbarkeitskriterium deshalb nur in Bezug auf die Feststellung der zwischenstaatlichen Handelsbeeinträchtigung gehabt haben, die für die Anwendbarkeit der Leitlinien Voraussetzung sein soll[788]. Gemäß der ständigen Rechtsprechungspraxis, der sich die Kommission in ihrer Entscheidungspraxis später angeschlossen hat, erfüllte das Spürbarkeitskriterium als ungeschriebene Anwendungsvoraussetzung für Art. 81 Abs. 1 EG bis zur Veröffentlichung der Leitlinien über den Begriff der Beeinträchtigung des Zwischenstaatlichen Hanldes (2004) eine Doppelfunktion, nämlich die Konkretisierung der Wettbewerbsbeschränkung und die Konkre-

786 *Kommission*, Leitlinien zur Anwendung von Art. 81 Abs. 3 EG, ABl. 2004 C 101/97, 100 Rz. 25.

787 Siehe *Kommission*, Horizontalleitlinien, ABl. 2001 C 3/2, 5 Rz. 28.

788 Vgl. *Kommission*, Horizontalleitlinien, ABl. 2001 C 3/2, 3 Rz. 14.

tisierung des zwischenstaatlichen Handels. Im Wirtschaftsleben ist die gleichzeitige Verwirklichung beider Kriterien die Regel. Abgesehen von Absprachen, die rein lokale oder regionale Wirkungen haben, bedeutete dies, das kaum mit Wettbewerbsbeschränkungen zu rechnen war, denen die Eignung zu einer spürbaren Beeinträchtigung des zwischenstaatlichen Handels fehlte[789]. Dementsprechend lag es nicht fern, beide Aspekte zu einem Merkmal zusammenzufassen, was in der Praxis gelegentlich auch schon zu beobachten war[790]. Ob das durch Marktmacht modifizierte Spürbarkeitskriterium bei Erlass der Leitlinien über horizontale Zusammenarbeit (2001) auch zur Feststellung der Handelsbeeinträchtigung gelten sollte oder ob es diesbezüglich bei den Grundsätzen bleiben sollte, die die Kommission in der Bagatellbekanntmachung dargestellt hat, ist jedoch insbesondere deshalb unklar, weil die Wettbewerbsbehörde die Bagatellbekannmachung lediglich im Zusammenhang mit der Frage, ob eine Einschränkung des Wettbewerbs bezweckt oder bewirkt wird, für weiterhin anwendbar erklärt hat[791]. Dadurch wird zugleich die jedenfalls bis zur Veröffentlichung der Leitlinien über den Begriff der Beeinträchtigung des Zwischenstaatlichen Hanldes (2004) berechtigte Annahme von einer generellen funktionalen Einheit beider Kriterien (spürbare Handelsbeeinträchtigung und spürbare Wettbewerbsbeschränkung) in Frage gestellt.

b) Zwischenergebnis

Im Ergebnis führt der Ansatz der Kommission, Marktmacht als wesentliches Kriterium zu berücksichtigen, also in der Tat dazu, dass die Frage der Wettbewerbsbeschränkung und die der Spürbarkeit miteinander vermengt werden[792]. Bei der Überprüfung einer Vereinbarung auf ihre Auswirkungen auf die relevanten Wettbewerbsparameter handelt es sich deshalb gewissermaßen

---

789 Vgl. nur *Schröter* in: Schröter/Jakob/Mederer, Kommentar zum Europäischen Wettbewerbsrecht, Artikel 81 Absatz 1, Rz. 210 m.w.N.

790 Siehe *Kommission*, 30.07.1991, *IATA PASSENGER AGENCY PROGRAM*, ABl. 1991 L 258/18, 29 Rz. 53; *EuGH*, 28.02.1991, *DELIMITIS*, Rz. C-234/89, Slg. 1991, I-935, 983.

791 Vgl. *Kommission*, Horizontalleitlinien, ABl. 2001 C 3/2, 3 Rz. 15.

792 So auch *Schroeder* in: Grabitz/Hilf, EGV-Kommentar, Bd. II, Art. 81 EGV Rz. 513; **A.A.** *Mestmäcker/Schweitzer*, Europäisches Wettbewerbsrecht, § 10 Rz. 86 f., die davon ausgehen, dass die Bagatellbekanntmachung nur noch die verfahrensrechtliche Funktion hat, anzukündigen, unter welchen Voraussetzungen die Kommission im Einzelfall nicht einschreiten wird; dieses Problem offenbar verkennend *Schwintowski/Klaue*, Kartellrechtliche und gesellschaftliche Konsequenzen des Systems der Legalausnahme für die Kooperationspraxis der Unternehmen, WuW 2005, 370, 371.

um eine modifizierte Spürbarkeitsprüfung. Dieses Kollisionsproblem scheint die Kommission entweder nicht zu erkennen und erachtet es als offensichtlich gegenstandslos. Anders ist es nicht zu erklären, dass sie ausdrücklich auf die Beachtung der Grundsätze der derzeitigen und zukünftigen Bagatellbekanntmachung hinweist, es jedoch unerwähnt lässt, wie sich Marktmacht gegenüber dem ungeschriebenen Tatbestandsmerkmal der Spürbarkeit verhält[793].

2. Quantifizierung von Nachfragemacht in Fusionskontrollverfahren

Eine weitere mögliche Erklärung dafür, warum die Kommission den indiziellen Schwellenwert mit 15%[794] festgesetzt hat und wann sie von Nachfragemacht losgelöst von Marktmacht auf nachgelagerten Verkaufsmärkten ausgeht, bietet deren Entscheidungspraxis in Fusionskontrollverfahren, bei denen es um Zusammenschlussvorhaben von Nachfragern ging.

a) SPAR/DANSK SUPERMARKET

In der den Lebensmittelsektor betreffenden Sache *SPAR/DANSK SUPERMARKET* hatte die Kommission die Zulässigkeit eines Gemeinschaftsunternehmens zu beurteilen, dem die Möglichkeit eingeräumt wurde, über die Einkaufskooperation eines der als Zentrale fungierenden Gründerunternehmens seine Waren zu beziehen. Dabei bedurfte es zwar aufgrund des konzentrativen Vorgangs der Gründung des Gemeinschaftsunternehmens nicht der Beantwortung der Frage, inwieweit die Teilnahme des Gemeinschaftsunternehmens an der Einkaufskooperation als kooperatives Element wettbewerbsrechtlich bedenklich sein könnte. Die Entscheidungsgründe lassen jedoch aufgrund der Feststellung eines mit 15% „relativ hohen Marktanteils" auf den Verkaufsmärkten die Interpretation zu, dass – auch wenn das letztlich in die-

---

793 Vgl. *Kommission,* Horizontalleitlinien, ABl. 2001 C 3/2, 3 Rz. 15.

794 Vgl. auch die Bekanntmachung gemäß Artikel 19 Absatz 3 des Kapitels II des Protokolls 4 des Abkommens zwischen den EFTA-Staaten zur Errichtung einer Überwachungsbehörde und eines Gerichtshofs über die Sache Nr. KOM 020.0129 – *LIS,* ABl. 1999 C 330/8. Dort hatte die Behörde einen Antrag auf Erteilung eines Negativattests zu bescheiden, dessen Gegenstand die Zusammenarbeit zwischen norwegischen Verwaltungsbezirken im Rahmen der Organisation Legemiddel Innkjøp Samarbeid (LIS) für den gemeinsamen Einkauf von Arzneimitteln für die Krankenhäuser in diesen Verwaltungsbezirken gewesen ist. Die Antragssteller erklärten, dass der Marktanteil der *LIS* mit 11% auf dem relevanten Einkaufsmarkt betrage - mit Ausnahme eines Nischenmarktes, bei dem sie 66% hielt. Die Behörde teilte den Antragsstellern mit, dass sie dem Vorhaben angesichts eines Marktanteils der *LIS* von 11% auf dem relevanten Einkaufsmarkt positiv gegenüberstehe.

sem Fall aufgrund der Instabilität dieses Marktanteils (wegen zu erwartender Marktneueintritte) nicht zutraf – unter Umständen die Stellung des als Einkaufskooperation tätigen Gründerunternehmens einen wirksamen Wettbewerb mit konkurrierenden Lebensmitteleinzelhandelsunternehmen auszuschließen in der Lage gewesen sein könnte[795].

b) CARREFOUR/PROMODÈS und REWE/MEINL

Noch anschaulicher und zugleich aufgrund der Beschreibung von Nachfragemacht umfassender sind die von der Kommission vorgenommenen Ausführungen in der Sache *CARREFOUR/PROMODÈS*[796]. Hierbei war die Auswirkung von Nachfragemacht auf den Wettbewerb der zentrale Faktor bei der Bewertung eines Zusammenschlusses, der ebenfalls den Lebensmittelsektor betraf. Diese Entscheidung ist insofern von besonderer Bedeutung, als sie unmittelbar an die damals vielfach von der Literatur[797] als wegweisend bezeichnete *REWE/MEINL*-Entscheidung[798] anschließt und die dort verwendeten Kriterien und Feststellungen aufgreift und bestätigt. Die Kommission ging in der *CARREFOUR/PROMODÈS*-Entscheidung davon aus, dass ein für die Genehmigung des Zusammenschlusses relevanter, gemeinsamer Marktanteil von 30% im französischen Lebensmitteleinzelhandel zwar keine Bedenken hinsichtlich alleiniger oder kollektiver Marktbeherrschung[799] rechtfertige. Sie argumentierte jedoch, dass die Fusion Nachfragemacht hervorrufe, die zu Wettbewerbsverzerrungen führen könnte. Die in beiden Fällen vorge-

---

795 Siehe *Kommission*, 03.02.1992, *Fall IV/M.179 – SPAR/DANSK SUPERMARKET*, CELEX Nr. 392M0179 Rz. 13 ff. (nicht im Amtsblatt veröffentlicht; abrufar unter: http://europa.eu.int/comm/competition/mergers/cases/decisions/m179_de.pdf, Stand: November 2007).

796 *Kommission*, 25.01.2000, COMP/M.1684 – *CARREFOUR/PROMODÈS*, CELEX Nr. 300M1684 (Der vollständige Text der Entscheidung ist nur auf Französisch erhältlich und wird nach Herausnahme eventuell darin enthaltener Geschäftsgeheimnisse veröffentlicht. Er ist erhältlich auf Papier, bei den Verkaufsstellen des Amtes für amtliche Veröffentlichungen der Europäischen Gemeinschaften; in Elektronik-Format, über die „CFR"-Version der CELEX-Datenbank, unter der Dokumentennummer 300M1684) und Mitteilung der *Kommission*, 25.01.2000, *CARREFOUR/PROMODÈS*, ABl. 2000 C 164/5 ff.

797 Siehe z. B. *Lücking*, Retailer Power in EC Competition Law, in: Hawk, Int. Antitrust Law and Policy 2000, S. 467 ff.; *Overd*, Buyer Power, E.C.L.R. 2001, 249 ff.

798 *Kommission*, 03.02.1999, *REWE/MEINL*, ABl. 1999 L 274/1 ff., 16 f. Rz. 101.

799 Bei der Überprüfung, ob ein Zusammenschlussvorhaben wettbewerbskonform ist, ist die durch den Zusammenschluss bewirkte Marktstärke (Marktmacht), die einen Umfang erreicht, dass von Marktbeherrschung gesprochen werden kann, das entscheidende Kriterium.

nommenen Einschätzungen der Kommission, es könne zu Wettbewerbsverzerrungen durch Nachfragemacht kommen, wurden vor allem auf zwei Mechanismen gestützt: Den bereits beschriebenen „Spiraleffekt“ sowie den sog. „Drohpunkt“[800].

Während der bereits im Zusammenhang mit den Wechselwirkungen zwischen Einkaufs- und Verkaufsmärkten dargestellte „Spiraleffekt“[801] potentielle Effekte von Nachfragemacht auf den nachgelagerten Absatzmärkten betrifft, geht es bei der Analyse des „Drohpunktes“ um mögliche Auswirkungen der Nachfragemacht auf den Einkaufsmärkten und damit auch um Auswirkungen auf Lieferanten der Nachfrager. Die Kommission definierte den „Drohpunkt“ als einen Schwellenwert in Form des maximalen Umsatzanteils, den ein Anbieter/Lieferant verlieren könne, ohne dadurch Bankrott zu gehen[802]. Sowohl in der Sache *CARREFOUR/PROMODÈS,* als auch im Fall *REWE/MEINL* wurde ein durchschnittlicher Schwellenwert von 22% ermittelt[803], wobei dieser Wert je nach Produktgruppe zwischen 20% und 22% variierte[804]. Angesichts der Schwierigkeiten, alternative Absatzwege[805] zu nutzen, habe

800 Vgl. *Overd*, Buyer Power, E.C.L.R. 2001, 249 ff.

801 Auf den „Spiraleffekt“ soll hier zunächst noch nicht eingegangen werden, da durch diesen Mechanismus ein Zusammenhang zwischen dem Einkaufs- und Verkaufsmarkt beschrieben werden soll, auf den später noch näher eingegangen wird.

802 Die Kommission folgt damit den Überlegungen der *OECD,* Buying Power of Multiproduct Retailers, S. 21.

803 *Kommission,* 03.02.1999, *REWE/MEINL*, ABl. 1999 L 274/1, 16 f. Rz. 101; 25.01.2000, *CARREFOUR/PROMODÈS,* ABl. 2000 C 164/5 ff. Rz. 52 (nur in französischer Fassung erhältlich).

804 *Kommission,* 25.01.2000, *CARREFOUR/PROMODÈS,* ABl. 2000 C 164/5 ff. Rz. 52 (nur in französischer Fassung erhältlich).

805 Wie bereits erwähnt, ist für die Frage, ob Nachfragemacht besteht, die Flexibilität, also Fähigkeit des Lieferanten entscheidend, sein Angebot umzustellen oder Absatzalternativen zu nutzen. Entscheidend für diese Angebotssubstituierbarkeit ist, wie groß der Zeit- und Kostenaufwand ist. Hierbei ist aber nach allgemeiner Lebenserfahrung insbesondere bei Verbrauchsgütern große Zurückhaltung angebracht. Siehe dazu *Kommission,* Bekanntmachung über die Definition des relevanten Marktes, ABl. 1997 C 372/5 Rz. 23; sowie 03.02.1999, *REWE/MEINL*, ABl. 1999 L 274/1, 16 Rz. 96: „Ein Wechsel zwischen verschiedenen Absatzkanälen ist nach den Ermittlungen der Kommission mit erheblichen Schwierigkeiten verbunden. Bereits Verschiedenheiten hinsichtlich Verpackung, Aufmachung und Gebindegrößen zwischen unterschiedlichen Vertriebskanälen lassen einen schnellen und reibungslosen Wechsel nicht zu. Bedeutender sind jedoch Unterschiede in der Logistik und Vertriebsstruktur für verschiedene Absatzkanäle, die unterschiedliche Anforderungen an das Unternehmen stellen. Es ist z. B. ein unterschiedlicher Fuhrpark notwendig,

man davon ausgehen müssen, dass ein Umsatzrückgang in einer Größenordnung von 20% für den betroffenen Lieferanten nicht mehr zu verkraften sei[806]. Der Lieferant sei deshalb von dem Nachfrager oberhalb dieses Schwellenwertes wirtschaftlich abhängig gewesen.

aa) Kritik

Die Vorgehensweise der Kommission hat in der Literatur vereinzelt zu Kritik geführt[807]. Die Kritik betraf insbesondere die Annahme eines durchschnittlichen Schwellenwertes. Dass dieser von Unternehmen zu Unternehmen variiere, sei nicht ausgeschlossen, wenn man sich vor Augen halte, dass Verhandlungsmacht nicht proportional zu Marktanteilen sei. Werde der besagte Schwellenwert erreicht – und damit die Möglichkeit, den Anbieter in Bankrott zu treiben –, werde ein weiteres Wachstum des nachfragenden Unternehmens nicht zu einem weiteren Anstieg der Nachfragemacht führen. Der „Drohpunkt" könne deshalb nur als ein ungenaues Maß für Nachfragemacht bezeichnet werden[808].

bb) Bewertung und eigene Stellungnahme

Nicht der gemeinsame Marktanteil auf den Handelsmärkten (in der Sache *CARREFOUR/PROMODÈS* 30%, bei *REWE/MEINL* ca. 40%) allein, sondern das Vorhandensein von Nachfragemacht auf den Beschaffungsmärkten, die die wirtschaftliche Abhängigkeit der Lieferanten vom marktstarken Nachfrager beschreibt, begründet demnach eine marktbeherrschende Stellung[809]. Das Konzept der wirtschaftlichen Abhängigkeit beschreibt somit ei-

---

wenn statt weniger LEH Zentrallager zahlreiche kleinere Abnehmer direkt zu beliefern sind. Auch Anzahl, Kenntnisse und Kontakte Grundnahrungsmittel des Vertriebspersonals müssen sich für verschiedene Vertriebskanäle unterscheiden. Unterschiedliche Vertriebskanäle erfordern außerdem eine unterschiedliche werbemäßige Ansprache der Endverbraucher".

806 Die Parteien haben im Fall *REWE/MEINL* vorgetragen, dass ein sich wirtschaftlich realistisch verhaltender Hersteller in der Lage sein muss, Umsatzrückgänge in der Größenordnung bis zu 20% zu verkraften.

807 Vgl. *Overd*, Buyer Power, E.C.L.R. 2001, 249 ff.

808 Weiterhin wurde noch in Frage gestellt, dass der Bankrott unausweichlich sein soll. Es sei in Erwägung zu ziehen, dass sich ein Unternehmen rechtzeitig nach alternativen Abnehmern umsehen werde oder, sofern das nicht in Frage kommt, eine Unternehmensverkleinerung in Betracht ziehen werde, vgl. *Overd*, Buyer Power, E.C.L.R. 2001, 249 ff.

809 So auch *Overd*, Buyer Power, E.C.L.R. 2001, 251; vgl. schon *Ehlermann/Laudati*, Proceedings of the European Competition Forum (1995), S. 219: "The distributor [...]

nen Zustand, bei dem die Marktanteilsschwelle, ab der ein Nachfrager durch seine Marktstellung negative Wirkungen auf den Wettbewerb verursacht, niedriger ist, als für einen Lieferanten, der aufgrund seiner Marktstellung derartige negative Wirkungen hervorruft. Mit anderen Worten: Die üblicherweise geforderten hohen Schwellenwerte zur Begründung einer marktbeherrschenden Stellung im klassischen Sinne[810] sind im Zusammenhang mit Nachfragern wesentlich niedriger.

Was die Kritik an diesen Entscheidungen betrifft, so kann man ihr zunächst einmal in dem Punkt zustimmen, dass Verhandlungsmacht erwiesenermaßen tatsächlich nicht proportional zu Marktanteilen ist. So gelang es beispielsweise in Deutschland der „allkauf"-Gruppe im Vergleich zum sehr viel größeren „METRO"-Konzern, vor der Fusion beider Unternehmensgruppen teilweise günstigere Konditionen mit Lieferanten auszuhandeln[811]. Darüber hinaus ist die Annahme eines mehr oder minder statischen Schwellenwertes auch angesichts anderweitiger Erfahrungen zweifelhaft. So wurde im Rahmen des OECD Workshops zum Thema Nachfragemacht („Buying Power of Multiproduct Retailers") sowie Jahre zuvor im Rahmen des European Competition Forum angenommen, dass schon ein auf einem Nachfrager gegenüber einem einzigen Lieferanten entfallender Einkaufsanteil von 15% zu einem Abhängigkeitsverhältnis führen könne[812]. Einen empirischen Beleg lieferte die Untersuchung des Supermarktsektors in Großbritannien durch die Competition Commission[813], die zu dem erstaunlichen Ergebnis gelangte, dass eine

---

enjoys a dominant position over his supplier without necessarily dominating the market.".

810 Gemäß der Rechtsprechung können Marktanteile von 50% oder mehr für sich allein ein Nachweis für das Vorhandensein einer beherrschenden Marktstellung sein. Vgl. *Kommission*, Leitlinien zur Bewertung horizontaler Zusammenschlüsse, ABl. 2004, C 31/5, 7 Rz. 17 m.N.d. Rspr. (Fn. 20).

811 So *Goette*, Kaufmacht und Kartellrecht, ZWeR 2003, 135, 138; sich in ähnlicher Weise zu diesem Zusammenhang äußernd: *Bloom*, Retailer Buyer Power, in: Hawk, Int. Antitrust Law and Policy 2000, S. 395, 397.

812 Vgl. *OECD*, Buying Power of Multiproduct Retailers, S. 53 (Fn. 46); siehe auch den Bericht von *Babusiaux* in: Ehlermann/Laudati, Proceedings of the European Competition Forum (1995), S. 195 über zwei von der französischen Wettbewerbsbehörde entschiedene Fälle (*CORA* und *LECLERC/INTERMARCHE*).

813 *Competition Commission*, Report on the Supply of Groceries from Multiple Stores in the UK (2000), S. 6 Rz. 1.10. Hier ist jedoch nicht ganz klar, ob dieser Wert tatsächlich den Umsatzanteil eines oder vielmehr sämtlicher auf dem relevanten Markt vertretenen Lieferanten betrifft (siehe auch S. 97 f. Rz. 2.458.: "[...] we believe that any main party with more than 8 per cent share of grocery purchases [...] are able to con-

Abhängigkeit bereits bei nur 8% Umsatzanteil angenommen werden könnte[814]. Letzterer Schwellenwert ist zweifelsohne beträchtlich niedriger als der von der Kommission in den Zusammenschlussfällen ermittelte, sodass es mit Interesse zu verfolgen sein wird, ob dieses Ergebnis in Zukunft Einfluss auf Kommissionsanalysen haben wird[815].

Nach neueren Untersuchungen gibt es tatsächlich Indizien dafür, dass gerade relativ kleine Nachfrager, die sich zusammengeschlossen haben, mehr Nachfragemacht auszuüben in der Lage sind, als größere Nachfrager[816]. Dieser Tendenz entsprachen im Übrigen auch die Angaben einiger befragten Lieferanten im Fall *REWE/MEINL*, wonach Nachfrager schon bei einem relativ geringen Umsatzanteil von 5-10% nicht ohne weiteres zu ersetzen gewesen sein sollen. Demgemäß wäre also unabhängig davon, ob dieser Schwellenwert zur Beschreibung der Nachfragemacht herangezogen werden könnte oder nicht, von Fall zu Fall unterschiedlich zu beurteilen.

Sieht man von diesen andernorts getätigten Feststellungen eines variablen Umsatzanteils zunächst einmal ab, so bleibt festzuhalten, dass die Kommission bei einen drohendem Umsatzrückgang eines Lieferanten von ca. 20% von schädlichen Wirkungen der Nachfragemacht auf den Lieferantenwettbewerb ausgeht, weil unter diesen Umständen der Anbieter/Lieferant von einem Nachfrager wirtschaftlich abhängig ist und damit vom Markt gedrängt, d. h. abgeschottet werden kann.

3. Quantifizierung der von Einkaufskooperationen ausgehenden Nachfragemacht

Sofern die Festlegung des „Drohpunktes" also ein Mittel darstellt, um die Wahrscheinlichkeit eines negativen Einflusses von Nachfragemacht auf den

---

trol their relationships with suppliers to their own advantage"). Vom gesamten Einkaufsmarkt ausgehend *Dobsen*, Retailer Buyer Power in European Markets, S. 21.

814 Ähnlich auch *Grimes*, Buyer Power and Retail Gatekeeper Power: Protecting Competition and the Atomistic Seller, Antitrust L.J. 2005, 563, 564, nach dessen Auffassung man von Nachfragemacht schon ab einem Marktanteil von 10% ausgehen müsse, und zwar selbst dann, wenn die Lieferantenmarktseite konzentriert sei.

815 Darüber hinaus können auch Faktoren wie die Marktstruktur im Übrigen oder die Wichtigkeit der Produktart entscheidend für die Frage der Abhängigkeit sein: siehe *Babusiaux* in: Ehlermann/Laudati, Proceedings of the European Competition Forum (1995), S. 195.

816 Siehe *Mazzarotto*, Retail Mergers and Buyer Power: "The formal analysis [...] shows [...] that [...] smaller retail chains can have more bargaining power than big ones with respect to the same manufacturer [...]".

Lieferantenmarkt zu beurteilen, lässt sich mit ihm vielleicht erklären, wann mit Leistungsverlusten auf Lieferantenseite aufgrund starker Nachfragemacht im Sinne der Leitlinien zu rechnen ist. Aus den Entscheidungen der Kommission lässt sich zunächst der Schluss ziehen, dass einzelne Lieferanten, denen geringere Umsatzverluste (weniger als 20% Umsatzanteil) drohen, zwar tendenziell nicht Gefahr laufen, Bankrott zu gehen, aber jedenfalls auf lange Sicht[817] in ihrer Leistungsfähigkeit geschwächt werden dürften. Auch wenn die Ausführungen der Kommission in den Leitlinien über horizontale Zusammenarbeit eine Quantifizierung der Nachfragemacht ohne Berücksichtigung von Macht auf nachgelagerten Verkaufsmärkten nicht zulassen, so bietet doch der von der Behörde in Fusionskontrollverfahren festgestellte Schwellenwert einen Anhaltspunkt zur Beantwortung der Frage, unter welchen graduellen Voraussetzungen mit negativen Auswirkungen starker Nachfragemacht, die von einer Einkaufsvereinigung herrührt, zu rechnen ist.

a) Voraussetzungen zur Übertragung der Fusionskontrollpraxis auf Einkaufskooperationen

Die Bewertungsgrundlage für die Bestimmung von Nachfragemacht in den beschriebenen Entscheidungen im Vergleich zu derjenigen in den Leitlinien über horizontale Zusammenarbeit ist nicht identisch. Während nämlich hier der Anteil der Einkaufskooperation am *Gesamt*umfang eines Einkaufsmarktes als Bezugsgröße herangezogen wird, soll dort der Anteil des fusionierten Unternehmens am Umsatz nur *eines* Anbieters/Lieferanten maßgeblich sein. Deshalb ist eine uneingeschränkte Übertragung der Ergebnisse aus den Fusionskontrollentscheidungen auf Kooperationsabsprachen nur bei Vorliegen monopolistischer Anbieterstrukturen ohne weiters möglich, weil unter diesen Marktbedingungen der relevante Einkaufsmarkt idealer Weise durch bloß einen Lieferanten repräsentiert wird[818]. Der in den Leitlinien geforderte Anteil

817 Selbst in dem Fall, dass sie die Verluste (beispielsweise durch Rabattdiskriminierungen) auszugleichen in der Lage sind, werden dadurch verusachte Wettbewerbsschwächungen anderer Nachfrager auf sie zurückfallen. Das gilt unabhängig davon, ob der Umsatzrückgang aufgrund der Auswirkungen von durch zusammengeschlossenen oder kooperierenden Unternehmen ausgehende Nachfragemacht herrührt.

818 Aus den Entscheidungen *CARREFOUR/PROMODÈS* und *REWE/MEINL* ergab sich, dass eine eigentlich zu fordernde bilaterale Marktmachtstruktur gerade nicht notwendig gewesen ist, um das Abhängigkeitsverhältnis zu begründen. Denn die Lieferanten wären aufgrund der Größe des Anteils, den der marktstarke Nachfrager nach der Fusion an dessen Umsätzen ausgemacht hätte, nicht in der Lage, selbst bei der Existenz anderer Nachfrager auf diese überzuwechseln oder die Umsatzrück-

am Gesamtumfang eines Einkaufsmarktes ist sodann identisch mit dem in den Zusammenschlussfällen beurteilten Anteil des Umsatzes, den ein Nachfrager von diesem *einen* Anbieter ausmacht. Damit kommt der Marktabgrenzung[819] erhebliche Bedeutung zu, insbesondere dem Produktmarkt, weil eine enge Marktabgrenzung eine derartige Konstellation hervorbringen kann. Vor allem im Lebensmitteleinzelhandel ist davon auszugehen, dass sowohl der relevante Produktmarkt[820], als auch der relevante geografische Einkaufsmarkt sehr eng definiert ist[821]. Somit besteht generell eine gewisse Wahrscheinlichkeit, dass sich der gesamte relevante Einkaufsmarkt auf das Angebot eines Lieferanten beschränkt.

Für ein nicht substituierbares Markenprodukt konzentriert sich die Warenbeschaffung einer Einkaufskooperation unausweichlich auf einen Hersteller. Das wird aber in der Regel jedoch nur auf spezielle Produkte gleichermaßen spezialisierter Herstellerunternehmen zutreffen – beispielsweise in der Automobilzuliefererindustrie. Bei Beschaffungskooperationen von Wareneinzelhändlern, die anstatt der Spezialprodukte substituierbare Produkte nachfragen, wird sich zwar die Nachfrage ebenfalls auf einen Lieferanten konzentrieren, weil nur auf diese Weise – d. h. durch Konfrontation des Lieferanten mit einer großen, weil gebündelten Nachfrage – die Warenbeschaffung effizient erfolgen kann. Wareneinzelhändler werden allerdings darauf bedacht sein, ein möglichst breites Sortiment an verschiedenen Marken dauerhaft zu führen. In der überwiegenden Zahl aller Fälle ist deshalb davon auszugehen, dass verschiedene, konkurrierende, d. h. substituierbare Produkte nachgefragt werden (z. B. Feinwaschmittel verschiedener Hersteller[822]). In diesem Fall ist der rele-

---

gange durch Belieferung anderer Nachrager auszugleichen, weil dies eine kostenintensive Anpassung an die jeweilige Vertriebsstruktur notwendig gemacht hätte.

819 Siehe soglich § 7 C. III. 1.

820 So das Ergebnis der Studie der *Dobson Consulting*, Buyer Power and its Impact on Competition in the Food Retail Distribution Sector of the European Union, 4.3., S. 28.

821 Siehe sogleich unten § 7 C. III. 1. a) bb).

822 Angenommen, eine Einkaufskooperation aus Wareneinzelhändlern hat einen Anteil von 20% am relevanten Einkaufsmarkt, der sich aus einem relevanten Produktmarkt für Feinwaschmittel und einem relevanten geographischen Markt zusammensetzt, auf dem vier Hersteller existieren, dann verteilt sich der gemeinsame Marktanteil der Kooperation von 20% indealerweise auf alle vier Hersteller gleichmäßig mit 5% je Hersteller. Unter diesen Umständen ist aufgrund des geringen Anteils am Umsatz des jeweiligen Herstellers in jedem Fall eine Marktbeherrschung der Einkaufskooperation ausgeschlossen, aber selbst auch eine Wettbewerbsbeschränkung unwahrscheinlich. Anders sieht es aus, wenn sie die 20% auf einen Hersteller konzentrieren

vante Markt weniger eng gefasst und der Anteil am Gesamtumfang eines Einkaufsmarktes verteilt sich auf mehrere Hersteller/Lieferanten.

b) 20%-Schwelle als Richtwert in konzentrierten Anbietermärkten für die Existenz „starker Nachfragemacht"

Es ist aber nicht auszuschließen, dass der Kommission die 20%-Schwelle auch bei nicht monopolistischen, aber dennoch konzentrierten Marktverhältnissen zumindest als grober Richtwert für die in Rz. 126 beschriebene „starke Nachfragemacht" dient. Nicht umsonst ist in den Leitlinien ausdrücklich nicht von „wirtschaftlicher Abhängigkeit" die Rede, sondern von „starker Nachfragemacht", die in den Fällen einer weiter ausgelegten Marktabgrenzung (*Gesamt*umfang des Einkaufsmarktes) deshalb auch *nur* Leistungsverluste der Lieferanten zur Folge hat und andernfalls (im Falle einer engen Marktabgrenzung) zu einer Marktabschottung führt. Fraglich ist allenfalls, ob angesichts des geringen, verbleibenden Spielraums zwischen 15% und 20% noch Raum für „nackte" Nachfragemacht (ohne Berücksichtigung von Macht auf den Verkaufsmärkten), d. h. nicht „starke" Nachfragemacht, bleibt. Denn der Marktanteil für „nackte" Nachfragemacht muss zwangsläufig höher sein als die jeweils auf Einkaufs- und Verkaufsmärkten geforderten 15%, damit von ähnlichen negativen Wirkungen ausgegangen werden kann, die von sich gegenseitig bedingender Nachfragemacht und Marktmacht auf Verkaufsmärkten ausgehen[823]. Im Übrigen hat die ökonomische Analyse gezeigt, dass auch Leistungsverluste langfristig zur Marktabschottung führen. Insofern könnte man Leistungsverluste als Folge starker Nachfragemacht dann auch mit dem Bankrott der Unternehmen gleichsetzen. Die Folgen der wirtschaftlichen Abhängigkeit, d. h. der Marktbeherrschung wären damit die gleichen wie die der Ausübung starker Nachfragemacht.

4. Fazit zur Wahl des Marktanteilsschwellenwertes

Festzuhalten bleibt, dass die Kommission im Zusammenhang mit Zusammenschlüssen andere Kriterien zur Beurteilung zugrunde legt, als sie das bei Kooperationen tut. Das ist jedoch insoweit nicht widersprüchlich, als es im Rahmen von Zusammenschlüssen darum ging, die wirtschaftliche Abhängigkeit *eines* Lieferanten zu ermitteln, d. h. eine marktbeherrschende Stellung

---

können, weil eines der Waschmittel beispielsweise aus Imagegründen nicht substituierbar ist. Dann ist sogar eine Marktbeherrschung nicht unwahrscheinlich.

823 So auch *Braun* in: Langen/Bunte, EG-Kartellrecht – Kommentar, Bd. 2, Art. 81 – Fallgruppen, Rz. 185.

festzustellen[824], worauf es im Zusammenhang mit der Beurteilung von Kooperationen nicht ankommt.

Obschon aufgrund dieser Unterschiede in den Leitlinien nicht das relative Verhältnis zu einem Lieferanten beschrieben wird, sondern der gesamte relevante Einkaufsmarkt inklusive alle darauf vertretenen Lieferanten maßgeblich ist, kann nicht ausgeschlossen werden, dass der Kommission angesichts der konzentrierten Marktverhältnisse, denen die am häufigsten vorzufindenden Einkaufsvereinigungen des Einzelhandels ausgesetzt sind, die 20%-Schwelle zumindest als grober Richtwert für die in Rz. 126 beschriebene „starke Nachfragemacht" dient. Denn während die Kommission Nachfragemacht nur in Verbindung mit gleichzeitig existierender Macht auf den Verkaufsmärkten (jeweils 15%) quantifiziert, fehlt eine Quantifizierung starker Nachfragemacht, bei der Macht auf Verkaufsmärkten außer Betracht bleibt, obwohl die Wettbewerbsbehörde traditionell Auswirkungen einer Vereinbarung mit Hilfe von Marktanteilen beschreibt. Auf diese Weise ist auch gewährleistet, dass ein zu fordernder höherer Marktanteil von 15% als Indiz für „nackte" Nachfragemacht (losgelöst von Macht auf nachgelagerten Verkaufsmärkten) gegeben ist. Im Übrigen spricht grundsätzlich auch bei der Beurteilung von Einkaufskooperationen nichts gegen die Vorgehensweise, die Höhe des Anteils der Einkaufsvereinigung am Umsatz eines Lieferanten in Augenschein zu nehmen, um auf diese Weise die Wahrscheinlichkeit von Leistungsverlusten vorherzusagen.

Gewiss kann dieser Ansatz nur ein ungenaues Maß dafür sein aufgrund der Tatsche, dass bereits niedrigere Schwellenwerte Nachfragemacht begründen können, deren Auswirkungen dazu führen, dass Lieferanten sogar in den Bankrott getrieben und damit vom Markt gedrängt werden können. Insbe-

824 Zu hinterfragen ist in diesem Zusammenhang nur, warum sie gerade dadurch Nachfragemacht zu begründen vermochte, und nicht aufgrund des Gesamtumfangs eines Einkaufsmarktes. Denn schließlich war der Lieferantenmarkt in den entsprechenden Fallkonstellationen weniger stark konzentriert, d. h. es existierten mehrere Anbieter auf dem relevanten Einkaufsmarkt, weshalb der Gesamtumfang des Einkaufsmarktes auch nicht mit dem Angebot eines einzigen Lieferungen identisch gewesen ist. Man hätte also durchaus auch den Anteil am Gesamtumfang des Einkaufsmarktes als Bewertungsgrundlage für die Frage heranziehen können, ob Nachfragemacht vorliegt. Der Grund, dass dies nicht gemacht wurde, könnte darin zu sehen sein, dass die Feststellung genauer Marktanteile auf den Beschaffungsmärkten generell schwierig ist, vgl. *Kommission*, 03.02.1999, *REWE/MEINL*, ABl. 1999 L 274/1, 16 Rz. 98.

sondere deshalb ist der Schwellenwert mit 15% zu hoch angesetzt. Diese relativ hohe Aufgreifschwelle für die Anwendbarkeit von Art. 81 Abs. 1 EG dient der Kommission möglicherweise jedoch zugleich als Kompensation für eine fehlende Gruppenfreistellungsverordnung, für deren Erlass die Kommission in der Vergangenheit vergeblich eine Ermächtigungsgrundlage vom Rat gefordert hat[825].

II. Qualitative Voraussetzungen

Für die Frage hinreichend negativer Marktwirkungen berücksichtigt die Kommission neben dem quantitativen Kriterium der Marktanteile auch qualitative Aspekte wie die Gegenmacht starker Lieferanten und die Marktkonzentration[826].

1. Gegenmacht

Ähnlich wie in der Entscheidung des EuGH in der Sache *GOETTRUP-KLIM*[827] will auch die Kommission Gegenmachtgesichtspunkte im Rahmen der Prüfung des Verbotstatbestandes heranziehen[828]. Das Kriterium wird zunächst einmal zur Beantwortung der Frage herangezogen, ob die Zusammenarbeit zwischen konkurrierenden Nachfragern nachteilige Folgen im relevanten Markt zeitigt. Darüber hinaus berücksichtigt die Kommission im Rahmen von Art. 81 Abs. 3 EG dieses Kriterium zur Abgrenzung gegenüber einer marktbeherrschenden Stellung. Gegenmacht dient demnach der Erfüllung unterschiedlicher Zwecke im Rahmen der Bewertung von Einkaufskooperationen[829].

---

825 Siehe bereits oben § 4 A.

826 Die Kommission umgeht das Problem der Messung von Nachfragemacht, weil sie auf die hier dargestellte Weise alle vorgeschlagenen Messvarianten berücksichtigt (Gegenmacht, Marktkonzentration und Marktanteile). Zu den Möglichkeiten der Messung von Nachfragemacht vgl. *Gonzales Diaz* in: Faull/Nikpay, The EC Law of Competiton, S. 722 f. Rz. 7.322 (7.323); siehe auch *Dobson Consulting*, Buyer Power and its Impact on Competition in the Food Retail Distribution Sector of the European Union, S. 25 f.

827 Vgl. *EuGH*, 15.12.1994, *GOETTRUP-KLIM*, Rs. C-250/92, Slg. 1994, I-5641, 5687 Rz. 32.

828 Jedoch sind hier Unterschiede zur Praxis des Gerichtshofs zu verzeichnen. So beschreibt die Kommission weder genauer, welcher Art die Gegenmacht, noch geht sie von einer Gegenmacht der Kooperationsmitglieder aus, sondern von einer Gegenmacht der diesen auf der Marktgegenseite gegenüberstehenden Lieferanten.

829 Relevant soll eine Gegenmacht marktstarker Lieferanten anscheinend jedoch erst dann werden, wenn der gemeinsame Marktanteil der Beteiligten 15% übersteigt. Die

a) Grundlagen des Gegengewichtsgedankens

Der Aspekt der Gegenmachtbildung durch Einkaufsvereinigungen ist seit eh und je insbesondere im Bereich des Handels als mögliche Rechtfertigung gegenüber industriellen Großunternehmen in der Diskussion[830]. Genauso, wenn nicht sogar ausgeprägter, waren und sind bis heute aber auch die Diskussionen über damit verbundene konzeptionelle und ökonomische Widersprüche. Im Gegensatz zu den Vertretern politischer Machttheorien[831], die wirtschaftliche Machtpositionen durch den Einsatz staatlicher Macht zu bekämpfen vermochten, sah *Galbraith (1952)*[832], der Schöpfer des Konzepts der sog. gegengewichtigen Marktmacht („countervailing power") innerhalb einer „durcholigopolisierten" Wirtschaft, in der Möglichkeit, die Wirkungen wirtschaftlicher Macht mit Gegenmacht zu kompensieren, ein realistischeres Mittel, Konzentrationserscheinungen in Form von Zusammenschlüssen (oder Kooperationen) zu begegnen. Er wies darauf hin, dass erwiesenermaßen die Verringerung des Wettbewerbs in der Praxis nicht zwangsläufig eine Verschlechterung der Produktivität und der Warenverteilung zur Folge habe. Dies führte *Galbraith* unter anderen darauf zurück, dass die Tendenz zur Konzentration in der Wirtschaft als wichtigster Antriebsmotor des technischen und wirtschaftlichen Fortschritts notwendig sei[833]. Dadurch bilde sich auf der Marktgegenseite zwangsläufig eine regulierende Gegenmacht[834]. Trotz der damit einhergehenden Wettbewerbsbeschränkung auf der Nachfrageseite

---

Kommission erwähnt ausdrücklich, dass mit dem Übersteigen dieser Anteilsgrenze nachteilige Folgen auf den Wettbewerb nicht die Folge sein müssen. Das hänge nun von der Gegenmacht ab, denen die marktmächtigen Nachfrager gegenüberstehen. Es kommt hierbei allerdings zu keiner Abwägung von negativen und positiven Aspekten. Vielmehr gelangt die Kommission unter Zusammenschau sämtlicher Faktoren zu einem positiven oder negativen Ergebnis. Zur Ablehnung einer Abwägung i.R.v. Art. 81 Abs. 1 EG siehe *Mestmäcker/Schweitzer*, Europäisches Wettbewerbsrecht, § 7 Rz. 62 mit Verweis auf die Aussage des Generalanwalts *Leger* in dessen Schlussanträgen in der Sache „*WOUTERS*" (*EuGH*, 19.02.2002, C-309/99, Slg. 2002, I-1577, 1610 Rz. 104).

830 Siehe nur *Köhler*, Wettbewerbsbeschränkungen durch Nachfrager, S. 128.

831 Siehe nur die Nachweise in *Andreae/Glahe*, Das Gegengewichtsprinzip in der Wirtschaftsordnung, Bd. I: Wirtschaftliche Macht und Wettbewerb, S. 35 ff.

832 *Galbraith*, American Capitalism: the concept of countervailing power. Die Grundaussagen des Modells der Gegenmacht sind, dass es bei Nichteingreifen durch staatliche Regelungen zur Konzentration und Monopolbildung kommt. Nachfrager sollen sich wie Anbieter konzentrieren können und somit ein Gegengewicht bilden. Die staatliche Regulierung beschränkt sich auf die Förderung der Gegenmacht.

833 *Galbraith*, American Capitalism: the concept of countervailing power, S. 37 f.

834 *Galbraith*, American Capitalism: the concept of countervailing power, S. 118 f.

dürfe der Staat diese regulierende Gegenmacht gegebenenfalls fördern, und nicht behindern.

aa) Kritik

Der Ansatz von *Galbraith* ist in vielerlei Hinsicht nicht unumstritten. Kritik[835] wurde vor allem deshalb laut, weil sich das Gegenmachtprinzip in der von *Galbraith* vollzogenen Verallgemeinerung in der Wirklichkeit nicht verifizieren lasse. Darüber hinaus sei die Bildung von Gegenmacht nicht zwangsläufig, sondern abhängig von gewissen Voraussetzungen, die nicht für alle Märkte zutreffen. Schließlich seien zur Erklärung des Gegenmachtprinzips nur bestimmte Bereiche herangezogen worden (Arbeitsmarkt, Genossenschaftsbildung in der Landwirtschaft und Konzentration im Handel), die keiner Verallgemeinerung zugänglich seien und in keinem Fall Analogieschlüsse in Bezug auf Waren- und Dienstleistungsmärkte zulässig seien[836]. Ein weiteres Problem sei die Schwierigkeit der Messung der Macht. Dadurch bestehe ein hoher Unsicherheitsfaktor. Denn ob Nachfragemacht eine Gegenmacht darstellt oder nicht – entweder, weil sie nicht nennenswert ist und deshalb auf der Nachfrageseite eher schadet als auf Angebotsseite nützt, oder, weil sie über die Angebotsmacht und damit über ihr Ziel hinausgeht – hänge von der exakten Bestimmung der Mächte ab. Den wichtigsten Einwand gegen die Theorie der Gegenmacht gibt *Galbraith* selbst. Gegengewichtige Marktmacht setze organisierte Märkte voraus; deren Organisierbarkeit sei jedoch unterschiedlich und unter bestimmten strukturellen Voraussetzungen wirke Gegenmacht überhaupt nicht, sondern ermutige vielmehr – das hat auch die ökonomische Analyse von Nachfragemacht gezeigt[837] – zu einer einvernehmlichen Gewinnverteilung zu Lasten Dritter[838]. Im Anschluss an *Kantzenbach*[839] hat die *Monopolkommission* unter vergleichender Heranziehung der Funktionen eines wünschenswerten Parallelwettbewerbs schließlich kritisiert, gegengewichtige Marktmacht ersetze allenfalls die Funktion der Gewinnhöhenbegrenzung (Verteilungsfunktion), sie sei jedoch nicht in der Lage, die Orientierung der

---

835 Siehe die Zusammenfassung in *Andreae/Glahe*, Das Gegengewichtsprinzip in der Wirtschaftsordnung, Bd. I: Wirtschaftliche Macht und Wettbewerb, S. 44 f. sowie die Nachweise in *Eckstein*, Zum Konzept der countervailing power, AG 1979, 209, 210.

836 *Kantzenbach*, Die Funktionsfähigkeit des Wettbewerbs, S. 152.

837 § 3 A. IV. 3. a) bb) (1).

838 In diesem Sinne *Galbraith*, American Capitalism: the concept of countervailing power, S. 136; Verallgemeinernd *Möschel*, Recht der Wettbewerbsbeschränkungen, § 3 Rz. 73.

839 Vgl. *Kantzenbach*, Die Funktionsfähigkeit des Wettbewerbs, S. 148 ff.

Angebotsstruktur an der effektiven Nachfrage und die Durchsetzung kostengünstiger Produktionsverfahren (Allokationsfunktion) zu gewährleisten. Das gelte auch für die Förderung des technischen Fortschritts sowie der Anpassungsflexibilität[840] und der Marktstrukturpflege[841]. Damit scheide dieser Ansatz mit dem Ziel der Schaffung eines Marktgleichgewichts als allgemeines Ordnungsprinzip einer Marktwirtschaft aus[842]. Im diesem Zusammenhang dürfte auch der Vorwurf zu sehen sein, der Gedanke der Gegenmacht führe langfristig zu einer Vermachtung der Märkte, wenn die eine Wettbewerbsbeschränkung mit einer anderen gerechtfertigt würde[843]. Ein ernüchterndes Fazit zieht deshalb *Schuhmacher*, der die zur Unterstützung des Gegengewichtsgedankens vorgebrachten Argumente als Scheinargumente, die dagegen sprechenden Argumente und Erfahrungen (insbesondere die Verkennung des Wettbewerbs als Auslese- und Antriebsinstrument) als vernichtend erachtet[844].

bb) Zusammenfassung

Obwohl heute anerkannt ist, dass der Gegengewichtsgedanke auch bei anderen als den von *Galbraith* aufgegriffenen Machtgefällen Bedeutung zukommt[845] und damit Einkaufskooperationen jedenfalls theoretisch als Mittel der Gegengewichtsbildung gegenüber Marktmacht auf der vorgelagerten Marktstufe (Anbieter) oder der gleichen Marktstufe (Wettbewerber der Einkaufskooperation) in Betracht kommen[846] , müssen im Ergebnis[847] wenigstens zwei schwerwiegende Einwände gegen das Gegenmachtkonzept vorgebracht werden: Erstens tendiert Macht und Gegenmacht nicht zu gegenseitiger Kon-

840 *Monopolkommission*, Hauptgutachten III: Fusionskontrolle bleibt vorrangig, Rz. 508 f.

841 Dazu *Nordemann*, Gegenmacht und Fusionskontrolle, S. 104 ff.

842 Vgl. *Kantzenbach*, Die Funktionsfähigkeit des Wettbewerbs, S. 148 ff.

843 In diesem Sinne *Emmerich* in: Immenga/Mestmäcker, EG-Wettbewerbsrecht, Teil 1, Art. 81 Abs. 1 EGV Rz. 180.

844 Siehe *Schuhmacher*, Nachfragemacht und Gegengewichtsprinzip, ZHR 1976, 317, 337 f.

845 Umfassend *Schuhmacher*, Nachfragemacht und Gegengewichtsprinzip, ZHR 1976, 317, 319.

846 Vgl. auch *Bartholomeyczik/Benisch*, Das Gegengewichtsprinzip in der Wirtschaftsordnung, Bd. III: Rechtsgrundlagen der Gegengewichtsbildung, S. 70; empirische Daten liefern z. B. *Lustgarten*, The Impact of Buyer Concentration in Manufacturing Industries, Review of Economics and Statistics (1975), S. 125, 128; sowie *Baba*, Buying Structure and Market Performance, Economic Analysis Magazine (No. 64) (1977).

847 Siehe *Schuhmacher*, Nachfragemacht und Gegengewichtsprinzip, ZHR 1976, 317, 328 ff.

trolle, sondern zu kollusivem Verhalten zu Lasten Dritter[848]. Zweitens schottet das so genannte Machtgleichgewicht den Markt ab[849] und kann langfristig zur Vermachtung der Märkte führen. Damit verbunden ist das Risiko einer Schädigung der Konsumentenwohlfahrt[850] – ein Risiko, das in völligem Gegensatz zu der im Fokus der Wettbewerbspolitik stehenden Verbesserung der Verbraucherwohlfahrt steht.

b) Berücksichtigung von Gegenmachtaspekten durch Kommission und EuGH

Im Bewusstsein der Eignung dieses Konzepts und scheinbar losgelöst von den erwähnten Einwänden bindet die Kommission das Gegenmachtkonzept bei ihre Entscheidungsfindung mit ein. So ist die Einbeziehung von Nachfragemacht als ausgleichende Gegenmacht zu Konzentrationsprozessen durch Zusammenschlüsse von Unternehmen auf übergeordneten Marktstufen in ständiger Entscheidungspraxis ein wesentlicher Faktor für die Beantwortung der Frage, ob ein Unternehmenszusammenschluss genehmigt werden kann oder nicht[851]. Diese Vorgehensweise findet durchaus seine Rechtfertigung in Art. 2 Abs. 1 lit. a) FKVO, der die Aufrechterhaltung des Wettbewerbs unter Berücksichtigung *aller* betroffenen Märkte fordert[852].

Auch bei der Beurteilung von Einkaufskooperationen soll nun das Kriterium aus Sicht der Kommission eine zentrale Rolle spielen, weil mit dessen Hilfe gleich in mehrfacher Hinsicht über die Anwendbarkeit von Art. 81 EG ent-

---

848 Die Einigung im Sinne kollusiven Verhaltens kann auf zweierlei Weise geschehnen, nämlich einerseits zu Lasten der Unternehmen der Wirtschaftsstufe, denen die Unternehmen der ausübenden Gegenkraft angehören; andererseits zu Lasten der Angehörigen der jeweils vor- oder nachgelagerten Wirtschaftsstufe(n).

849 So auch *Moog*, Die Bildung gegengewichtiger Marktmacht nach dem Gesetz gegen Wettbewerbsbeschränkungen, S. 41.

850 Siehe auch *OECD*, Buying Power of Multiproduct Retailers, S. 9.

851 Vgl. z. B. *Kommission*, 29.05.1991, *MAGNETI MARELLI/CEAC*, ABL. L 222/38, 40 Rz. 16; 31.01.1994, *MANNESMANN/VALLOUREC/ILVA*, ABl. 1994 L 102/15, 36 Rz. 126; 12.02.1996, *Fall IV/M.692 - ELEKTROWATT/LANDIS & GYR*, CELEX Nr. 396M0692 Rz. 31 (nicht im ABl. veröffentlicht; abrufbar unter: http://europa.eu.int/comm/competition/mergers/cases/decisions/m692_de.pdf, Stand: November 2007); 04.02.1998, *HOFFMANN-LA ROCHE/BOEHRINGER MANNHEIM*, ABl. 1998 L 234/14, 28, Rz. 95, 112; 03.05.2000, *ALCOA/-REYNOLDS*, ABl. 2002 58/25, 30 Rz. 21 (88); 31.01.2001, *SCA/METSÄ TISSUE*, ABl. 2002 L 57/1, 12 Rz. 85 ff.; 03.07.2001, *HUTCHISON/RCPM/ECT*, ABl. 2003 223/1, 24 Rz. 127; 20.12.2001, *BP/E.ON*, ABl. 2002 L 276/ 31, 42 Rz. 54; sowie *Kommission*, 26. Bericht über die Wettbewerbspolitik (1996), S. 71 Rz. 147.

852 So auch *Mestmäcker*, Europäisches Wettbewerbsrecht, § 25 Rz. 90.

schieden werden soll. Im Einzelnen geht die Behörde bei Marktanteilen, die jenseits des Schwellenwertes von 15% liegen, nicht automatisch von nachteiligen Folgen der Einkaufszusammenarbeit auf den Wettbewerb aus, sondern sie sieht die Notwendigkeit, weitere Umstände, wie eben eine mögliche Gegenmacht starker Lieferanten, mit in die Bewertung mit einzubeziehen[853]. Des Weiteren sei im Zusammenhang mit der Frage nach einer möglichen Freistellung zu klären, ob Gegenmacht die Ausschaltung wesentlichen Wettbewerbs durch die Einkaufskooperation zu verhindern in der Lage ist[854]. Die Entscheidungen der Kommission in den Zusammenschlussfällen vermitteln den Eindruck, als könne nur originäre, also ursprüngliche im Sinne bereits existierender, unternehmensintern gewachsener Macht (Nachfragemacht) als Gegenkraft gegenüber einer durch den Zusammenschluss entstehenden Marktmacht ins Feld geführt werden. Die Frage, ob Angebots- respektive Nachfragemacht gezielt von der jeweiligen Marktgegenseite „geschaffen" werden kann, um einer (potentiellen) Machtkonzentration entgegenwirken zu können, wird in den Kommissionsentscheidungen hingegen nicht aufgeworfen[855]. Korrespondierend mit den Zusammenschlussfällen soll auch bei der Beurteilung von Einkaufskooperationen Gegenmacht nur im Sinne originärer Macht auf der Marktgegenseite, also der Anbieterseite („[...] Gegenmacht starker Lieferanten") Berücksichtigung finden. Sollte eine Einkaufskooperation demnach durch Bündelung ihrer Nachfrage in der Lage sein, ausbeuterischen

---

853 *Kommission*, Horizontalleitlinien, ABl. C 3/2, 19 Rz. 131.

854 Die erneute Heranziehung des Gegengewichtgedankens im Rahmen des Freistellungstatbestandes entbehrt in der dargestellten Weise jeder Logik. Wenn Marktmacht mangels Gegenmacht starker Lieferanten nicht ausgeglichen werden kann und Art. 81 Abs. 1 EG deshalb zur Anwendung gelangt, kann ebenfalls eine Ausschaltung wesentlichen Wettbewerbs durch Gegenmacht nicht verhindert werden. Im umgekehrten Fall kommt eine Freistellung sowieso nicht in Betracht, weil Art. 81 Abs. 1 EG aufgrund ausreichender, die gebündelte Nachfrage kompensierende Gegenmacht nicht zur Anwendung gelangt. Möglich wäre allenfalls, dass Art. 81 Abs. 1 deshalb in jedem Fall zur Anwendung kommt, weil die Marktkonzentration sehr hoch ist und Gegenmacht an negativen Auswirkungen nichts ändern vermag. Dann kann Gegenmacht insoweit zu berücksichtigen sein, als durch sie eine Ausschaltung wesentlichen Wettbewerbs verhindert werden könnte. Hier wäre eine klarere Aussage der Kommission wünschenswert.

855 Auch ist die Gegenmacht nur ein Faktor von vielen, der Berücksichtigung findet. Darüber hinaus spielen der Konzentrationsgrad auf der Angebotsseite, die Gleichartigkeit der Produkte, die Symmetrie der Marktanteile, Kosten und Interessen, die Preistransparenz, hohe Zutrittsschranken oder Fehlen potentiellen Wettbewerbs eine (gleichwertige) Rolle: vgl. z. B. *Kommission*, 20.12.2001, *SHELL/DEA*, ABl. 2003 L 15/35, 43 Rz. 52; 20.12.2001, *BP/E.ON*, ABl. 2002 L 276/ 31, 42 Rz. 42.

Handlungen eines marktstarken Anbieters Paroli zu bieten, also eine Gegenmacht darstellen, so soll dies nach dem Willen der Kommission für die Beurteilung der Kooperation jedenfalls explizit keine Relevanz besitzen.

Im scheinbaren Gegensatz dazu steht die Rechtsprechung des EuGH. In seiner *„GOETTRUP-KLIM"*-Entscheidung stellte der Gerichtshof fest, dass „auf einem Markt, auf dem der Preis der Erzeugnisse von dem Auftragsvolumen abhängt," [...] „der Umsatz der Bezugsgenossenschaften je nach der Zahl ihrer Mitglieder ein bedeutsames Gegengewicht zu der Vertragsgestaltungsmacht der Großerzeuger bilden und einem wirksameren Wettbewerb förderlich sein" kann[856]. Die Rechtsprechung ist demnach so zu deuten, als könne Gegenmacht gezielt geschaffen werden, um eine Marktmacht von Anbietern auf gegenüberliegender Marktseite auszugleichen. Abgesehen von der Marktgegenseite berücksichtigt der EuGH demzufolge nicht bloß originäre Macht als Grundlage für Gegenmacht. Die Entscheidung des EuG in der Sache *AIRTOURS/FIRST CHOICE*[857] geht darüber womöglich noch hinaus. Bei der Beantwortung der Frage, wie kleine Unternehmen auf eine durch einen (vertikal integrierten, d. h. auch auf einem der vorgelagerten Märkte agierenden) marktstarken Wettbewerber hervorgerufene Angebotsknappheit reagieren können, sei maßgeblich, „ ob [...] die [...] bereits auf dem Markt tätigen kleinen" Unternehmen „in ihrer Gesamtheit wirksam reagieren können, indem sie ihr Angebot erweitern, um die Möglichkeiten zu nutzen, die eine solche allgemeine Angebotsknappheit bietet, und ob sie auf diese Weise der Begründung einer kollektiven beherrschenden Stellung entgegenwirken können". Es ist nicht auszuschließen, dass das EuG jede generell mögliche Reaktionsweise kleiner Unternehmen akzeptiert, um zu einer Angebotserweiterung in Phasen einer Warenknappheit zu gelangen – die Kooperation eingeschlossen. In diesem Fall würde der Zusammenschluss trotz entstehender Marktmacht genehmigt, weil die Marktgegenseite durch geeignete Maßnahmen in der Lage wäre, Gegenmacht zu entwickeln. Das EuG würde folglich keine originäre Macht fordern, und zwar nicht nur auf der Seite der sich zusammenschließenden Unternehmen, sondern auch auf der Seite derjenigen Unternehmen, die der durch den Zusammenschluss neu entstehenden Macht gegenüberstehen und ebenfalls in der Lage wären, ihre Kräfte in irgend einer Weise zu konzentrieren.

---

856 *EuGH*, 15.12.1994, *GOETTRUP-KLIM*, Rs. C-250/92, Slg. 1994, I-5641, 5687 Rz. 32.

857 *EuG*, 06.12.2002, *AIRTOURS/FIRST CHOICE*, Rs. T-342/99, Slg. 2002, II-2585, 2665 Rz. 213.

Zusammenfassend lassen sich folgende Hypothesen aufstellen:
Erstens spielt Gegenmacht im Grundsatz in der Kommissionspraxis sowohl bei der Würdigung von Zusammenschlüssen, als auch bei der Beurteilung von Einkaufskooperationen explizit nur dann eine Rolle, wenn sie Ausdruck einer originären Marktstellung der jeweils gegenüberliegenden Marktseite (im vertikalen Verhältnis)[858] ist. Dieses einheitliche Bild spricht jedenfalls hinsichtlich dieses Punktes für einen von der Kommission eingenommenen, festen Standpunkt, der der Rechtsprechung jedenfalls im Wortlaut widerspricht. Zweitens – das ergibt sich aus dem vorherigen Punkt – findet Gegenmacht ebenfalls explizit keine Berücksichtigung im horizontalen Verhältnis zwischen konkurrierenden Anbietern einerseits und zwischen konkurrierenden Nachfragern andererseits[859]. Drittens finden Gegenmachtgesichtspunkte sowohl bei der Beurteilung von Unternehmenszusammenschlüssen, als auch bei der Beurteilung von (Einkaufs-)Kooperationen nur in einer Richtung Erwähnung, nämlich bei Zusammenschlüssen auf der Seite der Anbieter, bei (Einkaufs-) Kooperationen auf der Nachfrageseite. Die EuGH-Rechtsprechung weicht hiervon ab.

---

858 Unklar ist insoweit die Aussage der *Kommission* im Fall „*HOFFMANN-LA ROCHE/BOEHRINGER MANNHEIM*" vom 04.02.1998, ABl. 1998 L 234/14, 28 Rz. 95, als „dass weder vorhandene oder potentielle Konkurrenten noch eine Gegenmacht auf der Nachfrageseite die beherrschende Stellung [...] gefährden könnte". Ob sich daraus aber ableiten lässt, dass auch vorhandene oder potentielle Konkurrenten eine Gegenmacht darstellen können, erscheint sehr fraglich.

859 Im Gegensatz dazu spricht die *Kommission* in ihrer Entscheidung vom 01.12.1999, *SANITEC/SPHINX*, ABl. 2000 L 294/1, 23 Rz. 173 explizit davon, dass „die Substituierbarkeit auf der Angebotsseite trotz der hohen Marktanteile der Parteien bei einigen Produkten erheblich ist und vorhandene und potentielle Wettbewerber auf dem Markt ein Gegengewicht bilden könnten". Damit ist zu schlussfolgern, dass für die Kommission auch auf gleicher Marktstufe zwischen Konkurrenten Gegengewichtgesichtspunkte (zumindest bei der Beurteilung von Zusammenschlüssen) von Bedeutung sind. In einer Entscheidung über die Anwendung von Art. 81 Abs. 1 EG auf eine Vereinbarung über gemeinsame F&E-Tätigkeit bzw. Produktion vom 22.12.1987, *OLIVETTI/CANON*, ABl. 1988 L 52/51, 61 Rz. 58 lässt die Kommission ebenfalls anklingen, dass Gegenmacht auch im horizontalen Verhältnis eine Rolle spielt, indem sie erklärt, dass „die betreffenden Märkte aufgrund der Anzahl und der Größe der Unternehmen höchst wettbewerbsfähig in der EG sind, und nicht angeführt werden kann, dass die genannten Unternehmen kein ausreichendes Gegengewicht mehr darstellen".

c) Bewertung und Erklärungsversuch der Kommissionspraxis

aa) Notwendigkeit originärer Macht als Gegenmacht?

Was die Ursprünglichkeit und die „Richtung“ der Macht angeht, so ist die Frage sicherlich nicht unberechtigt, ob nicht Gegenmacht grundsätzlich dennoch von beiden Seiten her bestehen kann, d. h. wechselseitig ist. Spricht die Kommission von bestehender Gegenmacht der Nachfrageseite bei der Beurteilung eines Zusammenschlusses auf Anbieterseite, so muss sie doch auch davon ausgehen, dass der Zusammenschluss selbst Marktmacht entstehen lässt und damit gleichfalls eine Gegenmacht zur Nachfragemacht darstellt. Spricht sie bei der Beurteilung von Einkaufsvereinbarungen von Gegenmacht starker Lieferanten, so ist ebenfalls vorstellbar, von Gegenmacht der kooperierenden Einkäufer gegenüber marktstarken Lieferanten zu sprechen. Mit anderen Worten: Gegenmacht der einen Marktseite könnte gleichzeitig auch Gegenmacht der anderen Marktseite und damit eine Austauschbarkeit der Begrifflichkeiten bedeuten. Das ändert auch nichts daran, dass jedenfalls eine der beiden Mächte als Bezugsgrößen originärer Natur ist, sofern eine Ursprünglichkeit überhaupt zu fordern wäre.

Diese Forderung macht jedoch durchaus Sinn, wenn man sie als gewachsene Macht unternehmensinternen Ursprungs versteht. Andernfalls würde die Berücksichtigung von Gegenmacht in nicht originärer Form – so wie in der zitierten Entscheidung des EuG in der Sache *AIRTOURS/FIRST CHOICE*[860] – eine Marktspirale in Gang setzen, die dadurch genährt wird, dass fortlaufend Macht mit Gegenmacht gerechtfertigt werden kann, wobei die Mächte jeweils nicht den unternehmenseigenen Kräften entspringen[861] – mit den bereits angesprochenen negativen Folgen[862]. Zu fordern ist demnach Marktmacht, deren Existenz das Resultat eines natürlichen unternehmensinternen Wachstumsprozesses ist[863]. Auf diese Weise ist sichergestellt, dass Gegen-

---

860 Siehe *EuG*, 06.12.2002, *AIRTOURS/FIRST CHOICE*, Rs. T-342/99, Slg. 2002, II-2585, 2665 Rz. 213.

861 So auch *Emmerich* in: Immenga/Mestmäcker, EG-Wettbewerbsrecht (Vorauflage 1997), Bd. 1, Art. 85 Abs. 1, Rz. 196.

862 Man würde Macht als Mittel einsetzen, um eine sich in der Entwicklung befindende, d. h. durch externes Unternehmenswachstum entstehende, Macht zu rechtfertigen. Machtanhäufung könnte zugelassen werden, da ja dieser Macht mit einer Gegenmacht begegnet werden kann. Es entstünde eine Machtspirale, die der wettbewerbsförderlichen Zielvorstellung nicht mehr gerecht werden würde.

863 *Bontrup*, Unternehmerische Nachfragemacht, WRP 2006, 225, 231, schlägt vor, nicht Nachfragemacht als Gegenmacht zu bekämpfen, sondern einen Schritt vorher mit

macht der unternehmerischen Selbstständigkeit und damit unter normalen Wettbewerbsbedingungen den natürlichen Gegebenheiten des Marktes entspringt, d. h. Marktstrukturveränderungen nicht künstlich herbeigeführt werden, indem man der Schaffung von Macht zustimmt und unter dem Deckmantel der Ausgleichsfunktion fortlaufend rechtfertigt. Im Grunde kann deshalb nicht mehr von einer Korrektur eines Kräfteungleichgewichts gesprochen werden, sondern um eine Belebung des Wettbewerbs, dessen Notwendigkeit sich aus dem Gedanken des Nachteilsausgleichs ergibt. Dieser Überlegungsansatz könnte erklären, warum die Kommission den horizontalen Marktwirkungen, die mit dem Gegengewichtsprinzip verbunden sind, Vorrang gewährt.

bb) Maßgeblichkeit horizontaler Marktwirkungen gegengewichtiger Marktmacht im Vertikalverhältnis zur Erzielung eines Nachteilsausgleichs

Anknüpfend an das zuvor Gesagte und unter Berücksichtigung der zitierten Kommissionsentscheidungen muss beachtet werden, dass Gegenmacht im Grunde genommen in zwei Richtungen auswirken kann: Zum einen kann sich Marktmacht gegen bereits marktmächtige Mitbewerber richten und dementsprechend horizontal ausgerichtet sein. Zum anderen kann Marktmacht aber auch eine Abwehrmaßnahme gegen marktmächtige Unternehmen der gegenüberliegenden Marktseite sein und damit ein ungleiches Kräfteverhältnis zwischen Käufer und Verkäufer kompensieren.

In Teilen der Literatur misst man der Unterscheidung zwischen horizontaler und vertikaler „Gegenmacht" besondere Relevanz bei, weil man mit den jeweiligen Dimensionen unterschiedliche wettbewerbspolitische Zielrichtungen verbindet. Demgemäß wird davon ausgegangen, dass das Gegenmachtprinzip i. S. d. hier angesprochenen Models gar keinen Sinn im horizontalen Verhältnis macht, weil im gleichgeordneten Verhältnis die Marktstellung der kooperierenden bzw. zusammenschlusswilligen Unternehmen und damit das Maß der Wettbewerbsbeeinträchtigung sowieso von der Marktstellung der (verbleibenden) Konkurrenten abhängig ist. Vielmehr handele es sich im horizontalen Verhältnis um die Berücksichtigung von Marktmacht im Sinne einer Nebengewichtsbildung[864], nicht aber um Gegenmacht[865]. Im vertikalen Verhält-

---

Hilfe einer „vorbeugenden Fusionskontrolle" die Angebotsmacht zu regulieren, die er als Hauptursache für die Entstehung von Nachfragemacht ansieht

864 Siehe dazu *Moog*, Die Bildung gegengewichtiger Marktmacht nach dem Gesetz gegen Wettbewerbsbeschränkungen, S. 16; sowie *Schneider* in: Langen/Bunte, GWB – Kommentar, Bd. 1, § 3 Rz. 3.

nis stehe die Austauschbeziehung und damit der Aspekt der Einkommensverteilung zwischen Anbietern und Nachfragern im Vordergrund. In diesem Zusammenhang sei (müsse) deshalb der Zweck der Gegenmacht die Sicherung einer gerechten Einkommensverteilung (sein)[866]. Somit sei Zielfunktion der Gegenmacht die Verhinderung der Ausbeutung und des Missbrauchs, während sich Wettbewerb in erster Linie auf horizontaler Ebene abspiele und erst mittelbar von den vertikalen Marktsituationen beeinflusst werde[867]. Diese Beeinflussung könne positiv sein, wenn sich zahlreiche nachfragende Kleinunternehmen zusammenschließen und sich dadurch ein Vorsprung großer Anbieter gegenüber kleineren Anbietern verringere. Sie könne aber auch negativ sein, weil je nach Marktstruktur der Wettbewerb zwischen den Anbietern durch die gleiche Maßnahme verringert werden könne[868]. Zusammenfassend kann deshalb gesagt werden, dass dem Aspekt der Gegenmacht im vertikalen Verhältnis eine Abwehrfunktion zukommt, während die Abwehr von Marktmacht großer Unternehmen im horizontalen Verhältnis unter dem Gesichtspunkt der Kooperationsförderung zu betrachten ist.

Dementsprechend dient das Konzept des Nachteilsausgleichs, welches insbesondere der ehemaligen deutschen Regelung in § 4 GWB zugrunde lag und welches ebenfalls von der Kommission anerkannt ist[869], dem Zweck der Wettbewerbsförderung und damit der Intensivierung des Wettbewerbs. Auch wenn die Kommission im Zusammenhang mit Einkaufsvereinbarungen explizit Gegenmacht als Kraft auffasst, die im Vertikalverhältnis von Unternehmen der gegenüberliegen Marktseite (Lieferanten) ausgeht, so ist jedoch in Anbetracht der Zielvorstellungen der Kommission danach zu fragen, ob nicht jedenfalls die davon herrührenden horizontalen Wirkungen im Vordergrund der Betrachtung stehen. Der Gegenmachtsaspekt wird jedenfalls bei der Beurteilung von Einkaufsvereinbarungen[870] weniger deshalb herangezogen, um

865 Anders wohl *Bartholomeyczik/Benisch*, Das Gegengewichtsprinzip in der Wirtschaftsordnung, Bd. III: Rechtsgrundlagen der Gegengewichtsbildung, S. 71, wo davon die Rede ist , dass Einkaufsgemeinschaften als Gegengewicht gegen marktstarke Wettbewerber gebildet werden. Dort klingt der Aspekt des Nachteilsausgleichs an.

866 So *Sölter*, Ungleichgewichte zwischen Angebot und Nachfrage WuW 1968, 317, 332.

867 Siehe *Moog*, Die Bildung gegengewichtiger Marktmacht nach dem Gesetz gegen Wettbewerbsbeschränkungen, S. 17.

868 Siehe *Moog*, Die Bildung gegengewichtiger Marktmacht nach dem Gesetz gegen Wettbewerbsbeschränkungen, S. 17.

869 *Kommission*, Horizontalleitlinien, ABl. 2001 C 3/2, 17 Rz. 116.

870 Bei der Beurteilung von Unternehmenszusammenschlüssen sieht das anders aus. Hier kommt der Frage der Gegenmacht besondere Bedeutung deshalb zu, weil sie

vor Ausbeutung der Lieferanten zu schützen, sondern vielmehr deshalb, um über die vom Vertikalverhältnis ausgehenden Wirkungen gegengewichtiger Marktmacht den Zweck der Wettbewerbsförderung im Horizontalverhältnis zu verfolgen. Nur so lässt sich erklären, warum von Nachfragemacht (und damit von negativen Marktwirkungen), deren Hauptsorgen in der Nichtweitergabe niedriger Einkaufspreise und in Kostensteigerungen für Konkurrenten liegt, nur dann ausgegangen werden soll, wenn eine entsprechende, ausgleichende Gegenmacht der Lieferanten nicht feststellbar ist. Es geht dabei also um die Frage, ob Wettbewerb zwischen Nachfragern auf den Einkaufsmärkten respektive den Verkäufern auf nachgelagerten Absatzmärkten gefördert werden soll bzw. gewährleistet ist. Wie bereits angedeutet ist deshalb der in Rz. 116 der Leitlinien angelegte Gedanke des Nachteilsausgleichs im Grunde nichts anderes als die Idee, im horizontalen Verhältnis KMU die Möglichkeit eines Gegengewichts bzw. Nebengewichts zu marktstarken Wettbewerbern zu geben[871]. Gegenmacht im weitesten Sinne – genauer gesagt: „Nebenmacht" – anerkennt die Kommission im Ergebnis deshalb nicht bloß in vertikaler, sondern auch in horizontaler Richtung.

Insbesondere der Umstand, dass die Zulassung von Gegenmacht zu einer einvernehmlichen Gewinnverteilung zu Lasten Dritter führen kann[872], verleitet deshalb zu der Annahme, der Kommission unterlaufe mit der Berücksichtigung von Gegenmacht ein schwerwiegender konzeptioneller Fehler. Denn obwohl Gegenmacht Außenseiter nicht schützt, berücksichtigt die Kommission, deren besonderes Augenmerk auf der Gewährleistung des Handelswettbewerbs und damit auf der Sicherstellung wirksamen Wettbewerbs zwischen den Kooperationsbeteiligten und deren Konkurrenten liegt, Gegenmacht als Entscheidungshilfe dafür, ob eine Wettbewerbsförderlichkeit be-

---

einer durch den Zusammenschluss entstehenden marktbeherrschenden Stellung und damit einem Abhängigkeitsverhältnis der Marktgegenseite entgegenwirken kann: vgl. *Kommission*, 25.11.1998, *ENSO/STORA*, ABl. 1999 L 254/9, 18 (19) Rz. 86 (92).

871 Das bedeutet nicht eine grundsätzliche Gleichsetzung von Nachteilsausgleich und Gegenmacht, denn die Zielsetzung beider Denkansätze ist unterschiedlich: Während der Nachteilsausgleich als Instrument der Strukturkontrolle gedacht ist, mit dem Wettbewerb hergestellt bzw. erhalten werden soll (vgl. *Bechtold*, GWB – Kommentar, 3 Aufl., Einf., Rz. 46), basiert der Gegenmachtgedanke auf der Idee, die Ausbeutung und den Missbrauch durch marktbeherrschende Unternehmen im Vertikalverhältnis zu verhindern, d.h. von der Marktgegenseite ausgehende Macht durch Schaffung eines Machtgleichgewichts zu kontrollieren (vgl. *Moog*, Die Bildung gegengewichtiger Marktmacht nach dem Gesetz gegen Wettbewerbsbeschränkungen, S. 41).

872 Siehe *Möschel*, Recht der Wettbewerbsbeschränkungen, § 3 Rz. 73.

steht, die die Anwendbarkeit von Art. 81 Abs. 1 EG ausschließt. Die Annahme eines Widerspruchs verhärtet sich dadurch, dass eine Abschottung Dritter von der Kommission scheinbar ohne Ausnahme als wettbewerbsbeschränkend angesehen wird. Die undifferenzierte Berücksichtigung gegengewichtiger Marktmacht in den Leitlinien wird diesen aufgezeigten Einwänden, die im Zusammenhang mit der Anerkennung des Gegenmachtprinzips bestehen, insbesondere unter Berücksichtigung des von der Kommission gehandhabten Verständnisses der Nachfragemacht als wettbewerbsfördernde Gegenkraft im Horizontalverhältnis kaum gerecht.

cc) Schlussfolgerung

Versteht man die Ursprünglichkeit der Marktmacht im Sinne eines unternehmensinternen Wachstums, so anerkennt die Kommission keine „geschaffene“, extern entstandene Nachfragemacht durch Kooperation. Damit beugt sie jedenfalls theoretisch der Entstehung einer Machtspirale vor, bei der sich durch Koordination oder Konzentration entstandene Macht und Gegenmacht gegenseitig rechtfertigen. Problematisch bleibt nichtsdestotrotz die praktische Vorgehensweise für den Nachweis der Ursprünglichkeit der Marktmacht. Übereinstimmung besteht mit der Rechtsprechung – obwohl sich das aus der EuGH-Rechtsprechung in der Sache *GOETTRUP-KLIM* nicht eindeutig herauslesen lässt – auch, welche Zielvorstellung mit der Verwendung des Gegenmachtaspekts primär verfolgt wird. Aus dem Kontext der Urteilsbegründung und den Ausführungen des Generalanwalts *Tesauro* in den Schlussanträgen ergibt sich jedenfalls, dass der Wettbewerb der Kooperationsmitglieder mit größeren Konkurrenten Schutz verdient.

dd) Stellenwert bei der Beurteilung von Einkaufsvereinbarungen

Aus den Leitlinien ergibt sich nicht, in welchem Maße die Kommission den Aspekt der Gegenmacht zu berücksichtigen vermag[873]. Es ist jedoch in Anbetracht der Entscheidungspraxis der Kommission zu Unternehmenszusammenschlüssen davon auszugehen, dass die Existenz von Marktmacht in ihrer Funktion als Gegenmacht nur in besonderen Marktsituationen zu einer positiven Beurteilung von Einkaufsvereinbarungen führen kann[874]. Das wird insbesondere der Fall sein, wenn der Lieferantenmarkt hoch konzentriert ist und

873 Ähnlich verhält es sich mit dem Aspekt der Marktkonzentration als zweites „Regulativ“ neben dem Gegenmacht-Kriterium (siehe sogleich unten § 7 C. II. 2.).

874 Diese Vermutung wird zusätzlich dadurch bekräftigt, dass der Aspekt der Gegenmacht in keinem der von der Kommission zur Veranschaulichung der Leitlinien angeführten Beispiele in Erscheinung tritt.

die Unternehmen dort in etwa eine gleichwertige Marktposition einnehmen, weil in dieser Situation nicht die Gefahr besteht, dass kleinere Lieferanten der von der Einkaufskooperation ausgehenden Nachfragemacht ausgesetzt sind und vom Lieferantenmarkt verschwinden[875]. Das Gleiche wird für Szenarien gelten, in denen die Marktstruktur auf Anbieterseite der auf Nachfrageseite identisch ist[876].

2. Marktkonzentration

Neben dem Gegenmachtkriterium soll – ebenfalls in Konformität mit der Vorgehensweise im Rahmen der Fusionskontrolle – auch eine entsprechende Marktstruktur trotz Überschreitens der 15%-Schwelle maßgeblich für die Nichtanwendung von Art. 81 Abs. 1 EG sein können.

a) Ausdruck des Nachteilsausgleichs

Die ökonomische Analyse hat gezeigt, dass in konzentrierten, d. h. in engen Oligopolmärkten, eine dem wirksamen Wettbewerb vergleichbare Situation herrscht, weil die Größe der wenigen Konkurrenten sehr ähnlich ist – mit der Folge einer geringen Wahrscheinlichkeit hinsichtlich negativer Auswirkungen auf die relevanten Wettbewerbsparameter (wie z. B. Preise). In diesem Sinne hält die Kommission eine Einzelhandels-Einkaufsorganisation für unproblematisch, die zwar einen relativ hohen Marktanteil von 25% auf den Einkaufsmärkten hält, dadurch jedoch gerade erst in die Lage versetzt wird, mit zwei anderen, vergleichbar großen Einzelhändlern in Nachfragewettbewerb zu treten[877]. In solchen Konstellationen kann keine Marktmacht genutzt werden. Im Grunde ist auch hier der Gegengewichtsgedanke verankert, nämlich in horizontaler Richtung im Sinne eines Nachteilsausgleichs[878]. Bei dieser Einschätzung dürfte die zeitliche Komponente eine wesentliche Rolle spielen.

875 Zum spiegelbildlichen Szenario mit ganz ähnlicher Begründung im Fall eines Zusammenschlussvorhabens von Herstellerunternehmen, vgl. *Kommission,* 31.01.2001, *METSÄ/TISSUE,* ABl. 2002 L 57/1, 13 Rz. 88. Die Behörde akzeptierte zwar das Vorbringen der Antragssteller, wonach große Nachfrager das Potential zur Bildung eines Gegengewichts gegenüber den fusionierten und sodann marktbeherrschenden Herstellerunternehmen hätten, sie sah jedoch die Gefahr, dass die existierenden kleineren Nachfrager das Nachsehen haben würden und überhöhte Preise zu akzeptieren hätten.

876 Vgl. *Kommission,* 29.09.1999, *ENSO/STORA,* ABl. L 254/9, 20 Rz. 97.

877 *Kommission,* Horizontalleitlinien, ABl. C 3/2, 20 Rz. 138.

878 Das entspricht dem generell positiven Bild, dass die Kommission von Einkaufsvereinbarungen als bevorzugte Kooperationsform von KMU hat: Siehe *Kommission,* Horizontalleitlinien, ABl. C 3/2, 17 Rz. 116.

Nur wenn nicht in absehbarer Zeit damit gerechnet werden kann, dass ein oder mehrere Unternehmen von dem ohnehin konzentrierten Markt verschwinden, wird eine Geringschätzung relativ hoher Marktanteile angebracht sein[879].

b) Stellenwert der Marktkonzentration im Rahmen einer Gesamtabwägung

Ein Vergleich der abstrakten Erläuterung des Kriteriums der Marktkonzentration mit den beispielhaften Veranschaulichungen der Kommission hinterlässt ein widersprüchliches Bild. Unklar ist auch hier, welchen Stellenwert der Aspekt der Marktkonzentration bei der Beurteilung der von einer Einkaufsvereinbarung ausgehenden Wirkungen im Verhältnis zu den anderen zu berücksichtigenden Kriterien einnimmt. So hält die Kommission in einer Situation, in der die Kosten der Mitglieder einer Einkaufskooperation von Einzelhändlern in hohem Maße angeglichen würden und der gemeinsame Marktanteil 20% betragen würde, die Voraussetzungen des Art. 81 Abs. 1 EG offenbar für erfüllt[880]. Eine andere Interpretation erscheint auch nicht möglich, weil andernfalls die sich anschließende Überlegung der Kommission über eine Freistellungsfähigkeit angesichts eines gewissen Maßes an Größenvorteilen keinen Sinn machen würde. Auch wenn dieses Ergebnis unter Berücksichtigung der genannten Umstände sicherlich nahe liegend ist, so steht es dennoch im Widerspruch dazu, dass die Kommission die Marktstellung der Beteiligten trotz ihres relativ hohen Marktanteils von 20% (im Verhältnis zu dem generell

---

879 Voraussetzung ist demnach ein genau austariertes Marktgleichgewicht. Es ist fraglich, ob dass in praxi häufig vorzufinden sein wird.

880 *Kommission*, Horizontalleitlinien, ABl. 2001 C 3/2, 20 Rz. 136 (Beispiel 3):
Marktsituation: 150 kleine Einzelhändler schließen eine Vereinbarung zur Gründung einer gemeinsamen Einkaufsorganisation. Sie verpflichten sich, eine Mindestmenge über die Organisation zu beziehen, auf die rund 50% der Gesamtkosten jedes Einzelhändlers entfallen. Die Einzelhändler können von der Organisation mehr als die Mindestmenge beziehen und dürfen auch außerhalb ihrer Zusammenarbeit einkaufen. Sie halten einen gemeinsamen Anteil von 20% auf dem Einkaufs- und dem Verkaufsmarkt. A und B sind ihre beiden großen Wettbewerber, wobei A einen Anteil von 25% und B von 35% auf jedem dieser Märkte halten. Auch die verbleibenden kleineren Wettbewerber haben eine Einkaufsgruppe gegründet. Die 150 Einzelhändler erzielen Einsparungen durch die Zusammenlegung eines spürbaren Anteils ihrer Einkaufsmengen und Einkaufsfunktionen.
Analyse: Die Einzelhändler können ihre Kosten in hohem Maß angleichen, wenn sie mehr als die vereinbarte Mindestmenge gemeinsam einkaufen. Sie halten jedoch gemeinsam nur eine mäßige Stellung auf dem Einkaufs- und dem Verkaufsmarkt. Außerdem erbringt die Zusammenarbeit ein gewisses Maß an Größenvorteilen. Die Zusammenarbeit kommt somit für eine Freistellung in Betracht.

maßgeblichen Schwellenwert von 15%) wegen der ebenfalls hohen Marktanteile von 25% und 35% zweier Wettbewerber auf Einkaufs- und Verkaufsmärkten als nur mäßig erachtet[881]. Aufgrund dieser Feststellung wäre von der Kommission an und für sich die Schlussfolgerung zu erwarten gewesen, dass die Möglichkeit der kooperierenden Einzelhändler, durch ihre Zusammenarbeit zu den wesentlich größeren Konkurrenten aufzuschließen, wettbewerbsfördernd ist und eine marktmächtige Stellung ausschließt - mit der Folge, dass Art. 81 Abs. 1 EG nicht zur Anwendung gelangt. Da sie dies aber nicht in Erwägung zieht, lässt das im Grunde nur eine Vermutung zu: Die Kommission nimmt eine Gesamtbetrachtung sämtlicher Marktwirkungen vor und gelangt zu dem Ergebnis, dass trotz der nur mäßigen Stellung der Kooperationsmitglieder in Relation zu den Wettbewerbern auf den relevanten Märkten und damit trotz einer ausgeglicheneren, sich Wettbewerbsbedingungen annähernden Marktstruktur auf den Einkaufsmärkten die möglichen negativen Wirkungen einer Kostenangleichung und damit Marktmacht auf Verkaufsmärkten insgesamt betrachtet überwiegen.

3. Zwischenergebnis

In der unterschiedlichen Gewichtung der Kriterien Gegenmacht und Marktkonzentration zeigt sich einmal mehr, dass es der Kommission vorrangig um

---

881 Der gleiche Einwand gilt für das Beispiel 5. Dort heißt es, eine Freistellung komme in Betracht, weil zwei Anbieter mit gleicher Marktstellung vorhanden seien und davon auszugehen sei, dass die Leistungsgewinne der Vereinbarung an die Verbraucher weitergegeben würden: vgl. *Kommission,* Horizontalleitlinien, ABl. 2001 C 3/2, 20 Rz. 138 (Beispiel 5):
Marktsituation: 5 kleine Genossenschaften vereinbaren die Gründung einer gemeinsamen Einkaufsorganisation und verpflichten sich zur Abnahme einer Mindestmenge. Die Beteiligten können von der Organisation mehr als die Mindestmenge beziehen, dürfen jedoch auch bei dritten Quellen einkaufen. Jeder Beteiligte hat einen Marktanteil von insgesamt 5% auf jedem der Einkaufs- und Verkaufsmärkte, was ihnen zusammen einen Anteil von 25% verleiht. Es gibt zwei andere bedeutende Einzelhändler mit Marktanteilen von jeweils 20-25% und eine Anzahl kleinerer Einzelhändler mit Marktanteilen von unter 5%.
Analyse: Durch die gemeinsame Einkaufsorganisationen können sich die Beteiligten eine Stellung sowohl auf dem Einkaufs- als auch den Verkaufsmärkten verschaffen, die sie in die Lage versetzt, den Wettbewerb mit den beiden größten Einzelhändlern aufzunehmen. Da zwei weitere Anbieter mit vergleichbarer Marktstellung vorhanden sind, ist davon auszugehen, dass die Leistungsgewinne der Vereinbarung an die Verbraucher weitergegeben werden. Es kommt somit eine Freistellung der Vereinbarung in Betracht.

die Belebung des Handelswettbewerbs geht, also weniger um den Ausgleich von Anbietermacht.

III. Abhängigkeit der Wettbewerbsbeschränkung von den relevanten Märkten

Die Frage, ob Marktmacht bzw. Nachfragemacht und damit hinreichend negative Wirkungen auf den Einkaufs- bzw. den Verkaufsmärkten festzustellen sind, hängt wesentlich davon ab, wie diese Märkte dimensioniert sind[882]. Deshalb erfordert jede wettbewerbsrechtliche Bewertung einer Einkaufsvereinbarung eine Marktabgrenzung in räumlicher und sachlicher Hinsicht. Je enger der relevante Markt gefasst wird, desto eher besteht die Möglichkeit einer Wettbewerbsbeschränkung, weil die Grenzen wettbewerbskonformen Verhaltens eng gesteckt sind. Dementsprechend ist die Festlegung der Ausdehnung des relevanten Marktes von entscheidender Bedeutung für die Frage der Anwendung des Art. 81 Abs. 1 EG. Während ein zu eng gefasster Markt die Marktmacht der Einkaufsvereinbarung womöglich überbewertet, birgt ein zu weit gefasster Markt die Gefahr in sich, dass die gemeinsame Marktmacht der Beteiligten unterschätzt wird. Die Marktabgrenzung dient somit der Bestimmung der Wettbewerbsverhältnisse, d. h. der Wettbewerbskräfte, denen die an einer Vereinbarung beteiligten Unternehmen bei einer Untersuchung nach Art. 81 EG ausgesetzt sind[883].

Die Wettbewerbskräfte, denen die Unternehmen unterliegen, speisen sich hauptsächlich aus drei Quellen: Nachfragesubstituierbarkeit, Angebotssubstituierbarkeit und potentieller Wettbewerb. Vordergründig, weil dem Begriff der Einkaufskooperation unmittelbar immanent, ist der relevante Markt zunächst einmal der Markt, auf dem die in Rede stehenden Waren eingekauft werden sollen, d. h. der Beschaffungs- bzw. Einkaufsmarkt.

1. Marktabgrenzung

a) Bestimmung der Einkaufsmärkte

Die Kommission verweist in den Leitlinien über horizontale Zusammenarbeit hinsichtlich der Abgrenzung der Einkaufsmärkte auf die in ihrer Bekanntma-

---

882 Vgl. *Kommission*, Leitlinien zur Anwendung von Art. 81 Abs. 3 EG, ABl. 2004 C 101/97, 101 Rz. 27; sowie Bekanntmachung über die Definition des relevanten Marktes, ABl. 1997 C 372/5 Rz. 4.

883 Vgl. die Einleitung der *Kommission*, Bekanntmachung über die Definition des relevanten Marktes, ABl. 1997 C 372/5 Rz. 2.

chung über die Definition des relevanten Marktes[884] aufgestellten, von den Gemeinschaftsgerichten bestätigten Grundsätze[885]. Dabei ist zunächst zu beachten, dass diese Grundsätze nicht auf die Definition der Einkaufsmärkte, sondern auf die der Verkaufsmärkte zugeschnitten sind. So soll der geographisch oder räumlich relevante Markt nämlich bloß das Gebiet umfassen, in dem die beteiligten Unternehmen die relevanten Produkte anbieten[886]. In sachlicher Hinsicht ist der relevante Produktmarkt gleichbedeutend mit sämtlichen Erzeugnisse und/oder Dienstleistungen, die von den Verbrauchern hinsichtlich ihrer Eigenschaften, Preise und ihres vorgesehenen Verwendungszwecks als austauschbar, d. h. substituierbar angesehen werden[887]. Das hilft jedoch nicht bei der Frage weiter, wie die Einkaufsmärkte zu definieren sind. Darüber enthält die Bekanntmachung keine Hinweise. Dennoch möchte die Kommission diese Grundsätze modifiziert auch für die Abgrenzung der Einkaufsmärkte gelten lassen. Die Substituierbarkeit sei deshalb nicht aus der Sicht der Nachfrage, sondern aus Sicht des Angebotes zu definieren[888]. Die Alternativen des Anbieters sind also ausschlaggebend bei der Feststellung der Wettbewerbszwänge für die Einkäufer[889]. Diese können laut Kommission

---

884 *Kommission*, Bekanntmachung über die Definition des relevanten Marktes, ABl. 1997 C 372/5 ff.

885 *Kommission*, Horizontalleitlinien, ABl. 2001 C 3/18 Rz. 120.

886 Vgl. die Einleitung der *Kommission*, Bekanntmachung über die Definition des relevanten Marktes, ABl. 1997 C 372/5 Rz. 9.

887 *Kommission*, Bekanntmachung über die Definition des relevanten Marktes, ABl. 1997 C 372/5, 7 Rz.15.

888 Bei der Festlegung des relevanten Verkaufsmarktes („Standardfall" der in der Bekanntmachung über die Definition des relevanten Marktes aufgestellten Grundsätze) kommt es bei der Substituierbarkeit auf die Sicht der Nachfrage an, nicht aus der Sicht des Angebots.

889 Hinsichtlich der Angebotssubstituierbarkeit trifft die Kommission trotz Fokussierung auf die Bestimmung der relevanten Verkaufsmärkte auch in der Bekanntmachung vom 09.12.1997 über die Definition des relevanten Marktes im Sinne des Wettbewerbsrechts der Gemeinschaft, ABl. 1997 C 372/5 Rz. 20-23 eine Aussage: „Der Substituierbarkeit auf der Angebotsseite kann bei der Definition der Märkte dann ebenfalls Rechnung getragen werden, wenn sie sich genauso wirksam und unmittelbar auswirkt wie die Nachfragesubstituierbarkeit. Dies setzt jedoch voraus, dass die Anbieter in Reaktion auf kleine, dauerhafte Änderungen bei den relativen Preisen in der Lage sind, ihre Produktion auf die relevanten Erzeugnisse umzustellen und sie kurzfristig auf den Markt zu bringen, ohne spürbare Zusatzkosten oder Risiken zu gewärtigen. Sind diese Voraussetzungen erfüllt, so üben die zusätzlich auf den Markt gelangenden Produkte auf das Wettbewerbsgebaren der beteiligten Unternehmen eine disziplinierende Wirkung aus. Dieses Ergebnis ist hinsichtlich Wirksamkeit und Unmittelbarkeit dem Nachfrage-Substitutionseffekt gleichwertig. Zu

durch eine Untersuchung der Reaktion der Anbieter auf kleine, jedoch dauerhafte Preissenkungen ermittelt werden[890]. Sofern ein Lieferant in der Lage ist, niedrigpreisfordernden Einkäufern zu widerstehen, indem er sich auf andere Nachfrager konzentriert, ist der Beschaffungsmarkt im Hinblick auf die nachfragenden Einkäufer und damit auf die relevanten Produkte weiter zu definieren. Für den Fall, dass der Lieferant nicht auszuweichen in der Lage ist, beschränkt sich der relevante Beschaffungsmarkt auf die Produkte derjenigen Nachfrager, von denen der Druck hinsichtlich der Einkaufspreissenkung ausgeht, denn bei der Bestimmung des Nachfragewettbewerbs geht es um die Einengung des Handlungsspielraums der Lieferanten[891].

Im Zusammenhang mit Einkaufskooperationen existieren keine veröffentlichten Entscheidungen der Kommission, in denen ausführlich auf die Marktabgrenzung eingegangen wird, erst recht nicht im Sinne der in abstrakter Form konzipierten Leitlinien über horizontale Zusammenarbeit. Jedoch hat die europäische Wettbewerbsbehörde bei der Entscheidungsfindung zu Zusammenschlussvorhaben im Lebensmitteleinzelhandel eingehende Untersuchungen der Beschaffungsmärkte vorgenommen. Diese Vorgehensweise soll und kann Grundlage der nachstehenden Erörterungen sein, weil die Kriterien für die Definition des relevanten Marktes im Allgemeinen bei der Analyse bestimmter Verhaltensweisen auf dem Markt und struktureller Änderungen beim Produktangebot angewandt werden, die sowohl bei Art. 81 EG, als auch im Rahmen der FKVO eine Rolle spielen. In der Bekanntmachung weist die Kommission zwar darauf hin, dass dies zu unterschiedlichen Ergebnissen führen kann, weil es bei Art. 81 EG auch um ex-post Analysen gehe, bei Zu-

---

einer solchen Konstellation kommt es gewöhnlich dann, wenn Unternehmen verschiedenste Sorten oder Qualitäten eines Produktes absetzen; selbst wenn für einen bestimmten Endverbraucher oder bestimmte Verbrauchergruppen Produkte unterschiedlicher Güte nicht substituierbar sind, werden sie einem einzigen Produktmarkt zugeordnet, sofern die meisten Anbieter in der Lage sind, die verschiedenen Produkte unverzüglich und ohne die erwähnten erheblichen Zusatzkosten zu verkaufen. In diesen Fällen umfasst der sachlich relevante Markt sämtliche Produkte, die sowohl von der Nachfrage als auch vom Angebot her substituierbar sind, und es wird der derzeitige Gesamtabsatz dieser Produkte ermittelt, um den Gesamtwert oder den Gesamtumfang des Marktes zu bestimmen. Aus denselben Erwägungen kann es angezeigt sein, verschiedene räumliche Gebiete zusammenzulegen“.

890 Vgl. *Kommission*, Horizontalleitlinien, ABl. 2001 C 3/18 Rz. 120.

891 Siehe *Kommission*, 17.07.1968, *SOCEMAS*, ABl. 1968 L 201/4, 5 Rz. 6; 14.07.1975, *INTERGROUP*, ABl. 1975 L 212/23, 25 Rz. 7.

sammenschlüssen jedoch immer ex-ante Untersuchungen stattfänden[892]. Das bedeutet in einem System der Legalausnahme, dass die Kommission immer erst dann einschreiten wird, wenn die Kooperationsvereinbarung bereits vollzogen wird und sodann ex-post Analysen durchführen muss. Allerdings sei hier gesagt, dass in einem System der Legalausnahme die Unternehmen, die zu kooperieren beabsichtigen, eine Selbsteinschätzung vornehmen müssen, d. h. ex-ante die Marktstrukturen zu analysieren haben. Die Leitlinien über horizontale Zusammenarbeit dienen dabei gerade diesen Unternehmen als Orientierungshilfe, weshalb die Analyse von Einkaufskooperationen durchaus eine Anlehnung an die Vorgehensweise der Kommission bei Zusammenschlüssen von Nachfragern sinnvoll ist.

aa) Relevanter Produktmarkt

Aus den Entscheidungen zu Zusammenschlussvorhaben ergibt sich als maßgebliches Kriterium für die Marktabgrenzung einerseits die sich einem Lieferanten bietenden Absatzalternativen, andererseits ihre Fähigkeit zur Umstellung des Angebots bzw. der Produktion (Angebotsumstellungsflexibilität). Bei der Annahme einer Angebotssubstituierbarkeit übt die Kommission jedoch in dem in der Praxis besonders relevanten Bereich der Verbrauchsgüter große Zurückhaltung. Denn erfahrungsgemäß sind Lieferanten nicht ohne erhebliche Investitionen oder Inkaufnahme zeitlicher Verzögerungen in der Lage, ihre Produktionsmittel auf neue Erzeugnisse bzw. Erzeugnisgruppen auszurichten[893]. Das resultiert aus dem Umstand, dass Einzelhändler ihre Nachfrage nicht bei nur einem Lieferanten befriedigen können[894]. So kann zwar grundsätzlich jedes Produkt einen getrennten Produktmarkt darstellen, wenn es in nur ungenügendem Maße durch andere Produkte substituierbar ist. Das muss jedoch für die Definition des sachlichen Einkaufsmartes nicht bedeuten, dass es deshalb eine große Anzahl von Einkaufsmärkten gibt. So hat die Kommission den Verkauf von Konsumgütern des täglichen Bedarfs als rele-

---

892 ABl. 1997 C 372/5 Rz. 12: „Durch den jeweils unterschiedlichen Zeithorizont kann für das gleiche Produkt ein unterschiedlicher räumlicher Markt bestimmt werden, je nachdem, ob sich die Kommission mit einer Änderung in der Angebotsstruktur befasst, wie bei einem Zusammenschluss oder einem kooperativen Gemeinschaftsunternehmen, oder mit Fragen, die sich auf vergangenes Verhalten beziehen".

893 Flexibel sind die Unternehmen regelmäßig nur dann, wenn sie verschiedene Erzeugnisse mit Hilfe desselben Know-hows auf denselben Anlagen herstellen können.

894 So *Lücking*, Retailer Power in EC Competition Law, in: Hawk, Int. Antitrust Law and Policy 2000, S. 467, 474; siehe auch *Kommission*, 03.02.1999, *REWE/MEINL*, ABl. 1999 L 274/1, 12 Rz. 76.

vanten Produktmarkt angesehen[895]. In anderen Entscheidungen hingegen ging sie sehr viel differenzierter vor, indem sie mehrere Produktgruppen definiert hat, um Unterschieden in der Angebotsstruktur und in der unterschiedlichen Verteilung der Absatzkanäle Rechnung zu tragen[896]. Diese differenzierte Vorgehensweise erlaubte es der Kommission, ihre Beurteilung der Wettbewerbssituation den Konzentrationsunterschieden entsprechend anzupassen. Was die Verteilung der Absatzkanäle hinsichtlich der verschiedenen Produktgruppen angeht, so habe es Indizien gegeben, die darauf hindeuteten, dass ein Wechsel der Lieferanten von einem zum anderen Absatzkanal mit sehr hohen Kosten verbunden gewesen wäre. Die möglichen Folgen dieser Feststellung für die Marktabgrenzung wurden von der Kommission jedoch ausdrücklich nicht skizziert, weil sie schon aufgrund der weiter definierten Produktmärkte auf Grundlage der Produktgruppen Wettbewerbsbeschränkungen angenommen hatte[897]. Es ist jedoch davon auszugehen, dass die Einschränkungen für die Lieferanten hinsichtlich ihrer Möglichkeiten, Absatzkanäle zu wechseln, dafür sprechen, den Einkaufsmarkt noch enger zu definieren, als er aufgrund der Einordnung von Produkten in Gruppen ohnehin schon ist. Aus den Entscheidungen der Kommission ist deshalb zu schließen, dass unter Berücksichtigung der Absatzkanäle, d. h. der Absatzchancen für die Lieferanten, sich der Produktmarkt auf ein einziges Produkt beschränken kann, wenn nicht bereits schon durch die Zusammenfassung mehrerer Produkte zu Gruppen von einen relevanten Produktmarkt ausgegangen werden kann.

bb) Räumlich relevanter Markt

Hinsichtlich des relevanten räumlichen Marktes sind wiederum im Zusammenhang mit Einkaufskooperationen des Einzelhandels einige Besonderheiten zu berücksichtigen. Die Untersuchungen der Kommission in den beiden Fällen *REWE/MEINL* und *CARREFOUR/PROMODÈS* haben ergeben, dass das räumliche Auftreten der Lieferanten je nach Produktgruppe bzw. innerhalb der Produktgruppen höchst unterschiedlich ist. Einerseits werden bestimmte Produkte hauptsächlich von kleineren, lokalen Anbietern offeriert, andererseits gibt es Produkte, die von multinationalen Unternehmen angeboten werden.

895 Vgl. *Kommission,* 20.06.1996, *KESKO/TUKO*, ABl. 1997 L 110/53, 57 Rz. 34 f.

896 Vgl. *Kommission,* 03.02.1999, *REWE/MEINL*, ABl. 1999 L 274/1, 13 Rz. 78 f.; *Kommission,* 25.01.2000, *CARREFOUR/PROMODÈS*, ABl. 2000 C 164/5 ff. Rz. 18 ff. (nur in französischer Fassung erhältlich).

897 *Kommission,* 03.02.1999, *REWE/MEINL*, ABl. 1999 L 274/1, 13 Rz. 81.

In Anbetracht dieser Unterschiede und der Erkenntnis einer differenzierten Vorgehensweise bei der Abgrenzung des relevanten Produktmarktes liegt die Vermutung nahe, dass die europäischen Wettbewerbsbehörde jene Sensibilität ebenfalls bei der Bestimmung der räumlich relevanten Märkte an den Tag legt. Deshalb mag zunächst die Feststellung der Kommission erstaunen, dass die Einkaufsmärkte nationaler Natur seien[898]. Diese Feststellung beruht jedoch auf einer richtigen Bewertung folgender Tatsachen: Die erste Tatsache ist die, dass sich die Nachfrage nach den relevanten Produkten in erster Linie auf inländische Produkte konzentriert. Das zwingt folglich die Einzelhändler dazu, ihre Nachfrage in entsprechendem Umfang auf inländische Produzenten zu konzentrieren. Die zweite Tatsache ist die, dass die Mehrheit der Lieferanten nur an inländische Einzelhändler liefern. Für ausländische Lieferanten führt deshalb kein Weg an derartigen Absatzkanälen vorbei, wenn sie ihre Produkte grenzüberschreitend absetzen möchten, es sei denn, sie beliefern inländische Niederlassungen. Diese Feststellungen gelten auch für internationale Markenartikel. Insbesondere im Lebensmittelbereich seinen diese Marken überwiegend sog. Dachmarken von Produkten, die im Inland auf der Grundlage von Lizenzabkommen hergestellt werden und die sich von Originalprodukten nur marginal entsprechend der Geschmacksgewohnheiten unterscheiden[899]. Wichtig schien der Kommission im Zusammenhang mit internationalen Artikeln darüber hinaus der Umstand zu sein, dass nur inländische Anbieter in der Lage seien, die von den Händlern geforderten Dienstleistungen wie Regalpflege und Marktforschung zu erbringen.

Zusammenfassend kann demnach festgehalten werden, dass der räumlich relevante Markt durch die Einkaufsgewohnheiten der (End-)Verbraucher bestimmt wird. In vielen Fällen sprechen nationale, auf Qualität oder andere Eigenarten eines Produktes fußende Präferenzen sowie bequeme, schnelle Bezugsmöglichkeiten und kurze Transportwege für die Annahme nationaler Beschaffungsmärkte. Dies gilt freilich nicht für die gemeinsame Beschaffung von industriellen Zwischenprodukten, weil die Substituierbarkeit aus Sicht der Verbraucher auf nachgeordneten Verkaufsmärkten wesentlich geringer ist angesichts der spezifischen Eigenarten dieser Produkte.

---

898 Vgl. *Kommission*, 20.06.1996, *KESKO/TUKO*, ABl. 1997 L 110/53, 57 Rz. 36 f.; eingehend 03.02.1999, *REWE/MEINL*, ABl. 1999 L 274/1, 14 Rz. 83 ff.

899 Siehe *Wieser/Aiginger/Wüger*, Marktmacht im Einzelhandel, S. 39.

b) Bestimmung der Verkaufsmärkte

aa) Relevanter Produktmarkt

Gemäß der Bekanntmachung über die Definition des relevanten Marktes umfasst der sachlich relevante Produktmarkt sämtliche Erzeugnisse und/oder Dienstleistungen, die von den Verbrauchern hinsichtlich ihrer Eigenschaften, Preise und ihres vorgesehenen Verwendungszwecks als austauschbar oder substituierbar angesehen werden[900]. Hier geht die Kommission konsequent von einem weit gefassten Markt aus, nämlich dem für tägliche Verbrauchsgüter. Der Grund dafür ist in dem Umstand zu sehen, dass Konsumenten aus pragmatischen Gründen tendenziell derartige Einkäufe an einem Ort zu tätigen versuchen. Darauf sind die Einzelhändler ausgerichtet, indem sie versuchen, ein möglichst breites Angebot zu gewährleisten. Fachgeschäfte, die ein solches breites Warensortiment nicht anbieten, gehören deshalb mangels Austauschbarkeit mit anderen Einzelhändlern nicht zum relevanten Markt[901].

bb) Räumlich relevanter Markt

Bei der Abgrenzung des räumlich relevanten Verkaufsmarktes tendiert die Kommission ebenfalls dazu, nationale Märkte anzunehmen. Zwar sei aus der Sicht der Verbraucher auf dem Gebiet des Lebensmitteleinzelhandels von lokalen Märkten auszugehen[902], eine derart beschränkte Prüfung der wettbewerblichen Auswirkungen sei an sich jedoch dann unangemessen, wenn sich viele der lokalen Märkte überschneiden bzw. nahtlos ineinander übergingen[903]. Dies ist konsequent, denn eine genaue räumliche Abgrenzung relevanter Teilmärkte ist in der Tat nicht möglich, da es regelmäßig an den Randzonen unvermeidlich zu Überschneidungen verschiedener relevanter Märkte kommt.

Vor diesem Hintergrund ist die Praxis des Bundeskartellamts und der deutschen Gerichte nicht nachvollziehbar, soweit man alle Orte einbeziehen möchte, aus denen bedeutsame Kaufkraft in die jeweils betrachteten Zentren

---

900 ABl. 1997 C 372/5, 7 Rz.15.

901 Unklar ist, inwieweit Discountmärkte den Einzelhandel ersetzen können. Das hat die Kommission bisher offen gelassen.

902 Siehe schon *Kommission*, 27.08.1996, *Fall IV/M.803 – REWE/BILLA*, CELEX Nr. 396M0803 Rz. 11 ff. (nicht im ABl. veröffentlicht; abrufbar unter: http://europa.eu.int/comm/competition/mergers/cases/decisions/m803_de.pdf, Stand: November 2007).

903 Vgl. *Kommission*, 20.06.1996, *KESKO/TUKO*, ABl. 1997 L 110/53, 56 Rz. 21 f; 03.02.1999, *REWE/MEINL*, ABl. 1999 L 274/1, 3 Rz. 18;

fließt und man im Lebensmitteleinzelhandel grundsätzlich von einer Entfernung von 20 km bzw. 20 Autominuten ausgeht[904].

IV. Vereinbarungen als Ursache für Wettbewerbsbeschränkungen

Art. 81 Abs. 1 EG findet Anwendung auf alle denkbaren Formen der Absprache zwischen Unternehmen. Erfasst werden horizontale wie vertikale Absprachen. Einkaufskooperationen realisieren sich in der Regel auf vertraglicher Grundlage[905]. Der Regelungsumfang variiert dabei je nach Umfang der angestrebten Zusammenarbeit[906]. Die Kommission differenziert zwischen horizontalen und vertikalen Absprachen und zieht jeweils unterschiedliche Bewertungsgrundlagen und Analysemethoden heran[907]. Die Vereinbarung über die Gründung der Einkaufsvereinigung sowie über die Bedingungen, unter denen der gemeinsame Einkauf stattfindet, sollen nach Ansicht der Kommission als horizontale Vereinbarungen anhand der Leitlinien über horizontale Zusammenarbeit untersucht werden[908]. Hierzu zählt die Kommission auch Entscheidungen der Einkaufsvereinigung als Zentralstelle, durch die ihre Mitglieder zum Einkauf bei derselben verpflichtet werden[909]. Für die Beurteilung der aus den erwähnten horizontalen Vereinbarungen resultierenden[910] vertikalen Vereinbarungen zwischen der Vereinigung und einem Mitglied oder zwischen der Vereinigung und einem außenstehenden Lieferanten sollen die in den Leitlinien für vertikale Beschränkungen dargestellten Grundsätze sowie die Gruppenfreistellungsverordnung (EG) Nr. 2790/1999 für vertikale Beschränkungen herangezogen werden[911].

---

904 Siehe *Ruppelt* in: Langen/Bunte, GWB – Kommentar, Bd. 1, § 19 Rz. 27 m. N.

905 Siehe dazu die zitierten Entscheidungen der Kommission und der Gemeinschaftsgerichte.

906 *Christiansen*, Gemeinsame Beschaffung und Wettbewerb, S. 110.

907 Kritik dazu äußert *Christiansen*, Gemeinsame Beschaffung und Wettbewerb, S. 110 f., der darauf hinweist, dass der EuGH bei Kooperationsabsprachen den rechtlichen und wirtschaftlichen Gesamtzusammenhang berücksichtigt und ihm nachgesagt wird, er behandele im Rahmen der sog. Bündeltheorie Individualverträge als ein einheitliches Vertragssystem (kumulativer Effekt gleichartiger Parallelverträge), was die Anerkennung von horizontal geprägten Vertikalverbindungen rechtfertige.

908 Vgl. *Kommission*, Horizontalleitlinien, ABl. 2001 C 3/2, 17 Rz. 117.

909 So *Kommission*, Vertikalleitlinien, ABl. 2000 C 291/1, 8 Rz. 29.

910 Vereinbarungen zwischen einzelnen Mitgliedern und Lieferanten werden demnach von der Verordnung nicht berücksichtigt, weil diese Vereinbarungen nicht der horizontalen Gründungsvereinbarung entspringt.

911 Siehe *Kommission*, Horizontalleitlinien, ABl. 2001 C 3/2, 17 Rz. 117; sowie *Kommission*, Vertikalleitlinien, ABl. 2000 C 291/1, 8 Rz. 29.

1. Ausgestaltung und Vorkommen der aus horizontalen Vereinbarungen resultierenden vertikalen Vereinbarungen

Der horizontale Aspekt muss jedoch nicht zwangsläufig im Vordergrund stehen, auch wenn das die von der Kommission vorgegebene Prüfungsreihenfolge suggeriert. Nach Ansicht von Interessenverbänden ist die horizontale Verbindung im Zusammenhang mit Verbundgruppen von Einzelhändlern nebensächlich, die vertikale Verbindung zwischen den Mitgliedern und der Zentralstelle hingegen allgegenwärtig. Aus diesem Grunde sei eine von der Kommission vorgesehene, in erster Linie anhand von Bewertungskriterien für horizontale Zusammenarbeit vorzunehmende Prüfung realitätsfern[912].

Abgesehen von dieser interessenorientierten Ansicht ist die Beurteilung von Einkaufsvereinbarungen unter Beachtung vertikaler Zusammenhänge jedoch auch mit Blick auf die Nachfragemachtdiskussion gerechtfertigt, weil sich Nachfragemacht insbesondere im Verhältnis zwischen der Einkaufszentrale und den Lieferanten äußert und somit vertikal geprägt ist. Natürlich ist die Frage der Entstehung von Nachfragemacht zunächst insofern ein horizontaler Aspekt, weil die bereits erwähnten Einkaufsverpflichtungen (Bezugsverpflichtungen nach Entscheidung der Vereinigung) wesentlich sind für den Erfolg und damit wesentlich sind für das Bestehen die Einkaufskooperation. Da aber für die Analyse einer Einkaufsvereinbarung insbesondere die Wirkungen auf den Markt wichtig sind, ist vor allem die konkrete Ausübung von Nachfragemacht gegenüber den Lieferanten besonders bedeutsam. Das betrifft vor allem Maßnahmen auf Grundlage einer Rabattdiskriminierung sowie die strategischen Praktiken, die im Rahmen der Verhandlungen einer nachfragemächtigen Einkaufsvereinigung mit Lieferanten angewandt werden. Streng genommen müsste deshalb Nachfragemacht, sofern sie einem derartigen strategischen Verhalten[913] entspringt, auf Grundlage der Leitlinien über vertikale Zusammenarbeit und der GVO (EG) Nr. 2790/1999 beurteilt werden, während Nachfragemacht im Übrigen anhand des Konzepts der horizontalen Leitlinien zu bewerten wäre. Eine Bewertung strategischer Verhaltensweisen als Ausdruck von Nachfragemacht taucht in den Leitlinien über vertikale Beschränkungen jedoch nur am Rande auf. So betrachtet die Kommission lediglich Nachfragemacht bei der Beurteilung möglicher wettbewerbswidriger Wirkungen selektiver Vertriebsbindungen kritisch, weil eine erhöhte Gefahr bestünde, dass Konkurrenten vom Markt gedrängt würden. Nachfragemäch-

---

912 Vgl. *UGAL-IVE*, Stellungnahme zu den Leitlinien für Einkaufsvereinbarungen, S. 13 f. Rz. 4.4 ff.

913 Siehe dazu bereits oben § 3 A. IV. 3. c).

tige Käufergruppen seinen nämlich in der Lage, dem Lieferanten eines selektiven Vertriebssystems Zulassungskriterien mit dem Ziel aufzudrängen, dass diese von Konkurrenten nicht erfüllt werden könnten[914]. Hierbei handelt es sich jedoch weniger um Beschränkungen, welche die Lieferanten direkt betreffen, sondern indirekt aufgrund der Beschränkungen potentieller Kunden. Ob die Kommission derartige Konstellationen meint, wenn sie von vertikalen Vereinbarungen spricht, die von der horizontalen Gründungsvereinbarung ausgehen, ist deshalb unklar. Abgesehen davon wird man die Häufigkeit derartiger Konstellationen eher als gering einstufen müssen, wenn man davon ausgeht, dass die Mehrzahl der Einkaufskooperationen im Lebensmitteleinzelhandel zu finden sind, wo es um die Beschaffung von homogenen Konsumgütern des täglichen Bedarfs geht, deren Eigenschaften einen selektiven Vertrieb grundsätzlich nicht rechtfertigen[915].

In Anbetracht dieser Unklarheiten und der pauschalen Formulierung der Kommission wäre eine genauere Unterscheidung zwischen vertikalen und horizontalen Einkaufsaktivitäten und eine Auseinandersetzung mit den ansonsten typischerweise zu findenden Vereinbarungen wie beispielsweise exklusive Liefervereinbarungen und Meistbegünstigungsklauseln[916] sinnvoll gewesen[917]. So finden sich weder in den Leitlinien für vertikale Beschränkungen noch in der GVO (EG) Nr. 2790/1999 Hinweise, wie die Kommission Meistbegünstigungsklauseln kartellrechtlich zu beurteilen vermag, obwohl dies durchaus umstritten ist[918]. Diese Zurückhaltung ist erstaunlich, weil im Falle einer durch eine „vertikale Einkaufsvereinbarung" von KMU hervorgerufene Wettbewerbsbeschränkung grundsätzlich die GVO (EG) Nr. 2790/1999 Anwendung findet[919], die im Hinblick auf die sodann geltende Freistellungsgrenze letzten Endes zu einer Anhebung der Marktmachtschwelle von 15% auf 30% und damit zu einer wohlwollenderen Behandlung der Vereinigung

---

914 Vgl. *Kommission*, Vertikalleitlinien, ABl. 2000 C 291/1, 37 Rz. 191.

915 Zu den Voraussetzungen selektiver Vertriebsbindungen siehe nur *Gleiss/Hirsch*, Kommentar zum EG-Kartellrecht, Bd. I, Rz. 1658 ff.

916 Siehe *Dobson*, Retailer Power in European Markets: Lessons from Grocery Supply, 6., S. 17.

917 Im Ergebnis ähnlich *Baron* in: Langen/Bunte, GWB/EG-Kartellrecht – Kommentar, 9. Aufl., Einführung zum EG-Kartellrecht, Rz. 150.

918 Siehe *Schröter* in: Kommission, Die Anwendung der Artikel 85 und 86 des EG-Vertrages durch die Gerichte der Mitgliedstaaten, S. 49 Rz. 112; Vgl. auch unten § 8 B. II. 2.

919 Siehe dazu unten § 8 B.

führt[920]. Vereinzelt wird deshalb auch gefordert, Einkaufsvereinbarungen grundsätzlich nur unter horizontalen Gesichtspunkten der Zusammenarbeit unter gänzlicher Ausblendung vertikaler Aspekte zu beurteilen, sodass auf die Gruppenfreistellungsverordnung nicht zurückgegriffen werden muss[921]. Diese Auffassung ist jedoch schon deshalb zurückzuweisen, weil vertikale Beschränkungen gerade Ausdruck von Nachfragemacht sein können und Nachfragemacht wiederum bei der kartellrechtlichen Beurteilung von Einkaufskooperation im Mittelpunkt steht.

2. Fehlende Unterscheidungshilfen zur Identifizierung vertikaler Vereinbarungen zwischen der Einkaufsvereinigung und deren Mitgliedern

Aufgrund der von der Kommission gewünschten klaren Trennung zwischen horizontalen und vertikalen Vereinbarungen wäre es wenigstens angebracht gewesen, dem Rechtsanwender ebenso klare Unterscheidungshilfen an die Hand zu geben, z. B. in Abhängigkeit des Umfangs der Zusammenarbeit eine Unterscheidung vorzunehmen zwischen dem Einkauf für den Eigenbedarf (für eigene Rechnung) der Zentralstelle und dem Einkauf „im Namen" (für den Bedarf) der Mitgliedsunternehmen. Im ersteren Fall handelt es sich um vertikale Aktivitäten, im letzteren Fall je nach konkreter Ausgestaltung um rein horizontale (Zentralstelle agiert im Namen der Mitglieder als Bevollmächtigter), um teilweise vertikale (Zentralstelle agiert im Namen der Mitglieder als Bevollmächtigter und übernimmt das Ausfallrisiko für die Mitglieder) oder praktisch ausschließlich vertikale (Zentralstelle agiert als Kommissionär der Mitgliedsunternehmen) Aktivitäten[922].

Einkaufsvereinbarungen sollten demzufolge auch dann nach den Leitlinien für vertikale Beschränkungen und der GVO (EG) Nr. 2790/1999 beurteilt werden, wenn zwar horizontale Elemente vorhanden sind, aber angesichts stark vertikal strukturierter Aktivitäten nicht im Mittelpunkt stehen. Umgekehrt sollten die Leitlinien über die horizontale Zusammenarbeit dann vordergründig als Bewertungsgrundlage relevant sein, wenn vertikale Aspekte nicht oder nur am Rande eine Rolle spielen.

---

920 In diesem Sinne *Wirtschafts- und Sozialausschuss*, Stellungnahme zu den Wettbewerbsregeln über horizonatle Zusammenarbeit, WuW 2001, 149, 154 (155). Die *OFT*, Competitive effects of buyer groups, S. 27, verlangt (deshalb) 25% als „safe habor".

921 *Dobson*, Retailer Power in European Markets: Lessons from Grocery Supply, 7. S. 24.

922 Vgl. *UGAL-IVE*, Stellungnahme zu den Leitlinien für Einkaufsvereinbarungen, S. 15 ff. Rz. 4.10.

D. Gemeinsamer Einkauf als Mittel zur „Verschleierung eines Kartells“

Zur Identifizierung von bezweckten Wettbewerbsbeschränkungen wird in der Praxis die Hauptfrage darauf gerichtet sein, woran man eine Einkaufskooperation erkennen soll, die die Form der Kooperation sozusagen bloß als „vehicle“ benutzt, um sich Wettbewerbsvorteile zu verschaffen und damit per se gegen Art. 81 Abs. 1 EG verstößt. Losgelöst von bestimmten Vereinbarungsarten hält es die Kommission für angebracht, Faktoren wie den Inhalt der Vereinbarung und die damit verfolgten Ziele, den Zusammenhang, in dem die Vereinbarung angewendet wird und das tatsächliche Marktverhalten der Parteien genauer zu beleuchten. So könne die Art der Durchführung bereits enthüllen, ob eine Wettbewerbsbeschränkung bezweckt sei[923]. Grundsätzlich sind Preisabsprachen, Begrenzungen der Produktionsmengen[924] und Absprachen über die Aufteilung von Märkten per se vom Verbot des Art. 81 Abs. 1 EG erfasst[925]. Es gilt demzufolge, die Motivation von Unternehmen, die hinter der Gruppierung zu einer Einkaufskooperation steht, mit Hilfe dieser Kriterien zu erkennen. So ist beispielsweise der behauptete Zweck, ähnlich gute Bezugskonditionen wie größere Wettbewerber zu erzielen, um auf nachgeordneten Märkten konkurrenzfähig zu sein, dann nicht nachvollziehbar, wenn der Einkaufsmarkt entweder stark fragmentiert oder bereits hoch konzentriert ist. Entscheidend kann auch die Elastizität des Angebots bzw. das Reaktionsvermögen der Lieferantenseite sein. Dementsprechend dürfte die Ausübung von Nachfragemacht in Form monopsonistischer Macht (Nachfragedrosselung) als Motivation für eine Einkaufsgemeinschaft wahrscheinlich dann gering sein, wenn die Auswirkungen auf den Einkaufspreis unerheblich sein werden, weil das Reaktionsvermögen der Marktgegenseite (Lieferanten) hoch ist. In diesem Zusammenhang stellt sicht die Frage, wie hoch der gemeinsame Anteil der Einkäufe und damit die Macht auf den relevanten Einkaufsmärkten ist. Je niedriger der Anteil ausfällt, desto weniger wahrscheinlich werden die Mitglieder der Kooperation die Motivation haben, monopsonistische Nachfragemacht auszuüben. Das gleiche gilt für nachgelagerte Verkaufsmärkte. Die Kooperationsmitglieder könnten die Kooperation dann als Mittel zur Verhaltensangleichung und damit zu Preisabsprachen ins Auge fassen, wenn offenkundig die Möglichkeit besteht, Kosten in sehr hohem Umfang anzugleichen. Ein Indiz gegen die Ausübung von monopsonistischer Nachfrage-

923 Vgl. *Kommission*, Leitlinien zur Anwendung von Art. 81 Abs. 3 EG. ABl. 2004 C 101/97, 100 Rz. 22.

924 Und damit auch die künstliche Nachfragedrosselung.

925 Siehe beispielsweise *Kommission*, Horizontalleitlinien, ABl. 2001 C 3/2, 18 Rz. 124.

macht ist die tatsächliche Erhöhung der Einkaufsmengen durch die Kooperation. Sollten schließlich sehr hohe Effizienzgewinne wahrscheinlich sein, wird man – unter Berücksichtigung aller anderen Umstände – eine wettbewerbsschädigende Motivation nicht unterstellen können[926].

926 Vgl. *Jacobson/Dorman*, Joint purchasing, monopsony and antitrust, Antitrust Bulletin 1991, 1, 22.

§ 8 Voraussetzungen und Möglichkeiten der Freistellung vom Verbot des Art. 81 Abs. 1 EG

Auch wenn die Voraussetzungen des Art. 81 Abs. 1 EG erfüllt sind, so ist die Einkaufsvereinbarung nur dann verboten, wenn die Voraussetzungen des Art.81 Abs. 3 EG objektiv nicht vorliegen[927].

A. Freistellung horizontaler Beschränkungen nach Art. 81 Abs. 3 EG

I. Allgemeine Bemerkungen

Wie schon erwähnt hat sich die immer wieder aufkommende Forderung nach einer Gruppenfreistellungsverordnung für gemeinsame Beschaffungsaktivitäten nicht durchgesetzt[928]. Damit bleibt wettbewerbsbeschränkenden Einkaufsvereinbarungen bloß die Möglichkeit der Freistellung anhand der allgemeinen Voraussetzungen des Art. 81 Abs. 3 EG.

Die Kommission möchte mit den Wettbewerbsregeln durch den Schutz des Wettbewerbs den Wohlstand der Verbraucher fördern und eine effiziente Ressourcenallokation gewährleisten. Dieses Ziel ist selbst bei Vorliegen einer wettbewerbsbeschränkenden Vereinbarung erreichbar, sofern sie Effizienzgewinne hervorbringt, die nach Abwägung mit den negativen Auswirkungen der Vereinbarung auf den Wettbewerb mehr als ausgeglichen werden können, sofern ein Mehrwert geschaffen wird, der die Vereinbarung im Ergebnis als wettbewerbsfördernd erscheinen lässt[929]. Art. 81 Abs. 3 EG verlangt demnach zwingend einen durch die Kooperation entstandenen Gewinn[930]. Gemeint sind damit spürbare Vorteile aller Art, welche die Vereinbarung mit sich bringt, solange sie objektiver Natur[931] sind und sich aus wertsichernden oder werterhöhenden Umständen ergeben, ohne lediglich Reflex der Vereinbarung

---

927 *Bechtold*, GWB – Kommentar, 3 Aufl., Einf., Rz. 69.

928 S.o. § 4. A. (Fn 359).

929 So *Kommission*, Leitlinien zur Anwendung von Art. 81 Abs. 3 EG, ABl. 2004, C 101/97, 102 Rz. 33.

930 Sämtliche geltend gemachten Effizienzgewinne müssen substantiiert werden hinsichtlich deren Art, Kausalität mit der wettbewerbsbeschränkenden Vereinbarung, Wahrscheinlichkeit des Eintretens sowie des quantitativen und temporären Ausmaßes, ABl. 2004 C 101/97, 105 Rz. 51 ff.

931 Vgl. *EuGH*, 13.07.1966, *GRUNDIG/CONSTEN*, Rs. 56/64, Slg. 1966, 321, 429.

zu sein[932]. Die Voraussetzungen der Freistellung i. S. d. Art. 81 Abs. 3 EG sind daher erfüllt, wenn die sich aus der wettbewerbsbeschränkenden Vereinbarung ergebenden Effizienzvorteile den Wettbewerbsnachteil überwiegen und effektiver Wettbewerb nicht eliminiert wird.

II. Voraussetzungen für die Freistellung einer Einkaufsvereinbarung

1. Statische Effizienzgewinne als Grundlage einer verbesserten Warenverteilung

Der Tatbestand des Art. 81 Abs. 3 EG nennt mit der Verbesserung der Warenerzeugung oder -verteilung bzw. mit der Förderung des technischen oder wirtschaftlichen Fortschritts die möglichen positiven Auswirkungen einer wettbewerbsbeschränkenden Vereinbarung, die sich mit Hilfe verschiedener Arten von Effizienzgewinnen erreichen lassen. Insbesondere zwei Arten, nämlich Kosteneinsparungen und qualitative Effizienzgewinne – und damit statische und dynamische Effizienzen[933] –, seien nach Auffassung der Kommission den durch eine wettbewerbsbeschränkende Vereinbarung verursachten allokativen Effizienzverlusten abwägend gegenüberzustellen[934]. Bei Einkaufsvereinbarungen stehen Effizienzgewinne in Form von Kosteneinsparungen, also statische Effizienzen im Vordergrund, die Grundlage einer besseren Warenverteilung sind. Die Kosteneinsparungen entstammen dabei insbesondere zweierlei Quellen, nämlich Größenvorteilen und Verbundvorteilen.

a) Größenvorteile

Größenvorteile machen den Hauptnutzen von Einkaufskooperationen aus. Die Kooperation ermöglicht die Senkung sämtlicher mit dem Einkauf im Zusammenhang stehender Kosten. Die Kommission denkt hierbei insbesondere an Einsparungen bei der Bestellung und dem Transport[935]. Allgemein reicht es – losgelöst von einer bestimmten Zweckmäßigkeit des Einkaufs – aus, dass mit der Einkaufaktivität im weitesten Sinne Kosteneinsparungen erzielt wer-

---

932 *Kommission*, Leitlinien zur Anwendung von Art. 81 Abs. 3 EG, ABl. 2004, C 101/97, 104 Rz. 49.

933 Mit Verweis auf die Unterscheidungen in der Ökonomie siehe *Lugard/Hancher*, Honey, I Shrunk the Article! A Critical Assessment of the Commissions's Notice on Article 31(3) of the EC Treaty, E.C.L.R. 2004, 410, 418 (Fn. 51); siehe auch *Schwalber/Zimmer*, Kartellrecht und Ökonomie, S. 3 ff.

934 Vgl. *Kommission*, Leitlinien zur Anwendung von Art. 81 Abs. 3 EG, ABl. 2004, C 101/97, 105 Rz. 59 ff.

935 Siehe *Kommission*, Horizontalleitlinien, ABl. 2001, C 3/2, 19 Rz. 132.

den[936]. Dementsprechend hat sie auch im Zusammenhang mit der Frage, ob Einkaufskooperationen wirtschaftlichen Nutzen mit sich bringen, der die wettbewerbsbeschränkenden Wirkungen der Vereinbarung über den gemeinsamen Einkauf aufwiegt, nie als problematisch angesehen. Aufgrund dieses Zusammenhangs hat die Kommission in zahlreichen EGKS-Entscheidungen die Zusammenarbeit von Unternehmen der Stahlindustrie beim Einkauf von Rohstoffen freigestellt.

Im Einzelnen ergeben sich Gewinne aus dem besseren Preis, den die Mitglieder gemeinsam zu erzielen in der Lage sind, sofern dieser Preis die Basis dafür bildet, die Nachfrage und damit das Verkaufsvolumen zu erhöhen, um im Ergebnis zu einer Verbesserung der Warenverteilung beizutragen[937]. Durch Nachfragebündelung lassen sich also letztendlich Kosteneinsparungen auf Seiten der Lieferanten/Anbieter von Waren realisieren, wodurch den kooperierenden Nachfragern ein Einkauf gleich bleibender Mengen zu besseren Konditionen oder ein Einkauf größerer Mengen zu gleich bleibenden Konditionen ermöglicht wird. Die Kommission ist darüber hinaus der Auffassung, dass sämtliche mit dem gemeinsamen Einkauf einhergehenden Kosteneinsparungen, die sich beispielsweise aus einer gemeinsamen Lagerhaltung ergeben, der Verbesserung der Bezugsbedingungen zugute kommen, was wiederum zu einer merklichen Verbesserung des Vertriebs der betreffenden Waren beiträgt[938]. Hinsichtlich der gemeinsamen Lagerhaltung hat die sie außerdem erklärt, dass diese Form der Zusammenarbeit die erste Voraussetzung des Art. 81 Abs. 3 EG erfülle, weil dadurch eine beständige Versorgung der Mitglieder sichergestellt werden könne[939] und letztendlich wiederum eine Verbesserung der Warenverteilung bedeutet. Im Übrigen spielte in diesen Entscheidungen neben dem mit dem größeren Einkaufsvolumen zu erzielenden Einkaufspreis

---

936 Vgl. *Kommission*, Leitlinien zur Anwendung von Art. 81 Abs. 3 EG, ABl. 2004, C 101/97, 105 Rz. 59 ff.

937 Vgl. *Kommission*, 21.12.1973, *S.L.J.*, ABl 1974 L 30/29, 30 Rz. 10; 03.07.1975, *SFMP*, ABl. 1975 L 249/22, 24 Rz. 19; 12.07.1977, *KOHLENGROSSHANDEL*, ABL. 1977 L 217/11, 12; 14.11.1977, COIMPRE, ABL. 1977 L 309/18, 20 Rz. 18; 05.04.1977, *STAHLRING I*, ABl. 1977 L 97/33, 34 Rz. 12; 26.07.1982, *STAHLRING II*, ABl. 1982 L 237/34, 35; 20.05.1976, *WALKER/CHAMPION/ LOMMAERT*, ABl. 1976 L 198/6, 8.

938 Siehe beispielsweise *Kommission*, 21.12.1973, *S.L.J.*, ABl 1974 L 30/29, 30 Rz. 10; in diesem Sinne auch *Schroeder* in: Grabitz/Hilf, EGV-Kommentar, Bd. II, Art. 81 EGV Rz. 518.

939 *Kommission*, 05.12.1979, *COÖPERATIVE STREMSELEN – EN KLEURSELFABRIEK (LAB)*, ABl. 1980 L 51/19, 24 Rz. 29.

der Umstand der Belieferungssicherheit (und damit Verteilungssicherheit) sowie der gleich bleibenden Versorgung (Warenverteilung) in Zeiten einer wie auch immer verursachten Angebotsknappheit eine erhebliche Rolle. Die gemeinsame Beschaffung ermögliche es den Mitgliedern einer Einkaufsgemeinschaft, sich eher Gehör zu verschaffen, als individuell, was insbesondere bei auf Rohstoffmärkten von entscheidender Bedeutung ist[940]. Das gilt auch für einzelne Mitglieder mit entsprechend geringer Nachfrage und geringerem Dienstleistungsumfang[941]. Eine Nutzenerhöhung tritt zudem ein, weil Transaktionskosten, die eine Vielzahl gesonderter Verhandlungen mit den einzelnen Unternehmen mit sich bringen würde, durch den gemeinsamen Einkauf mit Hilfe bloß eines vermittelnden Unternehmens oder eines speziell dafür gegründeten Gemeinschaftsunternehmens niedrig gehalten werden können[942].

b) Verbundvorteile

Auch Verbundvorteile können zu Effizienzen führen, wenn beispielsweise die Einkaufsverhandlungen von einem kompetenten Verhandlungsführer (Mitgliedsunternehmen) geführt werden, um die besten Konditionen für alle Mitglieder auszuhandeln, während ein anderes Mitglied aufgrund seiner Erfahrungen mit der Logistik und dem Transport die Verteilung der Einkäufe koordiniert.

c) Realisierung des Warenbezugs durch Teilnahme an der Einkaufsvereinigung

Unabhängig von Kosteneinsparungen kann es schließlich für Unternehmen erst durch die Teilnahme an einer Einkaufskooperation möglich sein, bestimmte Waren zu beziehen und an Kunden weiterzugeben, da sie allein nicht in der Lage sind, die Waren zu beziehen, weil sie beispielsweise aufgrund ihrer jeweils geringen Nachfrage das Mindestabnahmevolumen nicht zu erreichen vermochten[943]. Dadurch ist es diesen kleineren Unternehmen möglich, ihr Warensortiment und damit ihr Angebot zu vergrößern[944] und Märkte zu be-

---

940 Siehe *Kommission*, 09.07.1980, *NATIONAL SULPHURIC ACID ASSOCIATION I*, ABl. 1980 L 260/24, 30 Rz. 42; sowie 09.06.1989, *NATIONAL SULPHURIC ACID ASSOCIATION II*, ABl. 1989 L 190/22, 24 Rz. 7; *Kommission*, 21.03.1986, *NICIA*, ABl. 1986 L 115/19, 21 Rz. 12.

941 Dieser Aspekt spielt insbesondere im (Lebensmittel-)Einzelhandel eine herausragende Rolle für die Lieferanten.

942 *Kommission*, 10.05.2000, *EUROVISION*, ABl. 2000 L 151/18, 31 Rz. 86.

943 *Kommission*, 11.06.1993, *EUROVISION*, ABl. 1993 L 179/23, 34 Rz. 62; sowie 10.05.2000, *EUROVISION*, ABl. 2000 L 151/18 Rz. 86.

944 Vgl. *Kommission*, 20. Bericht über die Wettbewerbspolitik (1990), *EWIV ORPHE*, Rz. 102

liefern, auf denen diese Waren vorher nicht zu finden gewesen sind. Auf diese Weise fördert die Einkaufskooperation ebenfalls die Warenverteilung.

Zwar berücksichtigt die Kommission eine Konstellation, bei der für ein Unternehmen erst die Teilnahme an einer Einkaufskooperation den Warenbezug ermöglicht, in Anlehnung an den Arbeitsgemeinschaftsgedanken als wettbewerbsfördernd bereits im Rahmen des Art. 81 Abs. 1 EG, sodass sich die Frage der Freistellung gar nicht stellt. Das gilt aber nur insoweit, wie ausschließlich kleine Unternehmen am Einkauf beteiligt sind. Sobald jedoch ein größeres Unternehmen an der Kooperation beteiligt ist, kann der Umstand bei Art. 81 Abs. 3 EG zu berücksichtigen sein. Das gilt auch dann, wenn der Arbeitsgemeinschaftsgedanke deshalb nicht Anwendung von Art. 81 Abs. 1 EG ausschließt, weil zwischen den Mitgliedern der Einkaufskooperation Abreden getroffen werden, die über das hinausgehen, was zur Teilnahme am Wettbewerb notwendig ist. Auch wenn solche Abreden letztendlich am Kriterium der „Unerlässlichkeit" scheitern[945], so kann die Einkaufskooperation dennoch Effizienzgewinne realisieren.

d) (Nachfrage-)Machtbedingte Kosteneinsparungen

Unklar ist, ob und inwieweit Kosteneinsparungen als Rechtfertigung einer Freistellung dienen können, die von Nachfragemacht bzw. Verkäufermacht herrühren. Die Kommission erklärt zwar relativ eindeutig, dass allein durch den Einsatz von Macht verursachte und den Kunden keinen Vorteil bringende Einsparungen nicht zur Rechtfertigung einer Freistellung genügen[946]. In Teilen der Literatur scheint man angesichts der zugegebenermaßen etwas missglückten Formulierung[947] deshalb daraus zu schließen, die Kommission rechtfertige auch allein durch die Ausübung von Marktmacht erlangte Kostenvorteile, solange sie nur den Kunden Vorteile erbringen[948]. Dieser Ansicht ist jedoch aus verschiedenen Gründen nicht zu folgen[949]. Unternehmen, die Nachfragemacht ausüben, zwingen die Anbieter zu Kostensenkungen, die

945 Siehe sogleich unten § 8 A. II. 3.

946 *Kommission*, Horizontalleitlinien, ABl. C 3/2, 19 Rz. 132.

947 Dort ist unter der Überschrift „Wirtschaftlicher Nutzen" zu lesen: „Kosteneinsparungen, die allein durch die Ausübung von Macht verursacht werden und den Kunden keinen Vorteil erbringen, können nicht berücksichtigt werden".

948 *Schulte*, Kartellrechtliche Fragen der Verbundgruppen, S. 74; *Bunte* in: Frankfurter Kommentar zu Kartellrecht, Bd. VI, Art. 81 abs. 1, 3 EG-Vertrag – Fallgruppen II.5., Rz. 36.

949 Näheres zu qualitativen Effizienzgewinnen siehe *Kommission*, Leitlinien zur Anwendung von Art. 81 Abs. 3 EG, ABl. 2004 C 101/97, 101 Rz. 69.

diese nur dann unbeschadet überstehen können, wenn sie entweder ihre Produktionskosten durch Drosselung der Produktivität senken, oder aber Preisdiskriminierung betreiben. Auf den Fall der Preisdiskriminierung kann sich die Literaturansicht mit ihrer Aussage nicht stützen, denn der Markt zwingt die Beteiligten nicht, ihre günstigen Einkaufspreise an nachgeordnete Kunden zu deren Vorteil weiterzugeben. Nur im Falle der Produktionsverringerung kommt es zu einer Preisweitergabe zum Vorteil der Kunden. Dieser Vorteil ist aber nur relativer Natur, weil sich das Angebot verringert, was insoweit einen qualitativen Effizienzverlust bedeutet und deshalb nicht vorteilhaft für Kunden ist (diese Auslegung entspricht umgemünzt auf Anbietermacht dem, was die Kommission beispielhaft in den Leitlinien zur Anwendung von Art. 81 Abs. 3 EG beschreibt[950]. Ein anderes Verständnis würde nicht nur dem Verständnis der Kommission von Nachfragemacht widersprechen, welches der Beurteilung von marktstarken Einkaufskooperationen im Rahmen von Art. 81 Abs. 1 EG zugrunde liegt, sondern mitunter auch der Rechtsprechung des EuGH[951]. Die Kommission hat zudem in den Leitlinien zur Anwendung

950 ABl. 2004 C 101/97, 104 Rz. 49.

951 In der Sache *GOETTRUP-KLIM* erklärte der Gerichtshof, dass eine Bestimmung, die die Tätigkeit der Mitgliedsunternehmen einer Bezugsgenossenschaft im Rahmen einer anderen, konkurrierenden Bezugsgenossenschaft unterbindet, die Unternehmen quasi davon abhalte, sich anderweitig mit Waren einzudecken. Im Grunde kann die Rechtsprechung derart verstanden werden, dass eine Bestimmung, die das Verbot einer Doppelmitgliedschaft vorschreibt und damit letztendlich eine jedenfalls faktische Ausschließlichkeitsvereinbarung darstellt, dieselbe Wirkung entfaltet, wie eine Bestimmung mit dem Inhalt einer hundertprozentigen Bezugsverpflichtung – vorausgesetzt, die Mitglieder der Genossenschaft haben faktisch keine andere Wahl, als über die Genossenschaft ihre Waren zu beziehen. Während jedoch die doppelte Mitgliedschaft im Rahmen der Frage betrachtet wurde, ob sie eine Wettbewerbsbeschränkung im Sinne des Art. 81 Abs. 1 EG darstellt, war die Frage der Bezugsverpflichtung bisher keine Frage der Anwendbarkeit des Art. 81 Abs. 1 EG, sondern eine Frage der Freistellung, genauer gesagt, eine Frage der „Unerlässlichkeit". Natürlich kann hier eingewandt werden, dass die „Unerlässlichkeit" einen vollkommen anderen Anknüpfungspunkt hat, nämlich den der Effizienzerzielung, während es bei der Frage der „Notwendigkeit" im Sinne der Rechtsprechung des EuGH in der Sache *GOETTRUP-KLIM* darum geht, ob das Verbot zwingend ist für das Erreichung des Vereinbarungszwecks. Jedoch war der Zweck des Verbots die Erhaltung der Vertragsgestaltungsmacht gegenüber den Unternehmen der Marktgegenseite. Sind nun Kostenvorteile, die durch (Vertragsgestaltungs-)Macht hervorgerufen werden, von der Freistellung nicht ausgeschlossen, wäre der Anknüpfungspunkt für die Macht ebenfalls die Effizienzerzielung. Somit müssten sich die Vertreter der Ansicht, gänzlich durch Macht verursachte Kostenvorteile seien ebenfalls freistellungs-

von Art. 81 Abs. 3 EG unmissverständlich zum Ausdruck gebracht, dass Kosteneinsparungen infolge bloßer Ausübung von Marktmacht unter keinen Umständen Berücksichtigung finden können[952]. Dem ist uneingeschränkt zuzustimmen, weil diese Einsparungen keine von der Rechtsprechung geforderten objektiven Vorteile darstellen[953]. Die ablehnende Haltung gegenüber machtbedingter Kosteneinsparungen geht jedoch nicht soweit, dass eine Freistellung bei Vorhandensein derartig erlangter Gewinne kategorisch ausgeschlossen ist. Solange machtunabhängige Leistungsgewinne realisiert werden, die machtbedingte Kosteneinsparungen überwiegen, besteht kein Grund, warum eine Freistellung zu verwehren wäre[954]. Das scheint die Kommission ebenfalls so zu sehen, wenn sie eine Freistellung trotz möglicher Leistungsgewinne angesichts eines hohen Maßes an Marktmacht für unwahrscheinlich, aber eben nicht für ausgeschlossen hält[955].

Dass Kosteneinsparungen, die von Nachfragemacht herrühren und an die Kunden nachgeordneter Märkte weitergegeben werden, nicht im Rahmen der Freistellung berücksichtigt werden können, ergibt sich überdies schon aus dem Umstand, dass dieser Aspekt bereits bei der Frage, ob eine Wettbewerbsbeschränkung wahrscheinlich ist, als wettbewerbsförderlich erachtet wird, weshalb Art. 81 Abs. 1 EG erst gar nicht zur Anwendung gelangen soll[956]. Danach würde also eine Prüfung der Freistellungsvoraussetzungen des Art. 81 Abs. 3 EG gar nicht mehr relevant, weil die wettbewerbsförderlichen Kosteneinsparungen nach Auffassung der Kommission bereits zu einer Nichtanwendung der Verbotsnorm führen sollen. Geht man davon aus, dass die Kommission im Rahmen ihrer Darstellung der Voraussetzungen des Verbotstatbestandes nicht auf die des Art. 81 Abs. 3 EG vorzugreifen beabsichtigt, kann die Erklärung in Rz. 132 der Leitlinien über horizontale Zusam-

---

fähig, die Frage stellen, warum der EuGH die Bestimmung der Doppelmitgliedschaft nicht als unerlässlich zur Erzielung von Effizienzen angesehen hat.

952 *Kommission*, Leitlinien zur Anwendung von Art. 81 Abs. 3 EG, ABl. 2004 C 101/97, 104 Rz. 49.

953 Vgl. dazu ausführlich *Kommission*, Leitlinien zur Anwendung von Art. 81 Abs. 3 EG, ABl. C 101/97, 104 Rz. 49 m. N.d. Rspr.

954 Je größer die Marktmacht der Beteiligten ausfällt, desto höher sind die Anforderungen an die zu realisierenden Kosteneinsparungen, damit eine Rechtfertigung i. S. d. Art. 81 Abs. 3 EG in Frage kommt: vgl. sinngemäß *Kommission*, Leitlinien zur Anwendung von Art. 81 Abs. 3 EG, ABl. C 101/97, 112 Rz. 101.

955 Siehe *Kommission*, Horizontalleitlinien, ABl. C 3/2, 20 Rz. 137 (Beispiel 4).

956 Zum Zusammenhang zwischen der Wettbewerbsförderlichkeit von Nachfragemacht und der Weitergabe niedriger Einkaufspreise s.o. § 7 B. I. 2. a) aa).

menarbeit deshalb nur so interpretiert werden, dass nachfragemachtbedingte Kosteneinsparungen im Rahmen der Freistellung nicht zu berücksichtigen sind – unabhängig davon, ob sie nun an Kunden weitergegeben werden oder nicht. Die Verbindung der Elemente „Macht" und „Weitergabe der Kosteneinsparungen" erlangt somit lediglich Geltung bei der Frage, ob eine Wettbewerbsbeschränkung vorliegt oder nicht. Der verlangte Kundenvorteil zur Erfüllung der Freistellungsvoraussetzung muss deshalb einzig und allein auf machtunabhängige Effizienzgewinne zurückzuführen sein, er darf und kann konsequenterweise also nicht darauf beruhen, dass niedrige, durch Nachfragemacht bedingte Einkaufspreise weitergegeben werden. Mit anderen Worten: Zu verlangen sind Einsparungen, die über diejenigen hinausgehen, die durch Ausübung von Nachfragemacht „erzwungen" wurden.

Damit bleibt festzuhalten, dass nach dem von der Kommission verfolgten Konzept die „Wettbewerbsförderlichkeit"[957] aufgrund der Weitergabe nachfragemachtbedingter Kosteneinsparungen im Falle wettbewerbsbetonter Verkaufsmärkte richtigerweise nichts mit der Frage zu tun hat, ob Effizienzgewinne als Ursache einer machtunabhängigen, „echten" Wirtschaftstätigkeit nachteilige Auswirkungen einer Einkaufsvereinbarung (Nachfragemacht) ausgleicht und deshalb eine Freistellung rechtfertigt.

2. Verbraucherbeteiligung

Gemäß der zweiten Voraussetzung des Art. 81 Abs. 3 EG müssen die Verbraucher[958] eine angemessene Beteiligung an den durch die Vereinbarung entstehenden Effizienzgewinnen[959] erhalten, wobei notwendigerweise auch hier gilt, dass Gewinne, die von der Ausübung von Nachfragemacht herrühren, keine Berücksichtigung finden können. Die Angemessenheit richtet sich laut Kommission danach, ob die negativen Auswirkungen der Vereinbarung

---

957 Es ist folglich diesbezüglich irrelevant, ob Effizienzgewinne bloßer Reflex der Vereinbarung ist oder nicht bzw. sich aus wertsichernden/ -steigernden Umständen ergibt oder nicht

958 Der Verbraucherbegriff im Sinne von Art. 81 Abs. 3 EG ist weit gefasst. Darunter fallen nicht nur Endverbraucher (natürliche Personen), sondern auch sämtliche Unternehmen (juristische Personen), die Kunden der Vertragsparteien sind oder auf die sich die Vereinbarung in irgendeiner Weise bezieht, *Kommission,* Leitlinien zur Anwendung von Art. 81 Abs. 3 EG, ABl. 2004 C 101/97, 109 Rz. 84.

959 Nicht notwendig sind Preissenkungen, sondern es genügen auch Qualitätsverbesserungen der Produkte, leistungsfähigere Produkte sowie eine größere Produktauswahl, *Kommission,* Leitlinien zur Anwendung von Art. 81 Abs. 3 EG, ABl. 2004 C 101/97, 105 Rz. 86.

ausgeglichen werden können, die den Verbrauchern durch die Wettbewerbsbeschränkung entstehen[960]. Erschwert wird dies zwar durch die neuerdings von der Kommission generell geforderte, in der Rechtslehre zum Teil kritisierte[961] Kongruenz der Märkte, auf denen negative und positive Effekte entstehen, die gegeneinander abzuwägen sind[962]. Ausnahmsweise soll davon jedoch abgewichen werden können, sofern im Wesentlichen die gleiche Verbrauchergruppe davon betroffen ist, was insbesondere bei Einkaufsvereinbarungen der Fall ist[963]. Gemäß dem allgemeinen Ziel des Art. 81 EG, wettbewerbswidrige Vereinbarungen zu verhindern, reicht es aus, dass die Nettowirkung der wettbewerbsbeschränkenden Vereinbarung aus Sicht der von dieser Vereinbarung unmittelbar[964] oder wahrscheinlich betroffenen Verbraucher mindestens neutral ist[965]. Wie der Nutzen für die Verbraucher in concreto aussieht, ist unerheblich. Er kann qualitativer oder quantitativer Art sein. Da bei Einkaufsvereinbarungen Größenvorteile im Vordergrund stehen, wird es sich regelmäßig um Vorteile quantitativer Art handeln. Das kann sich entweder in der Weitergabe günstigerer Preise oder in der Offerierung einer breiteren Produktpalette äußern, aus der die Verbraucher auswählen können[966].

---

960 *Kommission*, Leitlinien zur Anwendung von Art. 81 Abs. 3 EG, ABl. 2004 C 101/97, 110 Rz. 85.

961 Siehe *Lugard/Hancher*, Honey, I Shrunk the Article! A Critical Assessment of the Commissions's Notice on Article 31(3) of the EC Treaty, E.C.L.R. 2004, 410, 419. Die Autoren kritisieren, dass die Kommission aus dem EuG-Urteil zur Sache *COMPAGNIE GÉNÉRALE MARITIME*, auf das sie ihre Aussage stützt, offenbar einen allgemeingültigen Grundsatz ableitet, obwohl der Fall Besonderheiten aufwies.

962 Siehe *Kommission*, Leitlinien zur Anwendung von Art. 81 Abs. 3 EG, ABl. 2004 C 101/97, 103 Rz. 43.

963 Hier werden naturgemäß die Verbraucher auf nachgeordneten Verkaufsmärkten betroffen.

964 Mittelbare Wirkungen reichen nicht aus.

965 *EuGH*, 13.07.1966, *GRUNDIG/CONSTEN*, Rs. 56/64, Slg. 1966, 321, 429; Darüber hinaus gewinnt die Gesellschaft insgesamt, wenn die Effizienzgewinne bewirken, dass entweder weniger Ressourcen erforderlich sind oder höherwertigere Produkte hergestellt werden und damit eine effiziente Ressourcenallokation erfolgt. Art. 81 Abs. 3 EG erlaubt also eine Abwägung sämtlicher Vor- und Nachteile für die Verbraucher, um schließlich die Frage beantworten zu können, ob eine Vereinbarung verboten ist oder nicht.

966 Vgl. *Kommission*, 11.06.1993, *EUROVISION*, ABl. 1993 L 179/23, 35 Rz. 68; *Bunte* in: Frankfurter Kommentar zu Kartellrecht, Bd. VI, Art. 81 abs. 1, 3 EG-Vertrag – Fallgruppen II.5., Rz. 21.

Die Kommission misst bei ihrer Abwägung von Vor- und Nachteilen der Wettbewerbsbeschränkung tendenziell mehr Bedeutung für den Ausgang der Prüfung bei, indem sie die langfristigen Auswirkungen einer Vereinbarung auf die Verbraucher in die Beurteilung mit einfließen lässt. Denn für den Fall, dass eine Vereinbarung erhebliche Beschränkungen verursacht, gleichzeitig aber auch erhebliche Effizienzen mit sich bringt, müsse berücksichtigt werden, dass der Wettbewerb langfristig ein wichtiger Motor für die Verwirklichung von Effizienzsteigerungen und Innovationen sei[967]. Deshalb muss Nachfragemacht an und für sich immer, d. h. auch in Fällen, in denen sie überhöhte Einkaufspreise wieder in Richtung Wettbewerbsniveau treiben kann, den Kosteneinsparungen gegenübergestellt werden, weil sie langfristig das Potential besitzt, Marktmacht auf Verkaufsmärkten entstehen zu lassen, die ihrerseits einen Anreiz schafft, Preise gegenüber den Verbrauchern in Relation zu den niedrigeren Einkaufspreisen zu erhöhen.

Die Leitlinien der Kommission zur Anwendung von Art. 81 Abs. 3 EG enthalten eine Beschreibung des analytischen Rahmens, anhand dessen es leichter sein soll, die Wahrscheinlichkeit der Weitergabe von Effizienzgewinnen an die Verbraucher zu beurteilen[968]. Im Grunde beschreibt die Kommission dabei Kriterien, die im Rahmen der ökonomischen Analyse als ausschlaggebend erachtet wurden. Insbesondere sollen folgende Faktoren zu berücksichtigen sein: Merkmale und Struktur des Marktes, Art und Ausmaß der Effizienzgewinne, Elastizität der Nachfrage, Ausmaß der Wettbewerbsbeschränkung.

3. Unerlässlichkeit der Wettbewerbsbeschränkung

Einkaufsvereinbarungen werden nach Art. 81 Abs. 3 EG nicht vom Verbot des Art. 81 Abs. 1 EG ausgenommen, wenn den Mitgliedern durch die Vereinbarung Beschränkungen auferlegt werden, die für die Verwirklichung der erwähnten Effizienzgewinne nicht unerlässlich sind. Die Kommission verlangt hierbei eine zweistufige Prüfung, bei der festzustellen sei, ob zunächst die Vereinbarung insgesamt vernünftigerweise notwendig ist, bevor die einzelnen, sich aus der Vereinbarung ergebenden Wettbewerbsbeschränkungen auf ihre Notwendigkeit hin zu untersuchen sind. Entscheidend sei, ob durch die Vereinbarung und ihre einzelnen Beschränkungen die fragliche Tätigkeit

---

967 *Kommission*, Leitlinien zur Anwendung von Art. 81 Abs. 3 EG, ABl. 2004 C 101/97, 111 Rz. 95 ff.

968 *Kommission*, Leitlinien zur Anwendung von Art. 81 Abs. 3 EG, ABl. 2004 C 101/97, 111 Rz. 95 ff.

effizienter durchzuführen ist, als ohne[969]. Insofern ist die Unerlässlichkeit nicht gegeben, wenn weniger beschränkende Alternativen in Betracht kommen, aufgrund derer sich vergleichbare Effizienzgewinne realisieren lassen. Für die Frage, ob es alternative Möglichkeiten gibt, müssen die Marktverhältnisse und die unternehmerischen Gegebenheiten berücksichtigt werden[970]. Zur Beantwortung der Frage, ob die einzelnen Beschränkungen notwendig sind, sind ebenfalls die Marktbedingungen sowie die Dauer der Vereinbarung maßgeblich[971].

Die erste Voraussetzung, nämlich die Notwendigkeit einer Vereinbarung, die die Kooperation beim Einkauf manifestiert, dürfte regelmäßig immer dann erfüllt sein, wenn die Vereinbarung zwischen Unternehmen geschlossen wird, die ähnliche Bezugsmengen und Rabatte erzielen wollen, wie größere Wettbewerber. An der zweiten Voraussetzung, dem Erfordernis der Notwenigkeit der einzelnen, der Vereinbarung entspringenden Wettbewerbsbeschränkungen hat die Kommission – bestätigt von der Rechtsprechung – in der Vergangenheit einen hundertprozentigen[972] Bezugszwang der Mitglieder scheitern lassen, während sie in einem Fall eine geringere Bezugsverpflichtung (25%) durchaus als freistellungsfähig angesehen hat, weil ohne die Verpflichtung die sich aus der Bündelung der Nachfrage ergebende starke Verhandlungsposition der Kooperationsmitglieder gegenüber den Lieferanten zu sehr geschmälert gewesen wäre – insbesondere, weil die Lieferantenseite stark konzentriert gewesen ist und die Nachfrage das Angebot regelmäßig überstieg[973].

---

969 Nicht zu verwechseln ist die hierbei erfolgende Abwägung wettbewerbsfördernder und wettbewerbswidriger Auswirkungen einer Vereinbarung mit der von der Kommission vorgenommen Behandlung von Beschränkungen, die im Zusammenhang mit dem Hauptgegenstand stehen und für dessen Durchführung erforderlich und angemessen sind. Letzte Frage stellt sich im Rahmen der Beurteilung einer Vereinbarung nach Art. 81 Abs. 1 EG.

970 *Kommission,* Leitlinien zur Anwendung von Art. 81 Abs. 3 EG, ABl. 2004 C 101/97, 108 Rz. 75.

971 Vgl. *Kommission,* Horizontalleitlinien, ABl. C 3/2,6 Rz. 35.

972 *Kommission,* 05.12.1979, *COÖPERATIVE STREMSELEN – EN KLEURSELFABRIEK (LAB)*, ABl. 1980 L 51/19, 25 Rz. 29; bestätigt durch *EuGH,* 25.05.1981, *COÖPERATIVE STREMSELEN – EN KLEURSELFABRIEK (LAB)*, Rs. 61/81, Slg. 1981, 851, 868 Rz. 18.

973 Vgl. *Kommission,* 09.07.1980, *NATIONAL SULPHURIC ACID ASSOCIATION I*, ABl. 1980 L 260/24, 31 Rz. 49.

Von dieser Entscheidungspraxis abweichend weist die Kommission nun in den Leitlinien über horizontale Zusammenarbeit darauf hin, dass in bestimmten Fällen selbst eine hundertprozentige Bezugsverpflichtung unerlässlich sein könne, sofern nur dadurch das erforderliche Einkaufsvolumen für die Erzielung von Größenvorteilen erreicht werden kann[974]. In welchen Konstellationen sie dies als angebracht erachtet, wird nicht weiter ausgeführt. Es ist jedoch zu vermuten, dass dies insbesondere für diejenigen Fälle gilt, in denen sog. „hold-up" Probleme auftreten können, weil Lieferanten kundenspezifische Investitionen getätigt haben, die nicht rückgängig zu machen sind („sunk investments/costs")[975]. Um zu verhindern, dass die damit verbundene Abhängigkeit des Lieferanten ausgenutzt wird, kann es nach Ansicht der Kommission notwendig sein, die Mitglieder zu verpflichten, Mindestmengen von diesem Lieferanten abzunehmen. Auf diese Weise könnte vermieden werden, dass die Mitglieder der Einkaufskooperation mit einer Senkung der Nachfrage oder mit einer gänzlichen Nichtabnahme von Waren drohen, um auf diese Weise günstigere Preise zu erhalten. Derartige Vereinbarungen werden insbesondere zwischen Einkaufskooperationen der herstellenden oder weiterverarbeitenden Industrie (Automobilindustrie) und deren Zuliefererunternehmen anzutreffen sein, weil letztere häufig speziell für bestimmte Abnehmer produzieren und je nach Spezialisierungsgrad abhängig von diesen Nachfragern sind. Das Gleiche gilt jedoch generell bei Marktstrukturen, bei denen Lieferanten nicht in der Lage sind, ohne weiteres mangels Nachfragepotential der Marktgegenseite ihre Produktion auf andere Nachfrager umzustellen, während es für die Nachfrager leichter ist, ohne diese Waren wettbewerbsfähig zu bleiben. Umgekehrt kann aber eine hundertprozentige Bezugsverpflichtung bei Marktstrukturen angebracht sein, bei denen die Lieferantenseite konzentriert ist, d. h. einzelne Lieferanten relativ marktmächtig sind. Ansonsten könnte ein gleichfalls marktstarker Einzelhändler unter diesen Bedingungen in der Lage sein, durch konsequente Einzelbelieferung eine gegengewichtige Nachfragemacht einer Einkaufskooperation auszuhöhlen[976].

Ob diese Sichtweise von der Freistellungsfähigkeit einer ausschließlichen Bezugsverpflichtung der Rechtsprechungspraxis standhält, ist angesichts dort zu beobachtender Tendenzen nur zu vermuten. Der Gerichtshof hat in der Ent-

---

974 Vgl. *Kommission,* Horizontalleitlinien, ABl. C 3/2, 19 Rz. 133.

975 Vgl. *Kommission,* Leitlinien zur Anwendung von Art. 81 Abs. 3 EG, ABl. 2004 C 101/97, 109 Rz. 80.

976 So schon *Bartholomeyczik/Benisch,* das Gegengewichtsprinzip in der Wirtschaftsordnung, Bd. III, S. 71.

scheidung *GOETTRUP-KLIM* Satzungsbestimmungen einer Bezugsgenossenschaft, die die Mitglieder an anderen Möglichkeiten des Warenbezugs hindert, trotz deren negativen Auswirkungen auf den Wettbewerb auch dann für mit Art. 81 Abs. 1 EG vereinbar gehalten, wenn derartige Beschränkungen notwendig sind, um das ordnungsgemäße Funktionieren der Genossenschaft sicherzustellen[977]. Daraus kann der Schluss gezogen werden, dass der EuGH auch eine hundertprozentige Bezugsverpflichtung als mit Art. 81 Abs. 1 EG vereinbar hält, sofern diese im beschriebenen Sinne notwendig sind. Zwar betrifft diese Rechtsprechung nicht die Frage der Unerlässlichkeit von Vereinbarungen zur Realisierung von Effizienzgewinnen im Zusammenhang mit der Überprüfung der Freistellungsvoraussetzungen, sondern nennt unter Berücksichtigung des Immanenzgedankens[978] eine mögliche Voraussetzung dafür, warum bereits die Verbotsnorm des Art. 81 Ans. 1 EG mangels Wettbewerbsbeschränkung nicht zur Anwendung gelangen könnte. Jedoch ist nicht einzusehen, warum diese Rechtsprechung nicht auf die Auslegung des Tatbestandsmerkmals der Unerlässlichkeit übertragbar sein soll. So ließe sich durchaus argumentieren, dass ein Umstand, der die Annahme einer Wettbewerbsbeschränkung ausschließt, weil sie der Kooperationsvereinbarung notwendigerweise immanent ist, erst recht die Freistellung zu rechtfertigen vermag – die Erfüllung aller übrigen Tatbestandsmerkmale der Freistellung vorausgesetzt[979].

Unklar ist außerdem, ob die Kommission in jedem Fall die Beurteilung von Bezugsverpflichtungen anhand der abstrakt gehaltenen Freistellungsvoraussetzung der Unerlässlichkeit nach Art. 81 Abs. 3 EG vorzunehmen beabsichtigt. Einerseits differenziert sie klar zwischen horizontalen und vertikalen Vereinbarungen, wobei zu letzteren auch (Bezugs-)Vereinbarungen zwischen einzelnen Mitgliedern und der Einkaufsvereinigung als Zentralstelle zählen und deren Freistellungsfähigkeit von der Erfüllung der Voraussetzungen der

977 Siehe *EuGH*, 15.12.1994, *GOETTRUP-KLIM*, Rs. C-250/92, Slg. 1994, I-5641, 5687 Rz. 35; siehe mit gleicher Argumentation zu Klauseln, die den gemeinsamen Verkauf von landwirtschaftlichen Erzeugnissen betreffen: *EuGH*, 12.12.1995, *OUDE LUTTIKHUIS*, Rs. C-399/93, Slg. 1995, I-4515, 4525 Rz. 14.

978 Zum Immanenzgedanken siehe bereits oben Fn. 109.

979 *Beuthien*, Handelskooperationen und europäisches Wettbewerbsrecht, S. 131, weißt darauf hin, dass die Kommission die Rechtsprechung des EuGH schon einmal zum Anlass genommen habe, eine Gruppenfreistellungsverordnung (für Franchisevereinbarungen) zu erlassen, in der die Kommission Bezugsbindungen und Werbeverbote freistellte, obwohl diese i.S.d. EuGH-Rechtsprechung mangels Erfüllung des Verbotstatbestandes keiner Freistellung bedurften, S. 131.

Gruppenfreistellungsverordnung (EG) Nr. 2790/1999 abhängen[980]. Damit ist zugleich eine Privilegierung verbunden, weil eine Freistellung auf Grundlage der Gruppenfreistellungsverordnung (EG) Nr. 2790/1999 selbst dann noch in Frage kommt, wenn die Beteiligten der Einkaufsgemeinschaft einen Marktanteil von 30% jedenfalls auf den Verkaufsmärkten nicht überschreiten[981]. Andererseits scheint sie bei Vorliegen einer *Entscheidung* der Einkaufsvereinigung, durch die „die Mitglieder zum Einkauf über die Vereinigung verpflichtet" werden, von einer horizontalen Vereinbarung auszugehen[982]. Ein Widerspruch lässt sich nur vermeiden, wenn man davon ausgeht, dass die besagte Entscheidung der Einkaufsvereinigung äquivalent mit den satzungsmäßigen oder anderweitig festgesetzten Einkaufsbedingungen ist, beziehungsweise mit einem Beschluss derselben gleichzusetzen ist, der auf Grundlage eines bereits bestehenden Gesamtrechtsaktes ergeht, durch den die beteiligten Unternehmen zusammengefasst sind[983], was zur Folge hat, dass die Bezugsverpflichtung quasi von allen Mitgliedern auf horizontaler Ebene beschlossen wurde.

Als unerlässlich hat die Kommission auch in gewissem Umfang differenzierende Regelungen, nämlich die von einer Einkaufsvereinigung zum Rechteerwerb für Sportveranstaltungen aufgestellten Zugangsregelungen für Nichtmitglieder der Einkaufskooperation[984], angesehen, um den Mitgliedern eine angemessene Rendite ihrer Investitionen zu sichern[985]. Diese Entscheidung wurde zwar vom Gericht Erster Instanz aufgehoben. Der Grund dafür lag allerdings in der Tatsache begründet, dass sich die Entscheidung der Kommission nicht auf ein Mindestmaß konkreter wirtschaftlicher Daten gestützt

---

980 Vgl. Kommission, Horizontalleitlinien, ABl. 2001 C 3/2, 17 Rz. 118.

981 S.u. § 8 B.

982 Vgl. *Kommission*, Vertikalleitlinien, ABl. 2000 C 291/1, 8 Rz. 29.

983 Zur Abgrenzung von Beschlüssen zu Vereinbarungen siehe nur *Schröter* in: von der Groeben/Schwarze, EU-/EG-Vertrag – Kommentar, Bd. 2, Artikel 81 Absatz 1 EG, Rz. 64.

984 Die Einkaufsvereinigung („EBU") kauft nicht nur Senderechte für ihre Mitglieder ein. Sie koordiniert auch den Austausch dieser Rechte (Eurovisions-System) zwischen den Mitgliedern und anderen, nicht der Einkaufsorganisation angehörenden Sendeanstalten, denen unabhängig ihrer Zugehörigkeit aus Gründen des öffentlichen Interesses Zugang zu diesen Rechten zu gewähren ist. Dennoch wurden Eurovisionsmitglieder, die Mitglied der Einkaufsvereinigung („EBU") zum Erwerb von Senderechten waren, im Verhältnis zu Nicht-Eurovisionsmitgliedern der Einkaufsvereinigung bessere Konditionen gewährt. Vgl. dazu *Bellamy/Child*, European Community Law of Competition, Rz. 4-108.

985 Kommisson, 11.06.1993, *EUROVISION*, ABl. 1993 L 179/23, 35 Rz. 71.

hat, wie etwa auf die Zahlen für die Investitionen, die es zu sichern galt[986]. Es kann deshalb davon ausgegangen werden, dass der EuG im Übrigen keine Einwände gegen die Entscheidungsbegründung der Kommission hatte, d. h. auch nicht im Hinblick auf die Unerlässlichkeit der Zugangsregelungen[987].

Als nicht unerlässlich sind hingegen Beschränkungen der Mitgliedsunternehmen in ihrer individuellen Preis- und Absatzpolitik anzusehen[988]. Das Gleiche gilt für Verbraucher- und Weiterverkaufsbeschränkungen[989].

4. Kein Ausschluss wesentlichen Wettbewerbs

a) Abgrenzung zur Marktbeherrschung

Schließlich kann eine Einkaufsvereinbarung nur dann vom Verbot des Art. 81 Abs. 1 EG ausgenommen werden, wenn nicht der Wettbewerb für einen wesentlichen Teil der Einkaufs- bzw. Verkaufsmärkte gänzlich zum Erliegen kommt. Von einer Freistellung kann deshalb für gewöhnlich dann nicht ausgegangen werden, wenn die Kooperationsmitglieder auf den Einkaufs- oder den Verkaufsmärkten – insbesondere aufgrund entsprechender Marktanteile – eine marktbeherrschende Stellung inne haben[990], selbst wenn sie entsprechend hohe Effizienzgewinne an die Verbraucher weitergeben würden. So bestätigte der EuGH die Entscheidung der Kommission über eine Genossenschaft zur Herstellung von Molkereierzeugnissen und führte aus, dass die in Frage stehenden Bestimmungen der Genossenschaftsvereinbarung dazu bestimmt seien, die mit 90% Marktanteil außerordentlich starke Marktstellung aufrechtzuerhalten, wodurch der Wettbewerb für einen wesentlichen Teil der Waren ausgeschaltet werde[991].

Vereinzelt scheint man der Ansicht zu sein, dass eine Ausschaltung wesentlichen Wettbewerbs nicht zwangsläufig an eine marktbeherrschende Stellung gekoppelt sein muss. Eine Ausschaltung wesentlichen Wettbewerbs wäre

---

986 *EuG*, 11.07.1996, *EUROVISION*, Rs. T-528/93, Slg. 1996. II-649, 691 Rz. 120.
987 Vgl. *EuG*, 11.07.1996, *EUROVISION*, Rs. T-528/93, Slg. 1996. II-649, 690 Rz. 118.
988 *Bunte* in: Frankfurter Kommentar zu Kartellrecht, Bd. VI, Art. 81 abs. 1, 3 EG-Vertrag – Fallgruppen II.5., Rz. 21.
989 *Haag* in: von der Groeben/Schwarze, EU-/EG-Vertrag – Kommentar, Bd. 2, Artikel 81 Absatz 3 EG – Fallgruppe Kooperationsabsprachen, Rz. 45.
990 *Kommission*, Horizontalleitlinien, ABl. 2001 C 3/2, 6 (19) Rz. 36 (Rz. 134).
991 Vgl. *EuGH*, 25.05.1981, *COÖPERATIVE STREMSELEN – EN KLEURSELFABRIEK (LAB)*, Rs. 61/81, Slg. 1981, 851, 868 Rz. 18.

demnach auch unterhalb dieser Schranke anzunehmen[992]. Diese Ansicht ist jedoch nicht nur angesichts gegenläufiger, wenngleich in systematischer Hinsicht äußerst fragwürdiger[993] Tendenzen der Kommission bedenklich, die eine Freistellung selbst bei Vorliegen einer marktbeherrschenden Stellung nicht ausschließt, sofern ein sachlich gerechtfertigter Grund vorliege[994]. Die Vertreter dieser Ansicht bewegen sich auch vor dem Hintergrund des von der Kommission nunmehr verfolgten ökonomischen Konzepts auf dünnem Eis, da mit der Berücksichtigung des zentralen Bewertungskriteriums der Marktmacht der Abstand zwischen Wettbewerbsbeschränkung und Marktbeherrschung ohnehin schon erheblich verkürzt ist und deshalb eine Freistellung noch weniger wahrscheinlich wäre, wenn man die Schwelle, deren Überschreiten einen Ausschluss wesentlichen Wettbewerbs bedeutet, zusätzlich herabsetzten würde.

Auch wenn letztlich eine Bestätigung seitens des EuGH für die Notwendigkeit einer Marktbeherrschung für die Annahme einer nicht unerlässlichen Wettbewerbsbeschränkung fehlt, so ist doch mit dem Gericht Erster Instanz und der h. M. davon auszugehen, dass mit Erreichen einer marktbeherrschenden Stellung die Ausschaltung wirksamen Restwettbewerbs einhergeht und eine Freistellung ungeachtet der dafür erforderlichen übrigen Anforderungen zu versagen ist[995]. Insofern ist die Auffassung der Kommission kaum haltbar, wenn sie selbst einer marktbeherrschenden Stellung die Freistellungsfähigkeit zuerkennen sollte, auch wenn sie damit möglicherweise bezweckt, die beschriebene Verkürzung des Abstands zwischen Art. 81 Abs. 1 EG und Art. 82 EG zu kompensieren[996].

---

992 So *Bunte* in: Langen/Bunte, EG-Kartellrecht – Kommentar, Bd. 2, Art. 81 – Generelle Prinzipien, Rz. 165.

993 Es ist nicht einzusehen, warum eine marktbeherrschende Stellung im Zusammenhang mit der Beurteilung von vertikalen Vereinbarungen unter bestimmten Voraussetzungen sachlich gerechtfertigt sein soll, während es bei der Beurteilung von horizontalen Vereinbarungen eine derartige Option anscheinend nicht gibt.

994 *Kommission,* Leitlinien über vertikale Vereinbarungen, ABl. 2000 C 291/1, 28 Rz. 135.

995 Vgl. *EuG,* 30.09.2003, *ATLANTIC CONTAINER LINE*, Rs. T-191/98, Slg. 2003, II-3275 Rz. 1456; *Schröter* in: von der Groeben/Schwarze, EU-/EG-Vertrag – Kommentar, Bd. 2, Artikel 81 Absatz 3 EG, Rz. 330; *Bunte* in: Langen/Bunte, EG-Kartellrecht – Kommentar, Bd. 2, Art. 81 – Generelle Prinzipien, Rz. 165; *Emmerich* in: Dauses, Handbuch des EU-Wirtschaftsrechts, H. I § 1 Rz. 198.

996 Was insoweit keinen Sinn machen würde, als die Vereinbarung sowieso von Art. 82 EG erfasst sein würde, bei dem eine Freistellung nicht in Frage kommt.

b) Indizwirkung nachfrageseitig veranlasster Beschränkungen („unilateral restraints")

In der Rechtsprechungspraxis bestehen gewisse Unklarheiten hinsichtlich des Beweiswertes hoher Marktanteile, aufgrund derer eine Marktbeherrschung gegebenenfalls auch ohne Beachtung anderer Kriterien anzunehmen ist[997]. Dem trägt die Kommission Rechnung, indem sie Marktanteilen seit jeher grundsätzlich nur eine Indizwirkung zuerkennt[998]. Abgesehen von einer auch nur indiziellen Bedeutung der Marktanteile bilden diese nichtsdestotrotz sowohl für die Kommission, als auch für die Gemeinschaftsgerichte den Ausgangspunkt zur Bestimmung einer marktbeherrschenden Stellung. Es erscheint jedoch im Hinblick auf die Besonderheiten im Zusammenhang mit Nachfragemacht, insbesondere aufgrund des „Spiraleffektes" (Wechselwirkung zwischen Einkaufs- und Verkaufsmärkten), nicht sachgerecht, Marktanteilsschwellen um 50%[999], die in der Praxis üblicherweise als kritisch und damit als Indiz für eine mögliche Marktbeherrschung herangezogen werden, als Bewertungsgrundlage zu verwenden. In ihren Entscheidungen zu *REWE/MEINL* und *CARREFOUR/PROMODÈS* hat die Kommission ausdrücklich festgestellt, dass auf den Beschaffungsmärkten ein der Marktbeherrschung vergleichbarer Zustand schon bei erheblich geringeren Marktanteilen in der Größenordnung von 20% angenommen werden könne. Dies ergab sich aus einer Gesamtbetrachtung der wirtschaftlichen Abhängigkeit[1000] der betroffenen Lieferanten (relative Marktmacht) von den Zusammenschlussbeteiligten (Nachfrager) und der Marktstrukturen auf Einkaufs- und Verkaufsmärkten[1001]. Schon aus diesem Grunde können Marktanteile von vorn herein nur von geringer Bedeutung, wenn nicht sogar unbeachtlich, für die Annahme einer Marktbeherrschung sein.

---

997 Vgl. nur *Calliess/Ruffert*, EUV-/EGV-Kommentar, Art. 82 Rz. 11, (Fn. 25 ff.) mit Nachweisen der uneinheitlichen Rechtsprechungspraxis.

998 *Kommission*, 19.12.1990, *SOLVAY*, ABl. 1991 L 152/21, 31 Rz. 44; Horizontalleitlinien, ABl. 2001 C 3/2, 19 Rz. 134; Leitlinien zur Anwendung von Art. 81 Abs. 3 EG, ABl. 2004 C 101/97, 113 Rz. 109.

999 Vgl. beispielsweise *Bunte* in: Langen/Bunte, EG-Kartellrecht – Kommentar, Bd. 2, Art. 81 – Generelle Prinzipien, Rz. 166.

1000 Es ist strittig, ob abgesehen von Monopolsituationen die Fähigkeit eines Unternehmens zu unabhängigem Verhalten allein gegenüber Lieferanten/Abnehmern für die Annahme einer Marktbeherrschung genügt (vgl. *Schröter* in: Schröter/Jacob/Mederer, EG-Kartellrecht – Kommentar, Artikel 82 Rz. 76 mit zahlreichen Nachweisen in Fn. 257).

1001 Siehe *Kommission*, 03.02.1999, *REWE/MEINL*, ABl. 1999 L 274/1, 16 f. Rz. 101; *Kommission*, 25.01.2000, *CARREFOUR/PROMODÈS*, ABl. 2000 C 164/5 ff. Rz. 52 (nur in französischer Fassung erhältlich).

Umso wichtiger sind deshalb die anderen Aspekte wie Gegenmachtgesichtspunkte[1002] und Marktzutrittsmöglichkeiten[1003], die die Kommission zusätzlich ins Feld zu führen beabsichtigt. Diese Vorgehensweise ist nachvollziehbar. Denn bei Marktstrukturen, bei denen sich diese Aspekte identifizieren lassen, kann nicht zwangsläufig von einer marktbeherrschenden Stellung ausgegangen werden, weil es den Mitgliedern der Einkaufskooperation unter diesen Umständen nicht möglich sein wird, sich (gegenüber Konkurrenten im Falle realer Zutrittsmöglichkeiten und gegenüber marktmächtigen Lieferanten) in erheblichem Maße gemeinsam unabhängig zu verhalten. Zugleich kommt unter diesen Bedingungen der „Spiraleffekt“ nicht zum tragen, sodass eine Marktbeherrschung auf den Beschaffungsmärkten nicht denkbar ist. Unter Berücksichtigung besagter Gesamtbetrachtung kann deshalb der Inhalt vertikaler Vereinbarungen zwischen Lieferanten und der (zwischen den Mitgliedern vermittelnden) Einkaufsvereinigung ein wichtiges Indiz für mangelnde Gegenmacht der Marktgegenseite und damit für eine marktbeherrschende Stellung der Einkaufskooperation sein. Sollte sich aus diesen vertikalen Vereinbarungen ergeben, dass die Lieferantenseite im Vergleich zur Nachfrageseite erheblichen Beschränkungen unterliegt, die möglicherweise sogar ein Abhängigkeitsverhältnis begründen, ist davon auszugehen, dass die Lieferanten zur Eingehung beschränkender Vereinbarungen einseitig veranlasst wurden (beispielsweise durch ausschließliche Liefervereinbarungen)[1004]. In einem derartigen Fall also, in dem einseitige Bindungen den Lieferanten aufgedrängt werden („unilateral restraints“), kann nicht von Gegenmacht der Lieferanten ausgegangen werden. Es muss vielmehr die Existenz einer marktbeherrschenden Stellung der Einkaufskooperation in Erwägung gezogen werden.

Nichtsdestotrotz sind Bedenken an die Verwendung des Gegengewichtgedankens im Rahmen der Freistellung insofern angebracht, als dieser Aspekt bereits im Rahmen der Prüfung des Verbotstatbestandes Relevanz besitzt. So soll die Marktmacht einzelner Lieferanten dazu führen können, dass eine Einkaufsvereinbarung als wettbewerbsbeschränkend einzustufen ist, sofern die Unternehmen der Marktgegenseite (Lieferanten) aufgrund ihrer Marktmacht die Befähigung haben, Preisdiskriminierung zu betreiben. Die Preisdis-

---

1002 Siehe *Kommission*, Horizontalleitlinien, ABl. 2001 C 3/2, 19 Rz. 134.

1003 Umfassend zur Beurteilung von Zutrittsschranken siehe *Kommission*, Leitlinien zur Anwendung von Art. 81 Abs. 3 EG, ABl. 2004 C 101/97, 114 Rz. 115 ff.

1004 Beispiele derartiger Beschränkungen finden sich bei *Dobson/Clarke/Davis/Waterson*, Buyer Power and its Impact on Competition in the Food Retail Sector of the European Union, JICT 2001, 247, 274 f.

kriminierung kann als Motor für eine Erhöhung der Marktkonzentration begriffen werden und ist damit eine Ursache für den „Spiraleffekt“. Unter diesem Gesichtspunkt ist es systematisch widersprüchlich, Gegenmacht als positiven Aspekt im Rahmen der Freistellung zu berücksichtigen, weil er langfristig gerade eine Marktbeherrschung zu verursachen in der Lage ist. Die Ausschlusswirkung auf Konkurrenten durch Kostensteigerungen bei denselben erfordert nicht unbedingt gemeinsame Marktmacht der Mitglieder der Einkaufsvereinigung auf Verkaufsmärkten.

B. Freistellung vertikaler Beschränkungen nach der GVO (EG) Nr. 2790/1999

Für Beschränkungen[1005] vertikaler, sich aus der Gründung einer Vereinigung von Einzelhändlern ergebenden Vereinbarungen sieht die Kommission bis zu einer bestimmten Grenze eine Freistellungsmöglichkeit auf Grundlage der GVO (EG) Nr. 2790/1999[1006] über vertikale Beschränkungen vor[1007]. Die Wettbewerbsbehörde definiert dort allgemein vertikale Vereinbarungen als Vereinbarungen oder aufeinander abgestimmte Verhaltensweisen zwischen zwei oder mehr Unternehmen, von denen jedes zwecks Durchführung der Vereinbarung auf einer unterschiedlichen Produktions- oder Vertriebsstufe tätig ist und welche die Bedingungen betreffen, zu denen die Parteien bestimmte Waren oder Dienstleistungen beziehen, verkaufen oder weiterverkaufen können[1008].

1005 Beschränkungen können sich hierbei im Verhältnis der Vereinigung einerseits zu ihren einzelnen Mitgliedern bzw. im Verhältnis der Vereinigung zu den Lieferanten oder Herstellern ergeben.

1006 Vgl. *Kommission,* Horizontalleitlinien, ABl. 2001 C 3/2, 17 Rz. 117 f.

1007 Grundsätzlich sind auch vertikale Beschränkungen an den Voraussetzungen der Verbotsnorm des Art. 81 Abs. 1 EG zu messen, bevor sich die Frage stellt, ob Beschränkungen freistellungsfähig sind. Die Kommission zieht jedoch die Prüfung anhand der GVO vor, wenn die Marktabgrenzung ergibt, dass die an der jeweiligen vertikalen Vereinbarung (im Sinne eines Austauschvertrages) Beteiligten auf dem relevanten Markt einen Marktanteil von 30% nicht überschreiten und die Vereinbarung keine in der GVO aufgeführten Kernbeschränkungen oder sonstige ausgeschlossene Verpflichtungen enthält. Vgl. *Kommission,* Leitlinien über vertikale Beschränkungen, ABl. C 291/1, 26 Rz. 120.

1008 Art. 2 Abs. 1 GVO.

I. Freistellungsmöglichkeit für Einzelhandels-Verbundgruppen gem. Art. 2 Abs. 2 GVO

Um eine Schlechterstellung im Verhältnis zu integrierten Unternehmen zu vermeiden[1009], wurde mit Art. 2 Abs. 2 1. Halbsatz GVO eine Freistellungsregelung für Unternehmensvereinigungen geschaffen, die jedoch gegenüber Art. 2 Abs. 1 GVO einige Einschränkungen beinhaltet. Danach gilt die Verordnung für vertikale Vereinbarungen zwischen Unternehmensvereinigungen und ihren Mitgliedern oder einer solchen Vereinbarung und ihren Lieferanten nur dann, wenn die Mitglieder der Vereinigung Wareneinzelhändler[1010] sind und keines der Mitglieder einen Jahresumsatz von mehr als 50 Mio. EURO erzielt[1011].

Auch wenn sich in der Verordnung keine Definition der Unternehmensvereinigung findet, so ist doch davon auszugehen, dass dieser Begriff inhaltsgleich mit dem im Sinne des Art. 81 Abs. 1 EG ist[1012]. Erfasst sind danach beliebig strukturierte Zusammenschlüsse mehrerer Einzelhandelsunternehmen, deren Zweck u.a. darin besteht, die Interessen seiner Mitglieder wahrzunehmen[1013]. Darunter fällt demnach auch eine Einkaufskooperation als ein Verband mehrerer (Mitglieds-)Unternehmen, aus deren Mitte entweder eines der Mitglieder dazu berufen wird (Innengesellschaft), Maßnahmen des Verbandes zu koordinieren, oder von dem ein Gemeinschaftsunternehmen eigens zur Wahrnehmung dieser Koordinierung gründet (Außengesellschaft) wird[1014]. Für

1009 Vgl. *Pukall*, Neue EU-Gruppenfreistellungsverordnung für Vertriebsbedingungen, NJW 2000, 1375, 1377.

1010 In den Vertikalleitlinien bekräftigt die Kommission, dass im Sinne von Art. 2 Abs. 2 der Verord nung als Einzelhändler nur diejenigen für Waren, nicht aber für Dienstleistungen in Frage kommen, ABl. 2000 C 291/1, 8 Rz. 28.

1011 Da bei beiden Alternativen die Parteien der vertikalen Vereinbarung (bei der Durchführung der Vereinbarung) auf unterschiedlichen Wirtschaftsstufen tätig sind – insbesondere ist die Einkaufsvereinigung gegenüber den Mitgliedern in seiner Funktion als Großhändler auf einer höheren Wirtschaftsstufe tätig –, erübrigt sich eine Auseinandersetzung mit der Frage, ob der Art. 2 Abs. 2 GVO auf den Rechtsgrund oder die Rechtsfolgen des Art. 2 Abs. 1 EG verweist.

1012 So *Veelken* in: Immenga/Mestmäcker, Kommentar zum EG-Wettbewerbsrecht, ErgBd., Rz. 80.

1013 *Bunte* in: Frankfurter Kommentar zu Kartellrecht, Bd. VI, Art. 81 abs. 1, 3 EG-Vertrag – Fallgruppen II.5., Rz. 40.

1014 Mit der Regelung des Art. 2 Abs. 2 1. Halbsatz der GVO scheint die Kommission bewusst eine Regelung für Einkaufskooperationen (in der Form von Verbundgruppen) geschaffen zu haben, auch wenn es an einer expliziten Erwähnung fehlt. Die

Einkaufsvereinigungen kommt demnach eine Freistellung nur dann in Betracht, wenn deren Mitglieder nicht mehr als 50 Mio. EURO Jahresumsatz haben und Wareneinzelhändler oder Vereinigungen[1015] von Wareneinzelhändlern sind.

Die Kommission scheint mit ihrer Forderung nach einer Nichtüberschreitung der erwähnten Umsatzschwelle an ihre Definition kleiner und mittlerer Unternehmen anzuknüpfen[1016]. Für Großunternehmen des Handels dürfte deshalb grundsätzlich eine Freistellung durch die GVO ausgeschlossen sein, auch wenn die Kommission die Teilnahme einiger (nicht aller) Mitglieder zulässt, sofern ihr Jahresumsatz unwesentlich[1017] über der Umsatzschwelle liegt[1018]. Diese Vorgehensweise stimmt überein mit der Einstellung der Kommission

---

Beschränkung der Freistellungsmöglichkeit auf Mitglieder einer bestimmten Art (Wareneinzelhändler) sowie des Gesamtumsatzes (maximal 50 Mio. EURO) korrespondiert sowohl mit der Aussage der Kommission in den Leitlinien über horizontale Beschränkungen, Einkaufsvereinbarungen seien nur bis zu einer gewissen Grenze von der GVO erfasst und würden im Übrigen in der Regel von KMU geschlossen, als auch mit der Erläuterungen in den Vertikalleitlinien, in denen die Kommission ausdrücklich – wenn auch nur beispielhaft – eine Beziehung zwischen Art. 2 Abs. 2 GVO und Einkaufsvereinigungen herstellt. Vgl. hierzu *Kommission*, Vertikalleitlinien, ABl. 2000 C 291/1, 8 Rz. 28 f.

1015 Siehe *Veelken* in: Immenga/Mestmäcker, Kommentar zum EG-Wettbewerbsrecht, ErgBd., Rz. 83 m.w.N.

1016 Vgl. *Schulte/Geiger*, Das Schicksal der Verbundgruppen unter der neuen Gruppenfreistellungsverordnung (EG) Nr. 2790/1999 für Vertikalvereinbarungen, EuZW 2000, 396, 399; *Welling*, Neue Formen der Einkaufsbündelungen nach deutschem und europäischem Kartellrecht, S. 101; *Bunte* in: Frankfurter Kommentar zu Kartellrecht, Bd. VI, Art. 81 abs. 1, 3 EG-Vertrag – Fallgruppen II.5., Rz. 40.

1017 Bei Großunternehmen des Handels wird man erwarten können, dass ihr Jahresumsatz die Unwesentlichkeitsgrenze überschreitet. **A.A.** offenbar *Schulte/Geiger*, Das Schicksal der Verbundgruppen unter der neuen Gruppenfreistellungsverordnung (EG) Nr. 2790/1999 für Vertikalvereinbarungen, EuZW 2000, 396, 399.

1018 Siehe *Kommission*, Vertikalleitlinien, ABl. 2000 C 291/1, 8 Rz. 28 f.; unklar ist allerdings die Aussage in den Horizontalleitlinien wonach Art. 81 Abs. 1 EG zur Anwendung gelangen soll, „wenn Unternehmen mit einer erheblicher Marktmacht beteiligt sind" (ABl. 2001 C 3/2, 4 Rz. 24). Diesbezüglich wird in der Literatur darauf hingewiesen, dass es das deutsche Bundeskartellamt schon seit Jahrzehnten als zulässig erachtet, wenn sich einzelne Großunternehmen an einer (Einkaufs-)Vereinigung beteiligen, wenn nur auf diese Weise Nachteile kleinerer und mittlerer Unternehmen gegenüber Großunternehmen ausgeglichen werden könnten, *Schulte/Geiger*, Das Schicksal der Verbundgruppen unter der neuen Gruppenfreistellungsverordnung (EG) Nr. 2790/1999 für Vertikalvereinbarungen, EuZW 2000, 396, 399.

gegenüber Einkaufsvereinigungen, die sie in der Regel als Zusammenschluss von KMU erwartet und als wettbewerbsförderlich einstuft, sofern diese geschaffen werden, um ähnlich effizient einkaufen zu können, wie ihre größeren Wettbewerber.

1. *Kritik*

In der Literatur ist die Beschränkung der Freistellungsmöglichkeit auf Kritik gestoßen. Bemängelt werden dabei aus verschiedenen Gründen das Umsatzkriterium sowie die Beschränkung der Art der Mitgliedsunternehmen einer Vereinigung auf Wareneinzelhändler.

a) Überbewertung der Umsatzschwelle

Hinsichtlich auf das in Bezug genommene Umsatzkriterium wirft man der Kommission vor, sie beginge einen dogmatischen Fehler, weil sie horizontale und vertikale Aspekte vermenge. Einerseits wolle sie Vereinigungen zwar als eigenständige Unternehmen behandeln, die somit auch vertikale Vereinbarungen mit ihren Mitgliedern schließen könnten, mit der Folge, dass damit verbundene, etwaige Beschränkungen grundsätzlich für eine Freistellung im Sinne der GVO in Frage kommen würden. Andererseits begreife sie Verbundgruppen aber gerade aus diesem Grunde als potentielle Verursacher horizontaler Beschränkungen, die sie deshalb nicht durch die Hintertür der GVO ohne weiteres freistellen möchte. Diese Befürchtung sei jedoch unbegründet, weil die horizontalen Beschränkungen sowieso einer eigenständigen Prüfung nach Art. 81 EG unterzogen werden müssten und folglich die Freistellungsvoraussetzungen des Art. 81 Abs. 3 EG zu erfüllen hätten[1019]. In dieselbe Richtung geht der Einwand, die Umsatzbeschränkung ergebe im Verhältnis der ansonsten verwendeten Marktmachtschwelle keinen Sinn[1020] und verhin-

---

1019 In diesem Sinne *Schulte/Geiger*, Das Schicksal der Verbundgruppen unter der neuen Gruppenfreistellungsverordnung (EG) Nr. 2790/1999 für Vertikalvereinbarungen, EuZW 2000, 396, 399: „Mit deutscher Brille gesehen: Die Kommission hat die Regelung des § 4 II GWB und dessen Grenzen verwechselt mit den Grundsätzen der §§ 14 ff. GWB".

1020 *Pukall*, Neue Gruppenfreistellungsverordnung für Vertriebsbindungen, NJW 2000, 1357, 1377; *Bunte* in: Langen/Bunte, GWB/EG-Kartellrecht – Kommentar, 9. Aufl., Einführung zum EG-Kartellrecht, Rz. 150 sowie *Bunte* in: Frankfurter Kommentar zu Kartellrecht, Bd. VI, Art. 81 Abs. 1, 3 EG-Vertrag – Fallgruppen II.5., Rz. 40 mit dem Hinweis, dass man ebenso wie bei horizontalen Vereinbarungen Marktanteilsschwellen hätte verwenden sollen. Siehe zudem wiederum *Schulte/Geiger*, Das Schicksal der Verbundgruppen unter der neuen Gruppenfreistellungsverordnung (EG) Nr. 2790/1999 für Vertikalvereinbarungen, EuZW 2000, 396, 399.

dere im Übrigen die Teilnahme von Großunternehmen an einer Verbundgruppe. Schließlich wird kritisiert, die Beschränkung führe zu einer Diskriminierung von Verbundgruppen gegenüber großen Filialunternehmen, welches zur besseren Marktdurchdringung selbständige Franchiseunternehmen herziehen könne, ohne darauf achten zu müssen, dass all diese Unternehmen das Umsatzkriterium (50 Mio. EURO) erfüllen[1021].

b) Schlechterstellung von Vereinigungen des Dienstleistungsgewerbes

Einen weiteren Ansatz zur Kritik bietet der Umstand, dass ganz offenbar Vereinigungen von Dienstleistungsunternehmen nicht in den Genuss der Freistellung kommen können, obwohl nicht zu verkennen sei, dass sich die Eigenschaften der Aktivitäten der Verbundgruppen geändert haben, was in einer Neuordnung der Beziehungen zwischen den Mitgliedern und der Zentrale ihren Ausdruck finde, wobei letztere eine Dienstleistungszentrale geworden sei[1022]. Die Kommission fordert zwar explizit nur, dass die Mitglieder der Vereinigung (Verbundgruppe) Wareneinzelhändler sein müssen. Gerade für den Fall der Innengesellschaft, bei dem eines der Mitglieder zugleich die Zentrale der Verbundgruppe bildet, sei jedoch unklar, ob aufgrund der Dienstleistungstätigkeit dieses Mitglieds eine Freistellung ausgeschlossen wäre. Im Übrigen stelle sich die gleiche Frage bei branchenübergreifenden Verbundgruppen bzw. bei Verbundgruppen, die eigentlich nicht der Einzelhandelsbranche entstammen, mittlerweile aber Einzelhandelsstrukturen aufgebaut haben[1023].

2. Bewertung und eigene Stellungnahme

Unabhängig davon, ob man die Vorgehensweise der Kommission als dogmatisch falsch, unsinnig oder unpraktikabel erachtet, so ist der Kommission doch der Versuch zugute zu halten, mit der Beschränkung der Gruppenfreistellung auf eine Vereinigung von KMU einen Gleichlauf mit der Würdigung horizontaler Vereinbarungen anhand Art. 81 Abs. 1 EG erreichen zu wollen, weil ebenso wie die Leitlinien über horizontale Zusammenarbeit in Rz. 116

1021 Vgl. *Schulte/Geiger*, Das Schicksal der Verbundgruppen unter der neuen Gruppenfreistellungsverordnung (EG) Nr. 2790/1999 für Vertikalvereinbarungen, EuZW 2000, 396, 399.

1022 Siehe dazu *UGAL-IVE*, Stellungnahme zu den Leitlinien für Einkaufsvereinbarungen, S. 13 Rz. 4.4.

1023 Beispiele dazu finden sich bei *Schulte/Geiger*, Das Schicksal der Verbundgruppen unter der neuen Gruppenfreistellungsverordnung (EG) Nr. 2790/1999 für Vertikalvereinbarungen, EuZW 2000, 396, 398.

auch Art. 2 Abs. 2 GVO die Förderung von KMU bezweckt[1024]. Ob das Problem horizontaler Wettbewerbsbeschränkungen im Rahmen der GVO gelöst werden muss, erscheint allerdings äußerst fraglich. Denn immerhin ist eine Doppelkontrolle auch aus Sicht der Kommission problemlos möglich[1025].

II. Typische Beschränkungen

1. Beschränkungen in Vereinbarungen zwischen der Einkaufsvereinigung und den Mitgliedern

Weil eine Gruppenfreistellung nicht nur für vertikale Vertriebsvereinbarungen und damit für Beschränkungen durch Alleinbelieferungsverpflichtungen (Art. 1 lit. c) GVO) in Betracht kommt, sondern gemäß Art. 2 Abs. 1 GVO auch auf Vereinbarungen anwendbar ist, welche die Bedingungen des Warenbezuges betreffen, werden bei einer Einkaufsgemeinschaft insbesondere umfassende oder partielle Bezugspflichten der Mitglieder für eine Freistellung in Betracht kommen[1026], die zu einer Beschränkung des Interbrand-, aber auch des Intrabrand-Wettbewerbs führen können, weil sowohl Nachfrager als auch Lieferanten in ihren Abschlussmöglichkeiten behindert sind[1027]. Freistellungsfähig wären hier allerdings nach dem bisher angenommenen nur diejenigen Bezugsverpflichtungen, deren Grundlage ein für die Anwendbarkeit der GVO in Art. 2 Abs. 1 grundsätzlich geforderter Austauschvertrag zwischen der Unternehmensvereinigung und ihren Mitgliedern, nicht hingegen die Satzungsvereinbarung oder ein späterer Beschluss ist [1028]. In letzterem Fall ist konsequenterweise entgegen einer in der Literatur vertretenen Ansicht[1029] nur eine

1024 So auch *Veelken* in: Immenga/Mestmäcker, Kommentar zum EG-Wettbewerbsrecht, ErgBd., Rz. 84.

1025 Siehe nur die Horizontalleitlinien in denen die Kommission von einer Zweistufenanalyse spricht (ABl. 2001 C 3/2, 17 Rz. 117).

1026 Vgl. wiederum *Veelken* in: Immenga/Mestmäcker, Kommentar zum EG-Wettbewerbsrecht, ErgBd., Rz. 86.

1027 Siehe *Kommission*, Vertikalleitlinien, ABl. 2000 C 291/1, 21 Rz. 107.

1028 Siehe dazu die Auslegung des von der Kommission verwendeten Begriffs der Entscheidung § 7 C. IV. und § 8 A. II. 3.

1029 Siehe *Veelken* in: Immenga/Mestmäcker, Kommentar zum EG-Wettbewerbsrecht, ErgBd., Rz. 86: „Soweit diese Bedingungen nicht in Austauschverträgen [...] vereinbart sind, sondern in der Satzung festgelegt werden, handelt es sich bei der ursprünglichen Satzung um eine Vereinbarung [...]. Da kein Grund ersichtlich ist, Art. 2 Abs. 1 Unterhalbsatz 1, Abs. 2 im letzteren Fall nicht anzuwenden, ist von einer durch Analogie zu füllenden ungeplanten Regelungslücke auszugehen."

Freistellung anhand der abstrakten Voraussetzungen des Art. 81 Abs. 3 EG möglich[1030].

2. Beschränkungen in Vereinbarungen zwischen der Einkaufsvereinigung und den Lieferanten

Ebenfalls als vertikale Beschränkungen in Liefervereinbarungen denkbar sind – wie schon erwähnt[1031] – Bezugsverpflichtungen der zentralen Einkaufsvereinigung gegenüber den Lieferanten. Relevanter dürften hier jedoch die in umgekehrter Richtung vorzufindenden Alleinbelieferungsverpflichtungen eines Lieferanten gegenüber der Einkaufsvereinigung sein, die letztere aufgrund ihrer Nachfragemacht bei Lieferanten durchzusetzen in der Lage sein könnten. Unter einer Alleinbelieferungsverpflichtung versteht die Kommission eine Verpflichtung des Lieferanten, seine Waren ausschließlich oder überwiegend, mit oder ohne zusätzlicher Mengenvorgaben, an einen Käufer zu verkaufen. Das hat vor allem eine Abschottung des Beschaffungsmarktes und damit eine Beschränkung des Intrabrand-Wettbewerbs zwischen den Nachfragern zur Folge[1032]. Zusätzlich kann der Interbrand-Wettbewerb beschränkt werden, wenn der nachfragestarken Einkaufsvereinigung ein marktstarker Lieferant gegenübersteht, der für seine Alleinbelieferungsverpflichtung im Gegenzug bei der Einkaufsvereinigung eine vollständige oder überwiegende Alleinbezugspflicht durchsetzt[1033]. Dessen ungeachtet kommt eine Freistellung in Frage, weil Bezugs- und Lieferverpflichtungen weder Kernbeschränkungen gemäß Art. 4 lit. a) GVO, noch unzulässige Verpflichtungen gem. Art. 5 lit. a) GVO darstellen.

Schließlich können sich in Bezugsvereinbarungen zwischen Lieferanten und der Einkaufsvereinigung Beschränkungen in Form von Meistbegünstigungsklauseln[1034] finden, die den Lieferanten dazu verpflichten, seine mit anderen Abnehmern getroffenen Konditionen offen zu legen und der Einkaufsvereinigung ohne Rücksicht darauf, aus welchen Gründen der Konkurrenz andere

1030 Die Überlegung der Gegenansicht von einer analogen Anwendung von Art. 2 Abs. 1, Abs. 2 GVO auf solche Fälle, in denen an und für sich ein erforderlicher Austauschvertrag fehlt, erübrigt sich deshalb.

1031 S.o. § 8 A. II. 3.

1032 Siehe *Kommission*, Vertikalleitlinien, ABl. 2000 C 291/1, 21 Rz. 109 ff.

1033 Siehe *Kommission*, Vertikalleitlinien, ABl. 2000 C 291/1, 21 Rz. 106 ff.

1034 Siehe z. B. *Dobson/Clarke/Davis/Waterson*, Buyer Power and its Impact on Competition in the Food Retail Sector of the European Union, JICT 2001, 247, 259 f;

Konditionen eingeräumt wurden, die gleichen Bedingungen zu gewähren[1035]. Trotz der Unklarheiten über die kartellrechtliche Beurteilung derartiger Klauseln unter Art. 81 Abs. 1 EG[1036] – von der Beurteilung als wettbewerbsrechtlich unbedenklich im speziellen Fall des Technologietransfers[1037] einmal abgesehen – ist davon auszugehen, dass in Liefervereinbarungen verankerte Meistbegünstigungsklauseln zu Lasten von Lieferanten im Falle einer Anwendbarkeit von Art. 81 Abs. 1 EG[1038] jedenfalls weder Kernbeschränkungen gemäß Art. 4 lit. a) GVO[1039], noch Verpflichtungen im Sinne von Art. 5 lit. a) GVO darstellen und deshalb freistellungsfähig sind[1040].

Wegen der bereits beschriebenen Indizwirkung nachfrageseitig veranlasster Beschränkungen („unilateral restraints") für marktbeherrschendes Verhalten ist jedoch zu beachten, dass eine Freistellung im Sinne der GVO nur so lange in Frage kommen kann, als die oben dargestellten Beschränkung nicht durch die Einkaufsvereinigung gegen den Willen der Lieferanten veranlasst wurde.

1035 Zu den verschiedenen Arten von Meistbegünstigungsklauseln vgl. *Kurth*, Meistbegünstigungsklauseln im Licht der Vertikal-GVO, WuW 2003, 28 f.

1036 Vgl. *Kirchhoff* in: Wiedemann, Handbuch des Kartellrechts, § 10 Rz. 277 m.w.N.; sowie *Schröter* in: Kommission, Die Anwendung der Artikel 85 und 86 des EG-Vertrages durch die Gerichte der Mitgliedstaaten, S. 49 Rz. 112.

1037 Vgl. die sog. „Weiße Liste", insbesondere Art. 2 Abs. 1 der Technologie-Gruppenfreistellungsverordnung (EG) Nr. 240/96 vom 31.01.1996, ABl. L 31/2.

1038 Sie schränken den Spielraum des Lieferanten oder Lizenzgebers für eine individuelle Preisgestaltung in erheblichem Maße ein und kommen einem vertraglichen Diskriminierungsverbot sehr nahe: So *Schröter* in: Kommission, Die Anwendung der Artikel 85 und 86 des EG-Vertrages durch die Gerichte der Mitgliedstaaten, S. 49 Rz. 112.

1039 Meistbegünstigungsklauseln zu Lasten des Käufers hingegen stellen gemäß Art. 4 lit. a) GVO Kernbeschränkungen dar.

1040 Siehe *Kurth*, Meistbegünstigungsklauseln im Licht der Vertikal-GVO, WuW 2003, 28, 34 ff.

Drittes Kapitel: Endergebnis

§ 9 Zusammenfassung

Einkaufskooperationen gehören zu den am Häufigsten vorkommenden Kooperationen, da sie relativ leicht ohne nennenswerte Berührung der wirtschaftlichen Selbstständigkeit der beteiligten Unternehmen zu verwirklichen sind (§ 1 A. I.).

Die Bedeutung von Einkaufskooperationen insbesondere für KMU wächst vor dem Hintergrund der Globalisierung, weil sich neue Produktmärkte auftun und beispielsweise mit Hilfe des Internets der Informationsaustausch über Einkaufspreise schneller und effizienter erfolgen kann. Der Einkaufspreis ist für die Existenz der KMU von entscheidender Bedeutung, weil er auf den als unmittelbare Schnittstelle zu den Konsumenten fungierenden Absatzmärkten maßgeblichen Einfluss auf den zentralen Wettbewerbsparameter „(Weiter-)Verkaufspreis" hat. Schon prozentual gering erscheinende Konditionenvorteile beim Einkauf sind äußerst wichtig für den Absatzerfolg. Eine zu geringe Betriebsgröße und ein zu geringer Umfang der beschafften Leistungssubstanz sind ursächlich für höhere Weiterverkaufspreise im Verhältnis zu marktstärkeren Wettbewerbern und damit ursächlich für Wettbewerbsnachteile (§ 1 A. I.).

Verhaltensabstimmende bzw. vertragliche Maßnahmen zur Bindung der Kooperationsmitglieder an die Einkaufsvereinigung sind notwendig, um die Nachfrage effektiv bündeln und um Preiszugeständnisse realisieren zu können. Gleichzeitig bilden derartige Bindungen die Grundlage für Nachfragemacht. Dem Aspekt der Nachfragemacht fällt im Zusammenhang mit grenzüberschreitenden Einkaufskooperationen eine herausragende Rolle zu, weil die Dimension der Zusammenarbeit und damit die Wahrscheinlichkeit einer Machtkonzentration tendenziell größer ist als bei einer auf nationale Märkte begrenzte Kooperation (§ 2 C. I.).

Aus den Leitlinien über horizontale Zusammenarbeit ergibt sich, dass für die Kommission Nachfragemacht das zentrale Kriterium zur kartellrechtlichen Beurteilung von Einkaufskooperationen ist. Grund ist die geänderte Wettbewerbspolitik der Kommission, nach der die wirtschaftlichen Auswirkungen unternehmerischer Zusammenarbeit auf den Markt („more economic approach") im Mittelpunkt stehen, nicht hingegen die Aufgabe der unternehmerischen Handlungsfreiheit der Beteiligten (§ 5 B. II.). Die wirtschaftstheoretischen Grundlagen und die darauf basierenden Untersuchungen zur Erfassung und Charakterisierung von Nachfragemacht spielen deshalb für die Entscheidungsfindung der Kommission bzw. für die rechtliche Beurteilung einer Nachfragebündelung durch Einkaufskooperationen eine wichtige Rolle (§ 3 A. IV.). Die Kommission verfolgt aufgrund ihrer wirtschaftlichen Ausrichtung eine Wettbewerbspolitik, deren Leitbild die gesamtwirtschaftliche Wohlfahrt mit besonderer Betonung der Verbraucherwohlfahrt ist (§ 3 B. I.). Die sich aus der ökonomischen Analyse sämtlicher Marktszenarien ergebenden Auswirkungen sind deshalb für eine wettbewerbsrechtliche Beurteilung von Einkaufskooperationen relevant (§ 3 B. II; § 5 D.).

Obwohl man sich heutzutage der Bedeutung von Nachfragemacht im Klaren ist, ist der Umgang der Wettbewerbsbehörden und Ökonomen mit diesem Phänomen angesichts der Vielschichtigkeit wirtschaftlicher Auswirkungen mit großer Unsicherheit behaftet. Geklärt ist weder das Phänomen der Nachfragemacht an sich, noch deren rechtliche Handhabung. Dies zeigt sich – wenngleich dies auch auf den Begriff der Wettbewerbsbeschränkung zutrifft – bereits an der Nichtexistenz einer allgemeingültigen Definition, was nicht zuletzt auf dem Umstand beruht, dass es vergleichsweise wenig Untersuchungen gibt über die Wirkungen des gemeinsamen Einkaufs im Rahmen von Marktszenarien, in denen eine Vielzahl von Unternehmen auf vor- und nachgelagerten Märkten agieren. Die Stellungnahmen der Kommission zum Problem der Nachfragemacht vermitteln in der Gesamtschau ein diffuses Bild (§ 3 A. I.).
Es kann jedoch festgestellt werden, dass Nachfragemacht in jedem Fall eine Gradfrage ist. Allen Definitionsversuchen ist zudem der Entschluss gleich, mit Nachfragemacht die Fähigkeit der Einkäufer auszudrücken, die Umstände und die Bedingungen des Einkaufs zu beeinflussen. Unklar ist jedoch, ob dieser Einfluss der Einkäufer schon allein von deren absoluten Marktstärke im Verhältnis zu Konkurrenten herrühren kann, oder (zusätzlich) von der relativen Stärke im Verhältnis zu einzelnen Lieferanten der Marktgegenseite. Unklar ist überdies auch, ob Konditionenvergünstigungen, die dem Nachfrager aufgrund seiner tatsächlichen Nachfragebündelung, d. h. seiner wirtschaftlichen Tätigkeit, gewährt werden, als das Ergebnis von Nachfragemacht zu werten sind. Diese Unklarheiten spiegeln sich in der Auseinandersetzung der Kommission mit dem Aspekt der Nachfragemacht wieder (§ 3 A. III.).

Wahrscheinliche Gründe für die lange Zeit allgemein herrschende Zurückhaltung von Wettbewerbsbehörden im Umgang mit Nachfragemacht sind einerseits das traditionelle Verständnis von Marktmacht, welches sich darin äußert, von Verkäuferseite ausgehende Macht zu reglementieren, andererseits mangelnde Marktinformationen über Praktiken, die nachfragestarke Unternehmen gegenüber Lieferanten auf vorgelagerten Märkten ausüben (§ 3 A. III. 2.). Nachfragemacht ist im europäischen Kartellrecht bislang „nur" als Regulativ bei der Beurteilung von Unternehmenszusammenschlüssen berücksichtigt worden. Eine Übertragung der diesbezüglich angestellten Überlegungen auf Einkaufskooperationen ist nicht ohne Weiteres möglich, weil bei Zusammenschlüssen der Aspekt der Marktbeherrschung im Vordergrund steht (§ 3 A. II. 1. [3.]). Zusätzlich sind sowohl die Methoden der Nachfragemachtbestimmung, als auch die Rechtsanwendung bei der Fusionskontrolle im Vergleich zur Verhaltenskontrolle unterschiedlich. Eine Ausnahme besteht lediglich für den Lebensmitteleinzelhandel, bei dem die relevanten Märkte regelmäßig sehr eng definiert sind, weshalb generell eine gewisse Wahrscheinlichkeit besteht, dass sich der gesamte relevante Einkaufsmarkt auf das Angebot eines Lieferanten beschränkt (§ 7 C. I. 3.).

Die Vereinbarkeit des von der Kommission verfolgten „more economic approach" mit der Systematik des Art. 81 EG sowie dessen Stellung im Gefüge der Wettbewerbsregeln ist berechtigterweise nicht unumstritten. Die Art und Weise, wie die Kommission zur Feststellung einer Wettbewerbsbeschränkung das Kriterium der Marktmacht in den Vordergrund der Beurteilung stellt, findet zwar insbesondere in den von der Kommission zitierten Entscheidungen des EuG keine ausdrückliche Entsprechung, dennoch gibt es Anhaltspunkte in der Rechtsprechung des EuGH und auch des EuG, die begründeten Anlass dazu geben, dass sich die Vorgehensweise der Kommission im Einklang mit einer notwendigerweise dynamischen Rechtsanwendung befindet (§ 5 C. II). Die Leitlinien über horizontale Zusammenarbeit sind dabei das Resultat für die Notwendigkeit und des Versuchs, von Einkaufskooperationen hervorgerufene Marktmacht zu berücksichtigen. Nichtsdestotrotz verbleiben Zweifel darüber, ob die Übergewichtung wirtschaftlicher Kriterien durch die Entscheidungspraxis der Gemeinschaftsgerichte abgedeckt ist (§ 5 C. II. 3.).

Ein wesentliches Ergebnis der ökonomischen Analyse, deren Grundlage das Monopson-Modell sowie das Modell der sekundären Preisdiskriminierung ist, ist die Tatsache, dass die dargestellten, zu erwartenden (gesamt)wohlfahrtsökonomischen Auswirkungen nachfrageseitiger Macht nicht allein durch die isolierte Betrachtung der Beschaffungsmärkte, sondern nur durch die Einbeziehung nachgeordneter (Verkaufs-)Märkte darstellbar sind. Geht man davon aus, dass Nachfragemacht – in welcher Form auch immer – existiert, stellen sich die allokativen Effekte je nach Marktform auf den vor- und unmittelbar nachgelagerten Märkten unterschiedlich dar. Die Verbraucherwohlfahrt erfährt – abgesehen von der möglichen, abnehmenden Produktqualität und Produktquantität – wahrscheinlich nur in Marktkonstellationen Einbußen, in der marktstarke Einkäufer neben Nachfragemacht gleichzeitig Marktmacht auf ihren Absatzmärkten auszuüben in der Lage sind. Legt man der Analyse alle anderen möglichen Marktszenarien zugrunde, bleibt das Maß der Verbraucherwohlfahrt wahrscheinlich entweder unverändert oder es erhöht sich, während sich die Produzentenwohlfahrt unabhängig der Marktlage verschlechtert (§ 3 A. IV. 3. d)).

Der Notwendigkeit einer gleichzeitigen Berücksichtigung von Einkaufs- und Verkaufsmärkten trägt die Kommission nicht im vollen Umfang Rechnung. Ihr wettbewerbspolitisches Interesse gilt vorrangig den Marktgegebenheiten auf nachgelagerten Verkaufsmärkten, während die Einkaufsmärkte, die zugleich Absatzmärkte der Lieferanten sind, vernachlässigt werden (§ 7 A. II. 2. b); § 7 B. I. 1. a)). Im Mittelpunkt stehen somit nahezu ausschließlich Beeinträchtigungen des Wettbewerbs zwischen den Kooperationsmitgliedern bzw. zwischen diesen und Dritten (Konkurrenten) auf deren Absatzmärkten. Dies widerspricht der bisherigen, wenn auch vornehmlich dem Bereich der EGKS entstammenden, Entscheidungspraxis (§ 6 B. IV).

Die Gründe für die Fixierung der Kommission auf die Verkaufsmärkte der Kooperationsbeteiligten sind in Anbetracht des nunmehr verfolgten wirtschaftlichen Ansatzes sowohl wettbewerbspolitischer, als auch praktischer Natur: Die nachgeordneten Verkaufsmärkte bilden die Schnittstelle zu den (End)Verbrauchern, deren Wohlfahrt für die Kommission bei den Bestrebungen zur Erhöhung der gesamtwirtschaftlichen Wohlfahrt eine besondere Rolle spielt. Hinzu kommt, dass die Förderung des Handelswettbewerbs Priorität besitzt. Die europäische Wettbewerbsbehörde geht diesbezüglich nämlich davon aus, dass der Großteil der Einkaufskooperationen aus KMU besteht, die sich gegen größere Konkurrenten durchzusetzen versuchen. Ein anderer Aspekt, der die Kommission zu dieser einseitigen Sicht der Dinge verleitet, ist womöglich die Tatsache höher Angebotsflexibilität der Lieferantenseite, soweit es um den wichtigen Bereich des (Lebensmittel-)Einzelhandels geht. Nachfragemachtbedingte Nettowohlfahrtsverluste sind insoweit vernachlässigbar. Es ist davon auszugehen, dass die Kommission diesen Wirtschaftsbereich als besonders relevant erachtet, weil sie erwartet, dass KMU insbesondere hier Anreize zu Kooperation beim Einkauf haben (§ 7 B. I. 1.). Nichtsdestotrotz sind Beschränkungen des Lieferantenwettbewerbs ebenfalls von Interesse – wenn auch nur nachrangig. Es ist davon auszugehen, dass die

Kommission im Einklang mit der ökonomischen Theorie (Rückgang von Innovations- und Investitionsanreizen) insbesondere langfristige Wirkungen von Nachfragemacht auf die Wettbewerbsstellung der Lieferanten bedenkt. Spürbare Leistungsverluste auf der Lieferantenseite realisieren sich erst unter dem Einfluss langfristig ausgeübter Nachfragemacht, was dazu führt, dass die Verbraucherwohlfahrt bzw. die gesamtwirtschaftliche Wohlfahrt nachteilig betroffen wird (§ 7 B. I. 1.a)).

Die Ausübung der Macht auf nachgelagerten Verkaufsmärkten erfordert eine Verhaltenskoordinierung, weil eine Kooperationsvereinbarung als Grundlage der Vereinheitlichung des Marktverhaltens gerade fehlt. Die von der Kommission angeführte Kostenangleichung beim individuellen Verkauf gemeinsam beschaffter Waren kann jedoch nur eingeschränkt als Indiz einer Verhaltensabstimmung dienen, nämlich dann, wenn die Kostenangleichung nicht ohnehin strukturbedingt zu erwarten ist (§ 7 B. II. 1.).

Als Konsequenz des „more economic approach" erkennt die Kommission offenbar (mit Ausnahme von (bezweckten) Kernbeschränkungen) eine Koordinierung der Kooperationsbeteiligten mit dem dadurch einhergehenden Autonomieverlust für die Annahme einer Wettbewerbsbeschränkung nicht mehr als ausreichend an. Entgegen bisheriger Praxis sieht sie deshalb das wesentliche Problem von Bezugszwängen nicht in der Verhaltenssteuerung der Kooperationsbeteiligten, sondern in davon ausgehenden Beschränkungen des Wettbewerbs zu Lasten Dritter (Konkurrenten), sei es auf den Einkaufs- oder auf nachgeordneten Verkaufsmärkten. In Zukunft sollen Bezugsverpflichtungen für Mitglieder einer Einkaufskooperation nur dann von Art. 81 Abs. 1 EG erfasst werden, wenn sie i. S. d. Marktmachtdefinition negative Auswirkungen auf Wettbewerbsparameter haben. Die Rechtsprechung des EuGH ist diesbezüglich nicht eindeutig. Insofern ist auch der Stellenwert einer Beschränkung der Handlungsfreiheit aufgrund einer Bezugsverpflichtung der Mitglieder für die Annahme einer Wettbewerbsbeschränkung unklar (§ 7 A. I.; § 8 A. II. 3.).

Im Hinblick auf die geforderte Marktanteilsschwelle von 15% als Indiz für Wettbewerbsbeschränkungen im Falle einer Überschreitung derselben kommt es zu systematischen Widersprüchen im Hinblick auf die Anwendung von Art. 82 EG, sowie zur einer Überschneidung mit der nach wie vor geltenden Bagatellbekanntmachung. Bei der Überprüfung einer Vereinbarung auf ihre Auswirkungen auf die relevanten Wettbewerbsparameter handelt es sich gewissermaßen um eine modifizierte Spürbarkeitsprüfung (§ 7 C. I. 1.).

Gegenüber Einkaufsvereinigungen nimmt die Kommission eine ungewöhnlich großzügige Haltung ein, indem sie wettbewerbsbeschränkende Wirkungen unterhalb einer Marktanteilsschwelle von 15% u. a. auf dem Beschaffungsmarkt eher als nicht gegeben ansieht. Im Gegensatz dazu identifiziert die Kommission bei der Beurteilung von Zusammenschlüssen bei einem Marktanteil von 20% bzgl. einzelner Produkte unter Berücksichtigung der „Marktstrukturen im Übrigen" bereits eine marktbeherrschende Stellung, was angesichts der empirischen Befunde auch durchaus angemessen erscheint. Maßgebliches Kriterium für das Vorliegen einer beherrschenden Stellung auf dem Beschaffungsmarkt ist hierbei die Unfähigkeit der Lieferanten, sich bei Verlust des marktbeherrschenden Nachfragers ohne (existenzgefährdende) erhebliche finanzielle Verluste der neuen Lage anzupassen; sie erzeugen folglich auch keine Gegenmacht gegenüber den Nachfragern (§ 7 C. I.).

Vollkommen offen ist die Frage der Abgrenzung zwischen horizontalen und vertikalen Absprachen, bei denen die GVO (EG) Nr. 2790/1999 mit ihren besonderen Freistellungsvoraussetzungen zur Anwendung kommt (§ 7 C. IV.).

Im Bewusstsein der Eignung zur Beurteilung oligopolistischer Marktkonstellationen und scheinbar unbeeindruckt von gewichtigen Einwänden bindet die Kommission das Konzept der Gegenmacht in ihre Entscheidungsfindung mit ein. Als wettbewerbsförderliche Gegenmacht kann jedoch nur originäre Marktmacht in Betracht kommen, deren Existenz das Resultat eines natürlichen unternehmensinternen Wachstumsprozesses ist. Auf diese Weise ist sichergestellt, dass Gegenmacht der unternehmerischen Selbstständigkeit und damit unter normalen Wettbewerbsbedingungen den natürlichen Gegebenheiten des Marktes entspringt, d. h. Marktstrukturveränderungen nicht künstlich herbeigeführt werden, indem man der Schaffung von Macht zustimmt und unter dem Deckmantel der „Ausgleichsfunktion" fortlaufend rechtfertigt (§ 7 C. II. 1. c) aa)).

Aufgrund der Zielvorstellung der Kommission, KMU einen Nachteilsausgleich zu ermöglichen, ist davon auszugehen, dass die von Gegenmacht herrührenden horizontalen Wirkungen im Vordergrund ihrer Betrachtung stehen, auch wenn sie im Zusammenhang mit Einkaufsvereinbarungen explizit Gegenmacht als Kraft auffasst, die im Vertikalverhältnis von Unternehmen der gegenüberliegen Marktseite (Lieferanten) ausgeht. Der in den Leitlinien über horizontale Zusammenarbeit niedergelegte Gedanke des Nachteilsausgleichs ist im Grunde nichts anderes als die Idee, KMU die Möglichkeit eines

Gegengewichts zu marktstarken Wettbewerbern zu geben. Die undifferenzierte Berücksichtigung gegengewichtiger Marktmacht wird deshalb den Einwänden, die im Zusammenhang mit der Anerkennung des Gegenmachtprinzips bestehen, insbesondere unter Berücksichtigung des von der Kommission gehandhabten Verständnisses der Nachfragemacht als wettbewerbsfördernde Gegenkraft im Horizontalverhältnis, nicht gerecht (§ 7 C. II. 1. c) bb)).

In Anbetracht der Entscheidungspraxis der Kommission zu Unternehmenszusammenschlüssen ist es evident, dass die Existenz von Marktmacht in ihrer Funktion als Gegenmacht nur in besonderen Marktsituationen zu einer positiven Beurteilung von Einkaufsvereinbarungen führen kann, nämlich bei hoch konzentrierten Lieferantenmärkten sowie bei identischer Marktstruktur auf Lieferanten- und Nachfragemärkten (§ 7 C. II. 1. dd)).

Indem die Kommission die Marktkonzentration auf den relevanten Märkten als Aspekt der Gesamtbetrachtung heranzieht, offenbart sie auch hiermit ihr Ziel, KMU einen Nachteilsausgleich zu ermöglichen (§ 7 C. II. 2. a)).

In der unterschiedlichen Gewichtung der Kriterien Gegenmacht und Marktkonzentration zeigt sich, dass es der Kommission vorrangig um die Belebung des Handelswettbewerbs geht, als um die Kontrolle von Anbietermacht (§ 7 C. II.).

Mit dem Gericht Erster Instanz und der h. M. ist davon auszugehen, dass mit Erreichen einer marktbeherrschenden Stellung die Ausschaltung wirksamen Restwettbewerbs einhergeht und eine Freistellung nach Art. 81 Abs. 3 EG ungeachtet der dafür erforderlichen übrigen Anforderungen zu versagen ist. Die Auffassung, selbst eine marktbeherrschende Stellung sei nicht per se von einer Freistellung ausgeschlossen, ist kaum haltbar – auch wenn die Kommission damit möglicherweise bezweckt, die durch den „more economic approach" verursachte Verkürzung des Abstands zwischen Art. 81 Abs. 1 EG und Art. 82 EG zu kompensieren (§ 8 A. II. 4. a)).

Wichtiges Indiz für eine marktbeherrschende Stellung der Einkaufskooperation (bzw. für mangelnde Gegenmacht der Lieferantenseite) ist der Inhalt vertikaler Vereinbarungen zwischen Lieferanten und der (vermittelnden) Einkaufsvereinigung. Ergibt sich aus der vertikalen Beziehung, dass die Lieferantenseite im Vergleich zur Nachfrageseite erheblichen Beschränkungen unterliegt, die möglicherweise sogar ein Abhängigkeitsverhältnis begründen, ist davon auszugehen, dass die Lieferantenseite zur Eingehung beschränkender

Vereinbarungen einseitig veranlasst wurde (beispielsweise durch ausschließliche Liefervereinbarungen), was in der Gesamtschau mit den übrigen Marktstrukturen auf eine marktbeherrschende Stellung hindeuten kann (§ 8 A. II. 4. b)).

Einkaufsvereinbarungen sollten auch dann nach den Leitlinien für vertikale Beschränkungen beurteilt werden, wenn zwar horizontale Elemente vorhanden sind, aber angesichts stark vertikal strukturierter Aktivitäten nicht im Mittelpunkt stehen. Zudem betrifft Nachfragemacht unmittelbar das Vertikalverhältnis zwischen der Einkaufsvereinigung und den Lieferanten. Umgekehrt sollten die Leitlinien über die horizontale Zusammenarbeit nur dann vordergründig als Bewertungsgrundlage relevant sein, wenn vertikale Aspekte nicht oder nur am Rande eine Rolle spielen (§ 7 IV.).

Solange machtunabhängige Leistungsgewinne aufgrund tatsächlicher Nachfragebündelung durch die Einkaufskooperation realisiert werden, die machtbedingten Kosteneinsparungen überwiegen, besteht kein Grund zur Verwehrung einer Freistellung. Die Kommission hält deshalb entgegen verschiedener Ansichten richtigerweise eine Freistellung bei zu erwartenden Leistungsgewinnen trotz eines hohen Maßes an Marktmacht nicht für ausgeschlossen, wenn auch für unwahrscheinlich. Nach dem von der Kommission verfolgten Konzept hat außerdem die Wettbewerbsförderlichkeit der Weitergabe nachfragemachtbedingter Kosteneinsparungen an Kunden im Falle wettbewerbsbetonter Verkaufsmärkte nichts mit der Frage zu tun, ob Effizienzgewinne als Ursache einer machtunabhängigen, „echten" Wirtschaftstätigkeit nachteilige Auswirkungen einer Einkaufsvereinbarung (Nachfragemacht) ausgleicht und deshalb eine Freistellung rechtfertigt (§ 8 A. II. 1. d).

Im Rahmen der Freistellung einer Einkaufsvereinbarung vom Verbot des Art. 81 Abs. 1 EG ist es der Kommission gelungen, mit der Beschränkung der Gruppenfreistellung auf eine Vereinigung von KMU einen Gleichlauf mit der Würdigung horizontaler Vereinbarungen zu erreichen, weil sich der Zweck der Förderung von KMU in der GVO (EG) Nr. 2790/1999 fortsetzt (§ 8 B. I.).

§ 10 Abschließende Bewertung und Ausblick

Insgesamt gesehen können die Leitlinien über horizontale Zusammenarbeit trotz ihrer überragenden Bedeutung für die Praxis nur bedingt das Verlangen nach einer soliden und transparenten Grundlage für eine rechtliche Bewertung von (Einkaufs-)Kooperationen erfüllen, weil sie nicht durchgängig nachvollziebar sind. Zudem bieten sie so gut wie keinerlei Anhaltspunkte dafür, dass bzw. warum sie das Resultat gegenwärtiger Rechtsprechung sein sollen. Es steht für Unternehmen nicht die Orientierungsfunktion zur Selbsteinschätzung der mit einer Kooperation verbundenen wettbewerblichen Risiken steht im Vordergrund. Die Leitlinien sind vielmehr das Instrument zur Erklärung der neuen bzw. zukünftigen wirtschaftsorientierten Wettbewerspolitik der Kommission zur Beurteilung horizontaler Kooperationen. Das geht jedoch zu Lasten der Rechtssicherheit für die betroffenen Unternehmen, die im System der Legalausnahme zu einer Selbstveranlagung gezwungen sind, zumal nicht klar ist, ob der EuGH und das EuG dem Ansatz der Kommission zustimmen werden.

Ein überwiegend von wirtschaftlichen Gesichtspunkten geprägter Ansatz verlangt nach einer ausführlichen Darstellung und konkreten Zuordnung derjenigen Auswirkungen, die im Rahmen der ökonomischen Analyse herausgearbeitet und für wichtig befunden wurden – freilich unter Berücksichtigung der Gesetzessystematik. Beide Anforderungen werden von den Leitlinien nur unzureichend erfüllt. Inhaltlicher Schwachpunkt der Leitlinien zur Beurteilung von Einkaufskooperationen ist insbesondere die fehlende Definition von Nachfragemacht (Rz. 126) und deren Abgrenzung zur „sehr starken Stellung" (Rz. 123), zu „starker Nachfragemacht" (Rz. 126) zu „gewisser Marktmacht" (Rz. 130) sowie erheblicher Nachfragemacht (Rz. 132). Gleiches gilt für das von der Kommission verfolgte wohlfahrtstheoretische Leitbild. Das Ziel der Kommission, nämlich eine Verbesserung der gesamtwirtschaftlichen Wohlfahrt unter besonderer Betonung der Verbraucherwohlfahrt ergibt sich nämlich nur mittelbar aus den relevanten Bewertungskriterien. Eine Definition der Reichweite der angestrebten Wohlfahrtssteigerung, wie dies ansatzweise in den Leitlinien zur Anwendung von Artikel 81 Abs. 3 EG erfolgt ist, wäre hier sehr hilfreich gewesen, weil deren Kenntnis Voraussetzung für die Auslegung der in den Leitlinien beschriebenen Bewertungskriterien ist. Hinzu kommt, dass die Kommission den Rechtsanwender im Unklaren darüber lässt, welche Auswirkungen die unterschiedlichen Machtstellungen in verschiedensten Marktszenarien wahrscheinlich haben werden. Als Beispiel sei genannt, dass sie zwar richtigerweise unterscheidet zwischen Wettbewerb und Marktmacht auf Einkaufs- und Verkaufsmärkten, jedoch den Besonderheiten oligopolistischer Marktstrukturen, die wettbewerbsbetonten Märkten gleichstehen können, insoweit nicht Rechnung trägt, als sie ihre Bewertung generell vom Über- oder Unterschreiten der 15%-Marktanteilsschwelle abhängig macht. Zwar wird diese starre Sichtweise durch die Aspekte der Gegenmacht und der „Marktstrukturen im Übrigen" relativiert, jedoch erschließen sich dem Rechtsanwender die Bedeutung und die Gewichtung dieser Aspekte keinesfalls allein aus den Leitlinien. Daran können auch die wenigen aufgeführten Beispiele nichts ändern, die, ohne einen Zusammenhang zu den einzelnen Bewertungskriterien aufzuweisen, offenbar dazu beitragen sollen, Licht ins Dunkel zu bringen.

Nichtsdestotrotz spiegeln die Leitlinien die Vorgehensweise der Kommission in Fusionskontrollverfahren (*REWE/MEINL* und *CARREFOUR/PROMODÈS*) zum Teil wieder, sodass diese Entscheidungspraxis eine wichtige Hilfestellung für den Rechtsanwender bietet. Das betrifft sowohl die Deutung vorherrschender Marktverhältnisse vor- und nachgelagerter Märkte („Spiraleffekt") als auch die Vorgehensweise bei der Marktabgrenzung. Schließlich reflektieren die Leitlinien trotz der beschriebenen Schwächen und unzureichenden Darstellung weitgehend das Ergebnis der ökonomischen Analyse und entsprechen somit dem Schema – bestehend aus Schlüsselkriterien – welches von den Ökonomen *Dobson/Waterson/Chu* für die wettbewerbsrechtliche Praxis zur Fallanalyse entwickelt wurde. Allerdings ist auch hierbei Vorsicht geboten, denn: „It is fair to say that currently there exists no consensus on the origin and welfare consequences of buyer power [...]"[1041].

1041 *Inderst/Shaffer*, Retail Mergers, Buyer Power and Product Variety.

Literaturverzeichnis

Andreae, Clemens August/Glahe, Werner: Das Gegengewichtsprinzip in der Wirt schaftsordnung, Band I: Wirtschaftliche Macht und Wettbewerb, Köln 1966.

Bailey, David: Scope of Juridical Review unter Article 81 EC, in: C.M.L.Rev. 2004, S. 1327 ff.

Battigalli/Fumagalli/Polo: Buyer Power and Quality Improvement, Working Paper n. 310, Mailand 2006.

Bartholomeyczik, Horst/Benisch, Werner: Das Gegengewichtsprinzip in der Wirtschaftsordnung, Band III: Rechtsgrundlagen der Gegengewichtsbildung, Köln 1966.

Basedow, Jürgen: Konsumentenwohlfahrt und Effizienz – Neue Leitbilder der Wettbewerbspolitik?, in: WuW 2007, S. 712 ff.

Bayrisches Staatsministerium für Wirtschaft, Arbeit und Technologie: Kooperation und Wettbewerb, Ratgeber für kleine und mittlere Unternehmen, 5. Auflage, München 2001.

Bechtold, Rainer: EG-Gruppenfreistellungsverordnungen – eine Zwischenbilanz, in: EWS 2001, S. 49 ff.

Bechtold, Rainer: Kartellgesetz: Gesetz gegen Wettbewerbsbeschränkungen, 3. Auflage, München 2002.

Bechtold, Rainer: Kartellgesetz: Gesetz gegen Wettbewerbsbeschränkungen, 4. Auflage, München 2006.

Beck, Hanno: Die wettbewerbspolitische Relevanz des Internet, in: WuW 1999, S. 460 ff.

Bellamy, Christopher W./Child, Graham D.: Common Market Law of Competition, 5. Auflage, London 2001.

Benisch, Werner: Kooperationsfibel, 4. Auflage, Heider 1973.

Beuthien, Volker: Handelskooperationen und europäisches Wettbewerbsrecht, Göttingen 1998.

Bishop, Simon/Walker, Mike: The Economics of EC Competition Law: Concepts, Application and Measurement, 2nd Edition, London 2000.

Blair, Roger D./Harrison, Jeffrey L.: Monopsony – Antitrust Law and Economics, Princeton 1993.

Bontrup, Heinz-J.: Unternehmerische Nachfragemacht – ein zunehmendes Problem, in: WRP 2006, S. 225 ff.

Böge, Ulf: Perspektiven des deutschen und europäischen Kartellrechts, in: GewArch 2000, S. 217 ff.

Bueren, Eckart: Der „New economic approach" der Kommission für horizontale und vertikale Wettbewerbsbeschränkungen, in: WRP 2004, S. 567 ff.

Bundeskartellamt: Kooperation zwischen Wettbewerbern – Ist eine Neubewertung erforderlich?, Diskussionspapier für die Sitzung des Arbeitskreises Kartellrecht am 09. und 10. Oktober 2000, abrufbar unter: http://www.bundeskartellamt.de/wDeutsch/publikatinen/Diskussionsbeitraege/AKK.shtml.

Bundeskartellamt: Wettbewerbsschutz und Verbraucherinteressen im Lichte neuerer ökonomischer Methoden, Diskussionspapier für die Sitzung des Arbeitskreises Kartellrecht am 27. September 2004, abrufbar unter: http://www.bundeskartellamt.de/wDeutsch/download/pdf/Diskussionsbeitraege/04_AKK.pdf.

Bundesministerium für Wirtschaft (BMWi): Erste Stellungnahme der deutschen Delegation zur Reform der EU-Wettbewerbsregeln für horizontale-Vereinbarungen, abrufbar unter: http://www.bmwi.de/Redaktion/Inhate/Downloads/zugeordnet/stellungnahme-reform-eu-wettbewerbs regeln-horizontale-vereinbarungen,property=pdf.pdf.

Calliess, Christian/Ruffert, Matthias: Kommentar des Vertrages über die Europäische Union und des Vertrages zur Gründung der Europäischen Gemeinschaft: EUV/EGV, 3. Auflage, Neuwied 2007.

Carstensen, Peter C.: Buyer Power and Merger Analysis – The Need for Differ ent Metrics, Arbeitspapier: Workshop on Merger Enforcement, Antitrust Division and Federal Trade Commission, Washington, D.C. 2004, brufbar unter: http://www.ftc.gov/bc/mergerenforce/presentations/040217carstensen.pdf.

Casper, Ute: Wettbewerbsrechtliche Gesamtwürdigung von Vereinbarungen im Rahmen von Art. 81 Abs. 1 EGV,Köln 2001.

Chae, Suchan/Heidhues, Paul: Buyers' Alliances for Bargaining Power, Discussion Paper SP II 2003 - 24, Wissenschaftszentrum Berlin, Berlin 2003.

Chae, Suchan/Heidhues, Paul: The Effects of Downstream Distributor Chains on Upstream Producer Entry: A Bargaining Perspective, Berlin 1999.

Christiansen, Olaf: Gemeinsame Beschaffung und Wettbewerb – Einkaufskooperationen im EG-Kartellrecht, Frankfurt am Main 2003.

Competition Commission: Supermarkets: A Report on the Supply of Groceries from Multiple Stores in the UK, London 2000.

Competition Commission, The Supply of Groceries in the UK market investigation, London 2007, abrufbar unter: http://www.competition-commission.org.uk.

Cox, Helmut/Jens, Uwe/Markert, Kurt: Handbuch des Wettbewerbsrechts, München 1981.

Dauner, Klaus Jörg: Einkaufsgemeinschaften im Kartellrecht – Die Beurteilung der Zusammenarbeit in Einkaufsgemeinschaften aus dem Blickwinkel des Kartellverbots,Baden-Baden 1988.

Dauses, Manfred A.: Handbuch des EU-Wirtschaftsrechts (Loseblatt), Band 2, 20. Lieferung, Stand: Oktober 2007, München 2007.

Davis, Ross: The Outlook for West European Retail, Financial Times Management Report, London 1996.

Dethof, Sascha: Anforderungen des deutschen und europäischen Kartellrechts an Business-to-Business Internet-Marktplätze, Aachen 2004.

Dobson Consulting: Buyer Power and its Impact on Competition in the Food Retail Distribution Sector of the European Union: Final Report/Prepared for the European Commission – DG IV, Luxembourg 1999.

Dobson, Paul W.: Retailer Power in European Markets: Lessons from Grocery Supply, Business School Research Series, Paper 2002: 1, Loughborough 2002.

Dobson, Paul W.: Exploiting Buyer Power: Lessons from the British Grocery Trade, in: Antitrust L.J. 2005, S. 529 ff.

Dobson, Paul W./Clarke, Roger/Davis, Stephen/Waterson, Michael: Buyer Power and its Impact on Competition in the Food Retail Distribution Sector of the European Union, in: JICT 2001, S. 247 ff.

Dobson, Paul/Waterson, Michael/Chu, Alex: The Welfare Consequences of the Exercise of Buyer Power, Prepared for the Office of Fair Traiding, Research Paper No. 16 (OFT 239), London 1998.

Dobsen, Paul/Inderst, Roman: Differential Buyer Power and the Waterbed Effect: Do trong Buyers benefit or harm Consumers?, in: E.C.L.R. 2007, S. 393 ff.

DOJ/FTC: Statements of Antitrust Enforcement Policy in Health Care: Enforcement Policy on Joint Purchasing Agreements among Health Care Providers (1996), abrufbar unter: http://www.ftc.gov/reports/hlth3s.pdf.

Doyle, Chris/Inderst, Roman: Some Economics on the Treatment of Buyer Power in Antitrust, in: E.C.L.R. 2007, S. 210 ff.

Eckstein, Wolfram: Zum Konzept der countervailing power, in: AG 1979, S. 209 ff.

Ehlerman, Claus-Dieter/Laudati, Laraine: Proceedings of the European Competition Forum (1995), Luxembourg 1997.

Einem, Christoph v.: Kartellcharakter von Einkaufskooperationen – Untersuchung zum deutschen und amerikanischen Kartellrecht, München 1988.

Ellision, Sara F./Snyder, Christopher M.: Countervailing Power in Wholesale Pharmaceuticals, MIT Dept. of Economics Working Paper No. 01-27, Camebridge 2001.

Emmerich, Volker: Anmerkungen zu der „neuen" Wettbewerbspolitik der Europäischen Kommission, in: WRP 2000, S. 858 ff.

Emmerich, Volker: Kartellrecht, 10. Auflage, München 2006.

Europäische Kommission: Eine proaktive Wettbewerbspolitik für ein wettbewerbsfähiges Europa, Luxemburg 2004.

Europäische Kommission: 2. Bericht über die Wettbewerbspolitik 1972, Luxemburg 1973.

Europäische Kommission: 16. Bericht über die Wettbewerbspolitik 1986, Luxemburg 1987.

Europäische Kommission: 20. Bericht über die Wettbewerbspolitik 1990, Luxemburg 1991.

Europäische Kommission: 26. Bericht über die Wettbewerbspolitik 1996, Luxemburg 1997.

Europäische Kommission: 28. Bericht über die Wettbewerbspolitik 1998, Luxemburg 1999.

Europäische Kommission: 30. Bericht über die Wettbewerbspolitik 2000, Luxemburg 2001.

Europäische Kommission: 31. Bericht über die Wettbewerbspolitik 2001, Luxemburg 2002.

Europäische Kommission: 32. Bericht über die Wettbewerbspolitik 2002, Luxemburg 2003.

Europäische Kommission: 33. Bericht über die Wettbewerbspolitik 2003, Luxemburg 2004.

Europäische Kommission: Kommission reformiert Wettbewerbsregeln für Unternehmenskooperation, Pressemitteilung vom 29.11.2000, IP/00/1376, abrufbar unter: http://europa.eu.int/rapid/pressReleasesAction.do?referene=IP/00/1376&format=HTML&aged=1&language=DE&guiLanguage=de.

Europäische Kommission: Weißbuch über die Modernisierung der Vorschriften zur Anwendung der Artikel 85 und 86 EG-Vertrag, Luxemburg 1999.

Europäische Kommission: Praktische Anleitung für grenzüberschreitende Kooperationen, Luxemburg 1992.

Europäische Kommission: Maßnahmen für die KMU und das Handwerk, Luxemburg 1995.

Europäische Kommission: Die Anwendung der Artikel 85 und 86 des EG-Vertrages durch die Gerichte der Mitgliedstaaten, Brüssel 1997.

Europäische Kommission: Praktische Anleitung für grenzüberschreitende Kooperationen, Luxemburg 1992.

Europäische Kommission: Umsetzung des Lissabon-Programms der Gemeinschaft – Eine zeitgemäße KMU-Politik für Wachstum und Beschäftigung, KOM(2005)551, Brüssel 2005.

Europäische Vereinigung für Wirtschaft und Soziale Entwicklung (CEPES/RKW): Grenzüberschreitende Unternehmenskooperation in der EWG, Stuttgart 1969.

Faull, Jonathan/Nikpay, Ali: The EC Law of Competiton, 2nd Edition, Oxford 2007.

Foer, Albert A.: Introduction to Sympiosium on Buyer Power and Antitrust, in: Antitrust L.J. 2005, S. 505 ff.

Fritzsche, Jörg: Die Auslegung des § 1 GWB und die Behandlung von Einkaufsgemeinschaften im Kartellrecht, Köln 1992.

FTC: Report on the Federal Trade Commission Workshop on Slotting Allowances and Other Marketing Practices in the Grocery Industry, Washington, D.C. 2001; abrufbar unter: http://www.ftc.gov/bc/slotting.

Fuchs, Andreas: Die Gruppenfreistellungsverordnung als Instrument der europäischen Wettbewerbspolitik im System der Legalausnahme, in: ZWeR 2005, 1 ff.

Galbraith, John Kenneth: American Capitalism: the concept of countervailing power, Bosten 1952.

Geiger, Andreas: Das Weißbuch der EG-Kommission zu Art. 81, 82 EG – eine Reform, besser als ihr Ruf, in: EuZW 2000, S. 165 ff.

Geiger, Andreas: Die neuen Leitlinien der EG-Kommission zur Anwendbarkeit von Art. 81 EG auf Vereinbarungen über horizentale Zusammenarbeit, in: EuZW 2000, S. 325 ff.

Gloy, Wolfgang: Stellungnahme der Deutschen Vereinigung für gewerblichen Rechtsschutz und Urheberrecht zu den Entwürfen von Leitlinien zur Anwendbarkeit von Artikel 81 EG auf Vereinbarungen über die horizontale Zusammenarbeit, abrufbar unter: http://www.grur.de/Seiten/Themen/Stellungnahmen/StN6_7_3.html.

Goette, Wulf: Kaufmacht und Kartellrecht, in: ZWeR 2003, S. 135 ff.

Gounalakis, Georgios/Lochen, Sebastian: Elektronische Marktplätze und Kartellrecht, in: ZHR 2003, S. 632 ff.

Grabitz, Eberhard: Kommentar zum EWG-Vertrag, 5. Ergänzungslieferung, Stand: September 1992, München 1992.

Grabitz, Eberhard/Hilf, Meinhard: Das Recht der Europäischen Union - Kommentar,Band II, EUV/EGV, 33. Ergänzungslieferung, Stand: September 2007, München 2007.

Grimes, Warren S.: Buyer Power and Retail Gatekeeper Power: Protecting Competition and the Atomistic Seller, in: Antitrust L.J. 2005, S. 563 ff.

Groeben, Hans v. d./Thiesing, Jochen/Ehlermann, Claus-Dieter: Kommentar zum EU-/EG-Vertrag, Band 2: Art. 85-105 EGV, 4. Auflage, Baden-Baden 1991.

Groeben, Hans v. d./Thiesing, Jochen/Ehlermann, Claus-Dieter: Kommentar zum EU-/EG-Vertrag, Band 2: Art. 85-87 EGV, 5. Auflage, Baden-Baden 1999.

Groeben, Hans v. d./Schwarze, Jürgen: Kommentar zum Vertrag über die Europäische Union und zur Gründung der Europäischen Gemeinschaft, Band 2: Art. 81-97 EGV, 6. Auflage, Baden-Baden 2003.

Gündisch, Jürgen/Wienhues, Sigrid: Rechtschutz in der Europäischen Union, 2. Auflage, Stuttgart 2003.

Hawk, Barry E.: International antitrust law & policy : annual proceedings of the Fordham Corporate Law Institute 2000, Huntington 2001.

Hempel, Rolf: Privater Rechtschutz im Kartellrecht, Tübingen 2002.

Hendrick, Thomas E.: Purchasing Consortiums: Horizontal Alliances among Firms buying common Goods ans Services, Center for Advanced Purchasing Studies (CAPS), Tempe (Arizona) 2000.

Herdzina, Klaus: Wettbewerbspolitik, 5. Auflage, Stuttgart 1999.

Hildebrand, Doris: Der „more economic approach" in der Wettbewerbspolitik, in: WuW 2005, S. 523 ff.

Immenga, Ulrich/Mestmäcker, Ernst-Joachim: Kommentar zum EG-Wettbewerbsrecht, Teil 1, 4. Auflage, München 2007.

Immenga, Ulrich/Mestmäcker, Ernst-Joachim: Kommentar zum EG-Wettbewerbsrecht, Band 1, München 1997.

Immenga, Ulrich/Mestmäcker, Ernst-Joachim: Kommentar zum Deutschen Kartellrecht, Band 2, 4. Auflage, München 2007.

Inderst, Roman/Shaffer, Greg: Retail Mergers: Buyer Power and Product Variety, CEPR Discussion Paper No. 4236, London 2004.

Inderst, Roman/Wey, Christian: Buyer Power and Supplier Incentives, Discussion Paper SP II 2003 – 05, Wissenschaftszentrum Berlin, Berlin 2003 (aktualisiert 2007).

International Chamber of Commerce (ICC): Comments on European Commission Proposals for reform relating to horizontal cooperation, Document no. 225/555 Rev., 29.05.2000, abrufbar unter: http://www.iccwbo.org/id446/index.html.

Jacobson, Jonathan M./Dorman, Gary: Joint purchasing, monopsony and antitrust, in: Antitrust Bulletin 1991, S. 1 ff.

Kantzenbach, Erhard: Die Funktionsfähigkeit des Wettbewerbs, Göttingen 1967.

Keller, Erhard/Plassmann, Clemens/Falck, Andreas v.: Festschrift für Winfried Tilmann: Zum 65. Geburtstag, Köln 2003.

Kersten, Hans-Christian/Rieger, Harald/Glassen, Helmut/Hahn, Helmut v.: Frankfurter Kommentar zum Kartellrecht (Loseblatt), Band VI: EG-Kartellrecht, Stand: 63. Lieferung 2007, Köln 2007.

Keßler, Jürgen: Einkaufskooperationen im Licht des Deutschen und Europäischen Kartellrechts, in: WuW 2002, S. 1162 ff.

Kirkwood, John B.: Antitrust Law and Economics, Amsterdam 2004.

Kirkwood, John B: Buyer Power and Exclusionary Conduct: Should Brooke Group set the Standards for Buyer-Induced Price Discrimination and Predatory Bidding?, in: Antitrust L.J. 2005, S. 625 ff.

Kjolbye, Lars: The Commission Guidelines on the Application of Article 81(3): An Economic approach to Article 81, in: E.C.L.R. 2004, S. 566 ff.

Knieps, Günter: Wettbewerbsökonomie,Berlin 2001.

Köhler, Helmut: Wettbewerbsbeschränkungen durch Nachfrager, München 1977.

Köhler, Helmut: Gründung und Nutzung von Internet Marketplaces – die Rahmenbedingungen des europäischen und deutschen Kartellrechts, in: K&R 2000, S. 569 ff.

Köhler, Helmut: Zur Kontrolle der Nachfragemacht nach dem neuen GWB und dem neuen UWG, in: WRP 2006, S. 139 ff.

Kokkoris, Ioannis: Buyer Power Assessment in Competition Law: A Boon or a Menance?, in: WC 2006, S. 139 ff.

Kokkoris, Ioannis: Purchase Price Tixing: a per se Infringement? in: E.C.L.R. 2007, S. 423 ff.

Kolasky, William J.: What is Competition? A Comparison of U.S. and European Perspectives, in: Antitrust Bulletin 2004, S. 29 ff.

Krebs, Jürgen: Gestaltung von Synergien durch Kooperations- und Konzentrationsstrategien, Frankfurt am Main 1996.

Kretschmer, Friedrich/Möhlenkamp, Karen: Positionspapier des BDI vom 29.05.2000: Horizontale Wettbewerbsbeschränkungen – Entwürfe der EU-Kommission für Gruppenfreistellungsverordnungen und Leitlinien, abrufbar unter: http://www.bdionline.de/sbRecherche/info startpage.asp?_Info_ID={84E0DB5D-986B-11D4-B93D-50DA2662 B7.

Kurth, Jutta Sabine: Meistbegünstigungsklauseln im Licht der Vertikal-GVO, in: WuW 2003, S. 28 ff.

Lande, Robert: Beware Buyer Power, in: Legal Times 2004, No. 28.

Langen, Eugen/Bunte, Hermann: Kommentar zum deutschen und europäischen Kartellrecht, 9. Auflage, Neuwied 2001.

Langen, Eugen/Bunte, Hermann: Kommentar zum deutschen und europäischen Kartellrecht, Band 1: Deutsches Kartellrecht, 10. Auflage, Neuwied 2006.

Langen, Eugen/Bunte, Hermann: Kommentar zum deutschen und europäischen Kartellrecht, Band 2: Europäisches Kartellrecht, 10. Auflage, Neuwied 2006.

Lehr, Wolfgang: Die neuen EU-Leitlinien für horizontale Unternehmenskooperation (Teil 2), in: Europa Blätter 2002, S. 134 ff.

Lenz, Otto: EU- und EG-Vertrag : Kommentar zu dem Vertrag über die Europäische Union und zu dem Vertrag zur Gründung der Europäischen Gemeinschaft, 4. Auflage, Köln 2006.

Leupold, Hennig/Weidenbach, Georg: Neues Verhältnis von Art. 81 Abs. 1 und Art. 81 Abs. 3 EG-Vertrag?, in: WuW 2006, S. 1003 ff.

Loewenheim, Ulrich/Meessen, Karl-Matthias/Riesenkampf, Alexander: Kartellrecht, Band 1: Europäisches Recht – Kommentar, München 2005.

Loewenheim, Ulrich/Meessen, Karl-Matthias/Riesenkampf, Alexander: Kartellrecht, Band 2: Deutschs Recht – Kommentar, München 2005.

Luca, Petre/Alessandro Nucara: Standard of Proof and Scope of Judicial Review in EC Merger Cases: Everything clear after Tetra Laval, in: E.C.L.R. 2005, 692 ff.

Lücking, Joachim: Horizontal Co-Operation Agreements: Ensuring a modern policy, in: CPN 2000, S. 41 ff.

Lugard, Paul H. H./Hancher, Leigh Págs: Honey, I Shrunk the Article! – A Critical Assessment of the Commission's Notice on Article 81(3) of the EC Treaty, in: E.C.L.R. 2004, S. 410 ff.

Lustgarten, Steven H.: The Impact of Buyer Concentration in Manufacturing Industries, in: Review of Economics and Statistics 1975, S. 125 ff.

Maitland-Walker, Julian: Buyer Power, in: E.C.L.R. 2000, S. 170 ff.

Mazzarotto, Nicola: Competition Policy towards Retailers: Size, Seller Market Power and Buyer Power, CCR Working Paper 01-4,Norwich 2001.

Mestmäcker, Ernst-Joachim: Europäisches Wettbewerbsrecht, München 1974.

Mestmäcker, Ernst-Joachim/Schweitzer, Heike: Europäisches Wettbewerbsrecht, 2. Auflage, München 2004.

Miert, Karel v.: Konferenz „Einzelhandel im Umbruch", Rede vom 30.05.1995 (Frankfurt), abrufbar unter: http://europa.eu.int/comm/competition /speeches/text/sp1995_022_de.html.

Miert, Karel v.: Die Wettbewerbspolitik der neuen Kommission, in: WuW 1995, S. 553 ff.

Monopolkommission: Sondergutachten 14: Die Konzentration im Lebensmittelhandel, Baden-Baden 1985.

Monopolkommission: Sondergutachten 28: Zum Weißbuch der Kommission vom 28 April 1999, Baden-Baden 1999.

Monopolkommission: Sondergutachten 32: Folgeprobleme der europäischen Kartellverfahrensreform, Baden-Baden 2002.

Monti, Mario: A reformed competition Policy: achievements and challenges for the future, in: CPN 2004, No. 3, S. 1 ff.

Monti, Mario: Proactive Competition Policy and the role of the Consumer, European Competition Day, Rede vom 29.04.2004 (Dublin), Speech/04/212, abrufbar unter: http://europa.eu.int/rapid/pressReleasesAction.do?reference=SPEECH/04/212&format=HTML&aged=0&language=EN&guiLanguage=en.

Monti, Mario: EU competition policy after May 2004, Fordham Annual Conference on International Antitrust Law and Policy, Rede vom 24.10.2003 (New York), Speech/03/489, abrufbar unter: http://europa.eu.int/rapid/pressReleasesAction.do?reference=SPEECH/03/489&format=HTML&aged=0&language=EN&guiLanguage=en.

Moog, Ruediger: Die Bildung gegengewichtiger Marktmacht nach dem Gesetz gegen Wettbewerbsbeschränkungen, Berlin 1980.

Möschel, Wernhard: Systemwechsel im Europäischen Wettbewerbsrecht? Zum Weißbuch der EG-Kommission zu den Art. 81 ff. EG-Vertrag, in: JZ 2000, S. 61 ff., sowie in: FAZ vom 15.11.2003, Nr. 266, S. 13.

Möschel, Wernhard: Recht der Wettbewerbsbeschränkungen, Köln 1983.

Möschel, Wernhard/Streit, Manfred E./Witt, Ulrich: Marktwirtschaft und Rechtsordnung, Festschrift zum 70. Geburtstag von Erich Hoppmann, Baden-Baden 1994.

Motta, Massimo: Competition Policy: Theory and Practice, Cambridge 2005.

Muysert, Paul: Price Discrimination: an unreliable Indicator of Market Power, in: E.C.L.R. 2004, S. 350 ff.

Noll, Roger: „Buyer Power" and Economic Policy, in: Antitrust L.J. 2005, S. 589 ff.

Nordemann, Jan Bernd: Gegenmacht und Fusionskontrolle, 1. Auflage, Baden-Baden 1999.

Nothdurft, Jörg: Die Entscheidung des EuGH im Fall Tetra Laval, in: ZWeR 2006, S. 306 ff.

Oberender, Peter: Effizienz und Wettbewerb, Berlin 2005.

OECD: Competition Policy and Efficiency Claims in Horizontal Agreements, OECD/GD(96)65, Paris 1996.

OECD: Buying Power of Multiproduct Retailers, Series Roundtables on Competition Policy, DAFFE/CLP(99)21, Paris 1999.

OFT: Competition in Retailing, Research Paper No. 13, London 1997.

OFT: Competitive effects of buyer groups, OFT Paper 863, London 2007.

OFT: Assessing the impact of public sector procurement on competition (Sept. 2004), Volume 1: main report, OFT Paper 742, London 2004.

Olesch, Günter: Einkaufsverbände des Einzelhandels, Frankfurt am Main 1980.

Ostler, Anton M.: Einkaufskooperationen des Handels im Deutschen Kartellrecht, München 1994.

Overd, Alan: Buyer Power, in: E.C.L.R. 2001, S. 249 f.

Pampel, Gunnar: Rechtsnatur und Rechtswirkungen horizontaler und vertikaler Leitlinien im reformierten europäischen Wettbewerbsrecht, 1. Auflage,Baden-Baden 2005.

Peterman, John L.: The Morton and International Salt Cases: Discounts on Sales of Table Salt, in: Research in Law and Economics 2004, S. 127 ff.

Pindyck, Robert S./Rubinfeld, Daniel L.: Mikroökonomie, 6. Auflage, München 2006.

Pohlmann, Petra: Doppelkontrolle von Gemeinschaftsunternehmen im europäischen Kartellrecht, in: WuW 2003, S. 473 ff.

Polley, Romina/Seelinger, Daniela: Das neue EG-Kartellrecht für Vereinbarungen über horizontale Zusammenarbeit, in: WRP 2001, S. 494. ff.

Prießnitz, Horst: Handelskonzentration: Herausforderung an die Politik, in: Markenartikel 1996, S. 95 ff.

Pukall, Kirstin: Neue EU-Gruppenfreistellungsverordnung für Vertriebsbedingungen, in: NJW 2000, S. 1375 ff.

Ratliff, John: Coming Themes in EC Vertical Restraints, Präsentation, IBC Conference on European Competition Law, London 1998.

Ratliff, John: Buyer Power, Präsentation, IBC Competition Law Conference (09.05.2000), London 2000.

Ratliff, John: Major Events and Policy Issues in E.C. Competition Law, 2000: Part 1, in: I.C.C.L.R. 2001, S. 5 ff.

Rittner, Fritz: Der – unverfälschte – Wettbewerb: Grundlage und Ziel der EG, in: WuW 2007, S. 967.

Rule, Charles F.: The Antitrust Division´s Approach to Shippers´Associations, Before the Chemical Manufacturers Association (21.10.1985), US-Department of Justice, abrufbar unter: http://www.usdoj.gov/atr/public/speeches/2163.htm.

Salop, Steven C.: The Buyer Power Defense in Antitrust, CRA UK Präsentation vom 04.06.2003, abrufbar unter: http://www.crai.com/.%5CAgenda%5CSaloppr.pdf.

Schaub, Alexander: Kartellrechtliche Probleme des elektronischen Marktplatzes aus Sicht der EU-Kommission, Rede vom 02.03.2001 (Innsbruck), abrufbar unter: http://europa.eu.int/comm/competition/speeches/index_2001.html.

Scheidgen, Anja/König, Michael: Kooperationen zwischen Wettbewerbern - Ist eine Neubewertung erforderlich?, in: WuW 2000, S. 1205 ff.

Schmidt, Ingo: Wettbewerbspolitik und Kartellrecht, 8. Auflage, Stuttgart 2005.

Schmidt, Ingo/Ries, Wolfgang: Der Herfindahl-Hirschman-Index (HHI) als wettbewerbspolitisches Instrument in den US-Fusionsrichtlinien 1982, in: WuW 1983, S. 525 ff.

Schmidt, Karsten: Umdenken im Kartellverfahrensrecht – Gedanken zur Europäischen VO Nr. 1/2003, in: BB 2003, S. 1237 ff.

Schmidt, Karsten: Kartellverbot und „sonstige Wettbewerbsbeschränkungen“, 1. Auflage, Köln 1978.

Schröter, Helmuth/Jakob, Thinam/Mederer, Wolfgang: Kommentar zum Europäischen Wettbewerbsrecht, 1. Auflage, Baden-Baden 2003.

Schuhmacher, Wolfgang: Nachfragemacht und Gegengewichtsprinzip, ZHR 1976, S. 317 ff.

Schulte, Günther: Kartellrechtliche Fragen der Verbundgruppen, Neuwied 2000.

Schulte, Günther/Geiger, Andreas: Das Schicksal der Verbundgruppen unter der neuen Gruppenfreistellungsverordnung (EG) Nr. 2790/1999 für Vertikalvereinbarungen, in: EuZW 2000, S. 396 ff.

Schwalber, Ulrich/Zimmer, Danie: Kartellrecht und Ökonomie, Frankfurt am Main 2006.

Schwarze, Jürgen: EU-Kommentar, 1. Auflage, Baden-Baden 2000.

Schweda, Marc: Die Bindungswirkung von Bekanntmachungen und Leitlinien der Europäischen Kommission, in: WuW 2004, S. 1133 ff.

Secretary of State for Trade and Industry: Code of Practice on Supermarkets (2001), abrufbar unter: http://www.dti.gov.uk/ccp/topics2/pdf2/codeofpractice.pdf.

Sölter, Arno: Nachteilsausgleich für mittelständische Unternehmen, in: WuW 1974, S. 657 ff.

Sölter, Arno: Ungleichgewichte zwischen Angebot und Nachfrage, in: WuW 1968, S. 317 ff.

Steindorff, Ernst: Gesetzeszweck und gemeinsamer Zweck des § 1 GWB, in: BB 1977, S. 569 ff.

Tröller, Elke: Anwendbarkeit des deutschen, britischen und europäischen Kartellrechts bei elektronischen B2B-Marktplätzen, in: RIW 2005, S. 8 ff.

UGAL-IVE: Stellungnahme zu den Leitlinien für Einkaufsvereinbarungen vom 26.05.2000, abrufbar unter: http://www.ugal.be/docs/de/pdf/prise/0-horizont-d.pdf.

Ulshöfer, Matthias: Der Einzug des Herfindahl-Hirschman-Indexes (HHI) in die europäische Fusionskontrolle, in: ZWeR 2004, S. 50 ff.

Ungern-Sternberg, Thomas v.: Countervailing power revisited, in: IJIO 1996, S. 507 ff.

UNICE: Position Paper on Draft Guidelines on Horizontal Cooperation, 6/14/1, 23.05.2000.

Veelken, Winfried/Bayreuther, Frank: Anmerkung zu OLG Oldenburg vom 03.02.1998, 5 U 88/97, in: ZfgG 2000, S. 246 ff.

Vogel, Louis: Wettbewerbsrecht und Einkaufsmacht: Es ist Zeit für eine neue Betrachtungsweise, in: WuW 1998, S. 1162 ff.

Wagner, Achim: Der Systemwechsel im EG-Kartellrecht – Gruppenfreistellungen und Übergangsproblematik, in: WRP 2003, S. 1369 ff.

Weitbrecht, Andreas: EU Merger Control in 2005 – An Overview, in: E.C.L.R. 2006, S. 43 ff.

Welling, Inken: Neue Formen der Einkaufsbündelungen nach deutschem und europäischem Kartellrecht, Frankfurt am Main 2004.

Weizsäcker, Christian v.: Konsumentenwohlfahrt und Wettbewerbsfreiheit: Über den tieferen Sinn des "Economic Approach", in: WuW 2007, S. 1078 ff.

Wiedemann, Gerhard: Handbuch des Kartellrechts,München 1999.

Wieser, Robert/Aiginger, Karl/Wüger, Michael: Marktmacht im Einzelhandel, Studie des Österreichischen Instituts für Wirtschaftsforschung im Auftrag des Bundesministeriums für wirtschaftliche Angelegenheiten, Wien 1999.

Wirtschafts- und Sozialausschusses: Stellungnahme zur Anwendung von Art. 81 Abs. 3 des Vertrages auf Gruppen von Vereinbarungen, Beschlüssen und aufeinander abgestimmten Verhaltensweisen, geändert durch die Verordnung (EWG) Nr. 2743/7, in: WuW 2001, S. 149 ff.

Wissenschaftlicher Beirat des Bundesministeriums für Wirtschaft: Gutachten zur Reform der europäischen Kartellpolitik vom 01.07.2000, abrufbar unter: http://www.bmwa.bund.de/Navigation/Ministerium/beiraete,did=6458.html.

Wortmann, Michael, Strukturwandel und Globalisierung des deutschen Einzelhandels, Discussion Paper SP II 2003 – 202a, Wissenschaftszentrum Berlin, Berlin 2003.

Osnabrücker Schriften zum Unternehmens- und Wirtschaftsrecht

Herausgegeben von Andreas Fuchs, Markus Stoffels und Dirk A. Verse

Band 1 Malte Richter: Die Verwendung von Ratings zur Regulierung des Kapitalmarkts. Eine vergleichende Untersuchung nach US-amerikanischem und deutschem Recht. 2008.

Band 2 Dietmar Haffa: Lock-up Vereinbarungen – Veräußerungsbeschränkungen für Altaktionäre beim Börsengang. 2008.

Band 3 Martin Eimer: Zeichnungsverträge und Zeichnungsvorverträge. Zu den Rechten und Pflichten aus dem Vertrag über die Vorerhöhungsgesellschaft. 2008.

Band 4 Tobias Mischitz: Die Bedeutung von Nachfragemacht für die Beurteilung von Einkaufskooperationen im EG-Kartellrecht. 2008.

www.peterlang.de

Peter Lang · Internationaler Verlag der Wissenschaften

Olaf Christiansen

Gemeinsame Beschaffung und Wettbewerb

Einkaufskooperationen im EG-Kartellrecht

Frankfurt am Main, Berlin, Bern, Bruxelles, New York, Oxford, Wien, 2003.
L, 226 S.
Europäische Hochschulschriften: Reihe 2, Rechtswissenschaft. Bd. 3769
ISBN 3-631-51242-2 · br. € 54.70*

Kooperationen im Bereich des Einkaufs werden gerade für kleinere und mittlere Unternehmen, aber auch für Großunternehmen zum Bestehen im Wettbewerb immer bedeutender. Die Arbeit beleuchtet umfassend die kartellrechtlichen Probleme, die sich aus den verschiedenen dargestellten Formen der Zusammenarbeit im Bereich des Einkaufs ergeben können. Aus dem Blickwinkel des europäischen Kartellrechts wird diskutiert, inwieweit die Zusammenarbeit im Einkauf überhaupt wettbewerbsbeschränkend wirken kann, wenn der Begriff der Wettbewerbsbeschränkung kooperationsfreundlich, in Einklang mit dem Schutzbedürfnis des freiheitlichen Wettbewerbs und den Prämissen des Gemeinschaftsrechts ausgelegt wird. Leitbild ist hierbei immer der Erhalt der Autonomie des kooperierenden Unternehmens. Ferner werden Möglichkeiten der Freistellung vom Kartellverbot und fusionskontrollrechtliche Implikationen untersucht.

Aus dem Inhalt: Einführung · Einkaufskooperationen · Konzeption des Europäischen Kartellrechts · Einkaufskooperationen und Art. 81 EG · Einkaufskooperationen und die Fusionskontrollverordnung · Ergebnisse der Untersuchung

Frankfurt am Main · Berlin · Bern · Bruxelles · New York · Oxford · Wien
Auslieferung: Verlag Peter Lang AG
Moosstr. 1, CH-2542 Pieterlen
Telefax 00 41 (0) 32 / 376 17 27

*inklusive der in Deutschland gültigen Mehrwertsteuer
Preisänderungen vorbehalten

Homepage http://www.peterlang.de

FSC
www.fsc.org
MIX
Papier | Fördert gute Waldnutzung
FSC® C083411

Kolibri 360 GmbH
Ferdinand-Jühlke-Straße 7
99095 Erfurt, Deutschland
produktsicherheit@kolibri360.de

Druck:
CPI Druckdienstleistungen GmbH
im Auftrag der
Kolibri 360 GmbH
Ferdinand-Jühlke-Str. 7
99095 Erfurt